# HOFFNUNG, ANGST
# UND SCHRECKEN

Ronald H. Fritze

# HOFFNUNG, ANGST UND SCHRECKEN

Moderne Mythen,
Verschwörungstheorien
und Pseudohistorie

MIDAS

**Hoffnung, Angst und Schrecken**
Moderne Mythen, Verschwörungstheorien
und Pseudohistorie

1. Auflage 2022
ISBN 978-3-03876-552-3

Übersetzung: Kathrin Lichtenberg
Lektorat: Dr. Friederike Römhild
Layout: Ulrich Borstelmann
Cover: Gregory C. Zäch
Druck und Bindung: GGP Media GmbH, Pößneck

Der Midas Verlag wird vom Bundesamt für Kultur
für die Jahre 2021–2024 unterstützt.

Printed in Germany

# Inhalt

*Wenn die Menschen alle ihre Angelegenheiten nach einem festen Plan zu besorgen vermöchten, oder wenn das Glück ihnen immer günstig wäre, so würden sie in keinem Aberglauben befangen sein. Allein oft geraten sie in Verlegenheiten, wo sie sich nicht zu raten wissen, und meist verlangen sie nach den ungewissen Glücksgütern so maßlos, dass sie jämmerlich zwischen Furcht und Hoffnung hin und her schwanken, und ihre Seele deshalb Alles zu glauben bereit ist. In solchen Zweifeln genügen schwache Gründe, um sie bald hier- bald dorthin schwanken zu lassen, und in höherem Maße geschieht dies, wenn sie zwischen Angst und Hoffnung eingeklemmt sind, während sie sonst zuversichtlich, prahlerisch und aufgeblasen sind.*

BARUCH DE SPINOZA, THEOLOGISCH-
POLITISCHE ABHANDLUNG (1670)

# Prolog

*Das Schwierigste an der Vergangenheit sind ihre Irrtümer und Wahnvorstellungen.*

J. M. ROBERTS[1]

*Es kann viel Intelligenz in Unwissenheit investiert werden, wenn das Bedürfnis nach Illusion groß ist.*

SAUL BELLOW[2]

Die Menschen glauben die seltsamsten Dinge. In den ersten Jahrzehnten des 21. Jahrhunderts scheint das besonders zuzutreffen. Mythen, Pseudohistorie, Pseudowissenschaften und Verschwörungstheorien nehmen mit verblüffender Geschwindigkeit zu. Vielleicht kommt es den Menschen, die diese Zeit miterleben, auch nur so vor. Fakt ist, Mythen, also Geschichten, die Menschen für wahr halten, auch wenn sie es nicht sind, gibt es bereits seit Anbeginn der Menschheitsgeschichte. Technologien wie das Internet machen es lediglich leichter, seltsame Glaubensvorstellungen und moderne Mythen zu erschaffen und zu verbreiten.

Die britische Königin Elisabeth II. ist ein Opfer einer Reihe eigenartiger Überzeugungen und Verschwörungstheorien. Der rechtsgerichtete amerikanische Extremist und Verschwörungstheoretiker Lyndon LaRouche ist schon lange antibritisch eingestellt und wirft britischen Finanziers alle möglichen bösartigen Tricks und Machenschaften vor, um die Weltwirtschaft zu manipulieren. 1980 fügte er die Königin seinem Ensemble an Bösewichten hinzu und beschuldigte sie, eine hochrangige Drogenhändlerin zu sein. Diese Hasstirade wurde von LaRou-

9

che und seinen Anhängern immer wieder vorgebracht. Irgendwann
verlor LaRouche das Interesse daran, doch die Königin musste noch
immer gegen Verschwörungstheorien ankämpfen.[3] Der New-Age-
Guru und Verschwörungstheoretiker David Icke verkündete, dass Elisabeth II. eine außerirdische, reptiloide Formwandlerin sei.

Icke war Fußballprofi, Sportreporter und Politiker der Green Party.
1994 wandte er seine Aufmerksamkeit von Umweltfragen ab und richtete sie auf Verschwörungstheorien. Anfangs folgten seine Ideen dem
üblichen Verschwörungsszenario einer neuen Weltordnung mit einer
geheimen und korrupten Elite, die versucht, sich die Welt zu unterwerfen. Nach wenigen Jahren hob Icke jedoch seine Verschwörungstheorie
auf ein neues Niveau: In seinem Buch *The Biggest Secret* (1999) behauptete er, dass die Verschwörung der Neuen Weltordnung tatsächlich von
einer Superelite aus außerirdischen Reptilien gesteuert werden würde,
die er als Annunaki oder Archonten bezeichnete. Passenderweise seien
sie aus dem Sternbild Drache auf die Erde gekommen, wo sie die führende Schicht der menschlichen Gesellschaft unterwandert hätten.
Diese Reptilien seien Formwandler und könnten die Gestalt von Menschen annehmen. Viele Weltpolitiker, wie etwa George H. W. Bush,
seien Reptilien. Zu den Archonten gehöre natürlich auch Elisabeth II.
Man muss sich über die Verschwiegenheit der Palastangestellten wundern, die dafür gesorgt haben, dass diese erstaunlichen Informationen
ein Geheimnis geblieben sind. Vielleicht sind ja auch sie Reptilien?[4]

Der Tod von Prinzessin Diana im Jahre 1997 beförderte neue Verschwörungstheorien, die teilweise die gesamte königliche Familie be-
trafen. Schnell traten LaRouche und seine Leute auf den Plan. Sie
beschuldigten die Royals, Diana umgebracht zu haben, um ihre Hochzeit mit Dodi Fayed zu verhindern, weil dieser Moslem war. Wie vor-
herzusehen war, entwickelte Icke in *The Biggest Secret* eine eigene, sehr
detaillierte Verschwörungstheorie über Dianas Tod. Seiner Ansicht
nach benötigt die reptilische königliche Familie regelmäßige Gaben
menschlicher DNA von zugelassenen Blutlinien, um ihre Fähigkeit,
sich unter den Menschen zu verstecken, aufrechtzuerhalten. In Dianas
Fall stammt ihre Familie, die Spencers, von der Merowingischen Dynastie ab, die in der Populärkultur durch die Bücher *Der Heilige Gral
und seine Erben* und *Sakrileg* zu einiger Bekanntheit gelangt war. Durch

diesen königlichen Stammbaum war Diana die perfekte Partnerin für Prinz Charles. Sie entdeckte dann, dass sie in einen Clan humanoider Echsen eingeheiratet hatte und ihr einziger Zweck der einer königlichen Zuchtstute war. Ansonsten war ihre Ehe eine Farce. Nachdem die beiden kleinen Prinzen geboren worden waren, wurde Diana überflüssig. Als sie begann, Probleme zu machen, musste sie eliminiert werden. Diese Umstände führten zu ihrem Tod, der auch eine Art rituelles Opfer darstellte.[5]

Die meisten Menschen finden diese Verschwörungstheorien von drogenverkaufenden Monarchinnen und geheimen Reptilieneliten selbstverständlich absurd. Die Unwahrscheinlichkeit dieser grotesken Spekulationen verhindert aber nicht, dass manche Menschen an sie glauben. LaRouche hatte seine Anhängerschaft, Ickes ist noch größer und internationaler. Icke, der als New-Age-Apostel begann, verschmolz diese Vorstellungen mit der Verschwörungstheorie einer »Neuen Weltordnung« und würzte das Ganze mit einer Prise fieser elitärer Reptilienmenschen. Diese Kombination erlaubte es ihm, sowohl die allgemein eher links orientierten New-Age-Jünger als auch die meist eher rechten Verschwörungsanhänger ins Boot zu holen. Der rechtsgerichtete Verschwörungstheoretiker Alex Jones verunglimpfte Ickes Reptilienbehauptung anfangs, machte sie sich dann aber begierig zu eigen. Icke wurde ein häufig und gerngesehener Gast in Jones' Radiosendung *InfoWars*.[6] Seine Konzeption der Reptilien veränderte sich nach einigen Jahren: Von körperlichen interstellaren Reisenden wurden sie zu spirituellen interdimensionalen Wesen. Die spirituellen Reptilien waren außerdem harmloser als die heimtückischen körperlichen Reptilien.[7]

Königin Elisabeth II. ist nicht das einzige Staatsoberhaupt, das persönlich von Verschwörungstheorien betroffen ist. Barack Obama, der 44. Präsident der Vereinigten Staaten von Amerika, musste ebenfalls einige Verschwörungstheorien ertragen, die infrage stellten, wer er eigentlich ist: ein Antichrist oder ein muslimischer Geheimagent. Eine weitere Theorie behauptete, Obama wäre nicht in den USA geboren worden und hätte daher nicht zum Präsidenten gewählt werden dürfen. Die zweite und dritte Verschwörungstheorie passen zueinander und verstärken sich gegenseitig. Anhänger der einen nennen Obama

»den Moslem«, während Unterstützer der anderen ihn als »Kenianer« bezeichnen.[8]

Die »Birther«-Theorie, die behauptet, dass Obama nicht in den Vereinigten Staaten geboren worden sei, ist im Gegensatz zur Antichrist- oder zur Moslem-Theorie nie abgeklungen. Sie geht zurück auf das Jahr 2004, als der Verschwörungstheoretiker Andy Martin die Herkunft des rasant aufsteigenden jungen Politikers zu hinterfragen begann. Martins Augenmerk lag allerdings anfangs darauf, dass Obama insgeheim Moslem sei. Am 1. März 2008 veröffentlichte jemand mit dem Nutzernamen FARS einen Artikel im Webforum Free Republic, in dem erklärt wurde, Obama hätte seinen Eid als Senator auf den Koran abgelegt. Darüber hinaus behauptete er, Obama sei nicht in den USA geboren worden und seine Mutter wäre mit ihm nach Hawaii geflogen und hätte seine Geburt dort registrieren lassen. Für diese Anschuldigungen wurden keine Beweise vorgelegt, aber einmal im Internet im Umlauf bleiben Beweise optional und sind häufig gar nicht erwünscht. FARS' Behauptungen gewannen schnell Aufmerksamkeit und immer mehr Anhänger. Die Führung der Republikaner war damals jedoch verantwortungsbewusster und befürchtete, dass solche lächerlichen Behauptungen ihrer Partei schaden könnten. In diesem Sinne veröffentlichte die konservative *National Review Online* am 9. Juni 2008 eine Kolumne von James Geraghty zur Thematik des »Birtherism«. Sie trug den Titel »Obama Could Debunk Some Rumors by Releasing His Birth Certificate« (Obama könnte durch die Veröffentlichung seiner Geburtsurkunde einige Gerüchte entkräften). Geraghty stand der »Birther«-Theorie skeptisch gegenüber und wies in seinem Artikel auf das haltlose und unplausible Wesen der Behauptung hin. Er drängte damit die Obama-Kampagne, dem Gerücht entgegenzutreten, indem sie dessen Geburtsurkunde veröffentlichte. In einem Artikel am nächsten Tag wurde darauf hingewiesen, dass eine Geburtsurkunde kaum Informationen enthielt, die Obamas Kampf um die Präsidentschaft schaden könnte. Als Reaktion veröffentlichte Obamas Wahlkampfteam die Kurzform seiner Geburtsurkunde, und Geraghty erklärte diese zu einem gültigen Beweis für Obamas Geburt auf Hawaii.[9]

Leider bescherte die Aufklärungskampagne der *National Review* dem Birtherism viel mehr Öffentlichkeit und sogar eine gewisse Legitimität in den Köpfen von Menschen, die nach Gründen suchten, um Obama abzulehnen und zu diskreditieren. Einige Unterstützer von Hillary Clinton verschärften die Situation, indem sie abtrünnig wurden und eine anonyme E-Mail versandten, in der es hieß, Obama sei in Kenia geboren und nach Hawaii geflogen worden, wo seine Mutter seine Geburt habe registrieren lassen. Gruppen von Obama-Hassern machten die ziemlich eindeutige Situation noch undurchsichtiger, indem sie falsche Klagen einreichten, um Beweise für Obamas ausländische Geburt zu erhalten, angebliche kenianische Geburtsurkunden fälschten oder die Echtheit seiner Hawaiianischen Geburtsurkunde anzweifelten. Das Ganze wurde so lächerlich, dass die Richter anfingen, Geldstrafen zu verhängen oder anzudrohen, wenn jemand diese albernen Anklagen vor Gericht zu bringen versuchte. 2009 begannen die durchschnittlich denkenden Republikaner, den Birtherism zurückzuweisen. Der erste konservative Kommentator, der ihn öffentlich ablehnte, war Michael Medved. Medved, der nicht vollkommen immun gegenüber den Verlockungen der Verschwörungstheorien ist, spekulierte, dass der Birtherism eine Konspiration sein könnte, um die Konservativen verrückt aussehen zu lassen.[10]

Die Verschwörungstheorie des Birtherism flaute eine Zeitlang ab, verschwand aber niemals ganz. 2011 wurde sie wieder zum Leben erweckt, als Obamas erste Amtszeit als Präsident zu Ende ging und die Präsidentschaftswahl von 2012 näher rückte. Im Februar 2011 sprach Donald Trump, bekannt aus dem Reality-Fernsehen und als großspuriger und kontroverser Geschäftsmann, auf einem Treffen des Conservative Political Action Committee (CPAC) und warf die Birther-Frage wieder auf. Es war eine gute Wahl für ein Gesprächsthema vor einem Publikum mit einem großen Anteil an Obama-Hassern. Als Trump seine Birther-Theorien bei Fox News in der Sendung des konservativen Kommentators Bill O'Reilly ausbreitete, spottete O'Reilly über die Idee. Die Zuschauer von Fox, ebenfalls eine Gruppe mit einem bedeutenden Anteil an Obama-Hassern, liebten Trumps Verbreitung des Birtherism. Andere Moderatoren von Fox News luden ihn ein, um die Theorie in ihren Sendungen weiterzuverbreiten. In einer Sendung war er sogar wöchentlich zu Gast. Zu dieser Zeit versuchte Trump, seine Aufstellung als republikanischer Präsidentschaftskandidat zu bewirken.

Die Zeit war jedoch noch nicht reif für Trump. Er hatte keine Chance, die Nominierung zu gewinnen und schied aus dem Rennen aus, um weiterhin Geld mit seiner Reality-Show *The Apprentice* zu verdienen. Der Birtherism brachte ihm jedoch viele neue Anhänger ein.[11]

Trump belebte den Birtherism wieder. Oder in Chuck Todds Worten,»niemand hat mehr dafür getan, die Fälschungsproblematik in die Echokammern der Nachrichtensender zu befördern als Donald Trump.« Trump und seine Leute brachten immer mehr zweifelhafte Informationen über Obamas Herkunft hervor, doch auch andere beteiligten sich daran wie Sheriff Joe Arpaio aus Maricopa County, Arizona, und der Autor Jerome Corsi.[12] Immer und immer wieder wurden ihre Behauptungen umfassend entkräftet, doch vergebens. Die Birtherism-Theorie wurde zum Mainstream und ein Großteil scheinbar rationaler Republikaner begann, daran zu glauben. Chuck Todd machte sich über die sinnlose Leichtgläubigkeit von Menschen lustig, die glaubten, Obama sei ein Vorwand, um einen muslimischen Fremden in das Weiße Haus einzuschleusen. Er schrieb:»Wäre der Säugling auf ›George Lincoln Washington‹ getauft worden, dann hätte die ganze ›Einschleusungstheorie‹ vielleicht mehr Glauben gefunden.« Dennoch erwies sich Trump als Meister der rhetorischen Strategie des »Ich wollte ja nur fragen«. Diese Strategie wird besonders gern von Verschwörungstheoretikern, Pseudohistorikern und modernen Märchenerfindern eingesetzt, wenn sie ihre Zweifel in das etablierte Wissen streuen. Sie hinterfragen das Unstrittige und versuchen, durch stetige Wiederholung die Glaubwürdigkeit lange bewiesener Fakten und Theorien zu unterwandern. Seit seinem Debüt als Birther im Jahre 2011 ist Trump ständig zwischen der Verbreitung des Birtherism und der Behauptung, er würde nicht mehr daran glauben, hin- und hergewechselt. Was also glaubt Trump wirklich? Das hängt davon ab, welcher Tag es ist. Wie sein Biograf Michael D'Antonio festgestellt hat, sieht Trump keinen Nachteil im Birtherism. Er verschafft ihm ein festes, loyales Publikum und überzeugte Unterstützer. Vor der Wahl von Senatorin Kamala Harris zur Kandidatin der Demokratischen Partei für den Posten der Vizepräsidentin im Jahre 2020 kam eine neue Version des Birtherism auf. Diese behauptete, dass Harris nicht in den Vereinigten Staaten von Amerika geboren worden sei. Die Kamala-Harris-Theorie ist genau wie die Obama-Birther-

Theorie eine reine Erfindung, die vollständig entkräftet wurde. Doch genau wie die Obama-Birther-Theorie verschwindet sie nicht.[13]

In die Annalen des Verschwörungsdenkens und der Pseudohistorie ist aber auch die Aktion »Storm Area 51« (Stürmt Area 51) aus dem Jahre 2019 eingegangen. In der Mythologie der UFO-Bewegung ist Area 51 die geheime Armeebasis, in der die abgestürzten fliegenden Untertassen aus Roswell und anderen Orten zusammen mit ihren außerirdischen Besatzungen, sowohl tot als auch lebendig, gelagert und untersucht werden. Hat nicht schließlich der Film *Independence Day* von 1996 gezeigt, was genau dort vor sich geht? Der Film war jedoch fiktional. Die populäre Überlieferung über Area 51 ist umfangreich, wenn auch hauptsächlich falsch oder erfunden und käut immer dieselben »Fakten« wieder. Nichtsdestotrotz fasziniert sie die Menschen.

Am 20. Juni 2019 schaute sich Matty Roberts einen Video-Podcast der *Joe Rogan Experience* an, der Bob Lazar präsentierte, einen altgedienten Area-51-Verschwörungstheoretiker. Was er sah, inspirierte Roberts zu einem kleinen Scherz. Er richtete am 27. Juni 2019 eine Facebook-Seite ein, auf der er eine Aktion ankündigte. Er lud die Menschen ein, sich am 20. September in Area 51 zu versammeln und die Basis zu stürmen, um die außerirdischen Gefangenen zu sehen und zu befreien. Roberts hatte nie geplant oder sich vorgestellt, dass so etwas tatsächlich stattfinden würde. Zu seiner Überraschung und sehr zum Verdruss der United States Air Force ging die Ankündigung jedoch drei Tage später viral. Schließlich kündigten mehr als 2 Millionen Menschen ihr Kommen an, weitere 1,5 Millionen äußerten ihr Interesse. Die Aktion weckte eine ungewöhnlich starke Aufmerksamkeit in den Medien, wie es schräge und alberne Nachrichten häufig tun. Es wurden zwei Musikfestivals geplant und die Händler vor Ort begannen, sich auf einen Ansturm an Besuchern vorzubereiten. Eine große Frage war, wie viele Menschen tatsächlich zu dem Ereignis kommen würden. Area 51 liegt in einer unwirtlichen Wüste mit nur ein paar winzigen Orten, von denen einige weniger als 100 Bewohner haben. Die Gegend wäre nicht in der Lage, ein paar tausend Besucher aufzunehmen, geschweige denn zehntausende. In dem ganzen Gebiet rund um Area 51 gab es nur 184 Motelzimmer und die vorhandenen Campingplätze waren karg und primitiv. Darüber hinaus war die Air Force nicht bereit, einem Haufen irrer Zivilisten nur so aus Spaß das Erstürmen eines supergeheimen Armeestützpunktes zu erlauben. Am Ende erwies sich die Aktion »Storm Area 51« als Sturm im Wasserglas. Das Musikfestival lockte nur etwa 1.500 Besucher an, während sich am Haupteingang des Stützpunktes von Area 51 nur etwa 150 Menschen einfanden. Das Tor wurde nicht gestürmt, Außerirdische wurden nicht befreit und der Mythos von Area 51 blieb erhalten. Währenddessen nutzte das Oklahoma City Animal Shelter (Tierheim von Oklahoma City) die Aktion zu dem Aufruf »Stürmt unser Tierheim!«, um Menschen zur Adoption eines Tieres zu bewegen. Im Tierheim fand man dann Hunde vor, die Aluhüte trugen, um Außerirdische abzuwehren. Die Katzen lehnten es offenbar ab, den Aluhut-Quatsch mitzumachen. »Storm Area 51« ist eine wunderbare Fallstudie über die Macht und die Grenzen des Mythos in der Populärkultur des Internet-Zeitalters.[14]

Ein alles andere als glückliches Ereignis war der Ausbruch der COVID-19-Pandemie zu Beginn des Jahres 2020, der zu Krankheit, Tod und wirtschaftlichen Einbrüchen in globalem Ausmaß führte. Die Pandemie erwies sich darüber hinaus als erstaunlicher Generator von Verschwörungstheorien. Obwohl Epidemiologen seit Jahren davor gewarnt hatten, dass der Ausbruch einer globalen Pandemie unausweichlich sei, reagierten manche Menschen mit Verleugnung, als es wirklich dazu kam. Die Pandemie wurde als Schwindel bezeichnet, als Konspiration, um Präsident Donald Trump in Misskredit zu bringen. Wenn das wahr gewesen wäre, hätte sie eine globale Konspiration von ungeheuren internationalen Ausmaßen sein müssen. Es wurde behauptet, die Pandemie sei kein natürliches Ereignis, sondern werde von einem Virus verursacht, das versehentlich in einem Labor im chinesischen Wuhan freigesetzt wurde. Eine Variante dieses Szenarios behauptete, das Virus sei eine chinesische Biowaffe. Eine andere Version verkündete, das Virus sei definitiv eine Biowaffe, die China absichtlich auf die unglückliche Welt losgelassen habe. Für manche Menschen ist ein konspirierender menschlicher Feind eine beruhigendere Erklärung für das Unglück als ein stumpfsinniges Fragment aus genetischem Material – ein Virus.[15]

Vorhandene Verschwörungstheorien wurden mit den Geschehnissen rund um die Pandemie verflochten. Den Zuschauern der nationalen und internationalen Nachrichten wurden Videos gezeigt, die im Fernsehen oder im Internet veröffentlicht wurden und wirklich haarsträubende Verschwörungstheorien verbreiteten. Als sich die pandemische Lage in Florida verschlimmerte, hielten die West Palm Beach County Commissioners am 23. Juni 2020 ein Treffen ab, auf dem entschieden werden sollte, ob das Tragen von Masken in öffentlichen Bereichen verpflichtend werden sollte. Es dauerte mehr als sechs Stunden. Es wurde Zeit für öffentliche Kommentare eingeräumt. Eine Frau merkte an: »Ich trage aus dem gleichen Grund keine Maske, aus dem ich keine Unterwäsche trage; die Dinge müssen atmen.« Augenscheinlich war sie der Ansicht, dass die unteren Regionen einer Frau Teil des Atmungssystems seien. Es erübrigt sich zu sagen, dass ihr Kommentar ein grundlegendes Missverständnis über die menschliche Anatomie demonstriert. Falls Sie sich das jetzt fragen, sie trug eine Jeans, die anscheinend atmungsaktiver ist als Masken oder Unterwäsche. Eine andere Frau in einem roten T-Shirt ließ eine ansehnliche Schimpftirade gegen die Commissioner vom Stapel, in der sie diese verrückt nannte und ihnen mit Verhaftung und göttlicher Vergeltung drohte. Nach der Versammlung wurde diese Frau von einem Reporter einer lokalen Fernsehstation interviewt. Sie bestand weiterhin darauf, dass die Pandemie Teil eines Komplotts der Neuen Weltordnung sei, wobei es sich um eine Verschwörungstheorie handelt, die behauptet, dass die Welt in Wirklichkeit von einer geheimen Superelite regiert werde. Im Fall der Pandemie sei es das abscheuliche Ziel der Verschwörer, die menschliche Bevölkerung um 95 Prozent zu verringern. Falls sie Recht hat, müssen die Verschwörer sehr enttäuscht sein, da die Sterberate für COVID-19 nicht annähernd hoch genug ist.[16]

Einige Wochen später, am 27. Juli, veranstaltete eine Gruppe von Ärzten, die sich selbst als America's Frontline Doctors bezeichnete, eine Pressekonferenz am Gebäude des Obersten Gerichtshofs in Washington, DC. Sie waren COVID-19-Leugner oder haben die Pandemie zumindest kleingeredet. Organisiert wurde sie von den Tea Party Patriots. Eine der Ärztinnen tat sich besonders hervor. Stella Immanuel, ausgebildet in Nigeria, erklärte, dass die wahre Gefahr von dämonischem Sperma ausginge (möglicherweise war dies eine Referenz auf die Inkubi und Sukkubi, von denen man im Mittelalter annahm, dass sie die Träume der Menschen heimsuchten). Sie erwähnte außerdem die Gefahr, die durch außerirdische DNA entstehe, und warnte davor, dass die Menschheit durch reptilische Verschwörer bedroht sei. Wegen der dort vorgebrachten grob falschen und potenziell gefährlichen Behauptungen und Anschuldigungen wurde das Video der Pressekonferenz von Facebook und Twitter schnell entfernt. Doch auch wenn die großen Social-Media-Unternehmen mehr tun müssen, um eindeutig falsche und möglicherweise schädliche Behauptungen zu überprüfen und fernzuhalten, enthielt die Pressekonferenz dieser Randgruppe von Ärzten genügend lächerliche Aussagen, um ihrer Sache vermutlich eher zu schaden als zu nützen. Sie erregte allerdings die wohlwollende Aufmerksamkeit von Präsident Donald Trump, der noch nie zu denen gehörte, die sich von der Wissenschaft den Blick auf die von ihnen gewünschte Realität verstellen ließen. Was zeigen uns diese Ausbrüche von offenkundig wahnhaften Ideen? Dass die Behauptungen der Maskengegner von West Palm Beach und der Dämonensperma-Ärztin ein Widerhall der Ideen von David Icke und anderen Verschwörungstheoretikern sind. Unter ansonsten anscheinend normalen Menschen kursieren einige erheblich irrationale Vorstellungen, die die öffentliche Gesundheit und Sicherheit gefährden.[17]

Ickes Theorien haben genau wie die anderer Verschwörungstheoretiker, Pseudowissenschaftler und Geschichtsfälscher tiefe und verschlungene Wurzeln in der Vergangenheit. Einige dieser Wurzeln zurückzuverfolgen, ist das Ziel dieses Buches. Es ist kein vollständiger Überblick über das Thema, es ist nicht einmal besonders umfassend. Stattdessen ist es ein selektiver Blick auf etwas, das ich als Wissensmüll bezeichnen würde: Pseudohistorie und Geschichtsfälschung, Pseudowissenschaft, Verschwörungstheorien und moderne Mythen. Das erste Kapitel diskutiert die Konzepte und Begriffe, die mit Wissensmüll verbunden sind. Das zweite Kapitel,»Warum glauben Menschen seltsame Dinge?«, betrachtet die verschiedenen Gründe, aus denen Menschen Dinge glauben, die offenkundig unwahr, oft lächerlich und manchmal sogar schädlich und gefährlich sind. Evolutionspsychologie, Kognitionspsychologie, Sozialpsychologie, Sozialisierung, Kultur und Religion tragen dazu bei, dass Menschen es schaffen, das Unglaubliche zu glauben. Die zehn verlorenen Stämme Israels sind das Thema des dritten Kapitels. Dort untersuchen wir, wie der Mythos der zehn verlorenen Stämme sich über fast 3.000 Jahre entwickelt hat. Wenn die Menschen in die Jahrhunderte nach dem Fall von Samaria und des Nordreiches Israel in der Zeit zurückreisen könnten, dann würden sie bei der Frage nach den zehn verlorenen Stämmen auf Unverständnis treffen. Dennoch entwickelte sich der Mythos und wurde von Juden wie von Nichtjuden ausgenutzt, und zwar sowohl für philosemitische als auch für antisemitische Zwecke. Kapitel 4 wirft einen Blick auf die tieferen historischen Wurzeln moderner Verschwörungstheorien. David Ickes Theorien beruhen zum größten Teil auf einer Konfabulation moderner Elemente, deren Wurzeln bis zur Französischen Revolution, den Tempelrittern, dem Bau des salomonischen Tempels und den verlorenen Weisheiten des alten Ägypten zurückreichen. Aus diesem Umfeld sind die Illuminaten hervorgegangen und haben sich im Denken der Verschwörungstheoretiker als erstaunlich langlebig erwiesen. Diese Langlebigkeit ist insbesondere deshalb besonders bemerkenswert, als es die skrupellosen und unnachgiebigen Illuminaten bisher nicht geschafft haben, sich die Welt zu unterwerfen. Sie sind jedoch hartnäckig. Die okkulten und übernatürlichen Glaubensvorstellungen, die in der ersten Hälfte des 20. Jahrhunderts unter den Deutschen so beliebt waren und von den Nazis übernommen wurden, werden im fünften Kapitel näher untersucht. Nationalsozialismus als Ideologie war mehr als seine okkulten und übernatürlichen Aspekte. Die Ansammlung aus Pseudohistorie, Pseudowissenschaft und Rassismus, die er vornahm, machte die Ideologie plausibler und akzeptabler, weil sie ihr einen Anstrich von Wissenschaft und Geschichte verlieh. Dies half, Tyrannei und Völkermord zu rechtfertigen. Das sechste Kapitel schließlich betrachtet den Mythos von Roswell, also den Glauben daran, dass im Juli 1947 eine außerirdische fliegende Untertasse bei Roswell, New Mexico, abgestürzt ist. Der Mythos besteht aus Geschichten über Verschleierungsaktionen der Regierung, den Erwerb und die Nutzung von Alien-Technologien, geheime Regierungsabkommen und Allianzen mit Außerirdischen, Alien-Kontakte und Entführungen sowie anderen Aspekten der UFO-Bewegung, die nach 1947 entstand.

Kommen wir zur Methodik und Philosophie dieses Buches: Meine Methodik ist eine Kombination aus genealogischen und evolutionären Herangehensweisen an die Geschichte der untersuchten Ideen. Es ist notwendig, den Ursprung der Pseudohistorie, des Mythos oder der Verschwörungstheorie zu verorten. Auf welchen Ereignissen basiert die Geschichte? Anschließend enthüllt die Rekonstruktion der Vorgänge des Wachsens und der Weiterentwicklung dieser Geschichten über die Zeit die Widersprüche und Inkonsistenzen, die Zweifel an deren Glaubwürdigkeit aufwerfen. Im Fall der zehn verlorenen Stämme entdecken wir verschiedene widersprüchliche Tatsachen: Erstens verschleppten die Assyrer nur einen kleinen Anteil der Bewohner des antiken nördlichen Königreichs Israel. Die meisten der zehn Stämme lebten weiterhin im eroberten Nordreich oder zogen nach Juda, das überlebende südliche Königreich um. Auch wenn das apokryphe 4. Buch Esra davon berichtet, wie die unterdrückten zehn Stämme im Exil Zuflucht im Land Arzareth nahmen, sagen die historischen Aufzeichnungen etwas anderes. In der hellenistischen Zeit beteiligten sich Vertreter aller 12 Stämme Israels bei der Herstellung der Übersetzung der hebräischen Bibel in die griechische Sprache. Die griechische Bibelversion ist als Septuaginta bekannt. Paulus und andere Autoren des Neuen Testaments merken an, dass alle 12 Stämme in der Ära der Julisch-Claudischen Kaiser in Palästina lebten. Die zehn Stämme waren nicht verschollen. Der Stammbaum der Super-Verschwörungstheorien über eine Neue Weltordnung führt angeblich zurück bis zu den Illuminaten oder den Tempelrittern, allerdings ist es ein Stammbaum mit leeren Stellen und riesigen Lücken. Genau genommen ist es eine Art von Aufzeichnung, die nicht in die Glaubwürdigkeit der Verschwörungserzählung vertrauen lässt. Das allgemeine Fehlen von Dokumentationen und archäologischen Beweisen für die Theorien und Spekulationen rund um diesen Wissensmüll untergräbt die Glaubwürdigkeit dieser Ideen noch weiter. Die Verbreitung von Geschichten, die unvereinbar sind mit allem, was man aus Physik, Chemie und anderen Wissenschaften weiß, wirft ebenfalls Zweifel auf.

Bei den Recherchen für dieses Buch habe ich viele Theorien und Vorstellungen kennengelernt, die ausgefallen, exzentrisch oder surreal waren, und manchmal ausführlich untersucht. Es ist verblüffend, dass scheinbar vernünftige Leute solche Dinge tatsächlich glauben. Nichtsdestotrotz sind diese Vorstellungen und Ideen eine Quelle der Faszination und des Erstaunens, gerade weil Menschen sie glaubwürdig finden. Der Prozess, durch den diese Ideen entstanden sind und sich weiterentwickelt haben, ist eine Anerkennung der menschlichen Fantasie, selbst wenn sie kaum oder keine Ähnlichkeit mit der wissenschaftlichen oder historischen Realität haben. Viele Leute, die die Fernsehsendung *Ancient Aliens – Unerklärliche Phänomene* einschalten, sind einfach gespannt darauf, was sich deren Macher als Nächstes haben einfallen lassen. Sie haben ansonsten keinen Bezug zu den verschiedenen Theorien, die in den einzelnen Folgen präsentiert werden. Zahllose Romane oder Filme basieren auf solchen pseudohistorischen oder pseudowissenschaftlichen Theorien. James Rollins'»Sigma Force«-Romane bauen auf einer Reihe pseudohistorischer und pseudowissenschaftlicher Theorien auf, die die Prämissen seiner Handlungen bieten. Dan Brown stieß auf eine Goldader, als er für den Plot seines Bestsellers *Sakrileg* (dt. 2004, erschienen 2003 als *The Da Vinci Code*) auf das pseudowissenschaftliche Buch *Der Heilige Gral und seine Erben* (1982) von Michael Baigent, Richard Leigh und Henry Lincoln zurückgriff. Der Filmemacher Roland Emmerich nutzte für die Handlungen einiger seiner Filme pseudohistorische und pseudowissenschaftliche Grundlagen. *Stargate* (1994) basierte auf der Theorie der Prä-Astronautik, *Independence Day* verknüpfte eine Alien-Invasion der Erde mit den angeblichen Abstürzen außerirdischer fliegender Untertassen in Roswell, New Mexico, und gefangenen Aliens, die in Area 51 festgehalten werden. Eine katastrophale Klimaveränderung aufgrund der Erderwärmung war das Thema von *The Day After Tomorrow* (2004), während *10.000 B. C.* (2008) das Konzept einer fortschrittlichen, an Atlantis erinnernden Zivilisation im Eiszeitalter nutzt. Der am Katastrophismus orientierte Film *2012* (2009) wiederum kombinierte Charles H. Hapgoods verworfene Theorie von der Erdkrusten- und Polverschiebung mit den Maya-Prophezeiungen über das Ende der Welt. Einige Jahre später nahm er das Thema der Alien-Invasion wieder auf und drehte das Sequel *Independence Day: Wiederkehr* (2016). *Stargate* zog eine Fernsehserie, *Stargate SGI* (1997-2007), nach sich, die sechs Spin-Off-Serien und Fernsehfilme inspirierte.

Das macht alles Spaß, solange man sich daran erinnert, dass es sich hierbei nur um Romane, Filme oder Fernsehsendungen handelt. Nicht jeder trifft jedoch diese Unterscheidung. Die beliebte Fernsehserie

*Akte X – Die unheimlichen Fälle des FBI* (1993-2002) drehte sich rund um UFOs und andere Mysterien. Ihr Schöpfer Chris Carter betonte stets, dass alles fiktiv sei. Das hinderte einige Zuschauer jedoch nicht daran, sie als eine Art Dokudrama zu betrachten, das auf tatsächlichen Ereignissen beruhte. Man nennt so etwas eine Umkehrung von Fakten und Fiktion.

Wenn Menschen anfangen, an Dinge und Ideen zu glauben, die unwahr sind, dann kann das für jede Gesellschaft zu einem Problem werden. Nazideutschland ist ein gutes Beispiel für eine Nation, in der allzu viele Bürger die pseudowissenschaftlichen Behauptungen über die rassische Überlegenheit der Deutschen und die Entartung und Bösartigkeit von Juden, Slawen und Zigeunern glaubten. Die Folge waren verheerende Angriffskriege und Völkermord. 2020, 75 Jahre nach dem Ende des Zweiten Weltkriegs, macht es die Welt des Internet deutlich einfacher, Lügen darüber zu verbreiten, dass der Holocaust niemals stattgefunden habe und ein großer Schwindel sei. Die Menschen sind von den Falschheiten, die sie im Internet sehen und lesen, aufgeheizt worden. Der Attentäter Dylann S. Roof wurde durch weiße, rassistische Propaganda radikalisiert. In der Folge erschoss er am 17. Juni 2015 neun Afroamerikaner während einer Bibelstunde in der Emanuel African Methodist Episcopal Church in Charleston, South Carolina. Er ist keine tragische Ausnahme. Menschen in den Vereinigten Staaten von Amerika und anderen Ländern sind gleichermaßen von den Internet-Auslassungen weißer Suprematisten und Verschwörungstheoretiker radikalisiert worden. Das Internet ist auch das bevorzugte Werkzeug radikaler islamistischer Dschihadisten zum Anwerben neuer Mitglieder für ihre terroristischen Truppen.[18]

Angesichts so vieler Mythen, pseudohistorischer Narrative, pseudowissenschaftlicher Theorien und Verschwörungstheorien ist es notwendig, dem gesunden Menschenverstand und der intellektuellen Integrität neue Geltung zu verschaffen. In diesen Tagen des Relativismus sagen uns Religions- und Kulturwissenschaftler, dass es keine gute akademische Praxis sei, Werturteile über die Glaubensvorstellungen von Menschen abzugeben, was für die meisten Vorstellungen und Meinungen, die in der Gesellschaft zirkulieren, in Ordnung ist. Bedeutet dies, dass Menschen- oder Kinderopfer als Teil der Glaubensvorstellung einer

Person okay sind? Tausende von Menschen behaupten, von Außerirdischen entführt worden zu sein und einige von ihnen sind regelrecht besessen davon. Heißt dass, wir sollten davon Abstand nehmen, diese Behauptungen als vollkommen unsinnig anzusehen? Irgendwann ist die Grenze des menschlichen Anstands, der Groteske oder einfach nur Albernheit erreicht. Manche Verschwörungstheorien haben es geschafft, das Vertrauen der Öffentlichkeit in Regierungen in einem Maße zu untergraben, das ungesund und dysfunktional ist. Demokratische Republiken hängen zu einem gewissen Grad vom Vertrauen ab, um richtig funktionieren zu können. Allzu viel Misstrauen bringt Menschen dazu, sich aus dem demokratischen Prozess zurückzuziehen. Es muss in demokratischen Gesellschaften in der Interaktion der Bürger mit ihren Regierungen ein Gleichgewicht zwischen Vertrauen und Skepsis geben. Es muss auch ein Gleichgewicht darin geben, wie Gesellschaften auf die Art von Wissensmüll reagieren, der in der modernen Gesellschaft zirkuliert. Eine Disney-Version des Mythos von Atlantis ist vergleichsweise harmlos. Ein Deutscher der 1930er Jahre, der glaubte, dass auf dem untergegangenen Atlantis eine Herrenrasse lebte, deren Abkömmling er ist, ist eine völlig andere und bösartige Geschichte. Ich stimme deshalb W. E. B. Dubois zu: Er kritisierte die Historiographie der rassistischen Dunning School of Reconstruction, die die Geschichtsschreibung des US-amerikanischen Südens in den 1920er und 1930er Jahren dominierte. Seine Kritik lässt sich auch auf die Ideen des Wissensmülls anwenden. Er schrieb 1935: »Wenn die Geschichte wissenschaftlich sein soll, wenn die Aufzeichnung des menschlichen Handelns mit jener Genauigkeit und Detailtreue erfolgen soll, dass sie als Messlatte und Wegweiser für die Zukunft der Nationen dienen kann, dann muss es ethische Standards in Forschung und Interpretation geben.«[19]

Mein Studium abseitiger Glaubensvorstellungen hat mich zu dem Schluss geführt, dass viele von ihnen gesellschaftlich ungesund und einige potenziell gefährlich für die bürgerliche Gesellschaft sind. Um genau zu sein, sind einige bereits gefährlich. Es ist meine Absicht, diese randständigen Ideen und Vorstellungen zu verurteilen. Ich stimme Mark Twain zu: »Man könnte denken, ich wäre voreingenommen. Vielleicht bin ich es auch. Ich würde mich vor mir selber schämen, wenn ich es nicht wäre.«[20]

Und schließlich haben Sie, liebe Leser, sicher bemerkt, dass sich der Titel dieses Buches an das Spinoza-Zitat anlehnt, das diesem Buch vorangestellt ist. Spinoza führte den Glauben an den Aberglauben auf Hoffnung und Angst zurück. Wie Sie sehen werden, war Spinoza ein scharfsinniger Beobachter. In jeder Ausprägung des Wissensmülls, die wir in diesem Buch besprechen werden, spielen Hoffnung, Angst und Schrecken eine große Rolle.

# Nachdenken über Pseudowissenschaft, Pseudohistorie, moderne Mythen und Verschwörungstheorien

*Eine Prozession der Verdammten.*
*Mit den Verdammten meine ich die Ausgeschlossenen.*
*Wir werden eine Prozession der Daten vorbeiziehen sehen, die von*
*der Wissenschaft ausgeschlossen wurden.*
*...*
*Die Macht, die all diesen Dingen sagte, dass sie verdammt sind,*
*heißt »dogmatische Wissenschaft«.*

CHARLES FORT[1]

Menschen sind neugierig. Auch wenn manche nur widerstrebend lernen und andere sich dem Lernen sogar widersetzen, haben die meisten Menschen Freude daran. Wir wissen aber, dass »Wissen Macht ist«, wie Sir Francis Bacon schon 1587 feststellte. Es ist eine Binsenweisheit, die der fiktive Tyrion Lannister aus der Fernsehserie *Game of Thrones* mit dem T-Shirt-würdigen Aphorismus »Ich trinke und ich weiß Dinge« beispielhaft verkörpert. Anders als Sir Francis und Tyrion ist die heutige Gesellschaft mit dem Zugang zu einem Universum an Wissen gesegnet, das nur ein paar Klicks auf dem Computer entfernt liegt. Es ist Fluch und Segen zugleich, denn dieses Wissen ist mit einer anscheinend noch größeren Menge an vorgeblichem Wissen verschränkt, das in Wirklichkeit falsch, gefälscht, verzerrt, veraltet, zersetzend propagandistisch und/oder aus dem Kontext gerissen ist. Manchmal ist es schwierig, exaktes und objektives von fehlerhaftem und tendenziösem Wissen zu unterscheiden. Doch das Internet ist nur eine Quelle des Wissens und noch dazu eine relativ neue, was ihre Auswirkungen auf unsere Gesellschaft betrifft, mögen diese Auswirkungen auch ungeheuer sein. Falsches Wissen gibt es schon sehr lange. Es wurde durch Bücher, Zeitungen, Zeitschriften, Radio, Filme und Fernsehen vermittelt. Und natürlich gab es da noch althergebrachte Quellen – Gerüchte, Flüstern, Klatsch und Tratsch sowie Lügengeschichten.

Doch Menschen sind nicht nur neugierig, sie lieben auch eine gute Geschichte. Das war schon immer so: Denken Sie nur an Homer oder die Geschichten von Gilgamesch und Sinuhe. Diese uralten Geschichten waren fiktiv, besaßen aber einen wahren Kern. Menschen erleben außerdem gern etwas Wunderbares. Wir erfreuen uns an Geheimnissen und Fantasien ebenso wie am Exotischen und Mysteriösen. Oft sind Fantasie und Fiktion lustiger und erfreulicher als die Realität und die Fakten. Zu einem Problem wird das erst, wenn die Menschen nicht mehr zwischen Fakten und Fiktionen, Wahrheit und Fälschung oder Wirklichkeit und Fantasie unterscheiden können.

Verschwörungstheorien und Fake News breiten sich immer mehr aus. Der Vorwurf, es handele sich um Fake News, richtet sich aber für gewöhnlich gegen Journalisten, die die Wahrheit berichten. Oft ist es pseudowissenschaftlicher Quatsch, der negativ beeinflusst, wie AIDS/HIV behandelt wird, dass Menschen dazu verführt werden, zu Impfgegnern zu werden, und die Bemühungen um Eindämmung der COVID-19-Pandemie behindert.[2] Besonders problematisch ist es, wenn die Pandemie als Fälschung bezeichnet wird: Einer ihrer Schönredner, der britische Premierminister Boris Johnson, hatte sich mit der Krankheit angesteckt und musste mehrere Tage auf der Intensivstation verbringen, bevor er wieder gesund wurde. Der brasilianische Präsident Jair Bolsonaro, ebenfalls ein COVID-19-Leugner, wurde etwas später positiv auf das Virus getestet. Der größte COVID-19-Leugner von allen aber ist Donald Trump, damals noch Präsident der USA. Viele Menschen scheinen übersehen zu haben, dass US-Präsident Donald

Trump die Pandemie herunterspielte, während er und viele seiner Mitarbeiter gleichzeitig häufig getestet wurden und er selbst während seiner Erkrankung eine hochmoderne medizinische Behandlung erhielt (Privilegien, die den meisten Amerikanern versagt bleiben). Die Situation verbesserte sich nicht, als Trump den Menschen nicht genehmigte, unzureichend getestete und potenziell gefährliche Behandlungen empfahl wie etwa Hydroxychloroquin als Präventivmaßnahme. Ganz offensichtlich kursieren eine Menge Falschinformationen, die viele Menschen nicht als solche erkennen. Leider führen diese zu allen möglichen schlechten Entscheidungen und Handlungen. Ein passender Name für dieses Phänomen der Fehlinformationen ist »Denkmüll« (»Junk Thought«) oder »Wissensmüll« (»Junk Knowledge«), ein Begriff, der 2008 von Susan Jacoby geprägt wurde.[3] Andere Bezeichnungen dafür sind »Grenzwissen«, »Gegenwissen« und »Hokuspokus«. Es kommt in unterschiedlichen Formen daher: als Mythen, als das Paranormale, das Übernatürliche, das Okkulte, als eine Pseudowissenschaft, eine Pseudohistorie und Verschwörungstheorien.

»Mythos« ist ein Wort mit vielen unterschiedlichen Bedeutungen. In der Alltagssprache ist eine gebräuchliche Definition von Mythos laut dem *New Oxford American Dictionary* »eine weit verbreitete, aber falsche Vorstellung oder Idee«. Das *Shorter Oxford English Dictionary* liefert uns eine ähnliche, aber detailliertere Definition: »Eine weit verbreitete (bes. unwahre oder verrufene populäre) Geschichte oder Annahme; ein Irrglaube oder eine falsche Darstellung der Wahrheit; eine übertriebene oder idealisierte Vorstellung von einer Person, Institution usw.; eine Person, Institution usw., die weitgehend idealisiert oder falsch dargestellt wird.« Im populären Diskurs werden darüber hinaus die Begriffe »Mythos« und »Legende« üblicherweise synonym verwendet. Wissenschaftler hingegen betrachten Mythos und Legende als unterschiedliche Konzepte. Für sie ist ein Mythos eine erfundene Geschichte, die allegorisch oder tropologisch verwendet wird, um ein natürliches Ereignis oder Phänomen oder einen Aspekt des menschlichen Befindens oder der Psyche zu erklären. Die Geschichte von Persephones Entführung durch Hades war ein Mythos, der den Wandel der Jahreszeiten erklären sollte. Eine Legende ist hingegen eine Geschichte über die Vergangenheit, die auf tatsächlichen historischen Ereignissen basiert, obwohl die Geschichte im Laufe der Zeit oft verzerrt wird.[4] Heinrich Schliemanns Entdeckung der Ruinen von Troja verwandelte den Trojanischen Krieg von einem Mythos, den Homer erschaffen hatte, in eine Legende. In einem aktuellen Überblick über das Konzept des Mythos definierte Robert Segal ihn als eine Geschichte, schränkt seine Definition aber ein, indem er vorausschickt: »Um sich als Mythos auszuzeichnen, muss eine Geschichte, die natürlich eine Überzeugung ausdrücken kann, einen starken Rückhalt bei ihren Anhängern haben. Die Geschichte kann aber wahr oder falsch sein.« Mit Überzeugung meint Segal, dass ihre Anhänger stark daran glauben müssen, was der Mythos zu behaupten oder zu meinen vorgibt.[5] Die Mythen, mit denen wir uns in diesem Buch befassen, entsprechen zum Großteil dem Typ, den Segal definiert, nur dass keiner von ihnen wahr sein wird. Sie folgen also auch der Definition des *Oxford American Dictionary*.

Das Paranormale, das Übernatürliche und das Okkulte sind eng miteinander verwandt und werden benutzt, um Ereignisse oder Phänomene zu beschreiben, die jenseits des Bereichs des normalen wissenschaftlichen Verständnisses und der Naturgesetze liegen. »Paranormal« kommt eher im wissenschaftlichen Kontext zum Einsatz, etwa beim Studium von Phänomenen wie Fernwahrnehmung oder Telekinese. Im Gegensatz dazu wird »übernatürlich« vor allem in einem magischen Kontext benutzt. Der Begriff »okkult« beschreibt mystische und magische Kräfte und Phänomene, schließt aber auch die Vorstellung ein, dass das Okkulte eine Fülle an Wissen und Praktiken darstellt, die sich über die Epochen angesammelt haben. Das Wort leitet sich vom lateinischen *occultus* ab, das verborgen, verdeckt oder geheim bedeutet. Der Historiker Eric Kurlander weist darauf hin, dass das Okkulte außerdem den Hauch des Elitären mit sich bringt. Seiner Ansicht nach umfasste das Okkulte nicht das Grenzwissen oder die Pseudowissenschaft und die Rassenmythologien, die Teil der Kultur des Nationalsozialismus waren.[6]

Wissensmüll, Pseudo- oder Randwissen besteht aus Wissen, das nicht zum Standard gehört und nicht als Teil der normalen Wissenschaft, sondern der sogenannten Grenzwissenschaft betrachtet wird, weil es ganz einfach irrige und abwegige Ideen als seriös und gültig annimmt. Die zwei größten Komponenten des Wissensmülls in unserer heutigen Gesellschaft sind Pseudowissenschaft und Pseudohistorie (einschließlich des Teilbereichs der Pseudoarchäologie). Um zu verstehen, was Pseudowissenschaft und Pseudohistorie sind, müssen wir zunächst einmal erfassen, was Wissenschaft (genauer gesagt Naturwissenschaft) und Geschichtswissenschaft sind. Naturwissenschaft ist das methodische Studium der natürlichen Welt, das empirisch auf Beobachtung und Experiment basiert. Geschichtswissenschaft (einschließlich der Archäologie) ist das methodische Studium der menschlichen Vergangenheit, das auf Beweisen aus den noch vorhandenen Aufzeichnungen und Artefakten beruht. Beide Disziplinen streben nach Schlussfolgerungen, die aus Beweisführungen und Daten gezogen werden. Naturwissenschaftler und Historiker bemühen sich um Objektivität und versuchen, zu vermeiden, sich aus den Daten und Beweisen nur die Dinge herauszupicken, die zu einer vorher festgelegten Schlussfolgerung führen. Darüber hinaus sind die Wissensbestände in Naturwissenschaft und Geschichtswissenschaft immer vorläufig und können sich angesichts neuer Forschungsergebnisse ändern.

Naturwissenschaftler und Historiker können Fehler machen, sogar unethische oder unehrliche. Glücklicherweise unterziehen sich Naturwissenschaft und Geschichtswissenschaft ihrer eigenen und gegenseitigen Kontrolle (»Peer Review«). Die Wissenschaftler üben jeweils Kritik an der Arbeit der anderen. Wissenschaftlich vorankommen können sie, indem sie etwas Neues entdecken oder eine vorhandene Interpretation oder Theorie überzeugend überarbeiten. Schlampige Arbeit kann Spott auf sich ziehen, während Unehrlichkeit bei der wissenschaftlichen Arbeit Wissenschaftler völlig disqualifizieren und aus dem wissenschaftlichen Betrieb vollständig ausschließen kann. Wissenschaftliche Arbeiten enthalten Fußnoten, Endnoten, Grafiken, Tabellen, Diagramme und Bibliografien, die alle auf Forschung basieren. Diese Arten von wissenschaftlichem Apparat liefern Hinweise darauf, wie die Forschungsarbeit durchgeführt wurde, welche Beweise gefunden und wie die Schlussfolgerungen erzielt wurden. In der Folge entsteht bei der Mehrzahl der Naturwissenschaftler und Historiker eine Konsensrealität. Diese Konsensrealität kann sich bis zu einem gewissen Grad verschieben, wenn neue Forschungen und Methoden auftauchen. Im Großen und Ganzen aber herrscht unter den Wissenschaftlern breite Zustimmung (Konsens). Natürlich wollen manche extremen Relativisten und Postmodernisten nicht anerkennen, dass Fakten und Realität überhaupt existieren oder dass Aufgeschlossenheit und Objektivität teilweise erreichbar sind. Für sie sind die Diskurse und Narrative der Naturwissenschaft und der Geschichtswissenschaft nur Konstrukte, wie Pseudowissenschaft und Pseudohistorie. Abwägungen der Wahrheit und Genauigkeit sind nicht relevant oder gültig. Das ist jedoch kein Werk des Postmodernismus.

Verschwörungstheorien sind eine weitere Komponente des Wissensmülls oder des Denkmülls – und zwar eine ziemlich große. Eine Verschwörung ist ein Plan oder eine Übereinkunft zwischen zwei oder mehr Menschen, ein Verbrechen oder eine andere illegale oder unethische Handlung zu begehen. Die Ermordung von Abraham Lincoln war eine Verschwörung, genau wie der Versuch der Gunpowder-Verschwörer von 1605, das englische Parlament in die Luft zu jagen. Beim Watergate-Skandal ging es um Verschwörungen, die der US-amerikanische Präsident Richard Nixon und sein innerer Kreis ausgeheckt hatten. Immer waren kleine Gruppen von Menschen beteiligt, die sich an Gewalttaten oder anderen kriminellen Handlungen beteiligen wollten. In jüngerer Zeit gab es ähnliche Verschwörungen, wie den Bombenanschlag von Timothy McVeigh auf das Murrah Federal Building in Oklahoma City oder die Zerstörung des World Trade Center in New York City am 11. September 2001 durch Mitglieder von Al-Qaida. Diese beiden Ereignisse erregten die Aufmerksamkeit von Verschwörungstheoretikern. McVeigh behauptete, ein einsamer Patriot zu sein (dabei hatte er mehrere Komplizen), der an der tyrannischen US-Regierung Vergeltung für die Gräuel nehmen wollte, die diese bei der Erstürmung des Stützpunktes der Davidianer-Sekte in Waco, Texas, begangen hatte. Manche Verschwörungstheoretiker haben McVeighs abscheuliche Tat als Täuschungsmanöver der Regierung bezeichnet, um die regierungsfeindliche Milizbewegung in Misskredit zu bringen. Obwohl Osama bin Laden und Al-Qaida die Verantwortung für die Anschläge des 11. September übernommen haben und es ausreichend solide Beweise für die Richtigkeit dieser Behauptungen gibt, haben Verschwörungstheoretiker verschiedene Alternativen ausgeheckt. Diese reichen von der Behauptung, dass der israelische Geheimdienst Mossad für die Angriffe verantwortlich sei, um unter den Amerikanern antiislamische oder antiarabische Gefühle zu schüren, bis zu der Anschuldigung, dass die US-Regierung die Anschläge geplant habe, um die Einmärsche in Afghanistan und den Irak zu rechtfertigen. Auch die aktuelle COVID-19-Pandemie hat eine ganze Reihe von Verschwörungstheorien hervorgebracht, wie bereits in der Einführung diskutiert wurde.

Diese späteren Verschwörungstheorien sind Ausdruck eines Verschwörungsdenkens oder Konspirationismus, also des Glaubens oder der Neigung, überall Verschwörungen zu sehen und Verschwörungstheorien zu formulieren, um zu erklären, warum Dinge so geschehen, wie sie geschehen sind. Menschen, die über Verschwörungsdenken schreiben, folgen meist einer von zwei Denkschulen. Die eine Gruppe nimmt eine negative Sichtweise ein. Sie betrachten das Verschwörungsdenken als eine Tendenz, Ereignisse auch dann durch eine Verschwörungstheorie zu erklären, wenn es viel glaubwürdigere Erklärungen gibt. In der Folge leidet die Gesellschaft unter unnötigen Ängsten und Verwirrung.[7] Im Gegensatz dazu nimmt die andere Gruppe einen positiven Standpunkt gegenüber dem Verschwörungsdenken ein. Sie behauptet, dass Verschwörungstheorien oft wahr sind und ihre Enthüllung der Verschwörungen deshalb der Gesellschaft nützt. Ein gutes Beispiel für diese positive Herangehensweise ist Kathryn Olmsteds *Real Enemies: Conspiracy Theories and American Democracy, World War I to 9/11*. Sie verfolgt zurück, wie die US-amerikanische Regierung heimlich danach strebte, das Land in beide Weltkriege zu verwickeln und sich an anderen Verschwörungen und Täuschungen beteiligte, wie etwa dem Watergate-Skandal und der Iran-Contra-Affäre. Sie führt aus, dass amerikanische Verschwörungstheorien sich im Laufe des 20. Jahrhunderts nicht mehr hauptsächlich um äußere und/oder innere Gruppen drehten, die sich gegen die Vereinigten Staaten von Amerika und ihre Regierung verschworen. Stattdessen konspirierte nun die US-Regierung gegen ihre eigenen Bürger. Die zunehmende Größe der Bundesregierung, deren Wachstum mit dem 1. Weltkrieg begann und sich seitdem immer weiter fortgesetzt hat, sei verantwortlich für diese Verschiebung. Für sie ist »eine Verschwörungstheorie ein Vorschlag über eine Verschwörung, die wahr sein kann oder auch nicht; sie wurde noch nicht bewiesen.« Nichtsdestoweniger hält Olmsted Verschwörungsdenken und Verschwörungstheorien letztlich für nicht sonderlich konstruktiv.[8]

Andere Gelehrte des Konspirationismus und der Verschwörungstheorien grenzen ihre Definition auf Vorstellungen ein, die nicht wahr
und nicht beweisbar sind. Diese Sichtweise nahm ihren Ausgang mit
dem Philosophen Karl Popper und seinem Buch *Logik der Forschung*
von 1934. Der Politikwissenschaftler Michael Barkun schrieb: »Je pau-
schaler die Behauptungen einer Verschwörungstheorie werden, umso
weniger relevant werden die Beweise …, weil Verschwörungstheorien
unbeweisbar sind.« Jedes Beweisstück gegen die Existenz einer Verschwörung wird einfach als Teil oder Produkt der großen Verschwörung zurückgewiesen. Deshalb sind Verschwörungstheorien im Sinne
dieser restriktiveren Definition von Natur aus unwahr. Die Journalistin
Anna Merlan, die Verschwörungstheorien untersucht hat, warnt jedoch: »Jeder, der Ihnen sagt, dass wir immer leicht fiktive Verschwörungen von echten unterscheiden können, hat vermutlich nicht viel über
Geschichte gelesen.«[9] Der Fokus dieses Buches liegt auf der Art von
Verschwörungstheorien, die von Barkun, Merlan und Thomas Konda
untersucht werden, sodass sich relativ sicher sagen lässt, dass es sich um
Fiktionen handelt und keine Tatsachen. Schließlich konnte bisher niemand einen echten Echsenmenschen oder einen nachweislichen Agenten der Illuminaten fassen, auch wenn viele Menschen schon lange nach
ihnen Ausschau gehalten haben.

Welche Eigenschaften zeichnen eine Verschwörungstheorie aus?
Kathryn Olmsted beobachtet, dass »Verschwörungstheorien einfache
Möglichkeiten sind, komplizierte Geschichten zu erzählen.«[10] Die
Geschichte wird in vielen, wenn auch nicht in allen Verschwörungstheorien auf einen Kampf zwischen Gut und Böse reduziert. Wie Anna
Merlan ausführt, sind die Narrative von Verschwörungen manchmal
nicht einfach, sondern können kompliziert und verwirrend sein und in
ihren Mehrdeutigkeiten und Widersprüchen sogar bis zur Zusammen-
hanglosigkeit reichen. Die Verschwörungstheorien in Milton William
Coopers Underground-Klassiker *Behold a Pale Horse* (1991) sind genau
wie seine anderen Schriften und seine Radiobeiträge gute Beispiele für
solch wirres und chaotisches Denken. Merlan beobachtet ganz richtig:
»Entscheidend ist eher, einen Feind zu identifizieren, als genau zu umreißen, was er getan hat.«[11]

Wie sollen wir nun die verschiedenen Verschwörungen und Verschwörungstheorien bewerten, die es bis in die Nachrichten, die sozialen Medien und die Populärkultur schaffen? Wir können Ockhams Rasiermesser anwenden – auch bekannt als Sparsamkeitsprinzip. Es besagt, dass die einfache oder einfachere Erklärung für ein Ereignis oder Phänomen immer vorzuziehen ist, wenn es keinen Beweis für das Gegenteil gibt. Dieses Prinzip wird von guten Mechanikern ebenso befolgt wie von Wissenschaftlern. Mit anderen Worten, wenn das Auto oder der Computer nicht funktioniert, dann prüfen Sie immer zuerst, ob Benzin im Tank ist oder der Stecker in der Steckdose steckt.

Ein weiteres wichtiges Prinzip ist, klar zwischen dem zu unterscheiden, was möglich ist, und dem, was wahrscheinlich ist. Letztendlich ist nahezu alles möglich. Wenn jemand sagt, dass uns irgendwann in der Zukunft eine *Independence-Day*-artige Invasion Außerirdischer bevorsteht, dann kann man wirklich nicht behaupten, dass das unmöglich sei. Es ist noch nie zuvor geschehen (tut mir leid, Fans von *Ancient Aliens* und *Roswell*), aber das macht es noch nicht unmöglich. Es macht es jedoch hochgradig unwahrscheinlich. Es ist daher wichtig, die Wahrscheinlichkeit abzuschätzen, dass etwas wahr oder falsch ist, und nicht nur, ob es theoretisch möglich ist.

Der Skeptiker Michael Shermer hat eine Liste mit Eigenschaften einer Verschwörungstheorie zusammengestellt, die zuverlässige Indikatoren dafür sind, dass sie nicht wahr ist. Zuerst müssen wir beurteilen, ob die Punkte, die angeblich die Teile einer Verschwörungstheorie miteinander verbinden, wirklich auf kausale Weise verbunden sind oder einfach nur wahllose Zufälle sind. Entsprechend dem Prinzip von Ockhams Rasiermesser ist die einfachste Erklärung meist der wahllose Zufall. Eine andere Komponente, die Verschwörungstheorien gemeinsam ist, besteht darin, den Verschwörern nahezu grenzenlose Macht und Fähigkeiten zuzuschreiben. Im wahren Leben machen die Menschen jedoch Fehler, Pläne oder Intrigen laufen schief. Es gibt definitiv Grenzen hinsichtlich der tatsächlichen Macht der Verschwörer oder skrupellosen Diktatoren. George Orwells Großer Bruder mag unüberwindlich, allmächtig und allwissend gewesen sein, doch Hitler und Stalin waren es nicht. Und offensichtlich waren es auch die Illuminaten nicht, da ihre zwei Jahrhunderte andauernde Verschwörung immer noch nicht erfolgreich war. Je komplizierter eine Verschwörungstheorie ist, umso schwieriger ist sie umzusetzen und umso weniger wahrscheinlich ist sie wahr. Außerdem ist sie umso schwieriger geheim zu halten, je mehr Menschen an ihr beteiligt sind. Die Idee, dass die Mondlandung von 1969 ein Schwindel war, ist deshalb lächerlich. Zwischen dem 20. Juli 1969 und dem 11. Dezember 1972 gab es insgesamt sechs Mondlandungen. Es wären tausende von Menschen nötig gewesen, um alles zu verschleiern. Dennoch hat im Laufe von mehr als 50 Jahren noch nie jemand diesen Schwindel aufgedeckt oder irgendwelche entsprechenden Bekenntnisse auf dem Sterbebett gemacht. Die Unwahrscheinlichkeit, dass all diese Menschen Stille über diese oder irgendeine andere großangelegte Verschwörung bewahren, ist umfassend analysiert worden. Dabei ist man zu dem Schluss gekommen, dass keine Verschwörung länger als vier Jahre existieren könnte, ohne dass jemand die Allgemeinheit von ihrer Existenz in Kenntnis setzt. Und die Illuminaten und die Neue Weltordnung gibt es jetzt wie lange?[12]

Verschwörungstheorien, die kühne Ziele von epischen und globalen Ausmaßen verfolgen, sind ziemlich unwahrscheinlich. Der durchschnittliche Verschwörer ist viel zu praktisch veranlagt, um die Weltherrschaft als realistisches Ziel anzustreben. Verschwörungstheorien verbinden sich auf unglaubwürdige Weise mit großen Ereignissen, während sie gleichzeitig harmlosen oder unwichtigen Ereignissen eine bedrohliche oder bösartige Bedeutung zumessen. Bei der Darstellung einer Verschwörungstheorie werden häufig Fakten und Spekulationen miteinander vermischt. Diese Eigenschaft erschwert es, die Plausibilität und Wahrscheinlichkeit der aufgestellten Behauptungen zu ermitteln. Das ist ebenfalls ein deutliches Signal, dass die Verschwörungstheorie nicht wahr ist. Verschwörungstheoretiker zeigen oft wahllos ihr Widerstreben und Misstrauen gegenüber Regierungsbehörden und privaten Organisationen, die keine vernünftige und auf Fakten beruhende Grundlage haben. Und schließlich beharren Verschwörungstheoretiker oft auf ihren Thesen, ohne andere mögliche Erklärungen in Betracht zu ziehen. Sie ignorieren alle Beweise, die nicht zu ihren Theorien passen und erkennen nur solche Beweise an, die das stützen, was sie sowieso bereits glauben. Ein solches Verhalten ist das Kennzeichen einer Verschwörungstheorie, die falsch oder unecht ist.[13]

Michael Barkun betont, dass der Konspirationismus menschliche Ereignisse als die Produkte eines Plans oder Musters betrachtet statt als zufällige Vorkommnisse. Dieses Weltbild spiegelt sich in drei Aussagen wider, die in fast allen Verschwörungstheorien zu finden sind: (1) Nichts geschieht aus Zufall, (2) nichts ist so, wie es aussieht, und (3) alles ist miteinander verbunden. Die bösen Verschwörer in solchen Theorien sind sehr mächtig und aus diesem Grund sehr furchteinflößend. Ein positiver Effekt ist dagegen, dass dies der Welt einen Sinn verleiht. Es gibt einen Kampf zwischen Gut und Böse, der ausgefochten werden muss und das gibt dem Leben einen Zweck und eine Ordnung, sodass es nicht einfach nur zufällig und chaotisch ist.[14] Barkun identifiziert darüber hinaus anhand des Umfangs der einzelnen Verschwörung drei Arten von Verschwörungen: (1) Ereignisverschwörungen, (2) systemische Verschwörungen und (3) Superverschwörungen. Eine Ereignisverschwörung konzentriert sich auf ein einzelnes Ereignis oder eine einzelne Gruppe verwandter Handlungen. Die Verschwörung zum Verschleiern von Obamas angeblicher Geburt in Kenia und die Behauptung, dass China das COVID-19-Virus aus einem Biowaffenlabor in Wuhan freigesetzt hat, um die Pandemie hervorzurufen, sind ereignisbezogene Verschwörungstheorien. Systemische Verschwörungstheorien haben einen viel größeren Umfang. Diese Arten von Verschwörungen streben danach, die Kontrolle über ein Land, eine Region oder sogar die Welt zu übernehmen. Gute Beispiele für systemische Verschwörungstheorien sind diejenigen, die auf den gefälschten »Protokollen der Weisen von Zion« beruhen. Laut diesen Theorien konspiriert eine Gruppe elitärer Juden stetig, verschiedene Nationen und schließlich die Welt zu übernehmen. Die monströsesten der Verschwörungstheorien sowohl in quantitativer als auch in qualitativer Hinsicht sind die Superverschwörungstheorien. Diese Theorien umfassen ein Netzwerk aus Ereignis- und systemischen Verschwörungen, die von einer unsichtbaren und unbekannten Gruppe böser und scheinbar allmächtiger Verschwörer arrangiert werden, um ein allumfassendes Ziel zu erreichen. Die Vorstellung, dass außerirdische Invasoren an verschiedenen Verschwörungen mit irdischen Anführern beteiligt sind, um eine hybride Alien-Menschen-Rasse zu erschaffen, die die Erde übernimmt und die Menschheit ausrottet oder versklavt, ist eine existenzbedrohende Superverschwörung. Wenn Verschwörungstheorien so groß werden, dass ganze Regierungen oder eine geheime Weltregierung dahintersteckt, ziehen sie sowohl rechts- als auch linksgerichtete regierungsfeindliche Gläubige an. Es ist ein Phänomen, das als »Fusion Paranoia« bezeichnet wird.[15] Manche Superverschwörungstheorien nehmen einen eindeutig religiösen Fokus an. Barkun bezeichnet diese Fokusverschiebung als »improvisatorischen Millenarismus«, den er als Verschwörung definiert, die zu einem Gut-gegen-Böse-Kampf führt, der wiederum zur Vernichtung der Welt führt, auf den eine neue Welt folgt, in der das Gute siegreich regiert. Die religiösen Aspekte des improvisatorischen Millenarismus sind aus verschiedenen Komponenten des New-Age-Glaubenssystems abgeleitet. Der Prozess der Synkretisierung von Versatzstücken verschiedener Glaubensauffassungen – christlich, islamisch, buddhistisch, theosophisch und neopaganistisch neben vielen anderen Möglichkeiten – erzeugt die verschiedenen Versionen des improvisatorischen Millenarismus. New-Age-Traditionen dienen als kultisches Milieu, das ständig zu neuen Versionen verquirlt wird.[16]

Verschwörungstheoretiker nehmen für sich in Anspruch, ihre Behauptungen auf Beweisen und Tatsachen aufzubauen, die ihre Theorien wahr und richtig machen. Als Nachweis werden aufwendige Aufstellungen von Fußnoten, Diagrammen, Tabellen, Grafiken und Bibliografien geliefert, die den Eindruck eines wahrhaft wissenschaftlichen Apparates erwecken. Wie der Historiker Richard Hofstadter 1964 aufschlussreich ausführte, bietet der verschwörungstheoretische Gelehrte den

Anschein der sorgfältigsten, gewissenhaftesten und scheinbar schlüssigen Hingabe an Details, die aufwendige Ansammlung von anscheinend überzeugenden Beweisen für die fantastischsten Schlussfolgerungen, die sorgsame Vorbereitung für den großen Schritt vom Unleugbaren zum Unglaublichen ... Er besitzt nur wenig Hoffnung, dass seine Beweise eine feindselige Welt überzeugen werden. Seine Bemühungen, sie anzuhäufen, haben etwas von einem defensiven Akt, der seinen Rezeptionsapparat abschottet und ihn davor bewahrt, sich mit verstörenden Überlegungen auseinanderzusetzen, die seinen Ideen nicht zuträglich sind.[17]

Jeder, der versucht hat, sich seinen Weg durch den Ansturm hochgradig technischer, aber unaufrichtig und zweifelhaft relevanter Beweise zu bahnen, die das Vorhandensein von Gaskammern in nationalsozialistischen Vernichtungslagern widerlegen oder die wahre Verschwörung hinter dem Einsturz des World Trade Centers aufdecken oder die Tatsache der Fälschung von Obamas Geburtsurkunde erklären sollen, wird verstehen, wovon Hofstadter redet. Noch problematischer ist, dass eine Verschwörungstheorie umso schwieriger zu falsifizieren ist, je größer und allumfassender sie daherkommt. Jeder Beweis, der eine Verschwörungstheorie diskreditiert, kann als Machwerk der allmächtigen Verschwörer wegerklärt werden. Als Ergebnis ist es ein Akt des Glaubens, solche Superverschwörungen als wahr anzusehen, und nicht das Ergebnis von Untersuchungen und Recherchen, die zu einem logischen Schluss führen. Stattdessen kommt der Glaube an eine Verschwörungstheorie zuerst und wird gefolgt von Versuchen, Beweise zu finden, die die ursprüngliche Vorstellung verstärken, ganz egal wie tendenziös, irrelevant oder aus dem Kontext gerissen diese Beweise sind. Solche Verschwörungstheorien sind praktisch nicht zu widerlegen, wenn wahre Gläubige das Zielpublikum sind.[18]

In der Welt des Denk- und Wissensmülls werden Verschwörungstheorien meist von Pseudowissenschaft und Pseudohistorie begleitet. Barkun hat diese Formen des Wissensmülls als stigmatisiertes Wissen klassifiziert.[19] Während diese Formen des Wissens von den etablierten Wissenschaftlern an Universitäten und anderen wissenschaftlichen Einrichtungen als falsch und irrig eingestuft werden, sehen ihre Unterstützer die Ideen als wahr an. Barkun unterteilt stigmatisiertes Wissen in fünf Kategorien. Erstens gibt es das verlorene Wissen. Es ist die verschollene Weisheit der antiken Vergangenheit aus mythologischen Orten wie Atlantis oder die größtenteils vergessene Überlieferung irgendeines antiken Weisen wie Hermes Trismegistus. Verdrängtes Wissen ist die zweite Kategorie. Diese bezieht sich auf Formen des Wissens, die einst als gültig und authentisch angesehen wurden, nun aber als unwahr und suspekt gelten. In der Vergangenheit gab es die sogenannten okkulten Wissenschaften wie Alchemie, Astrologie, weiße Magie und Hermetik. Von der Renaissance bis weit nach Beginn der wissenschaftlichen Revolution im 17. Jahrhundert versuchten sich respektable Gelehrten an den okkulten Wissenschaften. Der Astronom Johannes Kepler und der Proto-Psychiater Simon Forman besserten ihr Einkommen durch das Erstellen von Horoskopen auf. Sie waren dabei keine Ausnahmen. Die okkulten Wissenschaften wurden allgemein als Wissenschaft betrachtet und galten als respektable Formen der Gelehrsamkeit. Zum verdrängten Wissen gehören überholte wissenschaftliche Theorien – wie das geometrische Konzept des Universums, die Phrenologie und die Lamarcksche Evolutionstheorie –, die einst als glaubwürdiges Wissen angesehen wurden, dies aber nicht mehr sind. Eine dritte Kategorie ist das ignorierte Wissen; dazu gehört zum Beispiel die Volksmedizin, die man in Gruppen mit niedrigem gesellschaftlichem Status findet, wie etwa unter isoliert lebenden und armen Menschen auf dem Lande.

Eine andere große Kategorie ist verworfenes Wissen, also Wissen, das von der normalen Gesellschaft bei seinem Auftauchen abgelehnt wurde und auch seitdem keine Akzeptanz erfahren hat. Barkun verwendete das Beispiel der Entführung durch Außerirdische, das von Anfang an von den Behörden als Unsinn abgelehnt wurde und es dennoch weiterhin schafft, Millionen Gläubige anzuziehen, darunter viele, die behaupten, selbst entführt worden zu sein. Barkun weist außerdem darauf hin, dass die Verwendung des Begriffes und des Konzeptes des »verworfenen Wissens« (»rejected knowledge«) erstmals 1974 durch den englischen Wissenschaftler James Webb erfolgte. Webb setzte das Okkulte mit dem abgelehnten Wissen gleich, allerdings konzentrierte sich seine Konzeption des Okkulten auf den »verborgenen« Aspekt des Wortes als auf den magischen. Webb beschrieb das so:

> Das Okkulte ist *verworfenes Wissen*. Es kann Wissen sein, das von der herrschenden Kultur aktiv verworfen wurde, oder Wissen, das sich freiwillig von den Gunstbezeugungen seiner Zeit zurückgezogen hat, weil es erkannt hat, dass es mit der herrschenden Lehre nicht vereinbar ist ... [es ist] ein Untergrund, dessen grundsätzliche Gemeinsamkeit die Opposition gegen die herrschenden Kräfte ist.

Sein Konzept des »verworfenen Wissens« enthält Aspekte aus Barkuns fünf Arten des stigmatisierten Wissens.[20]

Barkuns fünfte Kategorie ist unterdrücktes Wissen. Das ist Wissen, von dem die Autoritäten wissen, dass es wahr ist, das aber dennoch verschwiegen wird. Die Gründe für die Unterdrückung dieses Wissens sind unterschiedlich. In manchen Fällen möchten die Behörden eine Panik der Öffentlichkeit oder gefährliche Ausbrüche öffentlicher Empörung vermeiden. Wir wissen, dass die US-amerikanischen Autoritäten besorgt waren, die UFO-Aufregung und -Manie könnten die Art von Hysterie provozieren, die Orson Welles' Radio-Hörspiel von H. G. Wells *War of the Worlds* (*Krieg der Welten*) im Jahre 1938 ausgelöst hatte. In anderen Fällen könnte das Motiv eigennützig oder bösartig gewesen sein. Technische Fakten über den Einsturz des World Trade Centers am 11. September 2001 könnten unterdrückt werden, um die wahren Schuldigen hinter dem Angriff zu schützen, wie etwa die CIA oder den Mossad. Informationen über die Ursprünge von AIDS oder COVID-19 könnten unterdrückt werden, um zu verschleiern, dass sie irgendjemandes Biowaffe sind. Viele Menschen könnten die Existenz von unterdrücktem Wissen vermuten, aber nur wenige kennen die wirklichen Fakten und Beweise, die nicht weitergegeben werden dürfen. Barkun erklärt, dass die Kategorie des unterdrückten Wissens Aspekte der anderen Formen des stigmatisierten Wissens umfasst. Entsprechend können die Anhänger der Theorie des stigmatisierten Wissens behaupten, dass die Stigmatisierung Teil einer Verschwörung ist, um der Öffentlichkeit die Wahrheit vorzuenthalten. Die Stigmatisierung wird daher zu einem Zeichen, dass das Wissen in Wirklichkeit wahr ist. So wird die Notwendigkeit umgangen, die Behauptung durch empirische Beweise zu validieren.[21]

Ein anderes kulturelles Phänomen, das eine dauerhafte Grundlage für Pseudowissenschaft, Pseudohistorie und Verschwörungstheorien bietet, ist das kultische Milieu. Das Konzept des kultischen Milieus gewann in der Wissenschaft im Jahre 1972 Bekanntheit mit der Veröffentlichung des inzwischen klassischen Artikels »The Cult, the Cultic Milieu and Secularization« des britischen Soziologen Colin Campbell.[22] Wie der Titel verrät, versuchte Campbell etwas über das Wesen von Kulten zu erklären, die oft mystisch, locker organisiert und flüchtig sind und einem Glaubenssystem folgen, das von der normalen Gesellschaft als abweichend betrachtet wird. Er sah Kulte zu Recht als eine

Form der Religion an, die außerdem verschiedene Aspekte der Pseudohistorie, der Pseudowissenschaft und des Konspirationismus enthält. Campbell erkannte, dass Kulte entstehen und sich später auflösen und verschwinden. Während ältere Kulte absterben, würden wieder neue auftauchen. Es ist die Existenz eines kultischen Milieus, die den Fortbestand von Kulten erst möglich macht. Das kultische Milieu war eine Subkultur. Sie bestand aus den Magazinen, Pamphleten, Vorträgen, Radiosendungen und Versammlungen, die verschiedene abweichende oder unorthodoxe Vorstellungen und Ideen verbreiteten. Seit Campbell 1972 seine Forschungen veröffentlichte, haben das Internet und Spartensender in den Fernsehkabelnetzen die heterodoxen Ideen und Vorstellungen des kultischen Milieus einem immer größer werdenden Publikum nähergebracht. Buchhandlungen haben oft eine New-Age-Abteilung, während pseudohistorische und pseudowissenschaftliche Werke in den Abteilungen für Geschichts- und Naturwissenschaft neben den etablierten Büchern stehen. *Ancient Aliens* und *The Curse of Oak Island* haben gemeinsam mit *Pawn Stars*, *American Pickers*, *Swamp People* und ähnlichen »hochwertigen« Sendungen die traditionellen Geschichtssendungen im History Channel an den Rand gedrängt. Andere, einst vielversprechende Netzwerke wie Discovery, der Learning Channel und Arts and Entertainment haben ebenfalls ihren ursprünglichen Schwerpunkt des Bildungsfernsehens auf den Gebieten der Natur- und Geschichtswissenschaften sowie verwandten Feldern aufgegeben. Sie sprechen stattdessen das an, was Campbell als die Essenz der Kultisten bezeichnet hat – dass sie Suchende sind. Was sie suchen, ist eine Möglichkeit, spirituelle Wahrheit und persönliche Erfüllung außerhalb der traditionellen Glaubenssysteme der etablierten Religionen zu finden.

Das kultische Milieu bietet eine gewaltige Sammlung an heterodoxen Ideen und Vorstellungen – das verworfene Wissen von Webb und das stigmatisierte Wissen von Barkun. Die Vielfalt des kultischen Milieus und seine Fähigkeit, seine Komponenten immer wieder neu zu einem unendlichen Kaleidoskop an Glaubensvorstellungen und Ideologien zusammenzusetzen sind es, was die Entstehung neuer Gruppen Suchender und die Beständigkeit des kultischen Phänomens überhaupt erst ermöglichen. Darüber hinaus erfährt das kultische Milieu erhebliche Unterstützung von den »passiven Konsumenten«, wie Campbell sie nennt.

Diese passiven Konsumenten haben Interesse und Neugierde für die abweichenden Vorstellungen und Ideen des kultischen Milieus. Das bedeutet, dass sie die Bücher und Zeitschriften kaufen, die Radiosendungen anhören, die Fernsehsendungen schauen, die Vorträge und Konferenzen besuchen, auf die Websites gehen und manchmal auch kultische Dienstleistungen nutzen, wie Wahrsagen und Handlesen. Sie organisieren vielleicht sogar eine Séance (auch wenn das in vielen Horrorfilmen der direkte Weg in die Katastrophe ist). Veranstaltungen wie AlienCon sind die Verkörperung des kultischen Milieus. Der Fokus mag vordergründig auf der Sendung *Ancient Aliens* liegen, doch ein Besucher kann im Handel viel mehr finden als nur *Ancient Aliens*-T-Shirts. Es gibt Aromatherapien, Heilkräuter und andere alternativmedizinische Waren neben den verschiedensten New-Age-Produkten. Am Stand des Verlages Inner Traditions gibt es eine Vielzahl an Büchern, die sich mit allen Aspekten des kultischen Milieus befassen, von *Awakening Your Crystals* und *Soul Dog* bis *Dark Fleet: The Secret Nazi Space Program and the Battle for the Solar System* und *The Murder of Moses*. Viele Teilnehmer an solchen Veranstaltungen sind Suchende und wahre Gläubige, noch mehr aber sind passive Konsumenten, die eher aus Neugierde statt aus Hingabe dort sind.

Im Jahr 2012 hielt Colin Campbell an der Universität Leipzig einen Vortrag mit dem Titel »The Cultic Milieu Revisited«. Darin diskutierte er, wie der orthodoxe Mainstream, der bis in die 1960er vorgeherrscht hat, seit 1972 niedergegangen ist. Unsere Gesellschaft ist heute heterodoxer, pluralistischer und toleranter. Teil dieser neuen Kultur ist, dass die New-Age-Bewegung, die sich aus dem kultischen Milieu entwickelt hat, in die Normalität vorgerückt ist. Infolgedessen ist ein Großteil des kultischen Milieus nicht mehr kultisch, das heißt, abweichend und marginalisiert.[23] Es gibt aber weiterhin ein Milieu. Es ist das Milieu des Okkulten, des Übernatürlichen, der Pseudowissenschaft, der Pseudohistorie und des Konspirationismus, die sich vom traditionellen Lernen, der höheren Bildung und der Welt der Wissenschaft absondern. Es ist das Wissensmüll-Milieu. Dieses Milieu gibt es schon sehr lange. Es ist eine Reaktion auf die Entzauberung der Welt durch Aufklärung, Säkularisierung und Modernismus, die heute Teil der westlichen Kultur sind.[24] Und es ist nicht unbedingt ein positiver Teil der westlichen

Kultur, wie das düstere Beispiel des Nationalsozialismus beweist. Das kultische Milieu oder der Wissensmüll richtet sich gegen Mainstream-Autoritäten wie Akademiker, Intellektuelle, Wissenschaftler und Regierungsexperten sowie gegen das Wissen, das diese repräsentieren.[25] Das ist es, was James Webb als das Okkulte bezeichnete, sowohl im Untergrund als auch im Establishment. Die aktuelle Forschung nennt diese Version des kultischen Milieus eine oppositionelle Subkultur. Sicherlich, Verschwörungstheoretiker und Ufologen nehmen eine oppositionelle Haltung gegenüber allen Informationen ein, die von Regierungsstellen oder Universitäten kommen (es sei denn, diese stimmen mit ihren Meinungen überein). Das sind die Grundlagen für Verschwörungstheorien, Pseudowissenschaft und Pseudohistorie.

Worin bestehen die Unterschiede und Gegensätze zwischen Pseudogelehrsamkeit oder Wissensmüll und methodologisch einwandfreier und empirisch basierter Gelehrsamkeit? Etablierte Wissenschaftler setzen bei ihren Schlussfolgerungen auf Beweise und Daten. Zuerst kommen Recherchen, Forschungen und das Sammeln von Fakten, diese beeinflussen dann die Schlussfolgerungen und Interpretationen. Wissenschaftler erkennen außerdem an, dass die Entdeckung neuer Beweise sie zwingen kann, Schlussfolgerungen zu revidieren, die zuvor eindeutig und solide schienen. Gültige Interpretationen von Beweismaterial erfordern ein Verständnis des Kontexts, der die historischen Dokumente und Artefakte erzeugt hat. Im Gegensatz dazu beginnen Pseudogelehrte mit ihren Schlussfolgerungen und Theorien und picken sich dann die Beweise heraus, die ihre vorgefassten Schlüsse zu unterstützen scheinen. Wenn das Beweismaterial nicht gut passt, pressen sie es dennoch an den gewünschten Ort. Bei dieser Vorgehensweise wird oft der historische Kontext des Materials ignoriert.

Etablierte Wissenschaftler bilden eine Forschungsgemeinschaft, die Ideen austauscht und sich an Debatten und Diskussionen beteiligt. Sie beurteilen und kritisieren einander durch gegenseitige Bewertungen (»Peer Review«). Es gibt zahllose Gelegenheiten, bei denen die etablierte Wissenschaft sich letztendlich geirrt hat. Wenn die etablierte Wissenschaft mit dem Fehler und ausreichend Gegenbeweisen konfrontiert wird, dann passt sie die Theorie oder Interpretation entsprechend an. Als Alfred Wegener seine Theorie der Kontinentalverschiebung vorstellte, wurde diese von anderen Wissenschaftlern verspottet. Mit der Zeit wurden jedoch Beweise und Belege gesammelt, die zeigten, dass er prinzipiell Recht hatte. In der Folge tauchte das Konzept der Plattentektonik auf und korrigierte Wegeners ursprüngliches Konzept auf eine Weise, die den Vorgang der Kontinentalverschiebung besser erklärte.[26] Forschungseinrichtungen besitzen Mechanismen zur Selbstkorrektur, die in ihre Methoden und Institutionen integriert sind. Das alles trägt dazu bei, dass das menschliche Wissen durch Naturwissenschaft, Geschichte und ähnliche Disziplinen vorangebracht wird.

Die Pseudogelehrsamkeit hält sich nicht an die empirischen Methoden und die Prozeduren zur Selbstkorrektur. Man hört so gut wie nie davon, dass Pseudowissenschaftler einander öffentlich kritisieren, auch wenn ihre einzelnen Theorien miteinander ebenso (oder noch mehr) uneins sind wie mit den etablierten Theorien und Interpretationen. Die Kritik eines anderen Pseudowissenschaftlers erfolgt niemals in gedruckten Medien oder vor einer Fernsehkamera. Beobachter bemerken manchmal das Aufblitzen professioneller Rivalitäten und Meinungsverschiedenheiten bei Veranstaltungen wie AlienCon oder häufiger noch bei kleineren Treffen.[27] Pseudowissenschaftler führen keine Peer Reviews oder andere Prozeduren zur Selbstkorrektur durch.

Wie können Pseudogelehrsamkeit und Wissensmüll in Naturwissenschaft, Geschichte und anderen Disziplinen von der allgemeinen Öffentlichkeit anerkannt werden? Das ist eine schwierige Frage. Pseudowissenschaftler nutzen eine ganze Reihe von Techniken, um ihre Glaubwürdigkeit aufzubessern oder von Fragen abzulenken, die sich in Bezug auf ihre Glaubwürdigkeit ergeben könnten. Sie verwenden veraltete und überholte Wissenschaften und Theorien und präsentieren sie als hochaktuelle Forschungen, um ihre Ideen und Theorien zu unterstützen. So könnten sie zum Beispiel Ignatius Donnellys *Atlantis: The Antediluvian World* (*Atlantis: Die vorsintflutliche Welt*) zitieren, das 1882 veröffentlicht wurde, um ihre Ideen über Atlantis und andere verlorengegangene Kontinente zu untermauern. Donnellys Buch ist heute ein Klassiker der Atlantologie, aber das macht es noch lange nicht zu einer glaubwürdigen wissenschaftlichen Quelle. Zu seiner Zeit waren dessen Thesen nicht so weit hergeholt, wie sie heute wirken. Sie waren jedoch auch damals schon ziemlich abwegig. Seither haben wissenschaftliche

Erkenntnisse dafür gesorgt, dass der Inhalt dieses Buches völlig unglaubwürdig ist.[28] Gleiches gilt auch für die Theorien von der Hohlwelt,
dem zivilisierten Leben auf dem Mars oder der allumfassenden Ausbreitung und des entsprechenden Einflusses der Kultur von Atlantis
oder des alten Ägypten.

Pseudogelehrte wenden außerdem viel Zeit auf, um etablierte Akademiker und Wissenschaftler zu verunglimpfen. Sie beschuldigen sie,
diejenigen zu sein, die überholte oder ganz und gar falsche Theorien
und Interpretationen verwenden, die das orthodoxe Wissen bilden. Sie
stellen etablierte Wissenschaftler als Personen dar, die sich auf Nich-
tigkeiten und Trivialitäten konzentrieren, statt das ganze Bild und die
große Wahrheit im Auge zu behalten. Beständig greifen Pseudogelehrte
die Zuverlässigkeit und Glaubwürdigkeit von Experten an. Wenn überhaupt, dann sind diese Arten von Angriffen auf Experten und das Konzept des Fachwissens heute größer und beständiger denn je, wie die
verwirrende Leugnung der COVID-19-Pandemie zeigt.[29]

Der Besitz von akademischen Qualifikationen in Form von Uni-
versitätsabschlüssen, akademischen Positionen und wissenschaftlichen
Veröffentlichungen ist zu einer Quelle des Misstrauens geworden und
bietet Grund, alles abzulehnen, was etablierte Wissenschaftler auf ihrem Fachgebiet zu sagen haben mögen.

Falls sich jedoch eine Gelegenheit ergibt, von einem etablierten
Wissenschaftler Unterstützung für Pseudowissen zu erhalten, sind
akademische Qualifikationen plötzlich gültig und glaubwürdig. Ein
gutes Beispiel für dieses Phänomen ist Barry Fell, der Autor von *America BC: Ancient Settlers in the New World* (1976) und ähnlicher Bücher.
Fell behauptete, dass antike keltische, keltiberische, irische und sogar
ägyptische Menschen regelmäßig Nordamerika besucht und dort in
den Jahrhunderten vor 500 v. Chr. und dem Aufstieg der klassischen
Zivilisation Kupfer abgebaut hätten. Diese Besuche hätten sich noch
jahrhundertelang bis in die frühchristliche Ära fortgesetzt. Als Beweise
für diese Kontakte werden unter anderem Steinstrukturen am Mystery
Hill, New Hampshire, aufgeführt. Ein anderer Beweis seien angebliche
Inschriften in der irischen Ogham-Schrift, die Fell zu entziffern können behauptete. Die Authenzität vieler dieser Inschriften und Fells
Fähigkeit, diese zu übersetzen, wurden und werden von den meisten

Archäologen zurückgewiesen. Trotzdem war Fell Professor an der Harvard University, besaß also eine beeindruckende akademische Qualifikation. Diese wurde von seinen Unterstützern immer wieder vorgebracht. Und tatsächlich war Fell ein hoch angesehener Professor – für Zoologie. Dieser Teil wurde immer weggelassen, wenn er in irgendeiner Dokumentation über präkolumbische Besucher in Amerika vorkam. Diese Auslassung bei der Darstellung seiner Expertise und seiner Qualifikationen muss einer nachdenklichen Person im besten Fall unredlich erscheinen.

Eine andere Taktik der Verbreitung von Wissensmüll besteht darin, die Leser mit Details zu erschlagen. Der Archäologe Garrett Fagan nennt dies eine »Kitchen-Sink«-Argumentationsweise.[30] (A. d. Ü.: dies bezieht sich auf die engl. Redewendung »everything but the kitchen-sink«, also alles bis auf die Küchenspüle, d. h. alles, auch völlig unwichtige und banale Sachen – bis auf eben besagte Spüle.) Jerome R. Corsis Buch *Where's the Birth Certificate? The Case that Barack Obama Is Not Eligible to Be President* (2011) enthält eine Unmenge an Details. Ergebnis ist die Verwirrung der Leser, die sich am Ende fragen, ob an den Behauptungen der Birther nicht doch etwas dran sei, wenn es doch so viele Beweise gibt. Das lenkt von der Tatsache ab, dass die Datenlage für Obamas Geburt im Bundesstaat Hawaii für objektive Beobachter unanfechtbar ist.

Pseudowissenschaftler setzen bei ihrer Beweisführung häufig ganz besonders auf Anomalien. Eine Anomalie ist etwas Seltsames, Unerwartetes, Unnormales oder Eigentümliches. Mit anderen Worten, es gibt keine Erklärung dafür. UFOs sind unidentifizierte Flugobjekte – das ist die Bedeutung des Akronyms. Die große Mehrzahl der unidentifizierten Flugobjekte lässt sich als etwas ganz Normales erklären. Ufologen dagegen zögern nicht zu behaupten, dass die restlichen unerklärten UFO-Berichte Beweise für Besuche von Außerirdischen sind. Dabei sind diese unerklärten Sichtungen eines UFOs Anomalien. Liegt es im Bereich des Möglichen, dass es sich bei diesen anomalen Sichtungen um ein außerirdisches Raumschiff handelt? Ja, das tut es, genau wie eine künftige außerirdische Invasion möglich ist. Im Moment jedoch gibt es keinen glaubwürdigen Beweis dafür, dass die anomalen UFO-Sichtungen irgendeine Art von fliegender Untertasse sind. Eine Anomalie kann nicht als Beweis oder Gegenbeweis für irgendetwas anderes dienen als die Tatsache, dass wir nicht alle Antworten haben. Michael Shermer hat darauf hingewiesen, dass stichhaltige Überzeugungen und Theorien »nicht auf einzelnen Fakten allein aufgebaut sind [die Anomalien widerlegen können], sondern auf einem Zusammentreffen, also einer Konvergenz, von Beweisen aus mehreren Forschungsrichtungen«. Diese Verwendung eines Zusammentreffens von Beweisen und vergleichenden Methoden, wenn sie empirisch angewandt werden, sind es, die die Sozial- und Geschichtswissenschaften wissenschaftlich machen. Falls außerdem irgendetwas nicht wissenschaftlich erklärt werden kann, bedeutet das nicht, dass es niemals erklärt werden wird. Im Laufe der Jahre hat die Wissenschaft viele Mysterien und scheinbar unerklärliche Phänomene aufgeklärt. Richtig ist es, eine abwartende Haltung einzunehmen, statt alles auf übernatürliche oder paranormale Erklärungen abzuwälzen.[31]

Pseudowissenschaftler greifen oft auch auf die Taktik zurück, die Beweislast umzukehren. Mit anderen Worten, sie werfen eine reißerische Behauptung in die Runde und verlangen, dass diese gültig bleibt, bis die etablierten Wissenschaftler sie widerlegt haben. Dabei ist es Aufgabe der Pseudowissenschaftler, ihre Behauptungen zu beweisen. Der skeptische Wissenschaftler Carl Sagan sagte: »Außerordentliche Behauptungen verlangen nach außerordentlichen Beweisen.« Er ist nicht der Erste, der diese Maxime vorbrachte. Mitte des 18. Jahrhunderts schrieb der Philosoph David Hume: »Ein kluger Mann bemisst … seinen Glauben nach den Beweisen.«[32] Verbreiter von Wissensmüll treten dann oft den Rückzug an und behaupten, dass sie ja nur fragen würden. Das stimmt, doch die tendenziösen und suggestiven Fragen haben vor allem den Zweck, die Beweislast hinsichtlich ihrer abseitigen Behauptungen abzuwälzen.

Wissensmüll geht außerdem mit einer Umkehrung von Fakten und Fiktionen einher. Für Anhänger von Pseudohistorie, Pseudowissenschaften und Verschwörungstheorien werden fiktive Ereignisse und Konzepte zu einem Teil der realen Geschichte. Edward Bulwer-Lyttons *The Coming Race* (1871) ist ein früher utopischer Science-Fiction-Roman über die Entdeckung einer unterirdisch lebenden menschlichen Gesellschaft. Deren Mitglieder haben unglaubliche kreative und dest-

ruktive Kräfte namens Vril entwickelt, mit deren Hilfe sie einen Großteil ihrer unterirdischen Welt erweitert und erobert haben. Wenn sie
jemals an die Oberfläche kommen, würde dies unweigerlich die Auslöschung der Menschen bedeuten, die auf der Erde leben. Seit dem Nationalsozialismus sind vage Geschichten über eine oder mehrere Vril-Ge-
sellschaften im Umlauf, wie ein Artikel des Wissenschaftsjournalisten
und Auswanderers Willy Ley im Jahre 1947 belegte. Dieser sorgte für
alle möglichen wilden Spekulationen über eine Nazi-Vril-Gesellschaft
und die Versuche des Dritten Reichs, Vril als eine Art Wunderwaffe
auszunutzen. Die Recherchen von Nicholas Goodrick-Clarke rückten
die Vril-Gesellschaft in eine etwas prosaischere Perspektive, doch die
Umkehrung von Fakten und Fiktion war bereits im kultischen Milieu
verankert.[33]

Etablierte Wissenschaftler haben die akkurate Beobachtung gemacht, dass Wissensmüll – anders als die etablierten Naturwissenschaften, Geschichtswissenschaften und anderen Disziplinen – sich nicht
durch andauernde Forschung weiterentwickelt, die neue Fakten und
Beweise enthüllt, mit denen dann neue und verbesserte Theorien und
Interpretationen ermöglicht werden. Die Wahrheit über die empirische
Forschung und Wissenschaft besteht darin, dass ihre Erkenntnisse und
Theorien immer vorläufig sind. Interpretationen und Theorien ändern
sich, wenn neue Forschungen zu neuen Wegen des Nachdenkens über
ein Thema anregen. Wie sehr haben sich Erich von Dänikens Vorstellungen über antike Astronauten geändert, seit sein Buch *Erinnerungen
an die Zukunft* im Jahre 1968 erstmals veröffentlicht wurde? Welche
neuen Beweise und Einsichten hat er enthüllt und entwickelt? Angesichts seiner nachfolgenden Bücher und seiner Auftritte in *Ancient Aliens* lässt sich konstatieren, dass es in mehr als 50 Jahren keine signifikant
neuen Erkenntnisse gegeben hat. Anhänger von Charles Hapgoods
Erdkrustenverschiebung oder der damit verwandten Idee einer verlo-
rengegangenen antiken Superzivilisation, die unter dem antarktischen
Eisschild liegt, haben keine neuen Beweise aufgedeckt, die seine Theorien stützen. Fortschritte der herkömmlichen Naturwissenschaften haben zu neuen Tests und Messungen geführt, die Hapgoods Hypothesen
über die Polverschiebungen hätten beweisen können, wenn sie aufge-
treten wären. Genau genommen weisen sie sogar auf das Gegenteil hin.

Hapgood lag falsch, es sei denn, Sie sind ein wahrer Gläubiger, der die Wissenschaft ignoriert. Das Scheitern pseudowissenschaftlicher Hypothesen bei dem Versuch, sich als wissenschaftliche Theorien zu etablieren, ist ein ziemlich deutliches erkenntnistheoretisches Warnsignal.

Eine Frage, die seit den 1930er Jahren im Raum steht, ist die Demarkationslinie zwischen echter Wissenschaft und Pseudowissenschaft, die sich ausweiten lässt auf die Abgrenzung zwischen empirischem Wissen und Wissensmüll. Der Philosoph Karl Popper erklärte, die Grenze, die Wissenschaft von Pseudowissenschaft trennt, bestehe darin, dass die Behauptungen der Pseudowissenschaft nicht durch Experiment oder Beobachtung falsifizierbar seien. Der Evolutionsbiologe und Skeptiker Massimo Pigliucci wies darauf hin, dass diese Demarkationslinie einen großen Teil der Felder von Biologie und Geologie zusammen mit der Psychologie, den Sozialwissenschaften und der Geschichtswissenschaft im Bereich der Pseudowissenschaft zurücklässt. Vertreter dieser Disziplinen können nicht immer oder vielleicht auch niemals Experimente durchführen, doch sie sammeln systematisch, quasi wie Detektive auf forensische Art und Weise Beweise, Fakten und Daten. Dieser Prozess erlaubt es allen Wissenschaftlern und Forschern, Schlussfolgerungen über das zu ziehen, was sie untersuchen. Je mehr Beweise sie sammeln, umso stärker die Schlussfolgerung. Wir sollten uns immer wieder vergegenwärtigen, dass Wissenschaft eher darauf aus ist, zu beweisen, dass eine Hypothese oder Theorie nicht korrekt oder falsch ist, als darauf, dass eine Theorie korrekt oder wahr ist. Wie bereits erwähnt wurde, ist die Wahrheit in der Wissenschaft immer vorläufig und niemals absolut. Das gilt auch für andere Disziplinen, die einen eher vergleichenden und nachweisorientierten Ansatz verwenden, wie etwa die Geschichtswissenschaft. Historiker versuchen, mithilfe der noch vorhandenen historischen Beweise die Ereignisse der Vergangenheit so gut wie möglich zu rekonstruieren. Da es für manche Epochen kaum bzw. keine historischen Nachweise gibt, während sie für neuere Zeiten in ihrer Fülle nahezu überwältigend sein können, kann historisches Wissen nicht permanent sein. Historiker interpretieren außerdem das, was sie in ihren Recherchen zusammengetragen haben und geben ihm Kontext und Sinn. Das berufliche Ethos verlangt, dass all dies im Geiste der Fairness geschieht, der versucht, Voreingenommenheit und Subjektivität so weit wie möglich zu vermeiden. Wenn die Geschichtswissenschaft, genauso wie die Naturwissenschaft, entlang strenger wissenschaftlicher Standards und Methoden betrieben wird, sollte sie viel dazu beitragen können, Mythen, Missverständnisse und regelrechte Fälschungen der Pseudohistorie und Pseudowissenschaft zu enthüllen und gleichzeitig die Welt und die Vergangenheit verständlicher zu machen.

Wie ist das nun also mit der Abgrenzung zwischen etabliertem akademischem Wissen und Wissensmüll oder Pseudowissen? Es gibt Abstufungen von Wissensmüll. Manche Arbeiten und Darstellungen sind völliger Quatsch, andere dagegen sind Kombinationen, in denen ein gewisser Grad an etabliertem akademischem Wissen mit Wissensmüll gemischt wird. Dort wird eine Abgrenzung schwierig. Für Wissenschaftler, vor allem für solche mit einer Spezialisierung in dem betreffenden Gebiet ist es ziemlich einfach, eine Arbeit mit Wissensmüll zu erkennen. Ein Juwelier ist schließlich auch in der Lage festzustellen, ob ein Diamant von höchster Qualität, minderwertig oder eine Fälschung ist. Anders ist es für die allgemeine Öffentlichkeit, die kein Spezialwissen besitzt. Sie kennt die wissenschaftliche Literatur nicht, ist nicht mit den historischen Dokumenten vertraut, ist sich der richtigen Methodologie nicht bewusst und besitzt möglicherweise nicht die Fertigkeiten zum kritischen Denken, die nötig sind, um die verschiedenen, in diesem Kapitel diskutierten Warnsignale wahrzunehmen. Deshalb müssen sich etablierte Wissenschaftler und Experten mit Wissensmüll als einer Herausforderung auseinandersetzen. Wie wir im nächsten Kapitel sehen werden, hat die Kognitions- und Sozialpsychologie auch einige Aspekte der menschlichen Natur aufgedeckt, die dafür sorgen, dass Wissensmüll attraktiv und glaubwürdig erscheint.

# Warum glauben Menschen seltsame Dinge?

*Die Gründe des unterlegenen Mannes für den Hass auf Wissen sind nicht schwer auszumachen. Er hasst es, weil es komplex ist – weil es eine unerträgliche Belastung für sein dürftiges Vermögen ist, Ideen aufzunehmen. Daher sucht er immer nach Abkürzungen. Alle Aberglauben sind Abkürzungen. Ihr Ziel ist es, das Unverständliche einfach und sogar offensichtlich zu machen.*

H. L. Mencken[1]

*In einer Situation der Angst und Unsicherheit ist es wahrscheinlich, dass sich der Aberglaube deutlich zeigt. Das kann man vielleicht als Regression zu infantilen Einstellungen oder zu Glaubensüberzeugungen ansehen, die früh im Leben erworben und später unterdrückt wurden, oder auch als ein Mittel, eine nur eingebildete Kontrolle über eine beängstigende Situation zu erlangen.*

James Webb[2]

Manche werden vielleicht sagen, dass Menschen seltsame Dinge glauben, weil sie dumm sind. Das mag in einigen Fällen stimmen, dennoch wissen wir, dass auch viele intelligente Menschen manchmal an sonderbare und irrationale Ideen glauben. Andere vermuten, dass Menschen, die an seltsame Dinge glauben, ungebildet sind oder eine schlechte Allgemeinbildung haben. Deshalb sind sie ignorant und fallen schneller auf trügerische Meinungen herein. Es gibt viele Belege dafür, dass »wissenschaftliches Analphabetentum« Menschen empfänglicher für pseudowissenschaftliche Konzepte und Theorien macht. Nichts davon erklärt allerdings, weshalb Menschen stur auf ihrem Fehler beharren, wenn sie mit den unstrittigen Tatsachen konfrontiert werden, die so offenkundig im Gegensatz zu dem stehen, was sie glauben. Dieses sture Beharren auf einem Fehler ist für die meisten verblüffend und verstörend. Wie kann das nur sein? Die Antwort ist, dass es eine komplexe Kombination aus Ursachen für ein solches Verhalten gibt, die Evolutionsbiologie, Kognitionspsychologie, Sozialpsychologie, die Sozialisation, Kultur und Religion einbezieht.

Der beste Ort, um ein Verständnis dafür zu gewinnen, weshalb Menschen seltsame Dinge glauben, ist die Evolutionsbiologie und ihr Einfluss auf die Kognitionspsychologie. Wir Menschen sehen uns gern als rationale Wesen. Der wissenschaftliche Name unserer Spezies lautet *Homo sapiens*, was vernünftiger Mensch bedeutet. Natürlich zeigen schon oberflächliche Kenntnisse der Geschichte und der aktuellen Angelegenheiten, dass Menschen als Spezies, in Gruppen und auch einzeln sich oft in unvernünftigem und sogar selbstzerstörerischem Verhalten ergehen. Menschen denken, doch ihr Denken ist häufig weder rational noch kohärent oder konsistent. Der bekannte Skeptiker und Wissenschaftshistoriker Michael Shermer sagt:»Überzeugungen kommen zuerst, Erklärungen folgen. Ich nenne diesen Prozess einen glaubensabhängigen Realismus.«[3] Ein Repertoire an Überzeugungen anzulegen, ist Teil des Prozesses der Sozialisation, den jeder in seinen Interaktionen mit Eltern, anderen Familienmitgliedern, in Schulen, Religionen und in der Alltagskultur durchläuft. Der Sozialisationsprozess hat tiefe Auswirkungen auf die Dinge, die Menschen glauben. Gleichzeitig formulieren Personen einige Überzeugungen zumindest teilweise selbst. Shermer stellt fest:»Das Gehirn ist eine Glaubensmaschine.« Menschliche Gehirne sind genetisch darauf programmiert, die sensorischen Informationen, die sie empfangen, aufzunehmen und Muster darin zu erkennen. Ein Beispiel, das Shermer benutzt, ist das Szenario, in dem ein früher Mensch auf dem Boden nach Essen stöbert. Der Mensch bemerkt Geräusche, Bewegungen und Gerüche, die aus einem nahegelegenen Gebüsch kommen und anzeigen, dass dort ein großer Räuber lauern könnte, um ein ahnungsloses Opfer anzuspringen. Die vorsichtige menschliche Beute klettert deshalb in die Sicherheit des nächstgelegenen Baumes. Wenn sich wirklich ein Löwe in dem Busch versteckt, war dies eine lebensrettende Entscheidung. Wurde das Rascheln des Gesträuchs dagegen durch eine Brise verursacht, richtet das Unterbrechen der Essensbeschaffung keinen ernsthaften Schaden an. Das Gehirn ist für unser Überleben darauf programmiert, nach solchen sensorischen Mustern zu suchen. Einige der Muster sind bedeutungsvoll und führen zu akkuraten und nützlichen Einschätzungen. Oft dagegen nimmt das Gehirn ein Muster wahr, das in Wirklichkeit gar nicht da ist und keine Bedeutung besitzt. Ein typisches Beispiel aus dem Alltag ist, wenn Menschen Bilder in den Wolken sehen.

Menschliche Gehirne streben danach, Punkte zu verbinden. Shermer nennt diesen Prozess »Patternicity« (quasi das Zu- bzw. Nachweisen eines Musters, auch wenn eigentlich keins vorhanden ist). Darüber hinaus versuchen Menschen, diese Muster mit einer Signifikanz, einem Zweck und einer Wirkung auszustatten. Diesen Prozess nennt er »Agenticity« (entsprechend das Zu- bzw. Nachweisen eines Zwecks, einer Aufgabe oder einer Wirkung). Ein gutes Beispiel für das Ziehen von Verbindungen in einer letztendlich sinnlosen Weise sind Ley-Linien. New-Age-Gläubige behaupten, dass die Erde mit Orten überzogen sei, die eine mystische Energie besitzen, wie etwa die Große Pyramide von Gizeh, Stonehenge und Uluru neben einer Vielzahl ähnlicher Orte. Diese Stellen sind nicht zufällig verteilt. Tatsächlich bilden sie ein Muster oder Raster, das einige unerklärte oder anderweitig nicht nachweisbare übernatürliche Phänomene widerspiegelt oder irgendeine Art antiker Alien-Landkarten oder energiegenerierendes System darstellt, das in prähistorischer Zeit die Landeplätze von fliegenden Untertassen miteinander verband. Das Problem an dieser Idee ist, dass gleichermaßen faszinierende Muster anhand der Verteilung von Pizzerien und Kirchen entdeckt werden könnten und entdeckt wurden. Man braucht nur Geduld und die Zeit, um mit geraden Linien auf einer Landkarte herumzuspielen.[4] Patternicity und Agenticity sind besonders wirksame Mittel, um falschen Alarm und lächerliche Darstellungen im Zusammenhang mit Verschwörungstheorien zu hervorzubringen.

Wir alle haben unsere eigene glaubensabhängige Realität, die auf unseren persönlichen Erfahrungen, unserem kulturellen Umfeld und unserem Zugang zu Informationen beruht. Über weite Strecken des 20.

Jahrhunderts bestand eine relativ solide Konsensrealität, die die Gesellschaften der demokratischen Industriestaaten wie Großbritannien, die
USA, Kanada und Westeuropa mit vielen Ländern Lateinamerikas verband. In jedem dieser Länder lesen die Menschen die gleichen oder ähnliche Bücher, Zeitschriften und Zeitungen. Sie hörten Radio und sahen
die gleichen Filme. Ab den 1950er Jahren wurden Fernsehgeräte zur
wichtigsten Quelle von Nachrichten, Unterhaltung und Dokumentationen. In den USA gab es nur drei große Networks, während in Großbritannien die British Broadcasting Corporation (BBC) von 1932 bis 1955
ein Monopol auf die Ausstrahlung von Fernsehprogrammen hatte. Zu
diesem Zeitpunkt entstand das Independent Television Network (ITN).
Die meisten amerikanischen und britischen Zuschauer hatten die Wahl
zwischen drei oder vier Kanälen. Große urbane Bereiche wie New York
und Chicago boten etwas mehr Auswahl, als in den USA unabhängige
Fernsehstationen gegründet wurden. All diese Kanäle waren im Großen und Ganzen ähnlich und versuchten, ein möglichst breites Publikum anzuziehen. Andere Industriestaaten boten eine ähnliche Auswahl.
Die Informationskulturen dieser Gesellschaften waren in einem großen Maße einigermaßen homogen. Diese Homogenität half dabei, die
Konsensrealität herzustellen und zu bewahren. Die Lage blieb stabil, bis
das Aufkommen des Kabelfernsehens und des Internets Hunderte von
Fernsehkanälen und Milliarden von Websites verfügbar machte.

All diese Informationskanäle dienten außerdem als Torhüter in Bezug auf die Natur und die Art der Informationen, die der Öffentlichkeit
präsentiert wurden. Das wichtigste Ziel war es, ein Massenpublikum
anzuziehen. Deshalb widmete man dem Geschmack und den Interessen von Nischengruppen nicht viel Aufmerksamkeit – diese wurden
größtenteils ignoriert. In der Sphäre der Printmedien waren die Dinge
weniger monolithisch. Zeitschriften, Zeitungen und Bücher für Gruppen mit Spezialinteressen waren einfach verfügbar, auch wenn ihre
Leserschaft vergleichsweise klein war. Was veröffentlicht oder gesendet wird, wurde hauptsächlich nach wirtschaftlichen Gesichtspunkten
entschieden. Würde das Objekt sich verkaufen oder ein Publikum anlocken und damit einen Gewinn abwerfen? Manche Entscheidungen
wurden im Interesse der Moral und des öffentlichen Anstands getroffen
und führten zur Einführung von Standards, die erschwerten oder ver-

hinderten, dass bestimmte Themen veröffentlicht, verfilmt oder über Radio bzw. Fernsehen verbreitet wurden. Informationsregulatoren bemühten sich außerdem darum, alles am Vordringen an eine normale Leserschaft oder ein normales Publikum zu hindern, was als schlechte Wissenschaft, schlechte Geschichte oder schlechte Forschung betrachtet wurde. Ein herausragendes Beispiel für das Versagen der Informationsregulatoren war der Versuch von Astronomen, im Jahre 1950 die Veröffentlichung von Immanuel Velikovskys Buch *Worlds in Collision* (dt. *Welten im Zusammenstoß*, 1951) zu verhindern. Velikovskys eigenwillige und letztlich haltlose Ideen übten auf die Leserschaft eine solche Anziehungskraft aus, dass die Verlage bereit waren, Profitstreben über intellektuelle Integrität zu setzen.[5] Etwa zur gleichen Zeit versuchte die rechtsgerichtete John Birch Society, sich als Massenbewegung zu etablieren, was ihr allerdings nicht gelang. Ihr Problem war, dass diese Organisation eine Weltsicht hat, die unvereinbar war mit der etablierten Konsensrealität, und wenn man es genau nimmt, mit der Realität überhaupt. Als der Anführer der Bewegung ein Buch schrieb, in dem er den respektierten und sogar beliebten Präsidenten Dwight Eisenhower beschuldigte, ein kommunistischer Agent zu sein, war das für die überwältigende Mehrheit der Amerikaner einfach zu absurd, und das selbst in der angstgeschüttelten Zeit der 1950er Jahre.

Sicherlich, komische Ideen gab es in menschlichen Gesellschaften schon immer. Unsere angeborenen Verhaltensweisen von Patternicity und Agenticity sorgen dafür, dass das Herstellen der Verbindungen anhand unserer Wahrnehmungen und Erfahrungen unvermindert weitergeht. Sie bedeuten aber auch, dass diese Zusammenhänge manchmal nicht korrekt sind und fälschlicherweise in die glaubensabhängigen Realitäten mancher Menschen eingebaut werden. Wenn eine solche Art von Verbindung auftritt, tritt ein anderer Aspekt des menschlichen Erkenntnisvermögens hervor – der Bestätigungsfehler. Haben Menschen erst einmal eine Überzeugung oder Meinung gebildet, beginnen sie sofort damit zu beweisen, dass ihre Idee richtig und wahr ist. Zu dem Fehler (auch: Bias; in der Psychologie ist damit eine kognitive Verzerrung gemeint) kommt es, wenn sie sich nur darauf konzentrieren, Belege zu finden, die ihre Überzeugung bekräftigen. Widersprechende Fakten oder Beweise werden ignoriert oder nur wenig beachtet. Ein anderer Begriff hierfür ist »Motivated Reasoning« (in etwa: motivierte Beweisführung). Die Journalistin Anna Merlan erklärt: »Wir neigen dazu, Studien, Nachrichtenartikeln und anderen Formen der Information mehr Gewicht beizumessen, die unsere bestehenden Überzeugungen und Werte bestätigen, und finden Wege, Dinge abzulehnen, die nicht mit dem übereinstimmen, was wir *glauben*, wahr zu sein.« Ganz profan ausgedrückt: Wir picken uns die Rosinen aus den Beweisen heraus. Diese Methode untergräbt jede wissenschaftliche oder empirische Anstrengung, ein gültiges und wissenschaftlich begründetes Glaubenssystem zu ermitteln und bereitzustellen.[6]

Michael Shermer beschreibt viele verschiedene Varianten des Bestätigungsfehlers. Es gibt den Rückschaufehler (Hindsight Bias), also die Neigung, die Vergangenheit an aktuelles Wissen oder aktuelle Situationen anzupassen. Im Feld der Geschichtsforschung wird dies auch Whig-Interpretation der Geschichte genannt. Diese Verzerrung ignoriert die Zufälligkeit vergangener Ereignisse und macht sie unausweichlich. Ein anderer Bestätigungsfehler ist die Status-quo-Verzerrung: Die einfachste Argumentation ist, dass wir Dinge immer auf diese Weise getan haben, und es hat funktioniert, also weshalb sollten wir sie ändern? Forscher kämpfen oft mit einer Erwartungsverzerrung (Expectation Bias). Hierbei schenkt ein Beobachter oder Forscher den Daten oder Beweisen mehr Aufmerksamkeit, die seine Erwartungen über das Ergebnis oder die Schlussfolgerungen seiner Studie oder seines Experiments bestätigen. Die Erwartungsverzerrung ist eng mit der Tendenz der selbsterfüllenden Prophezeiung verwandt, bei der ein bestimmtes Ergebnis gewünscht wird, sodass außerordentliche Maßnahmen ergriffen und Manipulationen vorgenommen werden, um dieses Ergebnis zu erreichen. Der Bestätigungsfehler ist ein universeller Charakterzug des menschlichen Wesens. Menschen und Gesellschaften müssen sich dessen bewusst und davor auf der Hut sein, wenn sie in einer Welt der Realität, statt in einer der Fantasie leben wollen.[7]

Wenn Menschen zu Anhängern einer zweifelhaften Überzeugung werden, dann treffen sie häufig auf ein Problem. Die Geschehnisse in der Welt der Realität bekräftigen nicht kontinuierlich ihr Glaubenssystem, und sie erleiden eine kognitive Dissonanz. Das passiert, wenn die Überzeugungen einer Person oder einer Gruppe in Konflikt mit

Beweisen, Fakten, der Realität oder sogar anderen Überzeugungen geraten. Dieser Zustand des Konflikts und des Gegensatzes erzeugt beim Gläubigen Stress und Angst – das ist die Dissonanz. Stress oder Dissonanz müssen gelindert werden. Der Psychologe Leon Festinger entwickelte sein Konzept und seine Theorie der kognitiven Dissonanz, als er einen UFO-Kult untersuchte, der behauptete, von außerirdischen Besuchern darüber informiert worden zu sein, dass eine katastrophale Flut das Ende der Welt, aber speziell die Zerstörung des Großraums Chicago nach sich ziehen würde, wo die meisten der Anhänger des Kultes lebten. Wie zu erwarten war, kam und verstrich der Tag der Flut, ohne dass etwas geschah. Nach einem ersten Schock führte eine gewisse Desillusionierung dazu, dass einige Mitglieder abtrünnig wurden. Die Kerngruppe blieb jedoch standhaft. Sie erklärte, dass der Fehler bei der Vorhersage der Flut eigentlich kein Fehler gewesen sei. Unmittelbar nach dem Termin der Katastrophe hätten die Außerirdischen die Gruppe darüber in Kenntnis gesetzt, dass die Welt dank der Gebete und des Glaubens des Kultes vor der Zerstörung gerettet worden sei.[8]

Menschen nutzen die gleiche Art von Rechtfertigung, wenn sie es nicht schaffen, mit dem Rauchen aufzuhören, obwohl alle Studien auf die Risiken für die Gesundheit hinweisen und sie selbst bemerken, wie ihr körperliches Wohlbefinden abnimmt. Festinger kam zu dem Schluss, dass viele Menschen, die kognitive Dissonanz erfahren, alles tun, was möglich ist, um den Stress zu reduzieren, selbst wenn dies bedeutet, die Konflikte zwischen der Wirklichkeit und ihren Überzeugungen und Verhaltensweisen zu ignorieren. Im Fall des Glaubens an UFOs und Verschwörungstheorien besteht der ultimative Trick darin, ihre Überzeugungen nicht falsifizierbar zu machen. An dieser Stelle verschwindet die kognitive Dissonanz. Die im Jahr 2020 einsetzende COVID-19-Pandemie hat viele Menschen dazu gebracht, zu behaupten, sie sei eine Fälschung oder das Ergebnis einer Biowaffe, die von China, der Neuen Weltordnung, Bill Gates oder irgendwelchen anderen Bösewichten auf die Menschheit losgelassen wurde. Das Leugnen der Realität der Pandemie oder die Anschuldigung einer Verschwörung böser Menschen mindert ebenfalls die Angst, die durch das Gespenst eines unerbittlich wütenden Virus erzeugt wird. Wie bekämpft man so etwas? Mit wissenschaftlich fundierten medizinischen Praktiken und

Arzneimitteln, aber das erfordert Geduld, Kraft und Nachsicht. Diese Eigenschaften sind immer rar. Das Hauptproblem besteht jedoch darin, dass bedeutende Teile der Bevölkerung in manchen Ländern die Expertise und die Autorität hinter jeder wissenschaftlichen Lösung ablehnen. Stattdessen greifen sie auf magisches Denken, Verschwörungstheorien und kognitive Dissonanz zurück. Wenn man die Chinesen, Fake News oder den Deep State beschuldigt, dann erzeugt man einen menschlichen Feind, mit dem man sich viel komfortabler einrichten kann als mit einem Virus. Ein nächster Schritt ist es, die Wirklichkeit oder Existenz des Problems abzulehnen, indem man sie als Fälschung oder Hoax bezeichnet. Die Rede ist von Leugnung. Sie ist eine weitere Methode, um die kognitive Dissonanz zu lindern. Leider geschieht dies, indem historische Beweise und wissenschaftliche Erkenntnisse auf grundlegend irrationale Weise ignoriert, abgestritten oder abgelehnt werden.[9]

Wie kann es sein, dass so viele Menschen offensichtlich kein Problem damit haben, das Wissen von Experten zusammen mit den Fakten und der Wissenschaft abzulehnen, die dieses Wissen untermauern? Forscher haben zwei Persönlichkeitsmerkmale ausgemacht, die es Menschen erlauben, Experten zu ignorieren – den Dunning-Kruger-Effekt und Narzissmus. Der Dunning-Kruger-Effekt ist das Phänomen, wenn Menschen mit wenig Kompetenz oder Wissen sich selbst als kompetenter oder sachkundiger einschätzen, als sie wirklich sind. Psychologen sagen, dass der Dunning-Kruger-Effekt seine Ursache in einem Mangel an Metakognition hat, also der Erkenntnis über ihr Erkenntnisvermögen. Laienhaft ausgedrückt, ihnen mangelt es an dem Wissen oder Bewusstsein über die Grenzen ihrer Talente oder ihres Wissens. Sie ignorieren ihre eigene Unwissenheit. Mit Blick auf politische Angelegenheiten bedeutet das, dass viele Menschen glauben, sie wüssten mehr, als sie es wirklich tun. Entsprechend haben sie nicht das Gefühl, dass sie sich weiterbilden und besser informieren müssten. Dieser Zustand macht sie anfälliger für Verschwörungstheorien und Wissensmüll, die mit einfachen Erklärungen und Antworten ihre Überzeugungen und Vorurteile nähren. Erinnern Sie sich, am Anfang stehen die Überzeugungen, und die Bestätigungsfehler und die motivierte Beweisführung erledigen mithilfe des Dunning-Kruger-Effekts den Rest. Unterstützung durch rationales und kritisches Denken ist nicht erwünscht oder gefordert. Der Dunning-Kruger-Effekt schafft es sogar, Menschen mit niedriger Kompetenz mehr Zuversicht zu vermitteln. Außerdem bietet er die Grundlage für einige psychologische Verteidigungsmechanismen, die es Menschen erlauben, das Unbehagen und den Stress, die aus der kognitiven Dissonanz resultieren, zu verringern oder zu übersehen. Die meisten Menschen, die den großen Konsens unter Wissenschaftlern ablehnen, dass menschliches Handeln den Klimawandel beschleunigt und verschärft, ist ein gutes Beispiel für dieses Phänomen. Häufige Berichte über weithin auftretende Rekordtemperaturen und der Beweis des Abschmelzens der Polkappen werden munter missachtet. Auf diese Weise können Ideen Bestand haben, die Vernunft und Realität widersprechen. Mit anderen Worten, ein bisschen Wissen kann tatsächlich eine gefährliche Sache sein.[10]

Narzissmus ist ein weiteres Persönlichkeitsmerkmal, das unter Anhängern von Verschwörungstheorien und anderen Formen des Wissensmülls stark verbreitet ist. Man muss sich immer vor Augen halten, dass alle Menschen bis zu einem gewissen Grad narzisstisch sind – so wie auch alle anderen Persönlichkeitsmerkmale in einer bestimmten Intensität bei jedem vorkommen. Jeder besitzt ein gewisses Maß an Selbstwertgefühl, auch wenn dies von Mensch zu Mensch unterschiedlich ausgeprägt ist. Ein bestimmter Grad an Narzissmus ist sogar gesund. Wir alle zeigen gelegentlich übermäßigen Egoismus. Eigenartigerweise jedoch besitzen Narzissten oft ein geringes Selbstwertgefühl. Aus diesem Grund versuchen sie, diese Schwäche durch ihr Handeln zu verschleiern. Narzissten demonstrieren außerdem einen ungerechtfertigten Sinn für ihre eigene Bedeutung. Sie begehren und erwarten Bewunderung und haben ein starkes Anspruchsdenken. Im Vergleich mit anderen Menschen sehen Narzissten sich selbst als besonders oder überlegen an. Dieses Selbstbild sorgt oft dafür, dass sie sich anderen Menschen gegenüber arrogant verhalten. Zusätzlich fehlt es ihnen an Empathie gegenüber den Gefühlen oder Bedürfnissen anderer Menschen. Es bedeutet auch, dass sie andere Menschen benutzen und ausnutzen, selbst aber keine Loyalität oder gesellschaftliche Verpflichtung gegenüber ihren Mitmenschen spüren. Man muss kaum betonen, dass narzisstische Menschen schwer zu ertragen sind. Glücklicherweise legt nur 1% der Bevölkerung ein so hohes Maß an narzisstischem Verhalten an den Tag, um als Träger einer Narzisstischen Persönlichkeitsstörung (NPS) zu gelten. Das heißt aber auch, dass es leider eine Menge Menschen gibt, die nicht das Maß an Narzissmus erreicht haben, um mit NPS diagnostiziert zu werden, aber es dennoch schaffen, unausstehlich zu sein und die Gesellschaft zu spalten.[11]

Untersuchungen haben gezeigt, dass narzisstische Menschen dazu neigen, an Ideen und Konzepte aus dem Bereich des Wissensmülls zu glauben, vor allem an Verschwörungstheorien. Mehrere Studien haben eine starke Korrelation zwischen dem Glauben an Verschwörungstheorien, einem geringen Selbstwertgefühl und Narzissmus festgestellt. Das bedeutet nicht, dass jeder, der an Verschwörungstheorien glaubt, auch ein Narzisst ist. Und nicht alle Narzissten glauben an Verschwörungstheorien. Wie und warum Verschwörungstheorien, ein geringes Selbstwertgefühl und Narzissmus miteinander interagieren, ist unklar, aber das Vorhandensein der Korrelation ist bewiesen. Narzissten zeigen aufgrund ihrer Überzeugung, dass sie im Vergleich zu den meisten anderen Menschen um sie herum besonders und überlegen sind, häufig paranoide Züge. Sie glauben, dass die Menschen sie beneiden und eifersüchtig auf sie sind. In der Folge nehmen sie an, dass sie darauf aus sind, sie fertigzumachen und sich gegen sie zu verschwören. Und da Narzissten angeblich überlegen sind, haben sie aufgrund ihres Glaubens an Verschwörungstheorien Einblicke in Geheimnisse, die den durchschnittlichen und ihnen unterlegenen Menschen um sie herum nicht zugänglich sind. Menschen, die verschwörungstheoretische Überzeugungen teilen, gehören zu einer besonderen Elitegruppe, die sie vom Rest der Gesellschaft abhebt. Das ist ein kollektiver Narzissmus, der sich selbst verstärkt, weil er immer wieder auf die geschätzte Mitgliedschaft in einer besonderen Insider-Gruppe verweist. Als Gruppe stehen sie in einem gemeinsamen Kampf gegen die verschiedenen Verschwörungsgruppierungen, die darauf aus sind, sie zu zerstören und ihnen ihre Rechte auf ihre speziellen Ansprüche und Privilegien zu nehmen. Angesichts einer solchen Weltanschauung ist das Bemühen, Verschwörungstheorien zu entlarven und bloßzustellen, eine existenzielle Bedrohung für Narzissten als Einzelpersonen und als Gruppe. Dieser Bedrohung können sie leicht begegnen, indem sie ihre Verschwörung nicht falsifizierbar machen. Dazu formulieren sie sie als eine allmächtige systemische oder Super-Verschwörung oder als improvisatorischen Millenarismus.[12]

Eine andere psychologische Theorie, mit der erklärt werden soll, weshalb Menschen irrationale Ideen und Überzeugungen glauben, ist das Konzept der Kontrollüberzeugung (Locus of Control). Kontrollüberzeugung ist ebenfalls ein Persönlichkeitsmerkmal. Wenn eine Person glaubt, dass sie durch ihre eigenen Handlungen und Fähigkeiten Kontrolle über ihr Leben besitzt, dann zeigt sie eine innere Kontrollüberzeugung. Glaubt eine Person, dass äußere Kräfte wie zum Beispiel Zufall, Fügung oder die Gesellschaftsstruktur ihr Leben kontrollieren, dann zeigt sie eine äußere Kontrollüberzeugung. Menschen besitzen jedoch nicht einfach eine innere oder eine äußere Kontrollüberzeugung. Stattdessen gibt es einen Zusammenhang zwischen einer extremen inneren und einer extremen äußeren Kontrollüberzeugung, wobei die meisten Menschen irgendwo in den mittleren Bereichen liegen. Die Kontrollüberzeugung schwankt mit dem Alter und den persönlichen Umständen. Innerhalb einer Person kann sie mit unterschiedlichen Situationen und Problemen variieren. Wenn Menschen älter werden, entwickeln sie oft eine eher innere Kontrollüberzeugung, was verständlich ist, da die meisten Menschen mit zunehmendem Alter größere wirtschaftliche Sicherheit erfahren. Unter den Älteren wiederum wird zunehmende körperliche Schwäche dazu führen, dass die äußere Kontrollüberzeugung einer Person wächst. Die innere Kontrollüberzeugung eines Menschen nimmt einen herben Schlag hin, wenn diese Person wirtschaftlich abgesichert war, dann aber einen guten Job verliert und keine vergleichbare Stelle finden kann. Auf der globalen Ebene kann die äußere Bedrohung des Klimawandels oder einer Pandemie einen bedeutenden Anstieg des Stressniveaus und damit der äußeren Kontrollüberzeugung nach sich ziehen. Eine interessante Frage für Forscher auf dem Gebiet der Psychologie wäre: Wo sind Maskengegner und Menschen, die während einer Pandemie an belebte Strände oder in volle Bars, Kneipen und zu politischen Demonstrationen gehen, auf der Skala von innerer zu äußerer Kontrollüberzeugung einzuordnen?[13]

Psychologen haben entdeckt, dass Verschwörungstheoretiker und Anhänger des übernatürlichen oder magischen Denkens häufig eine starke äußere Kontrollüberzeugung haben. Immer und immer wieder haben Studien eine starke Beziehung zwischen der äußeren Kontrollüberzeugung und dem Glauben an Verschwörungstheorien demonstriert. Werden daher die den Menschen eigenen Eigenschaften der Patternicity und Agenticity mit der Neigung mancher Menschen zu einer äußeren Kontrollüberzeugung, also dem Glauben, dass sie irgendwelchen vagen, aber mächtigen externen Kräften unterworfen sind, kombiniert, ist es ziemlich einfach für sie, einen Zusammenhang herzustellen und an eine Verschwörungstheorie oder eine andere millenialistische Vision zu glauben.[14]

Verschiedene Journalisten und Gesellschaftskritiker haben diese Verbindung zwischen der äußeren Kontrollüberzeugung und Verschwörungstheorien oder okkulten Überzeugungen kommentiert. Francis Wheen hat beobachtet, dass »der neue Irrationalismus ein Ausdruck der Verzweiflung von Menschen ist, die sich unfähig fühlen, ihr Leben zu verbessern, und befürchten, dass sie geheimnistuerischen, unpersönlichen Mächten ausgeliefert sind, seien diese nun das Pentagon oder Angreifer vom Mars«. Regierungen betrachten seltsame Überzeugungen als nützliche Ablenkungen von der Wirklichkeit. David Aaronovitch stimmt zu, dass »Verschwörungstheorien sehr oft unter den Opfern von politischen, gesellschaftlichen oder wirtschaftlichen Veränderungen Fuß fassen«. Anna Merlan verweist darauf, dass »Zeiten der Unruhe und des gesellschaftlichen Umbruchs oft zu einem parallel dazu verlaufenden Anstieg des Verschwörungsdenkens führen«. Sie identifiziert eine zunehmende soziale Mobilität, das Gefühl von politischer Entfremdung und ein immer verwirrender und unsicherer werdendes gesellschaftliches Auffangnetz und Gesundheitssystem als Quellen von Angst, Unzufriedenheit und Gefühlen der Hilflosigkeit. Dies sind Zeichen von Gesellschaften, die immer schlechter funktionieren und somit potenzielle Brutstätten von Menschen mit einem hohen Maß an äußerer Kontrollüberzeugung sind.[15]

Ein weiterer Anziehungspunkt von Verschwörungstheorien und anderem Wissensmüll ist, dass die meisten Menschen eine einfache Erklärung oder Geschichte einer komplizierten und nuancierten vorziehen. Es wurde bereits angemerkt, dass einfache, aber falsche Erklärungen die natürlichen Begleiter des Dunning-Kruger-Effekts sind. Verschwörungstheorien und viele andere pseudowissenschaftliche oder pseudohistorische Ideen sind ziemlich einfach und unkompliziert im Vergleich mit den komplexeren beweisorientierten wissenschaftlichen Theorien oder historischen Narrativen. Schlechte Dinge geschehen, wie die Abschaffung einstmals gut bezahlter und sicherer Jobs in der Produktion durch den Abbau von Industrien. Wissenschaftler, die das Problem erklären wollen, reden über die Globalisierung der Wirtschaft, neue Technologien, Fabriken, die in Gegenden verlegt werden, in denen die Arbeitskosten geringer sind, und das Widerstreben von konservativen Regierungen, große Unternehmen zu reglementieren, wenn Aspekte des Kapitalismus außer Kontrolle zu geraten scheinen. Dies alles sind Teile einer ganzen Reihe von Prozessen, die von Experten nicht immer klar verstanden werden. Als Erklärungen sind sie für normale Menschen alles anderes als zufriedenstellend. Sie scheinen nicht fassbar und stattdessen verwirrend zu sein. Deshalb werden monokausale Erklärungen deutlich bevorzugt. Es ist viel einfacher, gierige jüdische Banker oder eine gesichtslose und bösartige Neue Weltordnung zu beschuldigen. Das reduziert eine unglückliche Situation auf einen Konflikt zwischen Gut und Böse, und liefert den Opfern einen Feind, den sie bekämpfen oder zumindest hassen können. Das gleiche Problem besteht für die Erklärung, dass der Ursprung der Menschheit und der Zivilisation in der Urzeit liegt. Eine empirische Erklärung stellt dar, wie menschliche Evolution, Umweltherausforderungen, menschlicher Erfindergeist, kulturelle Zerstreuung, Wanderungsbewegungen der Menschen, die Entwicklung von Regierung und Bürokratie und die Rolle der Religion in der Geschichte der menschlichen Zivilisation zusammenspielen. Eine viel einfachere und offensichtlich faszinierendere Erklärung ist für einige Menschen, dass Außerirdische verantwortlich sind!

Die Geschichte von Gut gegen Böse macht Verschwörungstheorien, Pseudowissenschaft und Pseudohistorie für ihre Anhänger sogar noch attraktiver. Die Gläubigen sind die Guten. Sie sind die Helden ihres eigenen Lebens, besonders der fantastischen Aspekte ihres Lebens, in denen sie gegen den Deep State, reptilische außerirdische Invasoren oder satanische Juden und ihre »Mud People«-Lakaien (»Schlammmenschen«, ein rassistischer Ausdruck, der sich gegen alle richtet, die nicht weiß und christlich sind) kämpfen. Die Anhänger dieser seltsamen Überzeugungen sind in ihren Darstellungen nicht nur einfach gut – sie sind entweder von Gott oder vom Schicksal auserwählt. Das ist genau die Stelle, an der ein Narzisst gern sein möchte. Die Christian-Identity-Bewegung behauptet, dass die weißen Menschen der britischen Inseln und Nordamerikas in Wirklichkeit die Abkömmlinge der Zehn Verlorenen Stämme Israels sind, speziell der Stämme Ephraim und Manasse. Das ist mal eine beeindruckende Abkunft. Die Juden hingegen sind tatsächlich Betrüger und die böse Ausgeburt des Teufels. Viele Deutsche glaubten in der ersten Hälfte des 20. Jahrhunderts zunehmend, dass sie ein besonderes Volk mit einer Vorsehung seien. In dieser Überzeugung antworteten sie beispielhaft auf die rhetorische Frage, die David Aaronovitch stellte: »Wer ... würde nicht gern auf der Seite der Begabten und Einsichtigen stehen?«[16] In der Vorzeit der verlorenen Kontinente wie Atlantis und Hyperborea hatten die alten Germanen angeblich Superkräfte und -technologien besessen, waren aber im Laufe der Zeit durch Vermischung mit minderwertigen Menschen degeneriert. Dem Nationalsozialismus ging es darum, das deutsche Volk seinem Schicksal als Herrenrasse oder Herrenvolk zuzuführen. Dies war die Identität, die von den Nazis und ihrer *völkischen* Ideologie propagiert wurde. Sie erlaubte es den Deutschen, sich besonders zu fühlen, und gab ihnen Hoffnung, wenn sie auch falsch war und letztendlich in die Katastrophe führte. Eine gewisse Zeit lang jedoch war diese arische Identität sehr verführerisch, wie es Pseudowissenschaften und Pseudohistorie oft sind.

Die Anziehungskraft des Glaubens an Verschwörungstheorien läuft auf drei grundlegende Wünsche hinaus. Erstens ist dies der Wunsch nach Sicherheit und Verständnis in Bezug auf die Welt. Die einfachen oder vereinfachenden Erklärungen der Verschwörungen erfüllen diese Erwartung sehr leicht, zumindest oberflächlich betrachtet. Zweitens bietet der Glaube an eine Verschwörungstheorie ein Gefühl von Kontrolle und Sicherheit, selbst wenn die Verschwörung das Überleben der Menschheit gefährdet. Allein zu wissen, dass es eine Bedrohung gibt, bedeutet, dass die potenziellen Opfer ihr widerstehen oder sie sogar besiegen können. Drittens, zu den wissenden und den guten und elitären Menschen zu gehören, die in einem kosmischen Kampf gefangen sind, verschafft ein positives Selbstbild. Solche psychologischen Vorteile sind ein großer Anreiz für viele Menschen, an Verschwörungstheorien zu glauben, ganz egal, wie unglaubwürdig diese sind.[17]

Die komischen Ideen des Wissensmülls sind größtenteils ein Produkt des Modernismus und der Massengesellschaft. Die Erfindung der Druckerpresse ermöglichte es, Informationen massenweise zu produzieren und zu reproduzieren. Alle anderen technischen Innovationen im Bereich der Wissens- und Informationsverteilung sind Steigerungen dieser monumentalen Veränderung. Im 19. Jahrhundert machten Innovationen im Drucksektor Bücher, Zeitungen und Zeitschriften billiger, sodass eine massenweise Verbreitung und Nutzung möglich wurden. Die Erfindung des Telegrafen in den 1840er Jahren erlaubte zum ersten Mal eine unverzügliche Übertragung von Nachrichten und Informationen über große Strecken. Die ersten Filme erschienen in den letzten Jahren des 19. Jahrhunderts. Anfang der 1920er Jahre waren sie zu einer großen Unterhaltungsindustrie geworden. Erfinder experimentierten in den 1890er Jahren mit dem Radio, das in den 1920er Jahren dann zu einem weiteren Medium für die unmittelbare Kommunikation und sowie die massenhafte Verbreitung von Nachrichten und Unterhaltung wurde. Im Verlaufe des 20. Jahrhunderts boten das Fernsehen, Computer und das Internet weitere Mittel für eine sofortige Kommunikation und die Verbreitung von Informationen. Als mithilfe des Internets die Kosten sanken und der Zugriff erweitert wurde, wurden Informationen gleichzeitig demokratisch und zu einem Massenmarkt. Der Zugang zu Informationen beschränkte sich nicht auf etabliertes Wissen, sondern bewegte sich auch in den Bereich des Chaotischen, Anarchischen und Nihilistischen. Es waren die technologischen Veränderungen, die es dem Wissensmüll, der die Ränder der Gesellschaft bevölkerte, erlaubten, stärker als je zuvor in die etablierte Kultur einzusickern. Der Erfolg der Fernsehserie *Ancient Aliens* ist ein Beweis dafür. Für viele ihrer Zuschauer ist es ein heimliches Vergnügen oder ein Akt der Neugier. Für andere dagegen ist es ihre Religion und ihre Sicht auf die Realität und die menschliche Geschichte. Sie ist ein Ort, an dem Fakt und Fiktion sich umkehren, wie ein Supermarkt an seltsamen Überzeugungen, der die mentalen Regale ihrer wahren Gläubigen wieder auffüllt. Hier fährt das kultische Milieu auf der Überholspur. Dennoch sind, wie David Aaronovitch festgestellt hat, die hauptsächlichen Schöpfer und Konsumenten des Wissensmülls sowohl gebildete als auch weniger gebildete Mitglieder der Mittelklasse. Es sind Menschen mit ausreichend Freizeit und den verfügbaren Mitteln, um Veranstaltungen wie AlienCon zu besuchen, ausgefallene und überspannte Websites zu abonnieren oder Mitgliedsbeiträge bei einer oder mehreren Gruppierungen zu bezahlen, die sich eigenartigen Dingen wie der Hohlwelttheorie oder der Ufologie verschrieben haben.[18]

Manche Wissenschaftler vermuten, dass der Aufstieg des Postmodernismus und des Relativismus unter den Akademikern diese Zunahme von Wissensmüll verstärkt hat. Seit den 1970er Jahren wurden und werden Kulturkämpfe ausgefochten.[19] Derweil wird der Öffentlichkeit von übertreibenden rechtsgerichteten Sprechern im Fernsehen eingeredet, dass die meisten Universitätsprofessoren lehren, dass die Wahrheit nicht existiert und alles relativ sei, alles scheint möglich. Man muss sich allerdings vor Augen halten, dass solche Hardcore-Postmodernisten an den meisten Universitäten eine winzige Minderheit sind, und dass sie definitiv nicht an technischen oder naturwissenschaftlichen Einrichtungen zu finden sind, sondern an geistes- und sozialwissenschaftlichen Instituten. Sie schafft einen Sicherheitsbereich für Akademiker wie Leonard Jeffries, Ward Churchill und Martin Bernal. Ihre dubiosen Geschichten verbreiten Theorien über den weitverbreiteten Einsatz von pockenverseuchten Decken als Biowaffen gegen die Ureinwohner Amerikas, unwissenschaftliche Behauptungen, dass die Intelligenz zunimmt, je mehr Melanin in der Haut ist, oder eine tendenziöse Historie über vorgeblichen Rassismus in der klassischen Wissenschaft. Nur sehr wenige Akademiker beteiligen sich an solchen Sachen. Doch wenn sie es tun, dann erleiden sie das gleiche Schicksal, das die meisten Lehrenden befällt: Die Studierenden hören nicht zu. Es wird also nichts gelernt, die Folgen extremen Postmodernismus bleiben also überschaubar. Dennoch verursacht exzessiver Postmodernismus einen gewissen Schaden. Der Journalist David Aaronovitch warnt: »Wenn alle Narrative relativ sind, dann sind wir verloren.« Extremer Relativismus verbreitet eine »Alles geht«-Duldung, die das kritische Denken abstumpft. Der Journalist und Gesellschaftskritiker Francis Wheen stellt fest: »Dies ist das schwächende Erbe des Postmodernismus – eine Lähmung der Vernunft, eine Weigerung, irgendwelche qualitativen Unterschiede zwischen vernünftigen Hypothesen und blühendem Unsinn anzuerkennen.« Es ist unmöglich, die Auswirkungen des

Postmodernismus exakt zu messen, aber sie liegen irgendwo zwischen dürftig und erheblich.[20] Sicher, das postmodernistische Schreckgespenst ist ein Mittel, das von rechtsgerichteten Kritikern benutzt wurde, um die Glaubwürdigkeit von Akademikern als Experten auf ihren Spezialgebieten zu untergraben. Deshalb besteht Aaronovitch darauf, dass Wissenschaftler und Forscher sich einen »dogmatischen Nachdruck« angewöhnen und darauf bestehen müssen, dass die relevanten Fakten und Ereignisse akkurat, wahrheitsgemäß und mit intellektueller Integrität dargestellt werden.[21]

Kathryn Olmsted, eine Historikerin, die sich mit Verschwörungstheorien beschäftigt, geht anders an das Problem heran. Sie vermutet, dass die beste Möglichkeit, den Anstieg von Verschwörungstheorien zu reduzieren, die moderne Gesellschaften, vor allem die Vereinigten Staaten von Amerika, beeinflussen, darin besteht, die Regierungsarbeit transparenter zu machen. Im Zusammenhang mit Regierungsgeheimnissen scheint das ein vernünftiger Ratschlag zu sein. Es ist außerdem ein Ratschlag, der aus der Art und Weise erwächst, wie Olmsted Verschwörungstheorien untersucht hat. Ihre Forschungen konzentrierten sich auf Verschwörungen im Zusammenhang mit Regierungsfehlern und den Versuchen, diese zu vertuschen. Deshalb legt sie so großen Wert auf das Wohlverhalten der Regierungen. Eine transparentere Regierung würde dazu beitragen, die Ausbreitung von Verschwörungstheorien zu reduzieren.[22] Es würde sie jedoch nicht stoppen. Die Geschichte der UFO-Bewegung demonstriert, dass Transparenz nicht unbedingt reicht, um Argwohn und Verschwörungstheorien über die Regierung auszuräumen. Die US-amerikanische Regierung hat zunächst für viele Jahre geheim gehalten, was sie über UFOs wusste. Als sie dann eine transparentere Haltung einnahm, half das nichts mehr. Spätere Regierungsberichte und Enthüllungen, die die UFOs erklären sollten, wurden von den Ufologen abgelehnt. Es gibt weiterhin unvermindert Anschuldigungen, dass die US-Regierung Dinge verschleiert, weil sie in den Augen der UFO-Bewegung absolut unglaubwürdig ist. Und wie wir bereits diskutiert haben, würden die misstrauischen Ufologen einfach behaupten, dass die Regierungsverschwörer die Macht hätten, jederzeit Beweise zu verstecken oder zu fälschen, falls es eine systemimmanente Verschwörung oder eine Super-Verschwörung im

Zusammenhang mit fliegenden Untertassen gibt. Nicht falsifizierbare Verschwörungstheorien sind vor einer Aufdeckung durch Beweise oder durch Regierungstransparenz gefeit. Aaronovitch hat Recht. Wissensmüll und den ihn begleitenden Verschwörungstheorien muss man mit Fakten und beweisorientierten Widerlegungen entgegentreten. Viele Wissenschaftler haben es jedoch abgelehnt, sich mit Wissensmüll zu befassen. Sie sehen dies als Zeitverschwendung an. Das kann eine Form des hochnäsigen Elitedenkens sein. Akademiker haben einen Bildungsauftrag, müssen also die Öffentlichkeit über die Irrtümer unterrichten, die mit Wissensmüll einhergehen. Manche Wissenschaftler argumentieren, dass eine Beschäftigung mit Wissensmüll diesen falschen Überzeugungen und Konzepten Aufmerksamkeit und Legitimität einbringt. Ein anderes Argument gegen eine Konfrontation mit den Multiplikatoren von Wissensmüll, das jüngst von der Rhetorikprofessorin Jenny Rice vorgebracht wurde, lautet, dass Bloßstellungen und Widerlegungen das Denken der wahren Gläubigen nicht ändern. Sie spricht sich dagegen aus, sich mit ihnen abzugeben.[23] Im Fall von wahren Gläubigen hat sie Recht: Es ist zu spät. Die Akzeptanz von Wissensmüll ist zu tief in ihrem Sein und ihrer Identität verankert, um sie durch irgendwelche Diskussionen zu ändern. Ihre Kernüberzeugungen sind so konstruiert, dass sie nicht falsifizierbar sind – zumindest für sie. Niemand wird Alex Jones' Denken ändern. Vielleicht glaubt er tatsächlich alles, was er von sich gibt, vielleicht auch nicht. Durchgesickerte Videoaufnahmen zeigen, dass Jones' Wertschätzung für Donald Trump möglicherweise nicht seine private Meinung widerspiegelt.[24] Es ist wichtig, sich zu erinnern, was Upton Sinclair sagte: »Es ist schwer, einen Mann dazu zu bringen, etwas zu verstehen, wenn sein Gehalt davon abhängt, dass er es nicht versteht.«[25] Tatsache ist, Menschen sind anfällig für das »Beharren auf Überzeugungen« (Belief Perseverance), auch »konzeptioneller Konservatismus« genannt. Sie bestehen auf einer Überzeugung, selbst wenn ihnen handfeste Informationen und Fakten präsentiert werden, die dieser widersprechen. Noch verblüffender ist, dass es paradoxerweise seine Überzeugung bestärkt, wenn der Gläubige mit einer Enthüllung konfrontiert wird. Dies wird als »Backfire-Effekt« bezeichnet. Backfire-Effekte (eine Art Bumerang-Effekt) treten auf, wenn die mythische

Überzeugung vertrauter gemacht wird, wenn zu viele Enthüllungen präsentiert werden und/oder wenn die Weltsicht des Gläubigen bedroht wird.[26] Rice hat also Recht mit den wahren Gläubigen, allerdings konzentriert sie sich auf das falsche Publikum. Wie andere Skeptiker versichert haben, ist das Beteiligen an Enthüllungen, Widerlegungen und Faktenüberprüfungen sowie das Unterrichten der Prinzipien des kritischen Denkens tatsächlich für diejenigen gedacht, die komischen Ideen ausgesetzt, ihnen aber noch nicht verfallen sind. Sie können und sollten gelehrt werden und gezeigt bekommen, wie sie den Unterschied zwischen den Diamanten des wahren Wissens und den falschen Glitzersteinen des Wissensmülls erkennen.

Darüber hinaus ist diese Stillhaltetaktik der Wissenschaftler nicht mehr angemessen, seit die heutige Technik die Werkzeuge zur Verfügung stellt, um Wissensmüll massenweise zu verbreiten und bewusst falsche Geschichten und gegenstandslose Verschwörungstheorien zu erschaffen. Anna Merlan hat auf dieses Problem in ihrem Buch *Republic of Lies* hingewiesen und hinzugefügt, dass die sozialen Medien »eine Art haben, Informationen zu glätten, sodass jede Quelle gleich aussieht oder gleichermaßen glaubwürdig erscheint«.[27] Die Betreiber sozialer Medien haben sich dagegen gesträubt, als Faktenprüfer oder Informationsregulator aufzutreten, aber das ändert sich. Auch so bleiben genügend Kanäle im Internet, um Verschwörungstheorien und gefälschte Geschichten zu verbreiten. In einer Welt der motivierten Beweisführung »übertrumpfen parteiische Ziele die Genauigkeitsziele«, wie Merlan treffend beobachtet hat. Forschungen haben gezeigt, dass die Verbreitung von Verschwörungstheorien und verwandtem regierungsfeindlichem Wissensmüll in vielen Menschen ein Gefühl von Angst und Hilflosigkeit auslöst. Mit anderen Worten, Verschwörungstheorien erhöhen in vielen Menschen das Gefühl der äußeren Kontrollüberzeugung. Die Wirkung besteht darin, politische, bürgerliche und gesellschaftliche Betätigungen zu reduzieren. Trotz dieser Probleme behauptet Merlan auch, dass das Internet ein wirksames Werkzeug für die freie Rede ist, mit dem sich gesellschaftliche und politische Missstände bekämpfen lassen.[28] Es ist Sache der gesellschaftlich engagierten Menschen guten Willens, zu beweisen, dass Merlan und Euripides – »Kluges Misstrauen geht gewiss weit über alles« – Recht haben.[29]

KAPITEL 3

# Die vielen Reisen der zehn verlorenen Stämme Israels

*Und im neunten Jahr Hoseas gewann der König von Assyrien Sa-*
*maria und führte Israel weg nach Assyrien und setzte sie nach Halah*
*und an den Habor, an das Wasser Gosan und in die Städte der Meder.*

2. KÖNIGE 17:6

*und sollst zu ihnen sagen: So spricht Gott, der HERR: Siehe, ich will*
*die Israeliten herausholen aus den Heiden, wohin sie gezogen sind,*
*und will sie von überall her sammeln und wieder in ihr Land bringen.*

HESEKIEL 37:21

Im Jahre 722 v. Chr. wurde Samaria, die Hauptstadt des nördlichen Königreichs der zehn israelitischen Stämme, von der assyrischen Armee
erobert. Dies war der Todesstoß für das Königreich Israel. Die Assyrer
machten das besiegte Königreich zu einer Provinz ihres Reiches. Wie
bei einer Eroberung üblich, verschleppten sie die politische Elite und
die besten Handwerker in verschiedene Teile ihres Reiches, um wieder-
erwachte Rebellen auszubremsen und sich das Geschick der Handwerker dort zunutze zu machen, wo sie gebraucht wurden. Die Eroberung
Samarias markiert den Beginn des Mythos von den zehn verlorenen
Stämmen Israels. Das ist ungewöhnlich, haben Mythen doch oft keinen speziellen Anfangspunkt in den historischen Aufzeichnungen. Im
Laufe der Zeit wuchsen das Wissen über die Details seiner Überlieferung, sein geografischer Geltungsbereich und seine Bedeutung für
verschiedene Völker. Bücher, Artikel und Essays über die verlorenen

Stämme könnten eine ganze Bibliothek füllen. Die verlorenen Stämme wurden fast überall verortet: vom arktischen Norden bis Südafrika, in Nord- und Südamerika und auch an verschiedenen Orten in Ost- und Südasien. Verschiedene Gruppen wurden als Nachfahren der verlorenen Stämme angesehen oder behaupteten, es zu sein – Sinti und Roma, die Briten, einige oder alle Stämme der amerikanischen Ureinwohner, die Atlanter, die Paschtunen in Afghanistan, die entsetzlichen Völker Gog und Magog, die Beni Israel im westlichen Indien und die Hottentotten im südlichen Afrika, neben vielen anderen. Der Mythos der verlorenen Stämme wurde von zahlreichen, ganz unterschiedlichen Gruppen weidlich ausgenutzt. Er bietet ein wunderbares Beispiel dafür, wie sich Mythen und Legenden der alternativen Geschichte entwickeln, ausweiten und für gute oder böse Zwecke eingesetzt werden.

## Am Anfang

Die Einzelheiten rund um den Fall von Samaria und die Verschleppung der israelitischen Oberschicht sind ein wenig unklar, obwohl der allgemeine historische Kontext ziemlich eindeutig ist. Ab dem Jahr 745 v. Chr. kam es im antiken Nahen Osten zu dramatischen Änderungen der politischen und militärischen Lage. Dort, wo sich heute die Länder Israel, Jordanien, Libanon und Syrien befinden, waren ab etwa 1.000 v. Chr., nach dem Zusammenbruch der großen Reiche der späten Bronzezeit, verschiedene kleine Königreiche aufgeblüht. Assyrien zählte zu diesen großen Reichen, hatte aber die Krise einigermaßen unbeschadet überstanden. 883 v. Chr. erlebte unter Assurnasirpal II. (Regierungszeit 883-859) die Ära, die man als Neuassyrisches Reich bezeichnet, ihren ersten Höhepunkt. Die assyrische Macht breitete sich aus, konnte jedoch trotz einiger Vorstöße in die Länder der Aramäer in Syrien keine dauerhaften Eroberungen verzeichnen. Sie waren schon zufrieden, wenn sie es schafften, einige der kleinen Königreiche zu tributzahlenden Vasallen zu machen. Als die aramäischen Staaten, die phönizischen Küstenstädte und das Königreich Israel wirksame Verteidigungsbündnisse bildeten, stießen sie auf heftigen Widerstand.[1]

Die Assyrer waren zwar eine ausgesprochen beeindruckende Militärmacht, hatten jedoch gelegentlich mit einer instabilen Führung zu tun. Assyrischer König zu sein, war eine gefährliche Angelegenheit. Rebellische Söhne und umstürzlerische Generäle kamen in der assyrischen Geschichte oft vor. Instabile Königsherrschaften gab es nicht nur bei den Assyrern, auch die anderen, oft unbedeutenden nahöstlichen Königreiche, darunter Israel, hatten in ihrer wechselvollen Geschichte immer und immer wieder mit diesem Problem zu kämpfen. Was Assyrien betrifft, brachte die mörderische Politik gelegentlich Könige auf den Thron, die großartige Krieger waren. Einer der herausragendsten unter ihnen war Tiglat-Pileser III. (Regierungszeit 744-727 v. Chr.). Mit ihm begann Assyriens Aufstieg zur ersten Weltmacht der Antike. Während seiner Herrschaft expandierte das Neuassyrische Reich in alle Richtungen. Darüber hinaus reichte es ihm nicht mehr, Tribute von den besiegten Staaten einzufordern, sondern er gliederte sie als Provinzen in sein Reich ein.[2]

Anfangs vermieden viele der Staaten in Syrien, der Levante und Palästina eine Invasion durch Tiglat-Pileser, indem sie im Jahre 738 v. Chr. zustimmten, Tribute an Assyrien zu entrichten. Die assyrischen Tributforderungen waren sehr hart und sorgten für großen Ärger und Unzufriedenheit in der Region. Als Menahem, der König von Israel, der den assyrischen Tribut ausgehandelt hatte, 735 starb, wurde sein Sohn und Nachfolger Pekachja vom anti-assyrischen Pekach ermordet. Dieser stellte die Tributzahlungen ein, als er den Thron bestieg. Pekach ging ein Bündnis mit Rezin von Damaskus ein, dem Anführer der Vereinigung der westlichen Königreiche gegen die assyrische Bedrohung. Tiglat-Pileser schlug 733 und 732 v. Chr. zurück. Er besiegte und tötete Rezin und eroberte Damaskus. Israel verlor seine nördlichsten Gebiete, die in eine assyrische Provinz verwandelt wurden. Tiglat-Pileser ließ schließlich 13.500 Menschen aus dem eroberten Teil Israels verschleppen, zettelte einen Putsch an, der Pekach stürzte und tötete, und setzte den vermeintlich loyalen Hoschea auf den Thron von Israel.[3]

Als Tiglat-Pileser 727 v. Chr. starb, wurde sein Sohn Salmanassar V. (Regierungszeit 727-722 v. Chr.) sein Nachfolger. Zwar zahlte Hoschea zunächst weiter Tribut, doch es war eine schwere Last für das Volk Israel, das immer mehr verbitterte, da sein König ihm für die Tributzahlungen drückende Steuern aufbürdete. Die Unzufriedenheit in seinem Land zwang Hoschea im Jahre 726 v. Chr. dazu, die Tribute zu stoppen. Dies veranlasste Salmanassar zu einer Invasion, die höchstwahrscheinlich früh zur Gefangennahme Hoscheas führte. Samaria, die Hauptstadt Israels, hielt der Belagerung durch die assyrische Armee allerdings mehrere Jahre lang stand und fiel erst 722 v. Chr.[4] Über die Belagerung Samarias ist kaum etwas bekannt. Es ist unklar, ob die Stadt im Sturm genommen wurde oder aufgab, um dem Hungertod zu entgehen. Wenn man es genau nimmt, ist nicht einmal klar, wer Samaria erobert hat. Die Bibel deutet an, dass Salmanassar V. die aufständische Stadt einnahm, einige Wissenschaftler halten jedoch dagegen, dass es tatsächlich sein Nachfolger Sargon II. (Regierungszeit 722/721-705 v. Chr.) gewesen sei. Sargon war vermutlich ein assyrischer General, der Salmanassar gestürzt und sich den Thron angeeignet hatte. Auch hier sind genaue Einzelheiten nicht bekannt. Das eroberte Israel wurde zu einer weiteren assyrischen Provinz gemacht und Sargon II. behauptete, 27.280 Menschen verschleppt zu haben, während die Bibel die Deportation Salmanassar zuschreibt.[5]

Wissenschaftler schätzen, dass während der drei Jahrhunderte des assyrischen Reiches 4,5 Millionen Menschen deportiert wurden. Durch Tiglat-Pileser und Salmanassar oder Sargon wurden insgesamt fast 41.000 Israeliten aus ihrem Land ausgewiesen und anderswo angesiedelt, das sind weniger als 1 Prozent der assyrischen Deportationen. Die Israeliten waren also nicht die einzigen, die dieses Schicksal erleiden mussten. Noch wichtiger für den Mythos der verlorenen Stämme ist, dass die Assyrer Israel nicht seiner hebräischen Bevölkerung beraubten. Schätzungen der Bevölkerungszahl des Königreichs Israel schwanken beträchtlich. Eine Schätzung auf Grundlage der erhobenen Tributzahlungen durch Menahem setzt die Bevölkerungszahl bei 800.000 an. Zuverlässigere Schätzungen, die auf einer Untersuchung der Siedlungen im antiken Israel aus der Zeit der assyrischen Invasion beruhen, sind zu dem Schluss gekommen, dass wenigstens 222.500 Menschen, wahrscheinlich aber sogar 350.000 Menschen dort lebten. Das bedeutet, dass höchstens 20 Prozent der Bevölkerung von den Assyrern verschleppt wurde, möglicherweise aber auch nur wenig mehr als 10 Prozent. Ist die eher zweifelhafte Schätzung von 800.000 Menschen korrekt, dann fällt der Anteil der Deportierten auf 5 Prozent. Archäologische Hinweise deuten an, dass viele der zurückgelassenen Israeliten in das südliche

Königreich Juda zogen. Mit anderen Worten, egal welche Schätzung verwendet wird, die große Mehrheit der zehn Stämme hat die Heimat von David und Salomo niemals verlassen und ist daher nie verlorengegangen.[6]

Laut dem biblischen Bericht wurden die Verschleppten der zehn Stämme nach Assyrien gebracht und in »Halach und am Habor, dem Fluss von Gosan, und in den Städten der Meder« angesiedelt (2. Könige 17:6, die Liste der Ziele wird im zweiten Buch der Könige 18:9-12 wiederholt, speziell in Vers 11). Archäologische Hinweise zeigen, dass Menschen mit hebräischen Namen auch in Ninive lebten. Schließlich handelt auch das apokryphe Buch Tobit von Israeliten im Exil, die Salmanassar nach Ninive verschleppt hatte, sowie von Israeliten, die im Exil in Medien lebten. Das nördliche Königreich Israel war nun für immer verschwunden. Seine Ländereien wurden in die assyrischen Provinzen Megiddo, Gilead und Samaria aufgeteilt. Die Assyrer deportierten Menschen aus Hama, nördlich von Damaskus gelegen, und Kuta, nahe Babylon, nach Samaria. Diese brachten zwar ihre eigenen Götter mit, doch im Laufe der Zeit verschmolzen sie mit der einheimischen Bevölkerung und wurden zu den Samaritanern.

Die Zerstörung des Königreichs Israel war sowohl für die Israeliten als auch für die Hebräer des verbleibenden Südreiches Juda ein traumatisches Ereignis. Die Judäer unterwarfen sich Assyrien und entrichteten den drückenden Tribut. Juda wagte gemeinsam mit anderen kleinen Staaten entlang der Ostküste des Mittelmeers den Aufstand und überstand die erfolglose Belagerung Jerusalems durch die Heere des assyrischen Königs Sanherib (Regierungszeit 704-681 v. Chr.) im Jahre 701 v. Chr. Am Ende schafften es die Judäer, die Assyrer zu überdauern, deren Reich 614-609 v. Chr. ganz plötzlich den Babyloniern und den Medern unterlag. Ihr Ärger mit den Großmächten Mesopotamiens war damit aber nicht vorbei. Das neubabylonische Reich nahm Assyriens Platz ein und siegte schließlich beim Kampf um die Vorherrschaft in den Ländern der Levante über Ägypten. In diesem Zuge wurde das Königreich Juda zerstört und Jerusalem in den Jahren 597 und 587 v. Chr. von den Armeen des babylonischen Königs Nebukadnezar erobert. Die zweite Belagerung führte zur Zerstörung der Stadt und der Deportation ihrer restlichen Bevölkerung nach Babylon. Einige

Judäer flohen nach Ägypten, um dem Zorn der Babylonier zu entgehen, wobei sie den Propheten Jeremia mitnahmen. Zu dieser Zeit waren also Teile aller 12 Stämme entweder verschleppt worden oder geflohen, um im Exil außerhalb der Länder Israel und Juda zu leben.[7] Der Mythos der zehn verlorenen Stämme Israels erwuchs aus den eschatologischen, apokalyptischen und messianischen Erwartungen, die unter den exilierten Judäern in Babylon aufblühten, und lebte auch dann fort, als sie nach Jerusalem und Judäa zurückkehren durften. Anstatt einfach vergessen zu werden wie die anderen 99 Prozent der 4,5 Millionen Deportierten der Assyrer, wurden die 41.000 verschleppten Israeliten zum Thema zahlreicher Mythen und Legenden. Die Erinnerung an sie lebt in zahllosen, einander oft widersprechenden Erzählungen weiter, die sich im Laufe der Jahrhunderte angesammelt haben, hat aber keine Basis in den biblischen Berichten oder irgendwelche überzeugenden Verbindungen zu den Nachfahren der zehn Stämme.

Die 200 Jahre von 740 bis 540 v. Chr. waren eine schwierige Zeit für Israel und Judäa und die kleinen benachbarten Königreiche. Sie wurden von den Assyrern und Babyloniern überrannt, und auch Ägypten versuchte gelegentlich, Palästina und die Levante für sich zu erobern. Verschiedene Propheten hatten die Israeliten und Judäa gewarnt, dass ihre sündige Art das Urteil Gottes und schwere Strafen nach sich ziehen würde. Die zerstörerischen Invasionen und Deportationen wurden als die Strafen angesehen, die die Propheten vorhergesagt hatten. Doch Jesaja, Jeremia, Amos und andere hatten nicht nur Verwüstung prophezeit, sondern auch von der Gnade Gottes gesprochen, die sich unter anderem in der Wiedervereinigung der 12 Stämme zeigen sollte. Israel und Judäa würden wieder eins sein und Gott treu bleiben. Sie beteuerten außerdem, dass ihr Gott Jahwe der einzige Gott und der Gott für die ganze Menschheit sei, nicht nur für die Kinder Israels.

Einige Vorhersagen trafen ziemlich schnell ein. Unter der Führung von Kyros II., genannt der Große (Regierungszeit 559-530 v. Chr.), zerstörten die Meder und Perser im Jahre 539 v. Chr. das neubabylonische Reich. Kyros II., ein toleranter Herrscher, erlaubte der ersten Gruppe der judäischen Exilanten die Rückkehr in das Gebiet rund um die Ruinen von Jerusalem. Nach und nach folgten andere Exilgruppen, sodass die zwei Stämme Juda und Benjamin wieder in ihrer Heimat angesiedelt wurden. Viele der Verbannten blieben jedoch in Babylon oder anderen Orten. Würden die zehn Stämme Israels im Gelobten Land wieder zu ihnen stoßen? Die Antwort der Propheten und ihrer rabbinischen Nachfolger lautete ja, aber sie äußerten sich nur vage, wie diese zweite Stufe der Wiedervereinigung zustande kommen würde.[8]

Die Bibel berichtet, dass Gott Abraham, Isaak, Jakob und den Kindern Israels eine Heimat versprochen hatte, ein Land, das sich hauptsächlich auf dem Territorium des heutigen Israel befand. Dort entstand eine Monarchie, die über die vereinten 12 Stämme herrschte. Nach einer Art Fehlstart unter Saul sicherte der große König David das Königreich Israel. Sein Sohn Salomo regierte über das mächtige Königreich und errichtete den großen Tempel in Jerusalem. Allerdings nahm sich Salomo ausländische Frauen und tolerierte fremde Götter. Außerdem erlegte er seinen Untertanen harte Steuern auf und zwang sie, für ihn zu arbeiten. Die zehn Stämme des Nordens wurden immer unzufriedener. Als Rehabeam, der Sohn des Salomo, den Thron bestieg und sich weigerte, den nördlichen Stämmen Erleichterung zu verschaffen, rebellierten diese und erklärten Jerobeam aus dem Stamm Ephraim zu ihrem König. Auf diese Weise zerfiel das Königreich der Kinder Israels, nachdem es eine kurze Zeit der Blüte erlebt hatte. Ab diesem Zeitpunkt aber verließ die geteilten Königreiche das Glück, auch wenn es gelegentlich zu einem Aufschwung kam. Beide Königreiche liebäugelten mit falschen, fremden Göttern, was Jahwe missfiel. Schließlich unterlag 722 v. Chr. zuerst Israel und 587 v. Chr. dann Juda mächtigen Eindringlingen und Teile der Bevölkerung wurden verschleppt. In der polytheistischen Weltanschauung der meisten Länder des Nahen Ostens bedeuteten solche Niederlagen, dass dein Gott schwach und unbedeutend war. Für eine antike Gesellschaft war dies eine niederschmetternde Erkenntnis, und die Assyrer verhöhnten ihre Opfer mit dieser Botschaft.

Die Israeliten und Judäer jedoch gaben sich nicht der Verzweiflung hin. Ihre Propheten versprachen und weissagten ihnen die Wiedereinsetzung und Wiedervereinigung sowie die Erlösung für sie und die ganze Menschheit. Jeremia sprach im Namen Gottes zu den Vertriebenen: »Denn ich weiß wohl, was ich für Gedanken über euch habe, spricht der HERR: Gedanken des Friedens und nicht des Leides, dass ich euch gebe das Ende, des ihr wartet.« (Jeremia, 29:11). Jesaja ging noch etwas mehr ins Detail, als er das wiederhergestellte Königreich vorhersagte:

> Und der Herr wird zu der Zeit zum zweiten Mal seine Hand ausstrecken, dass er den Rest seines Volks loskaufe, der übriggeblieben ist in Assur, Ägypten, Patros, Kusch, Elam, Schinar, Hamat und auf den Inseln des Meeres. Und er wird ein Zeichen aufrichten unter den Völkern und zusammenbringen die Verjagten Israels und die Zerstreuten Judas sammeln von den vier Enden der Erde (Jesaja, 11:11-12).

Hesekiel stellte sogar einen ausgeklügelten Plan für die Aufteilung des Landes Israel unter den 12 Stämmen vor, den er auf die ganze Menschheit übertrug, indem er hinzufügte: »[...] so sollt ihr die Fremdlinge, die bei euch wohnen und Kinder unter euch zeugen, halten wie die Einheimischen unter den Israeliten; mit euch sollen sie ihren Erbbesitz erhalten unter den Stämmen Israels« (Hesekiel, 47:22).

Eines der Dinge, auf das die judäischen Vertriebenen in Babylon leidenschaftlich gehofft hatten, war die Wiederherstellung der davidischen Königsdynastie, die Juda beherrscht hatte und das wiederhergestellte und -vereinigte Königreich regieren würde. Anfangs hofften sie, dass Serubbabel, ein Nachfahr König Davids, der von den Persern als Statthalter der Provinz Juda eingesetzt worden war, der wiedereingesetzte König sein würde. Doch obwohl sich diese Erwartung zerschlug, blieb die Sehnsucht nach einer Wiedereinsetzung der Monarchie. Aus diesem Sehnen heraus entstand die Idee eines Messias, das heißt, eines »Gesalbten«.

Der Messianismus entwickelte zwei Versionen. Eine war die eines erobernden Messias. Er würde die Juden führen und mit ihnen ein unabhängiges und mächtiges Königreich errichten. Die andere Version suchte nach einem eher spirituellen Messias, der die Juden und die ganze Menschheit friedlich und übernatürlich in eine Ära führen würde, die glücklich und frei von Unfrieden wäre. Wichtiger noch, sie wäre Gott wohlgefällig. Diese Vision eines Zeitalters der Harmonie und Ordnung wäre ewig, sie gab also dem Messianismus sein eschatologisches Wesen. Die Wiederherstellung eines solchen davidischen

Königreichs würde das Ende der Geschichte bedeuten. Allerdings entwickelten sich Variationen für diese messianische Vision der letzten Tage und des Endes der Geschichte, zum Beispiel eine apokalyptische Version. Die Wurzel des Wortes »Apokalypse« bedeutet »Enthüllung« (im Christentum übersetzt mit »Offenbarung«). Eine Apokalypse enthüllt das verborgene oder geheime Wissen über die letzten Tage der Welt. Die apokalyptischen Berichte erzählten haarsträubende und aufsehenerregende Geschichten von gigantischen Kämpfen zwischen den Armeen des Guten und des Bösen um die Wiederherstellung von Gottes messianischem Königreich. Und da das wiederhergestellte Königreich Davids ganz Israel umfassen sollte, würde es auch die zehn Stämme Israels zurückbringen. Die zehn Stämme wurden folglich zu einer Komponente des Messianismus, der Eschatologie und der Apokalyptik unter den Juden und später den Christen. Im Laufe der Zeit entwickelte sich zusätzlich eine nichtbiblische Erzähltradition rund um die zehn verlorenen Stämme. Dieser Mythos wurde von unterschiedlichen Gruppen zu verschiedenen Zwecken gebraucht.[9]

### Messianismus und die zehn verlorenen Stämme

Die klassische Überlieferung bezüglich der zehn verlorenen Stämme bildete sich erst nach der Zeit des zweiten Tempels (ca. 515 v. Chr.-70 n. Chr.) ernsthaft heraus. Wie wir bereits wissen, blieb die Mehrheit der Mitglieder der zehn Stämme in dem Gebiet, das einmal das nördliche Königreich Israel gewesen war, oder floh in das Königreich Juda. Im Lukas-Evangelium wird erwähnt, dass, als Jesus im Tempel des Herodes vorgestellt wurde, die Prophetin Hanna dem Stamm Asser angehörte (Lukas 2:36). Früher, als Ptolemaios II. Philadelphos (Regierungszeit 285-246 v. Chr.) die Übersetzung der jüdischen Schriften ins Griechische befahl – das Ergebnis ist die sogenannte Septuaginta –, versammelte der Hohepriester Eleazar 72 Übersetzer, sechs aus jedem der 12 Stämme. Später wiederum, im Jahre 59 n. Chr., bezog sich der heilige Paulus in seiner Aussage vor Herodes II. Agrippa und Königin Berenike auf seine Mission zu den 12 Stämmen (Apostelgeschichte 26:7). Die Propheten wussten, wo sich die Teile der zehn Stämme aufhielten, die deportiert worden waren. Das zweite Buch der Könige listet diese Orte auf – »nach Halah und an den Habor, an das Wasser Gosan und in die Städte der Meder«. Das apokryphe Buch Tobit erzählt die Geschichte von Tobit und seinem Sohn Tobias vom Stamm Naphtali. Tobit war von Salmanassar V. nach Ninive verschleppt worden. Als er erblindet, muss er seinen Sohn Tobias nach Geld entsenden, das er bei anderen Juden gelassen hat, die in Ekbatana in Medien leben. Ninive und Ekbatana sind Orte, an denen man laut den Berichten im zweiten Buch der Könige mit israelitischen Exilanten rechnen musste. Wir müssen bedenken, dass das Buch Tobit zwar vom 8. oder frühen 7. Jahrhundert handelt, jedoch zwischen 225 und 175 v. Chr. geschrieben wurde. Es war also absolut kein Geheimnis oder Mysterium, wo die vertriebenen Israeliten lebten. Sie waren nicht versteckt oder verloren, zumindest nicht in den ersten fünf Jahrhunderten ihres Exils.[10]

Als sich der Mythos von den zehn verlorenen Stämmen entwickelte, bestand eine ihrer Rollen darin, als Beschützer der unterdrückten Juden aufzutreten. Man erwartete, dass sie auftauchen würden, wenn die Unterdrückung der Juden allzu schlimm würde. Die Juden aus der Zeit des zweiten Tempels stellten sich jedoch die zehn Stämme noch nicht als Beschützer vor. Als der seleukidische König Antiochos IV. Epiphanes (Regierungszeit 175-164 v. Chr.) die Juden verfolgen ließ, löste dies den Makkabäer-Aufstand aus (167-160 v. Chr.). Zu keinem Zeitpunkt erwarteten die Aufständischen Hilfe von den zehn Stämmen. Das gilt auch für die Eroberung von Jerusalem im Jahre 64 v. Chr. durch den römischen General Pompeius Magnus. Seine Soldaten massakrierten 12.000 Juden im Tempelbezirk, und Pompeius selbst entweihte das Allerheiligste im Tempel, indem er es betrat. Niemand beschwor das Eingreifen der zehn Stämme herauf. Und auch während des jüdischen Aufstands von 66-73 n. Chr. erwartete niemand Hilfe von den zehn Stämmen, obwohl der zweite Tempel in Jerusalem zerstört wurde.

Der Mythos davon, dass die zehn Stämme sowohl verloren als auch etwas Besonderes seien, entwickelte sich kurz nach der Zerstörung des Tempels in Jerusalem, mit der die Ära des zweiten Tempels endete. Das apokryphe vierte Buch Esra dokumentiert die frühen Eigenarten des sich entwickelnden Mythos. Dieses Buch wurde definitiv nach der Zerstörung des Tempels im Jahre 70 n. Chr. geschrieben, auf jeden Fall nicht später als 100 n. Chr. Einige Anhaltspunkt im Text lassen eine

Entstehungszeit bereits um 83 n. Chr. vermuten. Sein anonymer Autor behauptet, der Esra zu sein, der zur Zeit der Heimkehr der Judäer aus dem babylonischen Exil lebte. Der vorgeblich historische Hintergrund um etwa 515 v. Chr. liegt also Jahrhunderte vor der Abfassung des Berichts. Das Buch präsentiert eine Reihe apokalyptischer Visionen. In Kapitel 13 sagt Gott zu Esra, dass eine Zeit kommen wird, in der Gottes Sohn am Berg Zion erscheint und die Nationen sich versammeln werden. Der Sohn Gottes wird die sich bekriegenden Nationen verdammen und zerstören. Dann wird er die friedlichen Nationen zu sich rufen. Gott betont, dass die zehn Stämme Israels unter den friedlichen Überlebenden sein werden.

Das sind die zehn Stämme, die aus ihrem Lande fortgeführt sind in den Tagen König Josias, die Salmanassar, König der Assyrier, gefangen genommen hat; er brachte sie über den Fluss, so wurden sie in ein anderes Land verpflanzt. Da fassten sie selber den Plan, die Menge der Heiden zu verlassen und in ein Land, noch weiter in die Ferne zu ziehen, wo noch nie das menschliche Geschlecht gewohnt hatte, damit sie dort wenigstens ihre Satzungen bewahrten, die sie im eigenen Lande nicht gehalten. So zogen sie durch schmale Furten des Euphratflusses ein. Denn der Höchste tat Wunder an ihnen und hielt die Quellen des Flusses an, bis sie hinüber waren. Zu jenem Lande aber war der Weg anderthalb Jahre weit; das Land aber heißt Arzareth.

Daselbst haben sie dann gewohnt bis in die letzte Zeit; jetzt aber, da sie abermals kommen sollen, wird der Höchste abermals die Quellen des Flusses anhalten, damit sie herüberkönnen. Deshalb hast du ein Heer, friedlich gesammelt, gesehen. Zugleich aber sind es auch diejenigen, die übergeblieben sind aus deinem Volke, die sich auf meinem heiligen Gebiete finden. Dann also, wann er das Heer der versammelten Heiden vernichten wird, wird er das Volk [Israel], so viel davon übrig ist, beschirmen. Dann wird er ihnen noch viele große Wunder zeigen (4. Esra 13:40-50).

Diese Verse wurden nach der Niederschlagung des jüdischen Aufstands gegen Rom und der Zerstörung des zweiten Tempels mit der damit einhergehenden Diaspora vieler Juden geschrieben. Die Juden hatten es nicht nur verfehlt, ihre Unabhängigkeit zu erlangen, sie hatten außerdem auch das verehrte Zentrum ihrer Religion verloren – den Tempel in Jerusalem. Es war ein traumatisches Ereignis für Juden überall, auch für den Autor des vierten Buches Esra. Als Reaktion auf die Situation sah er seine Aufgabe darin, den Juden Hoffnung zu schenken. Gleichzeitig erweiterte er den Mythos der zehn verlorenen Stämme. Erstens verließen die exilierten Israeliten die Orte, an denen die Assyrer sie angesiedelt hatten. Nach einer Reise von 18 Monaten erreichten sie ein niemals zuvor bewohntes Land namens Arzareth. Das mag exotisch klingen, heißt in Hebräisch aber nichts weiter als »anderes Land«. Zweitens betont der Bericht im vierten Buch Esra, dass die vertriebenen Mitglieder der zehn Stämme das entfernte Land deshalb gesucht hatten, um dort Gottes Gesetzen folgen zu können. Als sie noch im Königreich Israel lebten, hatten sie beim Befolgen der göttlichen Befehle versagt, und dieser Ungehorsam hatte zu ihrer Niederlage und Vertreibung geführt. Nun aber waren die zehn Stämme unterwegs und niemand wusste, wo sie lebten. Gleichzeitig waren sie wieder zu guten Juden geworden, indem sie die göttlichen Gebote befolgten. Am wichtigsten war aber, dass die zehn verlorenen Stämme eine positive Rolle bei Gottes letztem Gericht über die Menschheit spielen sollten, wenn die Welt wieder ins Lot gebracht würde. Gleichzeitig erwähnte der große jüdische Historiker Flavius Josephus (37-100 n. Chr.) in seinen *Jüdischen Altertümern*, dass »die zehn übrigen Stämme als eine unendliche, unzählbare Menge noch heutigen Tages jenseits des Euphrat wohnen.«[11]

Währenddessen war das Konzept des Messias nicht länger ein Abstraktum, das irgendwann in der Zukunft eintreffen würde. Judäa und der Rest von Palästina war eine sehr unzufriedene Region innerhalb des Römischen Reiches. Es gab Attentate und kleinere Aufstände. Die Römer sahen die meisten der Rebellen nur als Banditen oder Usurpatoren an, wie Simon von Peräa und Athronges. Gelegentlich jedoch machte ein Rebellenführer eine religiöse Motivation und sogar übernatürliche Mächte geltend. Im Jahre 36 n. Chr. versuchte ein samaritanischer Prophet, seine Anhänger zum Berg Garizim zu führen, um dort ein unabhängiges Königreich auszurufen. Das brutale Eingreifen von Pontius Pilatus stoppte diese Bewegung. Theudas führte Mitte der 40er Jahre n. Chr. seine Gefolgschaft an den Jordan und behauptete, er würde dessen Wasser teilen. Römische Truppen köpften Theudas und setzten ihm damit ein Ende. Zwischen 52 und 58 n. Chr. kam ein weiterer Prophet aus Ägypten und behauptete, über die gleichen Kräfte zu verfügen wie Josua, und die Mauern Jerusalems zum Einstürzen bringen zu können. Er versuchte, eine Armee zu versammeln, um die Stadt anzugreifen, doch römische Streitkräfte besiegten die Rebellen. Der ägyptische Prophet schaffte es allerdings zu fliehen. Später würde ein römischer Tribun den Apostel Paulus fragen, ob er Ägypter sei (Apostelgeschichte 21:38). Während des Jüdischen Krieges beanspruchten mehrere Rebellenführer die Königswürde über Israel. Einer von ihnen, Schimon bar Giora, führte einige religiöse Handlungen aus, die darauf hindeuten könnten, dass er vorgeben wollte, der Messias zu sein. Keiner dieser Menschen behauptete offen, der Messias zu sein, und auch Josephus deutet in seinen Schriften nichts dergleichen an. Als Jude hätte er durchaus auf solche Messiasansprüche geachtet. Die Apostelgeschichte (5:36) berichtet: »Theudas stand auf und gab vor, er wäre etwas.« Doch ob Lukas, der Verfasser der Apostelgeschichte, damit meint, er wäre ein falscher Messias, ist unklar. Tatsache ist, dass Jesus niemals behauptet hatte, der Messias zu sein, sondern dass ihm dieser Titel von seinen Anhängern verliehen wurde. Auch wenn manche Autoren etwas anderes behaupten, tauchten in der späten Ära des zweiten Tempels keine Messiasse auf. Es wurde allerdings über das Kommen des Messias nachgedacht und geredet. Der jüdische Messianismus würde schon bald eine sehr entscheidende Wirkung auf den Mythos der zehn verlorenen Stämme haben.[12]

131 n. Chr. brach ein weiterer Aufstand in Judäa aus, da die Juden weiterhin unter der römischen Vorherrschaft litten. Ein wichtiger Auslöser der Rebellion war der Plan des Kaisers Hadrian, die Beschneidung zu verbieten und am Standort von Jerusalem eine römische Kolonie mit einem eigenen Jupiter-Tempel zu errichten. Der große Rabbi Akiba hatte verschiedene jüdische Gemeinden im römischen Reich besucht, um die Unterstützung für eine Revolte zu gewinnen. Derweil erhob sich ein Mann zum Anführer des Aufstands: Schimon bar Kosida. Rabbi Akiba erklärte ihn zum Messias. Manche Berichte behaupten sogar,

dass Akiba ihm auch den Namen Bar Kochba (»Sohn des Sterns«) gegeben habe. Andere halten dagegen, dass nur die Christen ihn bei diesem Namen genannt hätten. Etwa zwei Jahre lang war Judäa praktisch ein unabhängiges Königreich, das von Bar Kochba regiert wurde. Von ihm herausgegebene Münzen zeigten das Bild eines Sterns und erklärten »Jahr eins der Erlösung Israels« und »für die Freiheit Jerusalems«. Bar Kochba behauptete tatsächlich von sich, der wahre Messias zu sein. Falls also der Messias das Königreich Davids wiedererrichtet hatte, dann sollte sich ganz Israel in Judäa versammeln. Die Prophezeiung besagte, dass die zehn Stämme auf dem Weg sein sollten, um sich dem Aufstand anzuschließen, aber sie kamen nicht. Ihre Abwesenheit ließ Rabbi Akiba jedoch nicht daran zweifeln, dass Bar Kochba der Messias war. Stattdessen erklärte er, die zehn Stämme würden nicht mehr existieren, sondern seien in ihren Nachbarn aufgegangen. Die meisten anderen Rabbis, wie etwa Eleazar, widersprachen Akiba und stuften Bar Kochba als falschen Messias ein. Währenddessen etablierte sich die Überzeugung, dass die zehn Stämme dem Messias bei seinem Kommen zu Hilfe eilen würden. Später erweiterten die Juden diese Vorstellung dahingehend, dass die zehn Stämme auch dann auftauchen würden, wenn Juden unterdrückt oder verfolgt werden.[13]

Ein anderes Element rund um die geografische Verortung der zehn Stämme, das in die jüdische Überlieferung aufgenommen wurde, war der Fluss Sambation. Zunächst entstand in der rabbinischen Literatur die Idee eines Flusses, der sechs Tage lang fließt und am siebenten Tag trocken oder ruhig ist. Es war ein Sabbatfluss. In den frühesten Erwähnungen wird der Sambation als ganz normaler Fluss beschrieben. Später folgten Ausschmückungen – wie die Vorstellung, dass er am Sabbat ruhen würde. Laut des Talmud nutzte Rabbi Akiba den Sambation als einen seiner Beweise dafür, dass der Sabbat ein gottgewollter Ruhetag sei. Weitere Informationen behaupteten, dass der Fluss während der sechs Tage so gewaltig dahinströme, dass er praktisch unüberwindlich sei. Die Strömung des Flusses sei so stark, dass sie Felsen und Steine mit sich risse und das Überqueren des Flusses somit nicht zu schwierig, sondern mit Sicherheit tödlich wäre. Die ausgefallensten Berichte behaupteten sogar, der Fluss würde gar kein Wasser, sondern nur Sand, Felsen und Steine führen. Josephus berichtet im *Jüdischen Krieg*, dass der römische General und spätere Kaiser Titus bei seiner triumphalen Reise nach dem Sturz Jerusalems einen Sabbatfluss im südwestlichen Syrien gesehen habe, der an sechs Tagen der Woche trocken sei, aber am Sabbat fließen würde – genau das Gegenteil der anderen Berichte. Plinius der Ältere erwähnte einen Fluss in seiner *Naturalis historia*, wo er einfach schrieb: »In Judäa gibt es einen Strom, der an jedem Sabbat austrocknet.«[14] Antike Geografie war keine exakte Wissenschaft.

Auch die rabbinische Literatur begann, den Sambation mit den zehn Stämmen zu verbinden. Der Targum Jonathan identifiziert den Sambation mit dem Fluss Gosan, der im zweiten Buch der Könige 18:11 erwähnt wird. Dieser Text kennzeichnet den Start der Idee, dass einige der zehn Stämme im Exil jenseits des Sambation lebten. In manchen Fällen wurde der Sambation die einzige Stätte des Exils für die zehn Stämme. Ein solcher Ort passt gut zu dem Bericht im vierten Buch Esra über die achtzehnmonatige Reise, um den Fluss zu erreichen und in das jenseitige, bisher unbewohnte Land zu gelangen. Gott erlaubte ihnen, den stürmischen Fluss zu überqueren, doch einmal dort, waren die nun gläubigen zehn Stämme gefangen. Während der sechs Wochentage war es unmöglich, den Sambation zu überwinden. Wenn der Sambation dagegen ruhte, mussten auch die zehn Stämme entsprechend dem jüdischen Gesetz ruhen. Erst wenn irgendwann der Messias erschien, würde Gott den Sambation anhalten und es den zehn Stämmen erlauben, bei der Wiedererrichtung des davidischen Königreichs zu helfen.[15]

Das Römische Reich hatte zwei Versuche vereitelt, den jüdischen Staat Israel wiedereinzusetzen. Nach der militärischen Niederlage wurden die überlebenden Juden hingerichtet oder innerhalb des Römischen Reichs und darüber hinaus zerstreut. Das war aber noch lange nicht alles. Das Byzantinische Kaiserreich mit seiner Hauptstadt Konstantinopel war den Juden nicht besonders freundlich gesinnt. Das islamische Kalifat, das Nordafrika und den Nahen Osten ab dem 7. und 8. Jahrhundert dominierte, tolerierte das Judentum zwar, duldete aber keine Versuche, einen unabhängigen jüdischen Staat zu errichten. Die schärfste Unterdrückung und den heftigsten Antisemitismus erfuhren die Juden allerdings während des Mittelalters im christlichen Westeuropa. Die Kirche wollte, dass die Juden konvertierten und auf diese Weise zeigten, dass sie Christus als ihren Retter und Messias akzeptierten. Verfolgungen und diskriminierende Gesetze, die die wirtschaftlichen Aktivitäten der Juden einschränkten, sollten für die Konvertierungen sorgen. Gleichzeitig unterstützte die Kirche die Idee, dass die Juden des Gottesmordes schuldig seien, weil sie den Tod Christi verursacht hätten. Wegen ihrer Weigerung zu konvertieren, wurden Juden außerdem als Kinder des Teufels betrachtet. Man glaubte, dass sie sich gegen die Christen verschworen hätten und Brunnen vergifteten, die Pest verbreiteten und christliche Kinder opferten, um deren Blut in satanischen Ritualen zu verwenden.

Juden lebten in einer feindseligen Welt, und der Messianismus gab ihnen die Hoffnung auf eine bessere Zukunft. Die zehn Stämme in ihrem weit entfernten Land waren bereit, den unterdrückten Juden zu Hilfe zu eilen und sie bei der Errichtung eines davidischen Königreichs zu unterstützen. Manche Versionen des Messianismus legten nahe, dass dem Auftauchen des Messias besonders harte Verfolgungen und Kämpfe vorausgehen würden. Das heißt, immer wenn Juden einen Ausbruch intensiven Antisemitismus erfuhren, hofften sie, dass der Messias bald eintreffen würde, um Israel wiederherzustellen und die zwölf Stämme zu vereinen.

Im Hoch- und Spätmittelalter gab es eine Reihe lokaler oder regionaler messianischer Bewegungen. Als die Christen beschlossen, sich das Heilige Land von den Muslimen zurückzuholen, wurden die Bemühungen, Unterstützung für den Ersten Kreuzzug im Jahre 1096 und den Zweiten Kreuzzug in den Jahren 1146 und 1147 einzuwerben, oft von Massakern an Juden in verschiedenen mittelalterlichen Städten begleitet. Manche mittelalterlichen Monarchen versuchten, die Juden aus ihren Königreichen auszuweisen. Edward I. begann damit, als er die Juden 1290 zwang, England zu verlassen. Philip IV. von Frankreich folgte 1306 mit der Vertreibung der französischen Juden. Als der Schwarze Tod Europa heimsuchte, führte die Suche nach einem Sündenbock direkt zu den Juden und weiteren Massakern in den Jahren 1348 und 1349.

Während der Jahrhunderte unter muslimischer Herrschaft nach 711 war die iberische Halbinsel ein sicherer Zufluchtsort für die Juden. Die dort ansässige sephardische Gemeinde der Juden war wohlhabend und sehr kultiviert. Als jedoch die christlichen Kreuzfahrer im Jahre 1212 die Streitkräfte der fanatischen Almohaden-Dynastie in der Schlacht bei Las Navas de Tolosa entscheidend schlugen, wurde die christliche Vorherrschaft auf der iberischen Halbinsel zur neuen Realität. Unter der Bevölkerung wuchs der Antisemitismus und wurde durch eifernde Geistliche noch gefördert. Die schlechte Stimmung verstärkte sich vermutlich auch dadurch, dass die kastilischen Herrscher Juden als Steuereintreiber einsetzten. Es wurden zunehmend Rufe nach Zwangskonversionen laut, und manchmal wurden diese auch ausgeführt. Schließlich führten Ausschreitungen, Massaker und Zwangskonversionen dazu, dass etwa die Hälfte der jüdischen Bevölkerung unter Androhung des Todes zum Christentum konvertierte. Es gab nun eine große Anzahl an *conversos* (d. h. Juden, die zum Christentum übergetreten waren), allerdings vertrauten weder die Kirche noch die christlichen Nachbarn der Konvertiten auf die Aufrichtigkeit der Konversion. Es tauchten Verschwörungstheorien über Pläne der Juden und der *conversos* auf, die wie finstere Vorwegnahmen späterer Verschwörungstheorien im Zusammenhang mit den sogenannten »Protokollen der Weisen von Zion« wirkten. Diese waren in den iberischen Ländern bis weit in das 18. Jahrhundert im Umlauf.[16] Dieses Misstrauen führte schließlich im Jahre 1478 zur Einrichtung der berüchtigten Spanischen Inquisition. Am Ende wurden die Juden 1492 aus Spanien vertrieben, 1497 folgten die portugiesischen Juden. Diese Verfolgungen und Vertreibungen bedeuteten, dass viele jüdische Flüchtlinge in die Niederlande, nach Italien, die deutschsprachigen Länder Mitteleuropas, einige Gebiete Osteuropas und das osmanische Reich auswanderten.

Diese Vertreibungen waren für die Juden sehr traumatisch. Und wieder einmal bot der Messianismus eine gute Methode, das Trauma zu bewältigen und angesichts der schrecklichen Verfolgungen Hoffnung zu bewahren. Die Rabbis rieten zur Vorsicht und lehrten, dass das Kommen des Messias nicht erzwungen werden könne. Dennoch war es beruhigend, wenn man glauben konnte, dass irgendwo in den tatarischen Steppen, den Bergen Zentralasiens, den Tiefen der arabischen Wüste oder der Weite Äthiopiens die zehn Stämme bereitstünden, um zur Rettung zu eilen. Die legendären Königreiche dienten außerdem einem weiteren Zweck. Mittelalterliche christliche Geistliche, die versuchten, Juden zu konvertieren, argumentierten oft, dass Gott gegen die Juden sei, die sich der Konversion verweigerten, wie schon ihre miserable Stellung im Christentum bewies. Gläubige Juden konnten dem entgegenhalten, dass es in Asien oder Afrika viele große und mächtige Königreiche der zehn Stämme gäbe. Gott hatte also nichts gegen sie. Juden im Mittelalter lebten in der eschatologischen Hoffnung, dass der Messias kommen und mithilfe der zehn Stämme das Königreich Davids wiedererrichten würde. Der Mythos der zehn Stämme als deren potenzielle Beschützer bot den Juden des christlichen Europas Hoffnung.

Obwohl es immer Skeptiker gab, brachten die messianischen Erwartungen der Juden viele von ihnen dazu, eifrig die Geschichten über ihre Begegnungen mit den zehn Stämmen oder Menschen, die behaupteten, deren Abgesandte zu sein, zu akzeptieren. Ein früher Bericht über Reisen zu den zehn Stämmen tauchte im Jahre 883 auf. Ein Mann, der sich selbst Eldad der Daniter nannte, kam in die jüdische Gemeinde von Kairouan im heutigen Tunesien. Er behauptete, ein Vertreter des Stammes Dan zu sein und erzählte von seinen Reisen. Auch die Juden in Spanien hörten von ihm. In seinen Tagebüchern oder Briefen berichtete Eldad von den Reichtümern der zehn Stämme. Laut seiner Aussage hatte sein eigener Stamm Dan die Eroberung des Königreichs Israel durch Assyrien und die anschließende Vertreibung vermieden. Die Leute hätten Israel freiwillig verlassen, weil sie nicht an der Rebellion des Jerobeam gegen Rehabeam teilnehmen wollten, welche die Ursache für die Teilung der Monarchie war. Stattdessen zogen die Daniten nach Kusch (d. h. Äthiopien) und eroberten ein eigenes Königreich. Später, als Sanherib Israel bezwang, führte er zwei Deportationen durch. Die erste siedelte die Stämme Ruben, Gad und den halben Stamm Manasse nach Halach und an den Habor um. Eine zweite Deportation brachte Ascher und Naftali nach Assyrien. Natürlich sagte die Bibel nichts darüber, dass Sanherib noch mehr Israeliten verschleppte. Doch als Sanherib starb, flohen die Stämme Gad, Naftali und Ascher und gesellten sich den Daniten in Äthiopien zu. Dort lebten sie im Königreich Hawila, einem wichtigen Goldlieferanten. Nahebei war eine Insel im unüberwindlichen Fluss Sambation der Wohnsitz des zurückgezogenen Stammes oder der Kinder des Moses, die nur aus Leviten bestanden. Eldad erwähnte Besuche bei den Stämmen Issachar, Ruben und Sebulon, die in den Bergen von Medien und Persien lebten. Dort sprachen sie hebräisch und befolgten die Regeln der jüdischen Schriften. Er erwähnte außerdem, dass Ephraim und der Halbstamm Manasse die Berge nahe Mekka bewohnten. Sie waren erstaunliche Krieger – einer allein konnte es mit 1.000 Arabern aufnehmen. Simeon und der andere Halbstamm Manasse lebten in Babylonien und waren die größten der zehn Stämme. Alles in allem präsentierte Eldad ein sehr rosiges Bild vom Glück und den Reichtümern der zehn Stämme am Horn von Afrika und den Ländern Mesopotamiens und Persiens.[17]

Die Juden der mediterranen Welt des 9. Jahrhunderts begrüßten Eldad den Daniten bereitwillig, auch wenn sie seine Geschichte vom Gaon von Bagdad, dem Oberhaupt einer wichtigen jüdischen Schule, prüfen ließen. Der Gaon verbürgte sich für Eldad und seine Erzählungen von den zehn verlorenen Stämmen, die unter den Juden dieser und späterer Zeiten zirkulierten. Juden wurden angeregt zu lernen, dass mächtige jüdische Königreiche existierten, die unabhängige und religiöse Leben lebten, manche von ihnen am Fluss Sambation. Die Wissenschaftlerin Pamela Barmash kam zu dem Schluss, dass der Bericht des Eldad tatsächlich der Beginn des Mythos ist, dass zumindest einige der zehn Stämme große Krieger seien und am Sambation lebten, um auf den Ruf des Messias zu warten.[18]

Im Laufe der folgenden Jahrhunderte erlebte Eldads Reputation für die Wahrheit ihre Hochs und Tiefs. Rabbi Chisdai (besser bekannt als Chasdai ibn Schaprut) war ein spanischer Jude, der für die Kalifen von Córdoba arbeitete. In seinem Brief etwa aus dem Jahr 960 äußerte er sich wohlwollend über Eldad. Auch der große Moses Maimonides, ein vorsichtiger Rationalist, nahm Eldads Bericht ernst. Andere mittelalterliche Gelehrte dagegen hielten Eldad für einen Hochstapler. Im 19. Jahrhundert erreichte die Wertschätzung für Eldads Bericht ihren Tiefpunkt, als der große jüdische Bibliograf Adolf Neubauer ihn 1889 zu einem Betrüger erklärte. Andererseits führte Elkan Nathan Adler im Jahre 1930 aus, dass Eldad und sein Bericht echt seien. In jüngerer Zeit haben David J. Wasserstein, Tudor Parfitt und Zvi Ben-Dor Benite Zweifel an der Plausibilität von Eldads Erzählungen über die zehn Stämme geäußert. Doch zu seiner Zeit und noch lange danach gab Eldad, ganz egal ob er die Wahrheit sprach oder ein Lügner war, den Juden Hoffnung.[19]

Andere jüdische Reisende des Mittelalters begegneten einigen der verlorenen Stämme in Afrika und Asien oder hörten von ihnen. Rabbi Benjamin von Tudela, der von 1165 bis 1173 in Asien reiste, ist der bekannteste von ihnen. Anders als bei Eldad waren Rabbi Benjamins erklärte Identität und seine Reisen völlig authentisch. Er lebte im Königreich Navarra und seine weiten Reisen führten ihn von Spanien nach Rom und Konstantinopel und dann weiter nach Palästina, Bagdad und Persien. Von dort gelangte er nach Indien und Ceylon und möglicherweise sogar nach China. Auf seinem Heimweg hielt er sich in Aden auf und reiste dann quer über das Land von der Westküste des Roten Meeres nach Assuan am Nil. Von dort begab er sich nilabwärts nach Kairo und Alexandria. Bevor er zu Hause in Navarra eintraf, kehrte er noch einmal nach Rom zurück. Auf seiner Reise begegnete er Juden in Kurdistan, die behaupteten, Nachkommen der zehn Stämme zu sein und im Kontakt mit den Rabbis von Bagdad standen. Entlang des Weges hörte er von einem falschen Messias namens David Alroy, der versuchte, zu einem Aufstand gegen die Könige von Persien und den muslimischen Kalifen aufzurufen. Rabbi Benjamin wurde außerdem erzählt, dass die Stämme Dan, Sebulon, Ascher und Naftali in den Bergen rund um Nischapur ein Königreich unter der Führung eines Leviten gebildet hatten. Nicht erwähnt wird in Rabbi Benjamins Bericht jedoch der Fluss Sambation. Als mittelalterlicher jüdischer Bericht von den zehn Stämmen sind Rabbi Benjamins Angaben recht bescheiden. Es ist durchaus möglich, dass er in Kurdistan und darüber hinaus jüdische Gemeinden getroffen hat. Die jüdischen Reisenden Elijah von Ferrara (1434) und Obadja Bertinoro (1487-1490) hinterließen ähnliche Berichte von Juden in Äthiopien, Indien und Zentralasien, die von den zehn Stämmen abstammten, und erwähnten auch den Fluss Sambation mit seiner von Leviten bewohnten Insel. In beiden Fällen jedoch wiederholten sie Berichte aus zweiter Hand anstelle der Dinge, die sie selbst auf ihren Reisen gesehen hatten. Sie waren nicht allein. Italienische Juden, die im 15. Jahrhundert Palästina besuchten, schickten regelmäßig Berichte von den zehn Stämmen nach Hause, die abmarschbereit wären oder sich vielleicht sogar schon auf den Weg gemacht hätten. Solche Berichte ließen immer wieder die messianischen Hoffnungen der Juden steigen, während sie unter den Christen, darunter auch dem Papsttum, Sorge auslösten. Es war eine Situation, die es leicht machte, die Behauptung des geheimnisvollen David Reuveni, er sei ein Abgesandter der zehn Stämme und Befehlshaber ihrer furchterregenden Heere, als Wahrheit zu akzeptieren.[20]

David Reuveni (auch Reubeni) traf 1524 aus Ägypten in Venedig ein und hatte eine unglaubliche Geschichte zu erzählen. Nachdem er im kürzlich geschaffenen jüdischen Ghetto angekommen war, verkündete er, er sei ein Sohn des verstorbenen Königs Salomo und der jüngere Bruder von König Joseph. Ihr Herrschaftsgebiet Chaibar oder Habor sei ein unabhängiges jüdisches Königreich in den Bergen östlich von Mekka und bestünde aus den Stämmen Ruben, Gad und einem Halbstamm Manasse. Er wäre gekommen, um eine Allianz mit dem Papsttum und Kaiser Karl V. einzugehen, um Israel von der Herrschaft des muslimischen Osmanenreichs zu befreien. Die Juden von Venedig und aus anderen Teilen Italiens unterstützten dieses Bestreben bereitwillig und stellten die finanziellen Mittel für Reuvenis Reisen zur Verfügung. Er hatte mit seinen Reden von den zehn Stämmen, die bereit seien, in den Krieg zu marschieren, ihren messianischen Eifer geweckt. Das soll aber nicht heißen, dass es nicht auch einige Skeptiker gab. Von Venedig aus reiste er nach Rom, wo der kürzlich gewählte Papst Clemens VII. ihm ein begeistertes Willkommen bereitete und eine Audienz gewährte. Die italienischen Juden waren erfreut und auch ein wenig überrascht vom Handeln des neuen Papstes. Clemens VII. kam Reuvenis Angebot einer Allianz sehr gelegen. Die osmanischen Türken unter ihrem jungen Sultan Süleyman I. (genannt »der Prächtige«) waren auf dem Balkan und im Mittelmeerraum in die Offensive gegangen und hatten 1521 Belgrad und 1522 Rhodos erobert. Eine Möglichkeit zu erhalten, gegen die Türken zurückzuschlagen, war eine unerwartete, aber erfreuliche Überraschung. Das Problem war nur, dass der Papst Kaiser Karl V. nicht in die Allianz aufnehmen wollte. Stattdessen schickte er Reuveni zu Johann III. von Portugal (Regierungszeit 1521-1557), der sich bereits im Krieg mit den Osmanen um die Kontrolle des Gewürzhandels im Indischen Ozean befand. Reuveni bat um Waffen und ein portugiesisches Schiff als Unterstützung eines Angriffs auf Dschidda und Mekka durch das Heer der zehn Stämme. Angesichts der Tatsache, dass Afonso de Albuquerque, der ausgesprochen kampfeslustige Gouverneur des portugiesischen Gewürzimperiums in Indien bereits 1513 einen Vorstoß in das Rote Meer unternommen und sein Auge auf Dschidda geworfen hatte, kam Reuvenis Plan den portugiesischen Interessen entgegen. Sicherlich erregte er den Enthusiasmus der portugiesischen Gemeinschaft der Konvertiten. Einer von ihnen war Diogo Pires, der zum jüdischen Glauben zurückkehrte und den Namen Salomon Molcho annahm.

Unglücklicherweise für Reuveni hatte er die Gastfreundschaft der Portugiesen überstrapaziert. Es häuften sich die Beweise, dass Reuveni ein Hochstapler und Scharlatan sei. Darüber hinaus war Salomon Molchos Rückkehr zum Judentum das Ergebnis von Reuvenis Mission. Dieses Ereignis hatte das Potenzial, weitere Konvertiten dazu zu bewegen, Molchos Beispiel zu folgen. Für die Vertreter der portugiesischen Regierung und der Kirche war dies eine beunruhigende Vorstellung. Reuveni verließ Portugal im Sommer 1526 und traf 1530 oder 1531 in Italien wieder mit Molcho zusammen. Die beiden überquerten im August die Alpen und suchten um eine Audienz mit Karl V. nach, um diesen zu überzeugen, der Allianz gegen die osmanischen Türken beizutreten. Karl V. jedoch übergab Reuveni und Molcho der Inquisition. Molcho wurde verurteilt und 1532 in Mantua auf dem Scheiterhaufen verbrannt, während Reuveni für die Aufwiegelung der Konvertiten in Portugal eingekerkert wurde. Es gibt keine Aufzeichnungen über seine Gefangenschaft, doch es scheint, dass er entweder in einem der Gefängnisse der Inquisition gestorben ist oder 1538 in Llerena verbrannt wurde.[21]

Die jüdischen Meinungen über die Authentizität von Reuveni und seiner Geschichte haben sich vom 16. Jahrhundert bis heute immer wieder einmal geändert. Ein Teil von Reuvenis Reiseerzählung beschrieb eine Reise, die er vor seiner Ankunft in Kairo gemacht hatte, um von dort nach Venedig weiterzuziehen. Er behauptete, das Rote Meer überquert zu haben und in Eritrea gelandet zu sein. Von dort aus besuchte er Äthiopien und die Sudan-Region, bevor er den Nil herunter nach Kairo reiste. Nimmt man die Beschreibung seiner Reiseroute, scheint Reuveni ziellos umhergezogen zu sein. Und ungeachtet seiner angeblichen Reisen in Äthiopien scheint ihm die Tatsache entgangen zu sein, dass die Äthiopier Christen waren. Auf der Grundlage dieser Fakten seiner Erzählung sind Wissenschaftler zu dem Schluss gekommen, dass Reuveni niemals dort war. Auch die Existenz des Wüstenkönigreichs von Ruben, Gad und dem Halbstamm Manasse wurde ernstlich in Frage gestellt. Es ist schwer zu glauben, dass ein jüdisches Königreich jahrhundertelang mitten im Kernland des Islam geblüht haben soll. Nichtsdestotrotz war die Idee, dass in der arabischen Wüste ein jüdisches Königreich existierte, von Eldad, dem Daniten, bis ins 17. Jahrhundert ein Eckpfeiler der Erzähltradition rund um die zehn Stämme. Ein Vergleich der Berichte von Eldad und Reuveni legt sogar nahe, dass dort einige Anleihen genommen wurden.[22]

Trotz dieser Probleme mit Reuvenis Glaubwürdigkeit wurde seine Geschichte von 1524 bis heute von manchen Menschen für bare Münze genommen. Andererseits hatten Juden in Damaskus und Kairo Reuveni schon vor seiner Reise nach Venedig als Hochstapler betrachtet. Sie waren in einer besseren Position, die Schwächen in seiner Geschichte zu erkennen. Nachdem Reuveni in Italien angekommen war, schaffte er es, sowohl Juden als auch Nichtjuden inklusive Papst Clemens VII. zu umgarnen und von seiner Echtheit zu überzeugen. Die Bereitschaft der Juden von Italien und der *conversos* von Portugal, Zeichen der bevorstehenden Ankunft des Messias und der zehn Stämme zu sehen, kam Reuveni gelegen. Allerdings erwies sich dieses Plus auch als Bürde. Die Begeisterung der portugiesischen Konvertiten führte dazu, dass der anfangs bereitwillige Johann III. seine Hingabe an die Allianz dämpfte. Gleichzeitig war Kaiser Karl V. von Reuveni nicht überzeugt und stand ihm feindselig gegenüber, was sich für ihn letztlich als fatal erweisen sollte.[23]

Auch wenn Reuveni mit großer Sicherheit ein Betrüger war, was seine Behauptung betraf, Prinz des Königreichs der zehn Stämme zu sein und tatsächlich all die Reisen gemacht zu haben, von denen er berichtete, war es ihm wahrscheinlich durchaus ernst mit seinem Vorhaben, die zerstreuten Juden in ein wiederhergestelltes Israel zurückzuführen. Er wollte, dass der Messias kommt. Moti Benmelech hat dargelegt, dass Reuveni ein palästinensischer Jude war, der von den messianischen Lehren des Abraham Halevi (auch Abraham ben Elie-

zer ha-Levi) beeinflusst gewesen sei, eines Kabbalisten, der 1492 aus
Spanien vertrieben wurde und 1514 nach Palästina kam. Seine Lehren
handelten von einer unmittelbar bevorstehenden Erlösung und Wiedererrichtung Israels, aber er predigte auch einen passiven Messianismus mit Juden, die geduldig darauf warteten, dass wundersame Ereignisse eintraten. Reuveni verband die unmittelbare Erlösung von Halevi
mit Taten, die notwendig waren, um den Messias hervorzubringen. So
brachte er die Portugiesen dazu, Dschidda und Mekka anzugreifen und
eine Allianz des christlichen Europas zu schaffen, um die Osmanen zu
besiegen und Israel zu befreien. Er war sich sicher, dass dann die zehn
Stämme und der Messias auftauchen würden. Und dann würde auch
sein Betrug keine Rolle mehr spielen. Doch dazu kam es nicht, sodass
es Zeit ist, uns anzuschauen, was das christliche Europa des Mittelalters
und der Renaissance über die zehn Stämme dachte.[24]

## Das christliche Jahrtausend
## und die zehn verlorenen Stämme

Viele Christen im mittelalterlichen Europa glaubten, dass die zehn
Stämme Israels irgendwo in der Welt lebten. Im Gegensatz zu den jüdischen Vorstellungen hatte die populäre christliche Kultur der mittelalterlichen Christen eine sehr negative Sicht auf die zehn Stämme
angenommen. Das war nicht immer so gewesen, und die offiziellen
Lehren der Kirche stellten die zehn Stämme nicht ohne Mitgefühl dar.
Doch ihr Einfluss auf die Vorstellungen des Volksglaubens schwankte.
Das ist eine traurige Episode in der Geschichte des Antisemitismus
und des Mythos der zehn verlorenen Stämme.

Frühe Christen glaubten, dass die Wiederkunft Christi und das
Ende der Welt unmittelbar bevorstünden. Je mehr Zeit verstrich, umso
mehr verblasste die Erwartung des unmittelbaren Endes. Die Spekulationen um die Wiederkunft Christi, das tausendjährige Friedensreich,
die letzte Schlacht gegen den Antichrist und den Sieg Christi und seiner Anhänger hielten jedoch an. Es entwickelten sich alle möglichen
Ideen darüber, wie die letzten Tage und der letzte Kampf aussehen würden. Auch die Juden und die zehn Stämme hatten eine Rolle in diesem
apokalyptischen Ereignis zu spielen. Die Bibel lehrte, dass die Juden in

den letzten Tagen zum Christentum übertreten und Christus bei seiner Wiederkunft erwarten würden. Aus christlicher Sicht war das gut. Die Wiederkunft würde das Ende der gefallenen Welt mit sich bringen, aber danach wäre für die Gläubigen alles in Ordnung. Mit der Zeit entstand allerdings eine bösartigere Sichtweise auf die Rolle der Juden und der zehn Stämme.[25]

Verschiedene christliche Theologen des 2. und 3. Jahrhunderts erklärten, dass der Antichrist als Jude des Stammes Dan geboren werden würde. Etwa zur selben Zeit verfasste der chiliastische Dichter Commodian eine Darstellung der letzten Schlacht zwischen Christus und dem Antichrist, in der die zehn Stämme ein gesegnetes Volk waren, das die Armee Christi gebildet hatte, während die bösen Völker Gog und Magog aus dem Buch der Offenbarung 20 das Heer des Antichrist formen würden. Der christliche Historiker Paulus Orosius identifizierte in seinem Werk *Historiae adversum paganos* (auch: *Sieben Geschichtsbücher gegen die Heiden*) die unreinen Nationen, die angeblich vom legendenhaften Alexander dem Großen besiegt und in den fernen Bergen eingesperrt wurden, als die zehn Stämme. Ein besonders einflussreicher Text war die *Apokalypse des Pseudo-Methodius*, die nach 500 in syrischer (aramäischer) Sprache geschrieben und etwa 700 ins Lateinische übersetzt worden war. Deren Version der letzten Tage beschrieb, dass der Antichrist die Juden zu Jerusalem versammeln würde, wo sie ihn als ihren Messias akzeptieren würden. Manche Berichte besagten, dass der Antichrist in Babylon geboren werden, dann aber nach Palästina ziehen und in Jerusalem einen neuen Tempel für die Juden bauen würde. Er würde die zerstreuten Juden vereinen und sie würden seine treuen Anhänger sein, die in der letzten Schlacht zwischen Christus und dem Antichrist besiegt und der Verdammnis anheimgestellt werden würden. Im 10. Jahrhundert verfasste Abt Adso von Montier-en-Der ein Handbuch mit Überlieferungen zum Antichrist. Adso fügte selbst einige Details hinzu, etwa, dass die Mutter des Antichrist eine Prostituierte sei und Satan das Kind in ihren Leib gefahren habe. Daher sei der jüdische Antichrist der leibhaftige Satan und die Juden einschließlich der zehn Stämme wären seine Armee.[26]

Juden hatten in der heidnischen Welt der hellenistischen Königreiche und des Römischen Reichs unter Antisemitismus gelitten. Als das Christentum auftauchte, entwickelten sich eine neue Rivalität und Abneigung zwischen dem Judentum und dem frisch abgespalteten Glauben. Dies erzeugte auch eine neue Form des Antisemitismus. Nach dem Triumph des Christentums als einzige legale Religion im Römischen Reich war der christliche Antisemitismus die einzige Form des Antisemitismus, die in Europa Bestand hatte. Historiker erkennen darüber hinaus an, dass der christliche Antisemitismus sich von wenigstens 1200 bis zum 16. Jahrhundert intensivierte. Die Politik der mittelalterlichen katholischen Kirche in Bezug auf die Juden hatte immer darin bestanden, sie zu konvertieren oder, falls das nicht klappte, sie zu unterdrücken. Es war nicht das Ziel der Kirche, die Juden auszulöschen. Verschiedene Könige, Adlige, Erzbischöfe und Bischöfe hatten die Juden in ihren Territorien sogar unter ihren Schutz gestellt. Oft jedoch schafften es diese Herrschenden nicht, die Juden vor dem Wüten der erbittert antisemitischen niederen Geistlichkeit und des gemeinen Volkes zu schützen. Im Zeitalter der Kreuzzüge war es in den Städten des Rheinlandes und entlang der Straße nach Konstantinopel zu Beginn des Ersten Kreuzzuges 1096 und des Zweiten Kreuzzuges 1146-1147 zu schrecklichen Pogromen gekommen. Als die Kreuzzüge später zu scheitern drohten und das Wissen um den Inhalt des Talmuds zunahm, verstärkten sich auch die apokalyptischen Ängste und die Abscheu gegen die Juden. Die Bettelbrüder heizten den Antisemitismus weiter an, indem sie predigten, dass Juden die Diener des Antichrist seien und die zehn Stämme bereitstünden, um die Christenheit anzugreifen und zu zerstören. Im späteren Mittelalter kam die Ritualmordlegende auf, mit der die Juden beschuldigt wurden, Christenkinder zu entführen und zu opfern, um deren Blut für abscheuliche Rituale zu verwenden.[27]

Angebliche Neuigkeiten von den zehn Stämmen traten später im Mittelalter in das Bewusstsein der Europäer. 1145 brachte der Kreuzfahrerbischof Hugo von Jabala die Nachricht nach Rom, dass ein mysteriöser und mächtiger christlicher Herrscher namens Presbyter (auch: Priesterkönig) Johannes aufgetaucht sei, um dem Krieg gegen die Kräfte des Islam in ihren Kämpfen gegen die Kreuzfahrerstaaten des östlichen Mittelmeerraums zu einer Wende zu verhelfen. Briefe, die vorgeblich vom Priesterkönig Johannes waren, erreichten 1165 den Papst und europäische Monarchen. Es stellte sich heraus, dass das Königreich der zehn verlorenen Stämme ein Vasallenstaat dieses großen christlichen Herrschers war. Für die Christenheit waren dies ausgezeichnete Neuigkeiten, weil es bedeutete, dass in der Welt alles in Ordnung war. Selbst in den eigenartigen und unvertrauten Ländern Asiens waren die Juden den Christen untertan. Andererseits bestanden die Juden weiterhin darauf, dass das Königreich oder die Königreiche der zehn Stämme selbst mächtig und unabhängig seien.

Die Dinge verschlechterten sich, als die mongolischen Horden begannen, Europa zu bedrohen. 1238 war noch alles in Ordnung gewesen, als sie nur islamische Länder verwüsteten. 1240 war die mongolische Gefahr allerdings dem christlichen Europa näher gerückt. Der im 13. Jahrhundert wirkende Chronist Matthäus Paris beschrieb die Mongolen als deformierte Menschen, die von der Rasse Satans seien. Er identifizierte sie (wenn auch mit einer gewissen Mehrdeutigkeit) als die zehn Stämme, die Alexander der Große mit Gottes Hilfe im Kaukasus eingeschlossen hatte. Aufgrund dieser Kommentare ist er der erste englischsprachige Autor, der die zehn verlorenen Stämme erwähnt. 1241, im Jahr der mongolischen Siege über die christlichen Armeen Mitteleuropas, berichtete Matthäus Paris von einer Verschwörung der Juden und der Mongolen. Angeblich sahen die Juden des Heiligen Römischen Reichs die Mongolen ebenfalls als Juden an. Ein geheimes Treffen wurde einberufen, auf dem die Anführer der Juden einen Plan vorschlugen, um den Mongolen zu helfen: »Unsere Brüder der Überreste Israels, die früher eingeschlossen waren, sind nun aufgebrochen, um die ganze Welt ihnen und uns untertan zu machen.« Die Juden sagten der christlichen Obrigkeit, dass sie vergifteten Wein an die Mongolen senden wollten. Stattdessen füllten sie die Weinfässer mit Waffen. Ihr Verrat wurde entdeckt und die Schuldigen wurden hingerichtet oder lebenslang eingesperrt. Laut des Urteils des Matthäus Paris zeigte dieser Vorfall »offen den versteckten Verrat und den außerordentlichen Betrug der Juden, die lieber diese [die Mongolen] offenen Feinde der Welt unterstützen … als den Christen zu helfen, die ihnen erlauben, unter ihnen zu leben.« Ob dieser Vorfall tatsächlich passiert ist, ist angesichts der Tatsache, dass der Bericht in weiten Teilen Europas Glauben fand, nebensächlich. Es wurde ein Gemeinplatz, dass die Juden mit den zehn

Stämmen in Form der Mongolen unter einer Decke steckten, um die Christenheit zu zerstören.

Später behauptete Sir John Mandeville, ein angeblich weitgereister Engländer, in Wirklichkeit aber eine fiktive Gestalt, ebenfalls gehört zu haben, dass die zehn Stämme immer noch in den Bergen nahe dem Kaspischen Meer eingeschlossen wären. Es wurde berichtet,

> dass in der Zeit des Antichrist jene Juden aufbrechen und den christlichen Männern viel Leid bringen werden. Und so lernen alle Juden in verschiedenen Teilen der Welt Hebräisch zu sprechen, weil sie glauben, dass Juden, die in diesen Hügeln eingeschlossen sind, an ihrer Sprache erkennen werden, dass es Juden (wie sie) sind, wenn sie ankommen. Und dann werden sie sie in die Christenheit führen, um christliche Männer zu zerstören. Denn diese Juden sagen, sie wissen aus ihren Prophezeiungen, dass die Juden, die in diesen Hügeln eingeschlossen sind, ausziehen und die Christen unter ihrer Gewalt sein werden, so wie sie unter christlicher Herrschaft waren.

Mandevilles *Travels* erschien zwischen 1356 und 1366 zuerst auf Französisch und war im späteren Mittelalter populär und weit verbreitet. In den deutschsprachigen Ländern der Christenheit waren diese Legenden von den bedrohlichen und unbesiegbaren Armeen der zehn Stämme, die auf das Signal warteten, um das Christentum zu zerschmettern, wohlbekannt. Sie würden sich zum Mythos der furchterregenden Roten Juden weiterentwickeln, der in der deutschen Volksüberlieferung des 14. und 15. Jahrhunderts kursierte.[28]

Mehrere Historiker haben darauf hingewiesen, dass apokalyptische Erwartungen und Antisemitismus im späteren Mittelalter Hand in Hand gingen. Dem jüdischen Glauben an die Ankunft des Messias mit der Wiederherstellung des Königreichs von ganz Israel einschließlich der zehn Stämme entsprach der christliche Glaube an die Wiederkunft Christi und seinen Kampf mit dem Antichrist und seinen finsteren Horden, einschließlich der Armeen der zehn Stämme, am Ende der Welt. Die Helden der jüdischen Apokalypse – der jüdische Messias und die zehn Stämme – waren die Bösewichte der christlichen Apokalypse. Im frühen Mittelalter wurden die zehn Stämme und die anderen Juden, die für den Antichrist kämpften, in der christlich-apokalyptischen Denkweise nach der Niederlage des Antichrist bekehrt und damit für die Ewigkeit errettet. Im späteren Mittelalter kämpften die zehn Stämme und die Juden immer noch für den Antichrist, aber nun gab es keine Konversion und keine Erlösung mehr. Manchmal wird angedeutet, dass der mittelalterliche Antisemitismus auf dem Neid jüdischen Wohlstands beruhte sowie darauf, dass Juden die verhassten Geldverleiher waren. Soziale, ökonomische und demografische Untersuchungen tendieren jedoch dazu, die Bedeutung dieser Motive herabzustufen. Jüdische Geldverleiher waren gar nicht so verbreitet. Jede Beschlagnahme jüdischen Reichtums war eher eine Begleiterscheinung des Antisemitismus als seine Motivation. Juden wurden verabscheut und gefürchtet, weil sie anders waren und sich absonderten. Ihre hartnäckige Weigerung zu dem zu konvertieren, was die mittelalterlichen Christen als die offensichtliche Wahrheit ihres Glaubens ansahen, war eine Quelle der Provokation und des Frustes. Dazu kam die Furcht, dass die Juden vielleicht doch recht haben könnten. Mittelalterliche Gesellschaften betrachteten Einheit und Uniformität als das größte Gut. Andersartigkeit war verdächtig. Juden waren eine verstörend andersartige Gruppe, die möglicherweise bösartige Verschwörungen mit ihren Verwandten, den zehn Stämmen oder den Roten Juden, plante. Andrew Gow erklärte den Antisemitismus im spätmittelalterlichen christlich-apokalyptischen Denken: »Er ist in seinem Ursprung das Ergebnis einer bewussten Absicht, ein böswilliges Motiv, den jüdischen Messianismus in Bezug auf diabolische Machenschaften zu erklären.« Die Juden der mittelalterlichen Christenheit und die zehn Stämme waren die Handlanger des Antichrist. Die zehn Stämme als Gog und Magog waren der äußere Feind, und die europäischen Juden waren der innere Feind.[29]

Diese brutalen und antisemitischen apokalyptischen Ideen stachelten die mittelalterlichen Christen im 13., 14. und 15. Jahrhundert an, begannen dann aber zu verblassen. Woran lag das? Einer der wichtigsten Gründe war, dass die Apokalypse nicht eintrat, obwohl die Menschen schon sehr lange damit gerechnet hatten, dass die Wiederkunft Christi und der Anbruch des tausendjährigen Friedensreiches unmittelbar bevorstehen. Die Menschen hatten genug vom ängstlichen Warten. Auch

die Reformation mit ihrem protestantischen Biblizismus sorgte für ein
Nachlassen des Glaubens an die Roten Juden und die zehn verlorenen Stämme als Armee des Antichrist, der sich als jüdischer Messias
ausgab. Luther dachte, dass das Ende der Welt nahe sei, und hielt die
Türken für Gog und Magog. Er betrachtete außerdem die Apokalypse
nicht als schreckliche Schlacht. Für ihn war sie ein gesegnetes Ende
und der Beginn eines neuen Himmels und einer neuen Erde. Diese Details standen nicht einmal in der Bibel – ebenso wenig wie der Mythos
von den eingeschlossenen und unreinen Völkern. Der skeptische Zug
des Renaissance-Humanismus veranlasste die gebildete Elite dazu, den
Mythos von den zehn Stämmen als der Armee des Antichrist zu verwerfen. Doch als eine Version des Mythos von den zehn Stämmen verblasste, entstand eine neue Situation und eine neue Version entwickelte
sich. Die Entdeckung des amerikanischen Doppelkontinents bot den
zehn Stämmen einen neuen Ort für ihr Exil.[30]

## Die zehn verlorenen Stämme in Amerika

Mit dem Beginn der europäischen Eroberung Amerikas im Jahre 1492,
setzte die Erkenntnis ein, welche riesigen Länder und wie viele fremdartige Völker es zu entdecken gab. Für die Weltsicht der Europäer war
dies ein Schock. Die Existenz der amerikanischen Ureinwohner oder
Indianer musste erklärt und mit der Alten Welt verknüpft werden,
um die biblische Einheit aller Menschen zu bewahren. Eine Theorie
zum Erklären dieser bislang unbekannten Völker behauptete, sie seien
jüdischen oder hebräischen Ursprungs. Doch um welche Juden oder
Hebräer handelte es sich? Waren sie Angehörige der zehn verlorenen
Stämme oder Flüchtlinge aus der babylonischen Eroberung, dem jüdischen Krieg, dem Bar-Kochba-Aufstand oder stammten sie aus einer
anderen Gruppe? Die meisten älteren Autoren, die über die jüdischen
Ursprünge der amerikanischen Ureinwohner schrieben, hielten offenbar die zehn Stämme für ihre Vorfahren. Trotzdem erwähnten sie die
zehn Stämme kaum, und ihre Leser mussten auf verstreute Hinweise
achten. Man hielt es offenbar für selbstverständlich, mit Hinweisen auf
Juden die Juden der zehn Stämme zu meinen.

Als Christoph Kolumbus am 12. Oktober 1492 auf der Insel San Salvador landete, schrieb er in sein Bordbuch, dass er und seine Männer »nackte Leute« am Strand gesehen haben, »sie haben die Farbe der Kanarier, weder schwarz noch weiß«. Da er glaubte, die indischen Inseln, heute Indonesien, erreicht zu haben, nannte er die Eingeborenen Indianer. Obwohl Kolumbus bis zu seinem Tod glaubte, den westlichen Seeweg nach Asien entdeckt zu haben, erkannten die meisten Europäer innerhalb weniger Jahre, dass eine neue und unentdeckte Landmasse gefunden worden war (seit der vergessenen Entdeckung der Nordmänner). Die Entdeckung bisher unbekannter Völker warf natürlich einige ernsthafte kosmografische Fragen auf: Woher kamen diese sogenannten Indianer und wie ließen sie sich mit dem vorhandenen klassischen und biblischen Wissen in Einklang bringen? Alle Menschen stammten vorgeblich zunächst von Adam und Eva und dann von einem der drei Söhne Noahs ab – Sem, Ham und Japhet. Wie passten die amerikanischen Eingeborenen in dieses Weltbild?[31]

Zur Herkunftsfrage der amerikanischen Ureinwohner wurden allerhand Vorschläge gemacht. Praktisch jedes antike Volk wurde irgendwann einmal zu ihren Vorfahren erklärt. Karthager, Kelten, Skythen, Griechen, Römer, Chinesen, Japaner und Westafrikaner wurden neben anderen als die Ahnen einiger oder aller vorkolumbianischen Völker des amerikanischen Doppelkontinents identifiziert. Selbst die Atlanter spielen eine tragende Rolle in den Theorien über die indianische Abstammung. Es versteht sich von selbst, dass auch die Juden und die zehn verlorenen Stämme als das Volk ausgemacht wurden, das Amerika oder zumindest einen Teil davon in der Zeit vor Kolumbus besiedelt hat. Die Verlorenheit und das Herumziehen der zehn Stämme ließen vermuten, sie seien die ersten Amerikaner.

Trotz des hohen Stellenwertes der Juden und der zehn Stämme in der Kultur des christlichen Europas griffen die ersten Entdecker und Siedler nicht sofort nach den Hebräer- oder Zehn-Stämme-Theorien, um die ursprünglichen Bewohner Amerikas zu erklären. Sie blickten auf die Literatur des klassischen Griechenlands und Roms und nahmen an, dass die Karthager oder Überlebende von Atlantis die ersten Siedler gewesen waren. In seinen umfangreichen Forschungen über die Geschichte der Theorien über die Herkunft der amerikanischen Ureinwohner konnte der Historiker Lee Eldridge Huddleston »keine frühen Entdecker und Historiker finden, die die Idee [der Zehn-Stämme- oder Hebräer-Theorie] in ihren Schriften zum Ausdruck brachten«. Die früheste Referenz könnte in Petrus Martyr von Anghieras *Acht Dekaden über die Neue Welt* aus dem frühen 16. Jahrhundert zu finden sein. Er gab an, dass Kolumbus annahm, Hispaniola sei das Land Ophir, in dem sich die Goldminen des Königs Salomo befunden haben sollen. Einige seiner Einwohner könnten von hebräischen Besuchern abstammen. Es gibt keine weiteren Beweise, dass Kolumbus glaubte, er habe Ophir gefunden. Seine spanischen Zeitgenossen unterstützen die Ophir-Theorie oder irgendeine andere Version der Hebräer-/Zehn-Stämme-Theorie nicht vor dem letzten Viertel des 16. Jahrhunderts.[32]

Die erste Person, die entschieden die Zehn-Stämme-Version der Hebräer-Theorie vertrat, war Johannes Fredericus Lumnius aus den Niederlanden in seinen Werken *De extremo Dei Iudicio vocatione* von 1567 und *De vicinitate extremi judicii Dei et consummationis saeculi* von 1594. Auch wenn sie keine weite Verbreitung fanden, etablierte Lumnius hier die theologischen Grundlagen der Theorie der zehn verlorenen Stämme. Auf der Basis des vierten Buches Esra behauptete er, dass sie den Assyrern entkommen seien und sich in Amerika angesiedelt hätten. Der französische Gelehrte Gilbert Génébrard folgte Lumnius im gleichen Jahr mit seiner *Chronographia*, die ebenfalls die Zehn-Stämme-Theorie unterstützte.[33]

Im ersten Dreiviertel des 16. Jahrhunderts vertraten spanische Autoren vor allem die Atlanter-Theorie der indianischen Herkunft, gefolgt von der Karthager-Theorie. Viele neuere Berichte schreiben es fälschlicherweise Bartolomé de Las Casas, Diego de Landas und später Juan de Torquemada zu, die Theorien unterstützt zu haben, wonach die Indianer Abkömmlinge der Hebräer im Allgemeinen und der zehn Stämme im Besonderen seien. Berichten über hebräische Kontakte mit dem alten Amerika begegneten sie skeptisch. Etwa um 1580 jedoch stellte eine andere Gruppe spanischer Gelehrter, die die Ureinwohner Mexikos studierte, fest, dass eine Zehn-Stämme- oder Hebräer-Theorie eine vernünftige Erklärung für die angeblichen Ähnlichkeiten zwischen hebräischen und einheimisch-mexikanischen Gebräuchen sei. In ihren umfassenden Studien der mexikanischen Ureinwohner sahen Diego

Durán, Juan Suárez de Peralta und Juan de Tovar kulturelle Parallelen zu den antiken Hebräern. Wie Durán in seiner *Historia de las Indias de Nueva España e Islas de Terra Firma* (Geschichte der Indianer von Neuspanien und der Inseln des Kontinents) schrieb:

> All diese Dinge bestätigen meinen Verdacht, dass diese Eingeborenen Teil der zehn Stämme Israels sind, die Salmanassar, König der Assyrer, in der Zeit von Hoschea, König von Israel, ergriff und nach Assyrien führte … Andere Beweise, die in den Heiligen Schriften zu finden sind, können angeführt werden, um diese Idee zu beweisen, dass Gott, in Hosea, Kapitel I und II und II bis XII, versprochen hatte, die zehn Stämme Israels zu mehren und sie so zahlreich zu machen wie der Sand im Meer. Und die Tatsache, dass sie einen großen Teil der Welt in Besitz genommen haben, zeigt ganz klar und deutlich, wie groß diese Zunahme war.[34]

Anfang des 17. Jahrhunderts verfassten die spanischen Chronisten Pedro Simón und Antonio Vásquez de Espinosa eine eingeschränktere Version der Zehn-Stämme-Theorie, die behauptete, dass die amerikanischen Ureinwohner nur vom hebräischen Stamm Issachar abstammten. 1681 schrieb der Jesuitengelehrte Diego Andrés Rocha in seinem *Tratado único y singular del origen de los indios occidentales de Perú, Mexico, Santa Fé y Chile* (Eine einzigartige und eigentümliche Abhandlung über den Ursprung der Westindier von Peru, Mexiko, Santa Fe und Chile), dass die Wildheit der amerikanischen Ureinwohner zeige, dass sie hauptsächlich von Tataren und Hebräern abstammten.[35]

Andere spanische Gelehrte widersprachen den Theorien, dass die Indianer Nachfahren der zehn verlorenen Stämme oder anderer Juden seien. Obwohl er fälschlicherweise zu den Anhängern der Zehn-Stämme-Theorie gerechnet wurde, lehnte Bartolomé de Las Casas sie entschieden ab. Spanier des 17. Jahrhunderts wie José de Acosta, Juan de Torquemada, Pedro Antonio de la Calancha y Benavides und Bernabé Cobo verwarfen die Möglichkeit, dass die amerikanischen Ureinwohner die Nachkommen der zehn Stämme oder anderer Hebräer seien. Acosta, oft skeptisch, fragte zurecht:

Wie kann es sein, dass die Juden allein in Indien ihre Ahnen, ihr Gesetz, ihre Zeremonien, ihren Messias und schließlich ihr ganzes Jüdischsein vergessen haben sollen, wo sie doch ihre Sprache und alten Traditionen so eifrig bewahrt haben, dass sie sich an jedem Punkt der Welt, an dem sie heute leben, von allen anderen unterscheiden?

Vernünftige Argumente haben noch nie verhindert, dass absurde Ideen sich ausbreiten, und die Theorie, dass die zehn Stämme Amerika bevölkert haben, bildet da keine Ausnahme. Als apokalyptische Erwartungen England, die Holländische Republik und die englischen Kolonien in Neuengland überkamen, brach neue Begeisterung für sie aus.[36]

Millenarismus und Messianismus werden niemals verschwinden, solange es Christen und Juden gibt, allein die Massenbegeisterung schwankt von Zeit zu Zeit. Mitte des 17. Jahrhunderts stiegen in Europa die Erwartungen an die Letzten Tage. Verschiedene christliche Berechnungen setzten das Eintreten des christlichen Millenniums auf die Mitte der 1650er oder 1660er Jahre fest. Das Jahr 1666 schien besonders verlockend, da es angeblich die Zahl des Tieres enthielt, es war aber keineswegs das einzige mögliche apokalyptische Jahr. Die englische Prophetin und Millenaristin Mary Cary hatte 1655 oder 1656 vorhergesagt. Der in Cambridge tätige Gelehrte Joseph Mede behauptete, dass der Anfang des Endes im oder um das Jahr 1660 stattfinden würde, da eine Prophezeiung besagt hätte, die Letzten Tage würden 1260 Jahre nach dem Fall des Römischen Reichs im Jahre 400 eintreten. Mede gab aber auch das Jahr 1654 an und sicherte seine Vorhersagen noch dadurch ab, dass er hinzufügte, die Wiederkunft Christi würde nicht später als 1716 geschehen. Jüdische Gelehrte kamen zu ähnlichen Schlussfolgerungen. Ihre Berechnungen basierten auf Datierungen, die von den Tagen der göttlichen Schöpfung ausgingen. Jüdische Kabbalisten identifizierten 1648 als das Jahr, in dem der Messias erscheinen würde.[37]

In der ersten Hälfte des 17. Jahrhunderts weckten zahlreiche Ereignisse in vielen Menschen die Überzeugung, das Ende der Welt stünde unmittelbar bevor. Europa wurde von grausamen Kriegen erschüttert. Der Dreißigjährige Krieg hatte zwischen 1618 und 1648 Deutschland verwüstet und viele andere Länder in den Konflikt hineingezogen. Während der 1640er und 1650er Jahre erlebte Großbritannien eine lähmende Folge von Bürgerkriegen. Diese verursachten einen Zusammenbruch der gesellschaftlichen Kontrolle, sodass radikale und millenaristische Sekten wie die Quäker und die Fifth Monarchy Men (Männer des Fünften Königreichs) ungehindert ihre Lehren verbreiten konnten. In Osteuropa dagegen sorgte der Chmelnyzkyj-Aufstand der Kosaken von 1648 bis 1657 gegen den Ständestaat Polen-Litauen für große Verwüstungen und massive und schreckliche Massaker an Juden in der Ukraine. Verfolgungen und Pogrome hatten immer eine Stärkung der messianischen Erwartungen unter den Juden zur Folge.[38]

Anders als im Millenarismus und Messianismus des späteren Mittelalters wurden die gewalttätigen Aspekte der letzten großen Schlacht zwischen dem wiedergekehrten Christus und dem Antichrist oder dem Messias und den Kräften des Bösen deutlich heruntergespielt, zumindest unter den Eliten und Intellektuellen der christlichen und jüdischen Gesellschaft. Der jüdische Messias wurde in protestantischen Kreisen nicht länger als Antichrist betrachtet, da man hier den Papst mit dem Antichrist gleichsetzte. Die zehn Stämme würden, falls sie auftauchten, als Alliierte in der Schlacht gegen das Böse gelten und nicht als Stoßtruppe des Satans. Das war zumindest der Fall für einige irenische jüdische und christliche Gelehrte wie Menasse ben Israel und Petrus Serrarius.[39]

1641 kam es in den Bergen und Dschungeln des heutigen Kolumbien zu einer angeblichen Begegnung, die uns einen neuen Ort für die zehn Stämme einbrachte und die millenaristische und messianische Gärung verstärkte, die sich in der ersten Hälfte des 17. Jahrhunderts zusammenbraute. Ein Konvertit namens Antonio de Montezinos (auch bekannt als Aaron Levi) war zum spanischen Vizekönig von Neugranada gekommen. Montezinos, der von Cartagena aus operierte, begab sich mit einigen Indianern, von denen einer Francisco genannt wurde, auf eine Handelsexpedition. Bei der Durchquerung der Berge gerieten sie in einen heftigen Sturm und fürchteten um ihr Leben. Francisco jedoch äußerte sich abfällig über die Spanier. Montezinos tadelte ihn später wegen seiner Worte, doch Francisco wiederholte seine Klage über die spanischen Grausamkeiten gegenüber den eingeborenen Völkern.

Er beharrte darauf, dass die Indianer Rache üben würden – mit Unterstützung eines unbekannten Volkes, wie er geheimnisvoll hinzufügte. Wieder in Cartagena holte die Inquisition Montezinos zur Befragung und sperrte ihn ein. Im Gefängnis verfasste er ein jüdisches Gebet, in dem er Gott dankte, dass er nicht als Nichtjude geboren sei, zu deren Gruppe auch die Indianer zählten. Doch etwas überkam ihn. Er wurde wütend und erklärte, die Indianer wären Hebräer. Diese Aussage wiederholte er noch zwei weitere Male. Nachdem er fertig war, dachte er sich, dass es kein Zufall gewesen sein konnte, dass er die Erklärung verfasst und wiederholt hatte, die Indianer seien Hebräer.[40]

Nach seiner Freilassung suchte Montezinos Francisco in der Stadt Honda am Magdalena-Fluss auf. Er bat Francisco, mit ihm auf eine Reise zu gehen. Als sie Honda verlassen hatten, gestand Montezinos Francisco gegenüber ein, dass er ein Jude aus dem Stamm Levi war. Francisco stimmte daraufhin zu, ihn mit in die Wildnis zu nehmen, Montezinos müsse aber tun, was er befahl. Die beiden reisten sieben Tage lang durch die Wildnis, bis sie an einen unbekannten Fluss kamen. Dort gab Francisco ein Signal und es erschienen einige weiße Menschen. Sie kamen mit einem Boot über den Fluss. Obwohl die vorsichtigen weißen Menschen Montezinos nicht erlaubten, den Fluss zu überqueren und in ihr Land zu kommen, erfuhr er, dass es Hebräer vom Stamm Ruben waren. Francisco erklärte Montezinos, dass die Beziehungen zwischen den Indianern und den weißen Menschen vor langer Zeit feindselig gewesen waren. Indianische Heere hatten mehrmals versucht, das Land der Weißen zu überfallen und zu zerstören. Jedes Mal sei die indianische Armee spurlos verschwunden. Die beiden Gruppen schlossen Frieden, befreundeten einander, und viele Indianer traten zum Judentum über. Eines Tages am Ende der Welt würden die mysteriösen Weißen und die Indianer losziehen und die Spanier besiegen. Anschließend würden sie die Juden Europas von ihrer Unterdrückung befreien und gemeinsam würden sie die Herrscher der Welt werden.[41]

Das ist die Geschichte, die Montezinos Menasse ben Israel, einem wichtigen Rabbi und messianischen Gelehrten, und der jüdischen Gemeinde von Amsterdam übermittelte, nachdem er am 19. September 1644 dort angekommen war. Menasse war ein Universalist, der glaubte, dass alle guten Menschen am Ende gerettet werden würden, egal ob Juden oder Christen. Nach anfänglicher Skepsis hörten die jüdische Gemeinde von Amsterdam und Menasse Montezinos Geschichte begeistert an. Alle Neuigkeiten über Begegnungen mit den zehn verlorenen Stämmen waren den Juden der Diaspora willkommen. Falls sie stimmten, waren sie Beweis, dass der Messias kommen würde – vielleicht schon bald. Einzigartig für die erste Hälfte des 17. Jahrhunderts war folglich, dass jüdischer Messianismus und christlicher Millenarismus in Nordeuropa einträchtig gemeinsam das Kommen des Messias und die Wiederkehr Christi erwarteten. Menasse war mit gleichgesinnten christlichen Millenaristen wie John Dury und Petrus Serrarius befreundet und sie korrespondierten und arbeiteten an verschiedenen ökumenischen und millenaristischen Projekten zusammen.

Zu der Zeit, als Montezinos in Amsterdam eintraf, diente John Dury als Kaplan in Den Haag. Dort erfuhr er von Montezinos Begegnung mit dem Stamm Ruben in Südamerika. Dury gab die Geschichte an andere interessierte Parteien in England weiter, darunter Thomas Thorowgood und Edward Winslow. Winslow war ein Separatist, der auf der Mayflower nach Nordamerika gekommen war. Als der englische Bürgerkrieg ausbrach, reiste Winslow wieder zurück nach England, um die Sache des Parlaments gegen König Karl I. zu vertreten. Später wurde er Unterstützer von Oliver Cromwell. Nachdem Dury von der Geschichte von Montezinos und den zehn Stämmen in Südamerika erfahren hatte, informierte er Ende 1648 oder Anfang 1649 John Eliot in Neuengland davon. Eliot ist auch als Apostel der Indianer von Neuengland bekannt. Er startete seine Missionsarbeit unter den amerikanischen Ureinwohnern im Jahr 1646. Als Folge von Winslows Briefen über Montezinos und die zehn Stämme, begann Eliot in Betracht zu ziehen, dass die amerikanischen Ureinwohner von Neuengland möglicherweise Nachfahren der zehn verlorenen Stämme sind. Thorowgood war Pfarrer von Grimston, Norfolk, und gemäßigter Presbyterianer. Sein Interesse an der Theorie, dass die Indianer jüdischer Abstammung seien, begann Mitte der 1630er Jahre, als er die Bücher von Peter Martyr, José de Acosta und anderen über Amerika las. Außerdem korrespondierte er mit dem in Neuengland lebenden Priester Roger Williams über die Theorie. Unbeirrt von Williams' Skepsis über die Existenz der israelitischen Indianer hatte Thorowgood 1640 den Entwurf seines späteren Werkes *Iewes in America* fertiggestellt. An dieser Stelle legte er das Manuskript beiseite. Die Tatsache, dass nahezu ganz Großbritannien in eine politische und religiöse Krise rutschte, war für Thorowgood sicher eine große Ablenkung. Er würde später, nämlich 1644, eine Fastenpredigt vor dem Parlament halten.[42]

Die Montezinos-Geschichte löste in Winslow, Eliot und Thorowgood (erneutes) Interesse an der Möglichkeit aus, dass die zehn Stämme sich auf dem Doppelkontinent Amerika angesiedelt hatten und die Vorfahren der verschiedenen amerikanischen Stämme waren. Bevor Dury ihm davon erzählte, hatte Thorowgood noch nie etwas von Montezinos oder von Menasse ben Israels Spekulationen über die zehn Stämme gehört. In der Folge griff Thorowgood sein *Iewes in America*-Manuskript wieder auf und zeigte es Dury im Jahre 1648. Dury wiederum gab das Manuskript an Winslow weiter. Beide Männer ermutigten Thorowgood, das Werk zu veröffentlichen. Darüber hinaus sorgten die Bemühungen für Begeisterung, das Parlament dazu zu bringen, die Society for the Promotion of the Gospel in New England (Gesellschaft für die Verbreitung des Evangeliums in Neuengland) zu etablieren. Winslow unterstützte diese Anstrengungen, indem er 1649 *The Glorious Progress of the Gospel amongst the Indians in New England* veröffentlichte, das Briefe von Thomas Mayhew und John Eliot enthielt. Außerdem beinhaltete es einen Anhang von Dury, in dem er ökumenisch über den unmittelbar bevorstehenden Beginn eines millenaristischen oder messianischen Ereignisses im Jahre 1650 spekulierte, das in »Entweder wir Christen werden mosaisch oder die Juden werden christlich sein« enden würde. Er fügte in Übereinstimmung mit Winslow hinzu: »Ich bin sehr geneigt zu mutmaßen, dass es wenigstens Sprenkelchen von Abrahams Samen in diesen Teilen [der beiden Amerikas] gibt.« Derweil schrieb Dury an Menasse ben Israel und bat um mehr Informationen über das, was Montezinos in der Wildnis von Südamerika erlebt hatte. Eine Antwort traf am 27. November 1649 ein, die Montezinos Erzählung oder Bericht seines Abenteuers umfasste sowie eine eidliche Erklärung von Menasse. Dury teilte diese Informationen mit Thorowgood, der sie zusammen mit dem, was er selbst über Menasses Werk erfahren hatte, in seinen Überarbeitungen von *Iewes in America* verwendete. Als *Iewes in*

*America* dann 1650 endlich gedruckt wurde, enthielt sein überarbeiteter und erweiterter Text sowohl Montezinos' Bericht als auch eine Art Vorwort von John Dury unter dem Titel *An Epistolicall Discourse of Mr. Iohn Dury to Mr Thorowgood concerning his conjecture that the Americans are descended from Israelites.* Der Unterschied bestand darin, dass Dury von den Juden erwartete, eine große Rolle im kommenden Millennium zu spielen, Thorowgood dagegen nicht. Er hielt es einfach generell für eine gute Sache, die amerikanischen Ureinwohner, Nachfahren der zehn verlorenen Stämme, zum Christentum zu bekehren. Es wäre die Erfüllung des puritanischen Ziels der Christianisierung und Zivilisierung heidnischer und barbarischer Völker. *Iewes in America* machte Thorowgood darüber hinaus zur ersten Person, die eine vollständige Verteidigung der jüdisch-indianischen Theorie in englischer Sprache veröffentlichte.[43]

Thorowgoods *Iewes in America* war mehr als ein Versuch zu beweisen, dass die amerikanischen Ureinwohner Abkömmlinge der zehn verlorenen Stämme waren. Es war auch eine Verteidigung der calvinistischen und puritanischen Positionen in der Church of England. Darüber hinaus steht sie in einer Reihe mit den vielen Werken, die verwirrenderweise von Juden sprechen, wenn sie in Wirklichkeit die Israeliten meinen. Selbst im 17. Jahrhundert meinte »Jude« einen Ausübenden des Judentums aus der nachexilischen Zeit. Für die vorexilische Zeit bezeichnete der Begriff »Israelit« eine Person aus dem Nordreich von Israel innerhalb der geteilten Monarchie, während mit »Judäer« eine Person aus dem Südreich Juda gemeint war. Die zehn verlorenen Stämme waren Israeliten. Thorowgoods Argument, dass die amerikanischen Ureinwohner ihren Ursprung in den zehn Stämmen hatten, basierte auf Vergleichen und Analogien zwischen Legenden, Sitten, religiösen Glaubensvorstellungen und Sprachen der amerikanischen Ureinwohner und der Israeliten. Für heutige Kulturwissenschaftler und Anthropologen ist diese Methodologie zwar nicht akzeptabel, in der frühen Neuzeit wurde diese Methode des Vergleichs und der Analogiebildung jedoch häufig eingesetzt. Thorowgood kam zu der Schlussfolgerung, dass alle amerikanischen Ureinwohner in Nord- und Südamerika Nachfahren der zehn verlorenen Stämme seien und alle zehn Stämme auf den amerikanischen Doppelkontinent ausgewandert waren, sodass niemand in Asien zurückblieb. Auf den Weg aus ihrem assyrischen Exil nach Amerika und während ihres Aufenthalts dort degenerierten die zehn verlorenen Stämme in einen größtenteils heidnischen und barbarischen Zustand, in dem nur noch Rudimente ihrer Religion und Kultur überlebten.

Menasse ben Israel veröffentlichte *The Hope of Israel; or, Esperança de Israel* ebenfalls 1650. Er vertrat einen ganz anderen Standpunkt im Hinblick auf die zehn verlorenen Stämme in Amerika. Am Anfang des Buches wendet sich Menasse ben Israel an seine Leser: »Es gibt so viele Gedanken wie Männer über die Herkunft der Völker Amerikas, der ersten Bewohner der Neuen Welt und der Westindischen Inseln«. Von den verschiedenen Theorien finde er »keine Meinung wahrscheinlicher noch gefälliger zu erörtern als die unseres Montezinos.« Anschließend bietet er der Leserschaft den Text von Montezinos »Relación«. Danach arbeitet sich Menasse durch die verschiedenen konkurrierenden Herkunftstheorien, warnt aber zu Beginn: »Es ist schwer zu sagen, was sicher ist unter so vielen und so unsicheren Meinungen zur Herkunft der Indianer der Neuen Welt«. In seinem Text betont Menasse immer wieder, dass die zehn verlorenen Stämme nicht in einer Region versammelt sind, sondern dass sie sich über Asien und Afrika zerstreut haben. In Abschnitt 26 von *The Hope of Israel* bringt er das Konzept der zwei Messiasse innerhalb des jüdischen messianischen Denkens auf – des Messias von Joseph und des Messias von David. Am Ende seines Buches fasst Menasse seine Ansichten zusammen, vor allem, dass die zehn Stämme an vielen Orten gesiedelt hätten und einige von ihnen nach Amerika gekommen seien. Dort übten sie weiter im Verborgenen ihre Religion und Kultur aus, genau wie Montezinos Stamm der Ruben. Die heidnischen und wilden Ureinwohner Amerikas seien dagegen die Nachfahren der Tataren. Menasse verkündet weiterhin, dass die Prophezeiungen über die Rückkehr der Stämme nach Palästina wahr seien und eines Tages eintreten würden. Die Stämme würden sich erst in Assyrien und Ägypten versammeln, bevor sie nach Palästina zurückkehrten, wo sie das geeinte Königreich Israel errichten, das aus den zwölf Stämmen bestehen wird.[44]

Menasses messianische Vision unterschied sich offensichtlich von Thorowgoods Theorie, dass die amerikanischen Ureinwohner die Nachfahren der zehn verlorenen Stämme waren. Menasse glaubte, dass nur ein Teil der zehn Stämme in Amerika lebte und dass sie versteckt seien. In dieser verborgenen Existenz übten sie weiter ihre Religion und Kultur aus. Thorowgood dagegen war der Ansicht, dass alle zehn Stämme nach Amerika gezogen seien und alle amerikanischen Ureinwohner ihre Nachfahren waren. Doch nur Überreste ihrer Religion, Sprache und Kultur hätten überlebt. Für Dury und Winslow dienten sowohl Menasses als auch Thorowgoods Versionen der zehn Stämme in Amerika den Zwecken einer christlich-millenaristischen Apokalypse. Für Menasse bereitete die Existenz von Gruppen der zehn verlorenen Stämme, die gläubig und unauffällig unter den amerikanischen Wilden lebten, die Bühne für die Rückkehr des Messias. Menasse sah die Geschichten von den zehn Stämmen in Amerika aber auch als eine Möglichkeit, die Juden wieder nach England zurückzuholen und ihre 1290 von Edward I. veranlasste Vertreibung rückgängig zu machen. Menasse wünschte diese Rückkehr aus zwei Gründen. Einer war praktischer Natur. Die gequälten Juden Europas konnten gut einen weiteren sicheren Hafen wie England als Rückzugsort gebrauchen. Der andere Grund war messianisch: Menasse glaubte, dass das Kommen des Messias nicht vonstattengehen konnte, wenn die Juden nicht auf der ganzen Welt vertreten waren. Würde ihnen die Einreise nach England verwehrt, dann wäre dies ein Hindernis für die Ankunft des Messias. Dasselbe hätte auch von einigen christlichen Millenaristen gesagt werden können. Menasse widmete die zweite Auflage von *The Hope of Israel*, die 1652 veröffentlicht wurde, dem englischen Parlament. Dieser schickte er die Schriften »To His Highness the Lord Protector of the Common-Wealth of England, Scotland and Ireland« im Jahre 1655 und »Vindiciae Judaeorum« im Jahre 1656 hinterher, die ebenfalls für die Wiederaufnahme der Juden warben. Menasse starb 1657. Seine Bemühungen um die Wiederaufnahme der Juden waren nur mäßig erfolgreich gewesen. Das rechtlich gesicherte Einverständnis für die Wiederansiedlung der Juden in England war ihm verwehrt geblieben.[45]

Als John Eliot Montezinos' Geschichte und die Arbeiten von Menasse ben Israel und Thomas Thorowgood kennenlernte, veranlasste ihn dies, seine eigenen Ideen über die Ursprünge der amerikanischen Ureinwohner zu überdenken. Obwohl unter den Europäern viele Theorien kursierten, durch wen und wie der amerikanische Doppelkontinent besiedelt wurde, war die Tataren-Theorie Mitte des 17. Jahrhunderts die am meisten akzeptierte Theorie. Diese schlug vor, dass Amerika durch die nomadischen Völker Zentralasiens und Sibiriens besiedelt worden war, die zuerst in den nordwestlichen Gebieten Nordamerikas ankamen, die relativ dicht an den nordöstlichen Gebieten Asiens lagen. Die tatsächliche Geografie dieser Gegenden war im 17. Jahrhundert unbekannt. Es wurde angenommen, dass es in diesem Gebiet eine schmale Meerenge gab, die sogenannte Straße von Anián. Vitus Bering bestätigte später den Wahrheitsgehalt dieser Behauptung, als er die Meerenge erkundete, die heute seinen Namen trägt.

Eliot war ein Anhänger der Tataren-Theorie gewesen, doch die Informationen, die er von Winslow erhalten hatte, sorgten dafür, dass er die Möglichkeit in Betracht zog, die zehn Stämme seien die Vorfahren der amerikanischen Ureinwohner. Nachdem er 1650 Thorowgoods *Iewes in America* gelesen hatte, begann er eine Korrespondenz mit ihm, die bis Oktober 1657 andauerte. Einige von Eliots Briefen tauchten später in Thorowgoods *Jews in America* auf, das 1660 veröffentlicht wurde. Mit der Zeit ließ Eliots Unterstützung für Thorowgoods Theorie über die zehn Stämme nach. Ein Grund dafür war, dass das Millennium nicht wie vorhergesagt eintrat, sodass Zweifel an Eliot aufkamen. Ein anderer Grund war, dass Eliot durch seine Missionsarbeit eine Menge persönlicher Erfahrungen mit den amerikanischen Ureinwohnern hatte. Thorowgood war im Gegensatz dazu niemals einem dieser Menschen begegnet. Seine Hypothesen hielten Eliots Erfahrungen aus erster Hand nicht stand. Stattdessen entwickelte Eliot eine Theorie, dass die amerikanischen Ureinwohner keine Nachfahren der zehn Stämme oder Tataren waren, sondern von Joktan abstammten, dem jüngeren Sohn Ebers. Eber war der Urenkel von Noahs Sohn Sem. Er hatte zwei Söhne – Peleg und Joktan. Aus Pelegs Linie stammten die Hebräer von Abraham, Isaak und Jakob. Joktan hatte viele Söhne, darunter Saba, Hawila und Ofir. Diese drei Namen repräsentieren auch Gegenden, die angeblich oder tatsächlich auf der südlichen arabischen Halbinsel oder in Ostafrika liegen sollten. Im 16. Jahrhundert vermuteten manche Leute, dass Ophir , das Land von König Salomos Goldminen in Wirklichkeit Peru sei. Eliot berichtet davon, dass Eber sich Nimrod, dem Sohn von Kusch, entgegenstellte, als dieser die Rebellion gegen Gott anführte, die den

Turmbau zu Babel zur Folge hatte. Als Gott daher Nimrods Aufstand aufhielt, indem er die Zungen oder menschlichen Sprachen verwirrte, durften Eber und seine Familie die ursprüngliche perfekte Sprache des Gartens Eden behalten. Und Ebers Name wurde zur Bezeichnung der perfekten Sprache – hebräisch. Es war die Sprache von Ebers Söhnen, Peleg und Joktan, und ihren Nachkommen. Eliot vermutete, dass Eber und Joktan nach der Sprachverwirrung Richtung Osten in die Weite Asiens und darüber hinaus zogen. Das Ergebnis dieser Wanderung, so behauptete Eliot, sei, dass »das fruchtvolle Indien Hebräer sind, die berühmte zivile (wenn auch götzendienerische) Nation China Hebräer sind, so auch Japan und diese nackten Amerikaner Hebräer sind, hinsichtlich dieser, die zuerst diese Teile der Welt bepflanzt haben«. Später wären einige der zehn verlorenen Stämme nach Amerika gekommen. Da sowohl ihre Sprache als auch die Sprache der amerikanischen Ureinwohner ursprünglich Hebräisch gewesen sei, konnten sie kommunizieren und sich leichter anpassen. Für Eliot waren die amerikanischen Ureinwohner also in Wirklichkeit Joktaniten mit einem gewissen Anteil der zehn Stämme, die viel später zu ihnen gestoßen waren. In einem langen Brief, den er 1653 oder 1654 schrieb, unterrichtete er Thorowgood über seine Theorie. Von Eliot unbeeindruckt vertrat dieser seine eigene Theorie in seinem neuen *Jews in America* (1660) weiter, nahm jedoch Eliots Brief in das Buch auf.[46]

Thorowgoods Theorie der Abstammung der Indianer von den zehn verlorenen Stämmen musste seriösere und bissigere Kritik einstecken als die von Eliot vorsichtig vorgetragene Variante. Nachdem *Iewes in America* erschienen war, schickte Thorowgood eine Kopie an seinen Nachbarn in Norfolk, Hamon L'Estrange. L'Estrange, der am Eton College und am Christ's College, Cambridge, ausgebildet worden war, hatte genau wie seine Familie zu Beginn des englischen Bürgerkriegs Karl I. unterstützt, sich aber dann auf das Land zurückgezogen, um über Geschichte und Theologie zu schreiben. In einem Schreiben vom 30. März 1651 behauptete L'Estrange in Bezug auf Thorowgood: »Ich habe viel Wertschätzung und Ehrfurcht für seinen Ernst und sein Wissen«. Doch als er *Iewes in America* las, fiel er »auf viel Sand und Steine des Widerstrebens meines Verstandes«. Diese Erkenntnis veranlasste ihn, seine Widerlegung zu schreiben, *Americans no Iewes; or, Improbabi-*

*lities that the Americans are of that race*, die 1652 veröffentlicht wurde. Als erstes präsentierte L'Estrange seine eigene Herkunftstheorie. Er schlug Ähnliches vor wie Eliot, behauptete allerdings, dass es einige von Pelegs Nachfahren seien, die Amerika besiedelt hätten, nicht Joktans. Für den Fall, dass sich diese Theorie als falsch erweisen sollte, setzte L'Estrange Folgendes hinzu: »Ich finde von diesem gebildeten und verständigen [Edward] Brerewood diskutiert, dass die Amerikaner von der Rasse der Tataren sind, worein (sollte ich von meiner früheren Argumentation und Meinung zurückweichen) ich ihm zustimmen würde«. Anschließend machte er sich daran, Thorowgoods Beweise für die hebräischen Grundlagen der Sprachen, Religionen und Sitten der amerikanischen Ureinwohner zu widerlegen, indem er Gegenbeispiele aus einer großen Vielfalt antiker Quellen vorbrachte. L'Estranges Methodologie war zwar in keiner Weise besser als die von Thorowgood, er zeigte aber, dass eine gleichermaßen gültige Argumentation angeführt werden konnte, die bewies, dass viele andere alte Völker die gleichen Ähnlichkeiten zu den Israeliten aufwiesen wie die amerikanischen Ureinwohner. Natürlich war Thorowgood von L'Estranges Argument nicht beeindruckt und bestand darauf, dass sein Beweis überzeugender war. In seinem 1660 veröffentlichten *Jews in America* erneuerte und erweiterte er seine Behauptung, dass die zehn verlorenen Stämme in Amerika gesiedelt hätten und griff außerdem die Tataren-Herkunftstheorie auf, indem er sie als die Nachfahren der zehn Stämme identifizierte. Darüber hinaus fügte er hinzu, dass er die israelitische Abstammung der amerikanischen Ureinwohner nur als eine Wahrscheinlichkeit angenommen hatte, nicht als bewiesene Tatsache. Als es im Laufe der 1660er Jahre nicht zu dem erwarteten Millennium kam, ließen die Begeisterung und die Unmittelbarkeit der Theorie, dass die zehn verlorenen Stämme die Vorfahren der amerikanischen Ureinwohner seien, nach, verschwanden aber niemals so ganz.[47]

## Der mystische Messias Schabbtai Zvi und die zehn verlorenen Stämme

Der jüdische Messianismus beschränkte sich nicht auf das Amsterdam des Menasse ben Israel und auf Westeuropa. Tatsächlich kam es etwa zur gleichen Zeit im osmanischen Reich zur größten messianischen Bewegung in der jüdischen Geschichte, die auch die Hoffnung einschloss, dass die zehn verlorenen Stämme zur Rettung anrücken würden. Juden in ganz Europa und dem Nahen Osten befanden sich in einem Zustand der Angst wegen der Massaker an den Juden in der Ukraine während des Kosakenaufstands von Bohdan Chmelnyzkyj, der 1648 ausbrach. Es handelte sich um völkermörderische Massaker an Männern, Frauen und Kindern, durchgeführt vom einfachen Volk, das von Chmelnyzkyj angestachelt wurde, der den verbreiteten, aggressiven Antisemitismus der orthodoxen christlichen Bevölkerung ausnutzte. Die Aufständischen hassten auch den Römischen Katholizismus, die Religion der polnischen Lehnsherren der Ukraine. Die tatsächliche Zahl der Opfer – sowohl der Toten als auch der Vertriebenen – wurde zu dieser Zeit und noch lange danach übertrieben. Dennoch wurden von den 50.000 jüdischen Bewohnern der Ukraine mehr als 20.000 getötet. Der Rest floh. Solche Drangsalierungen führten in der Regel zu einem Anwachsen der messianischen Erwartungen unter den Juden überall.[48]

In diesem Klima aus Massakern und Messianismus begann Schabbtai Zvi, sich selbst zum Messias zu erklären. Er stellte sich allerdings niemals selbst als der göttlich eingesetzte weltliche König dar, der das Königreich Israel mit militärischer Macht wiederherstellen und die zwölf Stämme unter seiner Herrschaft vereinen würde. Stattdessen behauptete Schabbtai, ein mystischer Messias genannt worden zu sein – und dies auch wirklich zu sein. Er würde König werden und Israel durch mystische und geistige Mittel wiederherstellen, ohne Gewalt einzusetzen. Offensichtlich glaubten Schabbtai Zvi und seine engsten Gefolgsleute und Anhänger, dass der türkische Sultan mit seinen Ratgebern und Truppen Schabbtai als ihren Herrscher anerkennen und beiseite treten würden, wenn der entscheidende messianische Augenblick erst einmal da wäre. Dann würden die Juden aller zwölf Stämme sich friedlich in Jerusalem und Palästina versammeln und eine messianische Zeit des Friedens und der Gerechtigkeit würde anbrechen.[49]

Schabbtai Zvi war in Smyrna (heute Izmir) geboren worden. Er war ein eifriger Student des Talmud und der Kabbala. Bereits früh zeigte er unberechenbare Verhaltensweisen. Gershom Scholem, der große Erforscher des jüdischen Messianismus, vermutete, dass Schabbtai Zvi möglicherweise unter einer manisch-depressiven Psychose litt. Mit Sicherheit zeigte Schabbtai bei einer Reihe von Gelegenheiten Symptome dieser Psychose. Welche Gedankengänge ihn auch immer bewegt haben mögen, 1648 kam er im Alter von 22 Jahren zu dem Schluss, dass er der Messias sei. Diese Einsicht teilte er mit seinen Freunden und Mitstudenten, manche glaubten ihm, die örtlichen jüdischen Anführer und Rabbis taten es nicht. Schabbtai verhielt sich unerschrocken und zog so die Missbilligung der religiösen Autoritäten auf sich – zum Beispiel sprach er den heiligen Namen Gottes, das Tetragramm, in der Öffentlichkeit aus. Die jüdische Gemeinde in Smyrna schloss ihn deshalb 1651 aus und er zog bis 1654 durch das Osmanische Reich. Immer wieder sorgten Anfeindungen dafür, dass der »Möchtegernmessias« den Ort wechseln musste. Je mehr er umherwanderte, umso mehr Menschen traf er, und je mehr Menschen er traf, umso größer wurde seine Anhängerschaft. 1657 begannen millenaristische Quäker-Missionare im osmanischen Reich einzutreffen. Die Wege der Quäker-Missionare und Schabbtais kreuzten sich immer wieder. Ob Schabbtai und die Quäker tatsächlich aufeinandertrafen, ist unklar, aber der Elan der frühen Quäker dürfte bei osmanischen Behörden, muslimischen Geistlichen und jüdischen Rabbis für einige Aufregung gesorgt haben. Derweil wuchsen Schabbtais Ruf und seine Akzeptanz als Messias weiter an. Im April 1665 hatte der noch jugendliche, aber bereits angesehene Kabbalist Nathan von Gaza eine Vision, die ihm zeigte, dass Schabbtai der Messias war. Später, im Juni, als Schabbtai Gaza auf seinem Weg nach Jerusalem passierte, trafen die beiden Männer einander und Nathan salbte ihn als Messias. Nathan diente außerdem als Prophet und Befürworter von Schabbtai, wozu auch gehörte, diesen in eine immer mystischere Richtung zu lenken.[50]

An dieser Stelle traten die zehn verlorenen Stämme auf den Plan, nicht wortwörtlich, sondern als Gerücht. Die Juden hatten schon lange geglaubt, dass die zehn verlorenen Stämme im messianischen Augenblick auftauchen würden, um dem Messias bei seinem Kampf gegen das Böse zu helfen und die Juden von ihrem Leid und der Unterdrückung zu erlösen. Schabbtai Zvi war eine andere Art von Messias. Er und Nathan von Gaza predigten, dass das Singen von Hymnen Erlösung bringen würde und dass seine Anhänger auf wundersame Weise geschützt wären, weil alle Kugeln, die die türkischen Soldaten auf sie abfeuerten, sich umkehren und diese treffen würden. In der sabbatianischen Bewegung mit ihrem mystischen Messianismus wäre kein Bedarf oder gar Platz für die unbesiegbaren Krieger der zehn verlorenen Stämme. Die einzige Erwähnung der zehn Stämme durch einen sabbatianischen Anführer erfolgte in einer Prophezeiung des Nathan von Gaza Ende 1665. Er sagte, nachdem Schabbtai König geworden wäre, würde er über den Fluss Sambation reisen und die zehn Stämme zurückbringen. Dennoch tauchten, angespornt durch die Fantasie der Öffentlichkeit, Gerüchte über die zur Rettung eilenden zehn Stämme auf. Zu der Zeit, als Nathan von Gaza seine Vision hatte, im April 1665, ging in Italien das Gerücht um, arabische Räuber hätten Mekka geplündert. Geschichten von einem solchen Überfall waren durchaus glaubwürdig, da unruhige und räuberische arabische Stammesangehörige Mekka tatsächlich in der Vergangenheit angegriffen hatten. Im Juli hatte sich die Geschichte dahingehend geändert, dass nun die verlorenen Stämme die Streitmacht darstellten, die Mekka geplündert hatte – zumindest behaupteten dies niederländische Flugschriften. Die Nachricht von der Zerstörung Mekkas erreichte etwa zu dieser Zeit auch die Royal Society in London. Im August behaupteten nun venezianische Quellen, dass eine große Zahl an Juden die Araber bei ihrem Angriff auf Mekka unterstützen würde. Als das Jahr 1665 zu Ende ging, berichteten niederländische Zeitungen und die *London Gazette* sowohl von der Plünderung der Stadt Mekka als auch vom Auftauchen der sabbatianischen Bewegung. In Neuengland erzählte Increase Mather seinen Gemeindemitgliedern, dass die zehn Stämme nun auf Jerusalem zusteuerten. Anfang 1666 berichteten deutsche Flugschriften von der Eroberung Mekkas durch die zehn verlorenen Stämme und einige nannten Schabbtai als ihren Anführer. Im osmanischen Reich gab es keine Berichte über die Zerstörung der Stadt Mekka durch die Heere der zehn verlorenen Stämme. Die Gerüchte von den zehn Stämmen waren folglich das Produkt der fieberhaften Einbildungskraft und des Wunschdenkens jüdischer messianischer Eiferer und christlicher Millenaristen in Westeuropa und nicht im Nahen Osten. Wie im Fall von David Reuveni sahen die Christen die zehn verlorenen Stämme als Verbündete gegen die Türken, anstatt als Schergen des Antichrist, der den spätmittelalterlichen Christen so lieb war. Diese Verschiebung war verständlich, weil die Türken das Heilige Land kontrollierten, das befreit werden müsste, bevor Israel wiederhergestellt werden könnte. Der Unterschied in der Mission der zehn Stämme zwischen Reuvenis und Schabbtais Zeit bestand darin, dass inzwischen die Reformation stattgefunden hatte. Protestantische Millenaristen betrachteten die zehn Stämme nicht nur als Verbündete gegen die Türken, sondern auch als Kameraden im Kampf gegen das Papsttum.[51] Während die osmanischen Behörden sich keine Sorgen um eine angebliche Plünderung Mekkas machen mussten, bereitete ihnen die Bedrohung, die Schabbtai darstellte, für die Stabilität ihres Reiches zunehmend Unbehagen. Im Dezember 1665 erklärte sich Schabbtai Zvi in Smyrna sowohl zum Messias als auch zum König. In der jüdischen Welt griff religiöse Hysterie um sich, und unter den Christen Westeuropas verbreiteten sich Geschichten über ihn. Der englische Marinebeamte und renommierte Tagebuchschreiber Samuel Pepys verzeichnete in seinem Tagebucheintrag vom 19. Februar 1666 Neuigkeiten über Schabbtai in Smyrna ebenso wie die messianische Hysterie unter den Juden in London. So begannen jüdische Familien mit dem Erscheinen des Messias, ihre Häuser zu verkaufen, da sie erwarteten, auf wundersame Weise nach Jerusalem zurückgebracht zu werden, um dort die Wiederherstellung Israels zu erleben. Im Februar 1666 reiste Schabbtai nach Istanbul und wurde bei seiner Ankunft prompt verhaftet und eingesperrt. Während seiner monatelangen Haft brannte die Leidenschaft seiner Anhänger ungehindert weiter. Deshalb wurde er im September vor den Sultan und seinen Rat gebracht. Schabbtai und seine Gefolgschaft erwarteten, dass der Sultan und die osmanische Regierung einfach beiseitetreten und ihn als ihren Herrscher anerkennen würden. Stattdessen stellten sie Schabbtai vor eine harte Wahl: Übertritt zum Islam oder Hinrichtung. An dieser Stelle entschied sich Schabbtai auf Rat eines abtrünnigen jüdischen Arztes für die Konversion zum Islam. Schock, Enttäuschung und Desillusionierung fegten durch die Welt des Judentums. Einige hartnäckige Sabbatianer, angeführt von Nathan von Gaza, behaupteten, dass Schabbtais Abtrünnigkeit lediglich eine der Prüfungen des messianischen Prozesses sei. Die Sabbatianer hielten noch jahrelang an ihren Überzeugungen fest. Eine Gruppe, die Dönme, folgte Schabbtai bei seiner Konversion zum Islam, glaubte aber insgeheim, dass er der Messias sei und praktizierte weiterhin das Judentum. Sie schaffte es, bis ins 20. Jahrhundert zu überdauern. Damit endete die letzte weitverbreitete und umfangreichste messianische Bewegung in der jüdischen Geschichte. Schabbtais Abkehr vom Judentum machte rabbinischen Kreisen alle künftigen messianischen Ansprüche noch suspekter, auch wenn er in der jüdischen Populärkultur zusammen mit Bar Kochba eine Art Held darstellte. Die Mühen des Schabbtai bedeuteten aber noch nicht das Ende für den Mythos der zehn verlorenen Stämme.[52]

## Die Rückkehr der zehn verlorenen Stämme nach Nordamerika

In Nordamerika hielt die Debatte darüber an, ob die amerikanischen Ureinwohner die Nachfahren der zehn verlorenen Stämme oder anderer Juden seien. John Ogilby, ein Geograf und »Master of the Revels« (ein königliches Hofamt, das eine Art Zeremonienmeister bzw. den Verantwortlichen für königliche Festivitäten bezeichnet) für Irland, veröffentlichte im Jahre 1671 sein Werk *America*. Das war zu einem beträchtlichen Teil eine Übersetzung von Arnoldus Montanius' *De Nieuwe en onbekende Weereld, of, Beschryving van America en't Zuid-Land*, erweitert um Material für Britisch-Nordamerika. Dessen zweites Kapitel betrachtete die verschiedenen Theorien über die Herkunft der amerikanischen Ureinwohner. Die Zehn-Stämme-Theorie wurde diskutiert, aber letztendlich entkräftet und zurückgewiesen. Stattdessen wurde später die Tataren-Herkunftstheorie vorgestellt und für richtig befunden. Keine der Schlussfolgerungen überrascht, da eine Mehrheit europäischer Gelehrter immer die Tataren-Herkunftstheorie bevorzugt hat. Natürlich schafften es Ogilbys Schlüsse nicht, die Anhänger der Zehn-Stämme-Theorie oder anderer jüdisch-indianischer Theorien zu überzeugen. William Penn, der Quäker-Anführer und Besitzer der Kolonie Pennsylvania, war zehn Jahre später auf jeden Fall der Meinung, die Indianer wären Nachkommen der zehn verlorenen Stämme. Nachdem er 1682 in Amerika angekommen war, um das ihm vermachte Land in Besitz zu nehmen, sagte er: »Ich bin bereit zu glauben, dass sie von jüdischer Rasse sind; ich meine, von den zehn Stämmen herstammen.« Für diese Meinung hatte er mehrere Gründe. Erstens hatte Gott sie aus dem nordöstlichen Asien in das nordwestliche Nordamerika geleitet, das sie dann besiedelt hatten. Zweitens beobachtete er sie als »von ähnlicher Miene und ihre Kinder von so munterer Ähnlichkeit, dass man sich in Duke's Place oder Bury Street in London wähnt, wenn er sie siehet«. Schließlich fand er jüdische und indianische Sitten und Rituale sehr ähnlich. Einige Jahre später, im Jahre 1698, stimmte Gabriel Thomas Penn zu: »Die Ureinwohner oder ersten Bewohner dieses Landes in seinem Original werden von den meisten Menschen zu den zehn verstreuten Stämmen gezählt, da sie in der Gestalt ihrer Personen und der Färbung ihrer Haut sehr stark den Juden ähneln.« Wie Penn fügte auch er hinzu, dass ihre religiösen und gesellschaftlichen Gebräuche und Rituale ebenfalls sehr ähnlich waren. Nahezu ein Jahrhundert später bot Daniel Gookin in seinem Bericht über die missionarischen Anstrengungen unter den amerikanischen Ureinwohnern von Neuengland, der 1792 veröffentlicht wurde, einen kurzen Überblick über die verschiedenen Theorien zur Herkunft der amerikanischen Ureinwohner an. Es wurden Beweise für und gegen die Theorien der zehn Stämme, der Tataren/Skythen und der seefahrenden westafrikanischen Mauren präsentiert. In Bezug auf die Zehn-Stämme-Theorie gab Gookin zu, dass »die Meinung, dass diese Menschen [die amerikanischen Ureinwohner] von der Rasse der Israeliten sind, keine große Geltung hat«. Er fügte jedoch hinzu: »Aber sicher ist es nicht unmöglich und vielleicht nicht so unwahrscheinlich, wie viele gelehrte Männer denken.« Am Ende seiner Diskussion der Herkunftstheorien beklagte er, »diese oder andere Vorstellungen können darauf hinauslaufen, [nicht] mehr zu wissen als rationale Annahmen; da eine Gewissheit ihrer ersten Herkunft nicht erlangt werden kann … die volle Feststellung dessen muss bleiben bis zu dem Tag, worin alle geheimen und verborgenen Dinge zur Herrlichkeit Gottes offenbart werden sollen«. Angesichts der aktuellen und anhaltenden Turbulenzen bei der Erforschung der amerikanischen Vorgeschichte mit der Zurückweisung der Clovis-Theorie, dass die ersten Menschen nicht früher als vor 20.000 Jahren nach Amerika gekommen sind, indem sie die damals begehbare Bering-Straße überquerten, sind moderne Wissenschaftler kaum weiter als ihre Vorgänger im 18. Jahrhundert, was die Frage betrifft, wie und wann die ersten Menschen nach Amerika gekommen sind.[53]

Gookin brachte diese Unsicherheit zu einer Zeit zum Ausdruck, als Gewissheit über die Wahrheit der Zehn-Stämme-Theorie einen Aufschwung erlebte. 1775 veröffentlichte James Adair, ein Pelzhändler und Kenner der amerikanischen Ureinwohner, *The History of the American Indians*. Neben einer guten anthropologischen Studie zu den südöstlichen Stämmen Nordamerikas präsentierte er seine Argumente für die Theorie, dass Israeliten, Hebräer oder Juden die Vorfahren der Indianer gewesen seien. Adair unterschied nicht zwischen der Verwendung der Begriffe Hebräer, Jude oder Israelit, allerdings wird in seinem Text klar, dass er vor allem, wenn auch nicht ausschließlich die Herkunftstheorie der zehn Stämme favorisierte. Mithilfe langer, genauer Beobachtungen folgte Adair dem üblichen Muster, die gesellschaftlichen Sitten, Rituale, religiösen Überzeugungen und Sprachen zu vergleichen, um die Verwandtschaft zwischen den amerikanischen Ureinwohnern und den zehn Stämmen sowie anderen Juden zu zeigen. Adair war kein Millenarist, sondern glaubte ganz einfach, dass die amerikanischen Ureinwohner genauso menschlich waren wie die Europäer, und dass sie von Adam und Eva abstammten. Zu Adairs Zeit gab es eine große Debatte über Monogenese oder Polygenese: Gab es eine oder mehrere Schöpfungen der Menschen? Die im 18. Jahrhundert wirkenden Philosophen Henry Home, Lord Kames und sein Cousin David Hume sprachen sich für mehrere separate Schöpfungen aus, wodurch der Weg freigemacht wurde, manche Menschen für weniger menschlich und damit minderwertig zu erklären. Andere, darunter Adair, stellten sich dieser Theorie entgegen. Aufgrund seiner persönlichen Erfahrungen hatte er großen Respekt für die amerikanischen Ureinwohner. Durch die Verbindung mit den alten Hebräern und den zehn verlorenen Stämmen sicherte er ihnen ihren Platz als vollwertige Mitglieder der Menschheit. Natürlich hatte Adairs Buch sowohl Kritiker als auch Bewunderer. Als John Adams Thomas Jefferson nach seiner Meinung über Adairs Buch fragte, antwortete Jefferson:

> Adair hatte auch seine Schrulle … [aber war] so gesund im Geist wie Don Quijote bei allem, was nicht seine religiöse Tugend berührte. Sein Buch enthält eine Menge wirklicher Belehrungen zu seinem Thema und verlangt vom Leser nur, stets auf der Hut vor den wunderbaren Verirrungen seiner Theorie zu sein.

Andere Anhänger der Theorie, dass die Indianer von den zehn Stämmen oder den Juden abstammten, fanden Adairs Gelehrsamkeit überzeugend. Sowohl der Millenarist Elias Boudinot als auch der besessene
Edward Kind, Viscount Kingsborough, zitierten Adairs Buch. Es mar-
kierte den Beginn eines letzten Wiederauflebens der Zehn-Stämme-
und der jüdisch-indianischen Theorien und der Faszination des 19.
Jahrhunderts für die zehn verlorenen Stämme.[54]

Elias Boudinot aus New Jersey war ein prominenter Politiker aus
der Zeit der Revolution und der neugegründeten Vereinigten Staaten.
Er war außerdem ein Proto-Fundamentalist und ein Millenarist. Genau
wie andere gleichgesinnte Menschen betrachtete Boudinot die amerikanischen und französischen Revolutionen als millenniale Ereignisse.
Dass die amerikanischen Ureinwohner Nachfahren der zehn verlorenen
Stämme sein sollten, passte gut in diese Weltsicht. Irgendwann 1772
oder kurz davor hatte Boudinot Besuch von James Adair, der auf dem
Weg nach London war, um dort die Veröffentlichung von *The History
of the American Indians* zu arrangieren. Boudinot war von Adair und
seinen Forschungen positiv überrascht. Nachdem das Buch erschienen
war, sicherte er sich eine Kopie und benutzte es ausgiebig beim Schreiben seines eigenen *Star in the West: or, A Humble Attempt to Discover the
Long Lost Ten Tribes of Israel, Preparatory to their Return to the Beloved
City, Jerusalem* (1816). Boudinot stand der schrecklichen Art und Weise,
wie europäische Siedler die amerikanischen Ureinwohner behandelt
hatten, kritisch gegenüber. Dass sie Überbleibsel der zehn Stämme waren, trug sicher zu seiner Sympathie bei. Wie er seinen Lesern erklärte,
war es ein lohnenswertes Unterfangen, den aktuellen Zustand und Ort
der zehn Stämme herauszufinden, vor allem da dies eine direkte Verbindung zu »der zweiten Ankunft des gepriesenen Messias, als Sohn
Gottes, in dieser unserer Welt« hatte. Anders als Thomas Thorowgood
glaubte Boudinot, dass es möglich war, dass andere Völker neben den
zehn verlorenen Stämmen ihren Weg nach Amerika gefunden hatten,
und zwar entweder über die Bering-Straße oder mittels einer Seereise.
Diese Möglichkeit half sogar dabei zu erklären, weshalb sich die amerikanischen Ureinwohner so weit von ihren jüdischen Wurzeln entfernt
hatten: Sie hatten sich mit heidnischen Nichtjuden vermischt. In seiner
Darstellung folgte Boudinot dem ausgetretenen Pfad der Vergleiche

von Glaubensvorstellungen, Ritualen, Gebräuchen und Sprachen. Nach ihm kamen ähnliche Autoren, wie etwa Ethan Smith und sein *View of the Hebrews; or, The Tribes of Israel in America*. Dieses Buch erschien 1823, doch schon 1825 gab es eine zweite »verbesserte und erweiterte« Auflage. Manche Wissenschaftler betrachteten und betrachten dieses Werk als Inspiration oder Quelle für das Buch Mormon. Richard H. Popkin hat allerdings darauf hingewiesen, dass die jüdisch-indianische Theorie trotz solcher Bücher im Abklingen war, auch wenn sie später im 19. Jahrhundert noch einmal aufflackerte, nachdem in Newark, Ohio, und Bat Creek, Tennessee, angeblich jüdische oder hebräische Artefakte gefunden worden waren. Als der große Missionar und Jäger der zehn verlorenen Stämme Joseph Wolff bei seinem Besuch in den Vereinigten Staaten von Amerika im Jahre 1837 gefragt wurde, ob er die Indianer für Nachfahren der zehn Stämme halte, sagte er nein. Die Ausnahme hinsichtlich des Verfalls der jüdisch-indianischen Theorie war die angeblich jüdische Migration, die im Buch Mormon dargestellt wurde, allerdings betraf diese nicht die zehn verlorenen Stämme.[55]

Der Historiker und Philosoph Richard Popkin vermutet mehrere Gründe für das Abklingen der Theorie, dass die Indianer von den Juden abstammen. Europäer, besonders die Briten, waren entweder nicht interessiert daran, die Vereinigten Staaten als millenaristische Nation zu sehen oder hatten kein Verständnis für diese Vorstellung. Der Philologe Sir William Jones startete ein Jahrhundert der Suche nach den verlorenen Stämmen in Zentralasien, als er behauptete, dass die zehn verlorenen Stämme in Afghanistan leben würden. Diese Anregung lenkte die Aufmerksamkeit der Jäger der verlorenen Stämme von Amerika ab. Napoleons Eroberung von Ägypten richtete den Fokus der Europäer weiter auf den Nahen Osten. Jeffersons Indianerpolitik betrachtete die amerikanischen Ureinwohner als unzivilisierte Menschen, die es in die europäisch-amerikanische Gesellschaft zu assimilieren galt, statt als verlorengegangene Israeliten, die christianisiert werden müssten, um die Wiederkehr Christi und das tausendjährige Friedensreich, das Millennium, einzuleiten. Rassenforscher der »amerikanischen Schule« der Ethnographie stellten die amerikanischen Ureinwohner genau wie die Schwarzen als minderwertige Wesen dar, die Produkte von separaten, polygenetischen Schöpfungen waren. Entsprechend verloren sie den

Status, Nachfahren des gefallenen, aber immer noch auserwählten Volkes der zehn Stämme zu sein. Eine Ursache für den Niedergang der jüdisch-indianische Theorie, die Popkin nicht erwähnt, ist der Mythos der verlorenen weißen Rasse von Nordamerika, der mit den »Moundbuilders« verknüpft ist. Die wilden Vorfahren der amerikanischen Ureinwohner hatten angeblich die zivilisierten Moundbuilder zerstört. Deshalb verdienten sie keine Gnade von den europäischen Amerikanern, die die Grenze immer weiter nach Westen verschoben. Dieser Stammbaum war den Nachfahren der zehn verlorenen Stämme nicht angemessen. Glücklicherweise gab es für die Entdecker, die in der Mitte des 19. Jahrhunderts nach den zehn verlorenen Stämmen suchten, genügend unerforschte Orte neben Nordamerika, die sie erkunden konnten.[56]

## Die Jagd nach den verlorenen Stämmen in der Wildnis Afrikas und Asiens

Ab etwa den 1840er Jahren bis in die 1930er verschob sich die Suche nach den zehn verlorenen Stämmen in die Wüsten, Berge und Dschungel Afrikas und Asiens. Es war ein schrulliges und manchmal gefährliches Unterfangen für Menschen mit entweder mehr Geld als Verstand oder Zugang zu der finanziellen Unterstützung durch andere Menschen mit mehr Geld als Verstand. Joseph Wolff, Sohn eines Rabbi, war ein unermüdlicher Missionar und Suchender nach den zehn verlorenen Stämmen. Er konvertierte jedoch in jungen Jahren zum Römischen Katholizismus und geriet während seiner Studien in Rom in Streit mit seinen Oberen. Daraufhin reiste er nach England, wo er der Anglikanischen Kirche beitrat und seine Studien in Cambridge fortsetzte. Während seiner Missionsarbeit in Ägypten, einem Großteil des Nahen Ostens, Zentralasien, Indien und Äthiopien von 1824 bis 1836 war er gleichzeitig auf der Suche nach den zehn verlorenen Stämmen oder nach Beweisen für diese. Seine Reiseberichte sind mit Verweisen auf die zehn Stämme gespickt, obwohl er niemals einen von ihnen gefunden hat. Wolff war das Muster eines Mythenjägers, der sein Leben für eine schwärmerische und fantastische Sache riskierte. Glücklicherweise ergab seine Missionsarbeit wenigstens einige echte Ergebnisse.[57] Wolff war nicht allein, auch andere Leute durchstreiften ergebnislos einsame Gegenden in Afrika und Asien auf der Suche nach den zehn

Stämmen. Der Missionar David Livingstone fand ihr Dasein ärgerlich. Er beschwerte sich über fieberkranke Mitreisende auf Expeditionen, die mit Zitaten aus den heiligen Schriften und Gesten in Richtung der Flüsse Äthiopiens für die Suche nach den zehn verlorenen Stämmen warben. Während seiner Sambesi-Expedition von 1858-63 entdeckte Livingstone, dass der Marineoffizier, der angewiesen war, die Flüsse zu kartieren, die sie erforschten, eigentlich »mitgekommen war, um die ›zehn verlorenen Stämme‹ zu entdecken«. Die beiden Männer waren nicht miteinander klargekommen und Livingstone kommentierte später das wahre Ziel des Mannes abfällig mit »als wenn wir, von allen Dingen in der Welt, nicht schon genügend Juden hätten«.[58] Die Suche nach den zehn verlorenen Stämmen in Afrika hielt bis in die 1930er Jahre an. Edgar Rice Burroughs spielte in einigen seiner Tarzan-Romane von 1929 bis 1933 darauf an. Obwohl Tarzan bei seinen vielen afrikanischen Abenteuern verschiedenen verlorenen Zivilisationen und Völkern von Atlantischen Kolonisten über antike Römer bis zu Kreuzfahrern begegnete, ließ Burroughs ihn niemals die Nachfahren der zehn Stämme finden.[59]

Das anhaltende Phänomen der Jagd nach den zehn Stämmen veranlasste Allen H. Godbey zum Schreiben seines monumentalen Werkes *The Lost Tribes a Myth: Suggestions towards Rewriting Hebrew History* (1930). Dieses 802 Seiten starke Buch sagt tatsächlich sehr wenig über die zehn verlorenen Stämme. Stattdessen bemüht es sich, die falschen Fundamente der Mythen und Legenden von den zehn Stämmen zu zerschlagen. Godbey weist darauf hin, dass die Masse der zehn Stämme Israels niemals verschleppt worden sei. Er untersucht die Geschichte und Kultur der verschiedenen Völker, die in Asien und Afrika mit den zehn Stämmen gleichgesetzt worden waren. Diese Menschen werden als jüdisch in der Religion, nicht jedoch biologisch gezeigt. Godbey erklärte sehr ausführlich, dass die Juden keine eigene Rasse sind und auch niemals waren, nicht einmal in alten Zeiten. Der Nahe Osten war eine Region mit wandernden und sich vermischenden Bevölkerungen, die sich entwickelnde und einander beeinflussende Religionen ausübten. Während das moderne Judentum keine missionierende Religion ist, haben sich Juden in den persischen, hellenistischen und römischen Zeiten durchaus als eifrige Missionare betätigt, sodass viele verschiedene ethnische Gruppen das Judentum annahmen. Godbey erklärte zu Beginn von *The Lost Tribes a Myth* ganz entschieden: »Das Konzept des Ursprungs und der Geschichte der Israeliten und der späteren Juden, das hinter all diesem fantasievollen Forschen nach ›verlorenen Stämmen‹ und enthusiastischen Entdeckungen dieser liegt, ist, dass die Israeliten ›ein besonderes Volk‹ seien – ›nach der Weise Melchisedeks‹ – das heißt, ohne Ahnen oder angestammtes intellektuelles und institutionelles Erbe«. Er fügt hinzu: »Ist nicht die Vorstellung einer solchen abgesonderten ›rein israelitischen‹ Rasse schon von Anfang an eine Fiktion?« Diese Punkte sind exakt das, was Godbey mit seinem Buch machtvoll und überzeugend zu dokumentieren versucht.[60]

## Die zehn verlorenen Stämme werden böse: Anglo-Israelismus und die Christian-Identity-Bewegung

Während einige Leute in den Weiten Afrikas und Asiens nach den zehn verlorenen Stämmen suchten, kamen andere zu dem Schluss, dass die blaue Blume der Auserwähltheit auch im eigenen Hinterhof blühen könnte. Mit der Entwicklung des Nationalismus in England und später in ganz Großbritannien kam die Idee auf, ein besonderes Volk zu sein. 1558 hatte Bischof John Aylmer stolz verkündet: »God is English!« Für die englischen Protestanten war es ein Leichtes, ihre Kämpfe mit der, nach ihrer Ansicht, papistischen Götzenverehrung zu vergleichen und die militärischen Bedrohungen durch die Katholiken mit den Kämpfen der alten Israeliten gegen die Götzenverehrung und die Aggressionen ihrer Nachbarn. Die apokalyptischen Ereignisse aus der Mitte des 17. Jahrhunderts führten zum Erscheinen von John Sadlers *Rights of the Kingdom* und Gerard Winstanleys *The True Levellers Standard Advanced* im Jahre 1649. Beide Bücher erklärten eine spirituelle, wenn nicht gar biologische Äquivalenz zwischen den Engländern und den zehn verlorenen Stämmen. Es war nur eine Frage der Zeit, bis jemand unmissverständlich eine biologische Verbindung zwischen den Briten und den Israeliten der zehn Stämme herstellen würde.[61]

Anglo-Israelismus (engl.: *British Israelism*) ist der Glaube, dass die Menschen der britischen Inseln – oder zumindest einige von ihnen – und auch einige der weißen Menschen in Nordamerika Nachfahren der zehn verlorenen Stämme sind, speziell der Stämme Ephraim und Manasse. Die Ursprünge des Anglo-Israelismus waren nicht sehr vielversprechend. Richard Brothers war der erste, der lehrte und darüber schrieb, dass die Briten und andere Europäer ein »Verborgenes Israel« und sich ihrer biologischen jüdischen Abstammung nicht bewusst seien. Nachdem er als Seekadett der Royal Navy beigetreten war, wurde er 1783 zum Leutnant befördert, dann aber einige Monate später auf halben Sold gesetzt, als der Krieg im Zusammenhang mit der amerikanischen Revolution endete. Dass er nun zu wenig Geld und zu viel Zeit hatte, wirkte sich auf Brothers' geistigen Zustand aus. Er kam zu der Überzeugung, dass Gott Großes mit ihm vorhabe, und fing an, Visionen zu entwickeln. Auch wenn die meisten seiner Vorhersagen sich nicht bewahrheiteten, hatte er doch einen Erfolg. Brother prophezeite, dass Gustav III. von Schweden und Ludwig XVI. von Frankreich durch die Hände ihrer Untertanen zu Tode kommen würden, was Anfang 1793 tatsächlich geschah. In der angsterfüllten Stimmung der sich unheilvoll ausbreitenden französischen Revolution erregte eine solche Vorhersage eine Menge Aufmerksamkeit. Schon bald nannte sich Brothers einen »Neffen des Allmächtigen«, was er offensichtlich auf die Überzeugung zurückführte, von einem der Geschwister Jesu abzustammen. 1794 begann er mit der Veröffentlichung seiner Prophezeiungen und behauptete, dass verborgene Juden in ganz Europa lebten und er von König David abstamme. Außerdem versicherte er, er sei ein hebräischer Prinz und würde im November 1795 zum Herrscher der Erde werden. 1798 würden er und alle Juden, ob offene oder verborgene, nach Jerusalem ziehen, um dort den Tempel wiederaufzubauen. Ein Teil seiner Prophezeiung besagte, dass George III. freiwillig seine Krone an Brothers abtreten würde. Diese Behauptung ärgerte den König, der, bedrängt durch französische Revolutionäre im Ausland und Republikaner zu Hause, nicht in der Stimmung war, Brothers' Wahnsinn zu tolerieren. Brothers wurde unter Verdacht des Verrats von 1794 bis 1806 in einem Irrenhaus eingesperrt. Freunde sorgten für seine Freilassung, und er lebte von ihrer Wohltätigkeit, während er bis zu seinem Tod im Jahre 1824 weiterschrieb und Prophezeiungen veröffentlichte. Trotz seiner bizarren Überzeugungen und Verhaltensweisen zog Brothers eine Anhängerschaft an, zu der sogar ein Mitglied des Parlaments gehörte. Seine proto-anglo-israelischen Theorien hatten keinen spürbaren Einfluss auf die künftige Bewegung des Anglo-Israelismus, sind aber dennoch Ausdruck des ewigen Begehrens der Menschen, zu Gottes auserwähltem Volk zu gehören.[62]

Die wirklichen Anfänge des Anglo-Israelismus finden sich in den Schriften von John Wilson. Er war ein irischer Weber mit einer Vorliebe für radikale Politik und pseudohistorische Wissenschaften. 1840 veröffentlichte er *Lectures on our Israelitish Origins*. Er legte dar, dass die zehn Stämme nach Europa migriert und die Nationen der angelsächsischen und germanischen Völker gegründet hätten. So geschah es, dass der Stamm Ephraim sich in Großbritannien angesiedelt hatte. Dieses Geschehnis bedeutete, dass Großbritanniens Aufstieg im 19. Jahrhundert zur mächtigsten imperialen Macht auf der Welt die Erfüllung der biblischen Prophezeiung war. In Genesis 48:19 hatte der Patriarch Jakob in seiner Segnung von Josephs Söhnen Manasse und Ephraim erklärt: »Dieser [Manasse] soll auch ein Volk werden und wird groß sein, aber sein jüngerer Bruder [Ephraim] wird größer als er werden, und sein Geschlecht wird eine Menge von Völkern werden.« Natürlich hatte es für manche Mitglieder der britischen Ober- und Mittelklasse wie sicher für fast jeden, wenn man es genau nimmt, einen ganz besonderen Reiz, Teil des auserwählten Volkes zu sein, das Gott zu Großem erkoren hatte. Wilsons Anglo-Israelismus fügte sich außerdem ganz gut in die vorherrschende Denkweise aus Angelsachsentum und Teutonismus, die in der Mitte des 19. Jahrhunderts herrschte.[63]

Die Einigung Deutschlands in den Jahren 1870/71 schuf einen neuen und ziemlich seriösen Rivalen für die politische, militärische und wirtschaftliche Vorherrschaft Großbritanniens. Der Teutonismus, der die Deutschen als Verbündete und Partner angesehen hatte, wurde durch antideutsche Gefühle ersetzt. Diese Veränderung wirkte sich auch auf den Anglo-Israelismus aus. Edward Hine, ein selbsterklärter Jünger Wilsons, passte die Glaubensvorstellungen des Anglo-Israelismus entsprechend an. Er beschränkte die Besiedlung durch die zehn Stämme auf die britischen Inseln statt auf ganz Nordeuropa. Einzige Ausnahme war, dass die Nachfahren von Manasse in die Vereinigten Staaten gezogen waren – was die wachsende Macht dieses Landes widerspiegelte. Derweil wurden die Deutschen zu Abkömmlingen der wandernden und militaristischen Assyrer degradiert. Aus Sicht der britischen nationalistischen Vorurteile waren die Assyrer angemessene Ahnen für die vorgeblich militaristischen Deutschen. Hine lehrte, dass die Ephraimiten und die anderen acht Stämme der britischen Inseln sich bei Anbruch der letzten Tage mit Manasse aus den Vereinigten Staaten und den verstreuten Juden zusammenschließen würden, um ein Gesamtisrael zu bilden, das Palästina wiederbesiedeln würde, wie es die Bibel vorhergesagt hatte.

Die Ausbreitung des Anglo-Israelismus in die USA und nach Kanada war unausweichlich. Joseph Wild, ein Wanderprediger der Primitive Methodists aus Lancashire, brachte ihn in die Vereinigten Staaten, als er 1856 dorthin auswanderte. Wild hatte Wilsons Schriften gelesen; 1876 begann er selbst, Vorträge über den Anglo-Israelismus zu halten und kam in der Folge auch mit Hines Ideen in Kontakt. Es war Hines Version des Anglo-Israelismus, die sich in Wilds *The Ten Lost Tribes* wiederfand, das 1879 veröffentlicht wurde. Wild machte allerdings keine Anstalten, eine anglo-israelistische Bewegung in den USA zu organisieren. Diese Aufgabe fiel Charles Adiel Lewis Totten zu.

Totten, der Sohn eines Unionsgenerals aus dem Bürgerkrieg, verfolgte von 1873 bis 1893 eine Militärkarriere, verließ die Armee dann aber, um Bibelstudien zu betreiben. Sein Interesse am Anglo-Israelismus begann 1883 und schon bald verfasste er Schriften zu diesem Thema. Diese erregten die Aufmerksamkeit von Edward Hine, der nach Nordamerika kam, um zwischen 1884 und 1888 Vorträge zu halten und für den Anglo-Israelismus zu missionieren. Einen Teil dieser Zeit verbrachte er bei Totten in New Haven, Connecticut. Der missionierende Totten tat sich mit Hine zusammen, um die Bewegung in den USA und Kanada bekanntzumachen. Spätere Unterstützer des Anglo-Israelismus und seines Ablegers Christian Identity haben Totten als eine der großen intellektuellen Zierden ihrer Bewegung gepriesen, indem sie behaupteten, er wäre Professor an der Yale University gewesen. Ihre Behauptung ist jedoch irreführend. Totten war niemals ein vollwertiges Mitglied des Lehrkörpers von Yale; sein letzter Einsatz bei der Armee war der eines Ausbilders im militärischen Wissenschaftsprogramm der Universität von 1888 bis 1892 gewesen.

Der Anglo-Israelismus war in Großbritannien und den USA nie eine besonders große Gruppe. Zu Spitzenzeiten hatte die British Israel World Foundation nur 5.000 Mitglieder. Allerdings handelte es sich um wohlsituierte Angehörige der gesellschaftlichen Elite. Dass ihr gesellschaftlicher Status noch durch den Glauben gefördert wurde, sie seien Teil von Gottes auserwähltem Volk, war in den Jahren vor dem Ersten Weltkrieg recht angenehm. Die meisten Anglo-Israelisten waren belesene Leute und viele von ihnen schrieben auch Bücher über den Anglo-Israelismus, die eifrig von anderen Anglo-Israelisten gekauft wurden. Ein Problem war, dass all diese Bücher sich wiederholten. Im Prinzip schrieben alle das gleiche Buch, wenn man also eines ihrer Bücher gelesen hatte, hatte man sie eigentlich alle gelesen. Es war eine Situation, die in gewisser Weise an etwas erinnerte, das man in einer Geschichte von Jorge Luis Borges finden würde. Ein noch größeres Problem bestand darin, dass die Ideen, die in den Büchern der Anglo-Israelisten präsentiert wurden, auf fehlerhafter Linguistik, tendenziösen Missdeutungen von Quellen und Wunschdenken beruhten. Die anglo-israelistische Literatur erwartete die Wiederherstellung von Gesamtisrael mit der Hilfe der Nachfahren der zehn verlorenen Stämme, die in Großbritannien und Nordamerika lebten. Solche Ideen waren für die normalen Christen und Juden verblüffend und beleidigend. Adolf Neubauer, der große Bibliograf und Katalogisierer der riesigen Sammlung hebräischer Handschriften der Bodleian Library, wurde manchmal von Anglo-Israelisten aufgesucht, die eine Bestätigung ihrer Theorien wünschten. Kurz vor 1880 besuchte ein gewisser F. W. Phillips Neubauer und traktierte den Bibliografen mehr als 30 Minuten lang mit seiner Theorie, dass »Cymri« (das walisische Wort für Wales und das walisische Volk) seinen Ursprung im Namen des israelitischen Königs Omri hatte. Phillips fragte Neubauer nach seiner Meinung zu dieser Theorie, worauf dieser unverblümt erwiderte: »Meine Überzeugung ist, dass Sie verlorener sind als die zehn Stämme.«[64]

Anglo-Israelismus war keine christliche Glaubensrichtung. Christen verschiedener Konfessionen hatten das Gefühl, sie konnten Anglo-Israelisten sein und dennoch nicht in Konflikt mit den Doktrinen ihrer Konfession geraten. Die meisten Anglo-Israelisten waren jedoch Anglikaner, Episkopale oder Methodisten. Manche Konfessionen übernahmen sogar bis zu einem gewissen Grad anglo-israelistische Ideen – die Pfingstbewegung, die Church of God (Holiness) und die Weltweite Kirche Gottes. Der Anglo-Israelismus war außerdem philosemitisch, allerdings basierte dieser Philosemitismus auf der christlichen Annahme, dass die Juden nach der Wiederherstellung von Gesamtisrael in Palästina konvertieren würden. Als der britische General Edmund Allenby während des Ersten Weltkriegs am 9. Dezember 1917 Jerusalem einnahm, betrachteten dies die Anglo-Israelisten als Erfüllung der biblischen Prophezeiung. Die Armee Ephraims hatte Jerusalem den Ungläubigen entrissen und Gesamtisrael würde wiedererschaffen werden. Doch die Juden konvertierten nicht. Dies hatte zur Folge, dass der Philosemitismus unter den Anglo-Israelisten in Großbritannien und Nordamerika abklang. Ab den 1920er Jahren tauchten unter den nordamerikanischen Anglo-Israelisten antisemitische und rechtsgerichtete Ansichten auf. Zu verdanken war dies den Bemühungen von Reuben H. Sawyer, eines christlichen Pastors mit antisemitischen Ansichten und aktiven Mitglieds des Ku-Klux-Klan in Oregon. Er brachte im Anglo-Israelismus die Vorstellung auf, dass die aschkenasischen Juden falsche Juden mit bösen Absichten seien.

Der Übergang des Anglo-Israelismus vom Philosemitismus zum Antisemitismus fand seinen Abschluss in den 1930er Jahren unter der Führung von Howard Rand. Ironischerweise war Rand kein fanatischer Antisemit, falls er überhaupt einer war. Er führte in die anglo-israelistische Denkweise die Idee ein, dass die heutigen Juden keine Nachfahren Judas seien, sondern von Esau abstammten. Darüber hinaus gründete er 1933 die Anglo-Saxon Federation of America, die Anglo-Israelisten in den USA damit ihre eigene nationale Organisation bot. Rand war Pazifist, der vor allem daran interessiert war zu forschen, über den traditionellen Anglo-Israelismus zu schreiben und ihn bekanntzumachen, allerdings umgab er sich mit schlechter Gesellschaft. 1930 lernte er auf einer anglo-israelistischen Konvention in Detroit William J. Cameron kennen. Cameron war leidenschaftlicher Antisemit. Von 1921 bis 1927 hatte er den *Dearborn Independent* herausgegeben, der dem gleichermaßen antisemitischen Henry Ford gehörte. Cameron war direkt an der Abfassung und Veröffentlichung der berüchtigten Serie »International Jew« in dieser Zeitung beteiligt. Beträchtliche finanzielle Ressourcen und neue rechtsgerichtete Mitglieder sowie sein bösartiger Antisemitismus brachten Cameron zu Rands Anglo-Saxon Federation. Gegen Ende des Zweiten Weltkriegs verlor Rand das Interesse an der Anglo-Saxon Federation of America, die ohne seine Führung bald zusammenbrach. Die Überreste des Anglo-Israelismus in den Vereinigten Staaten waren nun eine durch und durch antisemitische und rechtsgerichtete Organisation, die aber weiterhin dabeiblieben, dass sie zu den zehn Stämmen gehörten, speziell zu Ephraim und Manasse. Dieser rechtsgerichtete Anglo-Israelismus würde sich in die bitterböse Christian-Identity-Bewegung verwandeln.[65]

Nach 1945 gerieten die Anglo-Israelisten in Südkalifornien unter den Einfluss von Gerald L. K. Smith, einem früheren Gefährten von Huey Long aus Louisiana, und der führende Antisemit im Amerika nach dem Zweiten Weltkrieg. Während der 1950er und 1960er Jahre verwandelte er die rechtsgerichtete Abteilung des Anglo-Israelismus in Amerika in die Christian-Identity-Bewegung. Eng unterstützt wurde er bei diesen Bemühungen von Wesley Swift, einem methodistischen Pastor, der vor 1970 zum führenden Pfarrer von Christian Identity wurde, und William Potter Gale, einem Protégé von General Douglas MacArthur und Gründer der Christian Defense League und von Posse Comitatus sowie Verschwörer zur Ermordung von Martin Luther King Christian Identity lehrte, dass die weißen Menschen west- und nordeuropäischer Abstammung Gottes erwähltes Volk seien, Nachfahren der zehn verlorenen Stämme und Teil der adamischen Rasse. Juden und Nichtweiße dagegen seien minderwertig und oft von Natur aus böse. Schwarzafrikaner und asiatische Völker seien die Nachfahren der voradamischen Menschen, die zur gleichen Zeit wie die Tiere am fünften Tag der Schöpfung erschaffen worden seien. Da ihnen jede Verbindung zur Schöpfung von Adam und Eva fehle, seien sie intellektuell unterlegen und besäßen keine Seele. Sie werden als »Schlammmenschen« bezeichnet. Juden wären schlimmer; sie galten als Ausgeburt des Satans, die boshaft an der Behauptung festhielten, Gottes auserwähltes Volk zu sein und danach strebten, alles zu zerstören, was großartig, gut und rechtschaffen sei. Anhänger der Christian-Identity-Bewegung glaubten, dass die letzte Schlacht am Ende aller Zeiten ein Rassenkrieg zwischen den Identity-Christen, Weißen und Gott mit seinen Engeln auf der Seite der Rechtschaffenheit und Satan, den gefallenen Engeln, den satanischen Juden und den Schlammmenschen auf der anderen Seite sein würde. In Vorbereitung auf diesen unausweichlichen Kampf horteten die Identity-Christen Waffen, bildeten paramilitärische Truppen und übten sich in Überlebenstechniken. Die Christian-Identity-Bewegung war in den 1980er und 1990er Jahren sehr aktiv, in denen sie Banküberfälle und Attentate beging. Solche gesellschaftsfeindlichen Verbrechen und terroristischen Akte veranlassten das FBI, gegen die radikalen Christian-Identity-Zellen zu ermitteln und sie zu infiltrieren. Zu diesem Zeitpunkt ließ die Unterstützung für die Bewegung nach und sie verschwand aus dem Blick der Öffentlichkeit. Sie sind allerdings nicht vollkommen verschwunden. Die Geschichte von Anglo-Israelismus und Christian-Identity-Bewegung sind ein Fallbeispiel dafür, wie die Mythen und Legenden von den zehn verlorenen Stämmen zum Auftauchen einer verschrobenen, aber harmlosen Gruppe von Gläubigen führen konnte, die sich später in eine subversive Organisation verwandelte, die terroristische Handlungen verübte, getrieben von dem Glauben, dass ihre Mitglieder Nachkommen von Ephraim, Manasse und den anderen verlorenen Stämmen seien.

Die Christian-Identity-Bewegung stellt einen der bizarrsten Auswüchse des Mythos der zehn verlorenen Stämme dar und ist eine der widerwärtigsten Verzerrungen des Christentums in den 2.000 Jahren seiner Geschichte. Sie sind jedoch nicht allein in ihrem Glauben, Teil der zehn verlorenen Stämme zu sein. Die ethnische Gruppe der Karen in Myanmar wurden als Mitglieder der zehn Stämme identifiziert, genau wie die Lemba in Südafrika, die eine jüdische Verbindung reklamieren, wenn auch nicht zu den zehn Stämmen. DNA-Tests scheinen die Behauptungen der Lemba zu stützen, auch wenn die Rabbis in Jerusalem sie zurückweisen. Ähnliche Behauptungen wurden neben vielen anderen für die Tutsi in Ruanda, die Maori in Neuseeland und die kaiserliche Familie von Japan aufgestellt.[66] Es gibt viele Verwendungen für den Mythos von den zehn verlorenen Stämmen. Die Behauptung einer biologischen Verbindung zu den zehn Stämmen existiert seit mehr als 2.000 Jahren und es ist kein Ende in Sicht. Wieso? Weil es immer gut ist, zu Gottes Auserwählten zu gehören.

Der Mythos von den zehn verlorenen Stämmen zeigt uns, dass Mythen für unterschiedliche Menschen eine machtvolle Motivation sein können. Je nachdem, wie sie eingesetzt werden, können Mythen harmlos oder heimtückisch sein. Die zehn verlorenen Stämme haben den Juden jahrhundertelang Hoffnung gebracht. In den millenaristischen Visionen der Christen spielten sie eine durchwachsene Rolle. Für Antisemiten waren sie die Schreckgespenster, die immer irgendwo da draußen waren und die Zerstörung der christlichen Gesellschaft planten. In den folgenden Kapiteln werden wir uns anschauen, wie andere Mythen, Randerscheinungen der Geschichte, Pseudowissenschaft und Verschwörungstheorien genauso funktionieren, eine Gesellschaft verwirren und auf gefährliche Weise von der Realität ablenken können.

# Templer, Geheimgesellschaften und Verschwörungstheorien

*Es gibt zahllose Bücher über die Tempelritter. Das Problem ist nur, dass diese in 90 Prozent der Fälle (ich korrigiere mich, in 99 Prozent) reine Fantastereien sind. Kein Thema hat im Laufe der Zeit mehr Schreiberlinge aus mehr Ländern inspiriert als die Templer.*

UMBERTO ECO[1]

*Es wird sich dann herausstellen, dass ein Glaube an weitverbreitete Verschwörungen nicht immer als Zeichen für den Verlust des mentalen Gleichgewichts angesehen werden muss, selbst wenn diese Verschwörungen der allgemeinen Öffentlichkeit vollkommen verborgen bleiben.*

NESTA WEBSTER[2]

In den Annalen der Verschwörungstheorien und Geheimgesellschaften ist der 18. März 1314 ein herausragendes Datum. Jacques de Molay, der eingekerkerte Großmeister der Tempelritter muss an diesem Morgen mit einem Gefühl der hoffnungsvollen Erwartung erwacht sein. Die letzten Jahre waren eine Katastrophe für die Tempelritter gewesen. Im Oktober 1307 hatte Philip IV. von Frankreich die Templer, darunter auch de Molay und andere Anführer, verhaften lassen. Sie wurden der Häresie und verschiedener anderer abartiger Praktiken angeklagt. De Molay und die anderen Anführer waren seitdem eingesperrt gewesen. Schockierenderweise wurden im Mai 1310 in der Nähe von Paris 54 Templer als rückfällig gewordene Häretiker auf dem Scheiterhaufen verbrannt. Im Jahre 1312 schließlich hatte das Papsttum den Templerorden aufgelöst. Trotz dieser Abfolge von Unglücksfällen hatten de Molay und die anderen Grund zur Hoffnung. Bei einem geheimen Treffen in Chinon im Jahre 1308 hatten Vertreter des Papstes de Molay und andere hochgestellte Templer von jedem Fehlverhalten freigesprochen. Nachdem sie sechs Jahre im Gefängnis verbracht hatten, erwarteten sie nun die Freilassung durch die kirchliche Kommission, die an diesem Tag zusammengekommen war. Stattdessen wurde die geheime Absolution von Chinon ignoriert. Die vier Templeroberen wurden auf der Grundlage der früher erzwungenen Geständnisse zu strenger Haft für den Rest ihres Lebens verurteilt. Empört protestierten Jacques de Molay und Geoffrey de Charney und beteuerten ihre Unschuld. Als die Nachricht von ihren heftigen Protesten Philip IV. erreichte, erklärte er sie zu rückfällig gewordenen Häretikern und befahl ihre sofortige Bestrafung. Die beiden Männer wurden auf die Île aux Juifs in der Seine gebracht, wo sie bei lebendigem Leib verbrannt wurden. Ein Chronist schrieb, dass die beiden Tempelritter ihrem Tod gefasst, mutig und in der Gewissheit ihrer Unschuld entgegentraten. Sie starben gut und erregten so die Bewunderung der Zuschauer.[3]

Nach der Hinrichtung de Molays entstand die Legende vom Fluch der Tempelritter. Zufälligerweise starb Papst Clemens V. fünf Wochen später, am 20. April, an einer langwierigen Krankheit. König Philip IV. verstarb im darauffolgenden November, nachdem er bei der Jagd von seinem Pferd gefallen war. Einige versicherten, dass der Fluch noch nicht am Ende sei. Viereinhalb Jahrhunderte später, im Jahre 1793, während der Französischen Revolution, wurde Ludwig XVI. durch die Guillotine hingerichtet, während die Macht der römisch-katholischen Kirche in Frankreich beschnitten wurde. Es kam die Behauptung auf, dass Jacques de Molay angesichts seines bevorstehenden Todes sowohl auf die Dynastie der Kapetinger in Frankreich als auch die Kirche einen Fluch heraufbeschworen hatte. Keine der zeitgenössischen Quellen bestätigt allerdings diese Aussage. Nichtsdestotrotz soll laut des französischen Konservativen Charles Louis Cadet de Gassicourt in seinem *Le Tombeau de Jacques Molay* (1796) beim Tod von Ludwig XVI. aus der Menge der Zuschauer der Ruf »Jacques de Molay, du bist gerächt« erklungen sein. Für Gassicourt war die Französische Revolution die

Frucht einer welterschütternden Verschwörung der Templer und ihrer Nachfolger, um die göttliche Monarchie und die Kirche zu stürzen. Von dieser Zeit an sind Geheimgesellschaften und Verschwörungstheorien über globale Komplotte zur Zerstörung von Religionen und Regierungen eine feste Größe in der Populärkultur. Und wenn wir ehrlich sind, scheinen sie sich auszubreiten.[4]

## Das Wesen und der Hintergrund von Geheimgesellschaften und Verschwörungstheorien

Das Okkulte, Geheimgesellschaften und Verschwörungstheorien sind faszinierende Themen. Manche ihrer Aspekte sind real, andere dagegen fiktiv. Romanautoren nutzen das Okkulte, Geheimgesellschaften und Verschwörungen oft als Basis für die Handlungen ihrer Thriller, Krimis und Spionageromane. Auch Filme und Fernsehserien bedienen sich hier gern. Zahllose Sachbücher, Dokumentationen, Zeitschriftenartikel und Zeitungsberichte diskutieren und beschreiben okkulte Aktivitäten, Geheimgesellschaften und Verschwörungstheorien. Eine Menge erstklassiger wissenschaftlicher oder sachkundiger Berichterstattung vermengt sich mit einer noch größeren Zahl von sensationsheischenden Berichten oder reinen Fantastereien. Jeder Überblick über die Theorien von Pseudohistorie und Pseudowissenschaft enthüllt, dass das Okkulte, Geheimgesellschaften und Verschwörungstheorien üblicherweise die Fundamente für solche Überzeugungen liefern.

An dieser Stelle ist es wichtig zu definieren, was die Begriffe »okkult«, »Geheimgesellschaft« und »Verschwörungstheorie« bedeuten. »Okkult« wird häufig benutzt, um übernatürliches und geheimes Wissen zu bezeichnen, das nur wenigen Menschen bekannt ist. Daher haben Buchhandlungen oft eine Abteilung für Okkultes, obwohl eine solche öffentliche Zurschaustellung den Aspekt des Geheimen konterkariert. »Okkult« meint im Speziellen etwas, das verborgen, geheim, verheimlicht oder verschleiert ist. Das Wort leitet sich von den lateinischen Wörtern *occulere* (»verdecken«, »verbergen«) und *occultus* (»verborgen«, »verdeckt«, »geheim«) ab. Der verdeckte oder verborgene Aspekt des Okkulten bedeutet nicht unbedingt, dass jemand das Wissen mit Absicht verdeckt oder geheim gehalten hat. Das Okkulte kann auch das

Wissen umfassen, das noch nicht entdeckt oder enthüllt wurde. Ein Geheimnis der Natur könnte man daher als okkult ansehen. Wissenschaftler, die Aspekte der Natur studieren und Entdeckungen machen, könnten sich also selbst in okkulten Aktivitäten sehen, auch wenn sie gleichzeitig der aufklärenden Wissenschaft dienen.[5] Tatsächlich ist es das weniger gebräuchliche Wort »arkan«, das etwas mit Absicht verborgen oder geheim gehaltenes bezeichnet. Es leitet sich vom lateinischen *arcanus* (»geheim«, »Geheimnis«) ab. Im populären Sprachgebrauch werden »okkult« und »arkan« allerdings oft synonym verwendet. Darüber hinaus wird »okkult« in der heutigen Zeit meist mit dem Übernatürlichen oder Magischen assoziiert. In diesem Fall ist das Übernatürliche eine Handlung oder ein Ereignis, die bzw. das nicht durch die Gesetze des natürlichen oder wissenschaftlichen Verständnisses erklärt werden kann, während Magie die Kraft ist, mit der die physische Welt durch übernatürliche Mächte benutzt oder beeinflusst wird. Natürlich wird das Wissen um die magischen Kräfte von geheimem oder verborgenem Wissen abgeleitet – dem Okkulten. Dieses Wissen wäre also das Monopol einiger weniger Auserwählter.

Angeblich sind die wenigen Auserwählten, die übernatürliche Kenntnisse und Kräfte besitzen, Mitglieder irgendeiner Geheimgesellschaft. Allerdings behaupten die meisten Geheimgesellschaften nicht, übernatürliche Kräfte zu besitzen oder daran zu glauben. Tatsächlich führen die meisten Geheimgesellschaften gar keine geheime Existenz. Die Freimaurer sind zum Beispiel eine Geheimgesellschaft, doch ihre Existenz ist auf der ganzen Welt bekannt. Das eigentliche Geheimnis der meisten Geheimgesellschaften sind das Wissen, die Unterweisungen und Rituale rund um die verschiedenen Schritte, die erforderlich sind, um neue Mitglieder in die Gruppe aufzunehmen. Das gilt übrigens auch für die Mysterienreligionen oder Mysterienkulte der Antike. Das Wort »Mysterium« meinte die Dinge, aus denen die Initiationsriten der verschiedenen Kulte bestanden, ob es nun die Eleusinischen Mysterien, die Kulte von Kybele und Serapis, der Mithraismus oder die Verehrung der Isis waren. Das sind die bekanntesten und populärsten der Mysterienreligionen der späten Antike. Obwohl die Initiationsriten geheim gehalten werden sollten, drang irgendwann doch etwas nach außen. Ein faszinierendes Porträt des Isiskultes liefert Apuleius' Roman *Der goldene*

*Esel*, der Mitte des 2. Jahrhunderts n. Chr. geschrieben wurde. Er enthält eine ausführliche Beschreibung der Initiationszeremonie für den Kult der Isis. Die Göttin Isis spricht zu Beginn der Initiation den Held des Romans, Lucius, direkt an: »Sie aber, welche die aufgehende Sonne mit ihren ersten Strahlen beleuchtet, die Äthiopier, auch die Arier und die Besitzer der ältesten Weisheit, die Ägypter, mit den angemessensten eigensten Gebräuchen mich verehrend, geben meinen wahren Namen mir: Königin Isis.« Die exotischen Rituale, die nun folgen, umfassten Kultobjekte, »mit den wundersamen, hieroglyphischen Charakteren der Ägypter bezeichnet«. Das Mysterium und die Magie, die seit langem mit Ägypten assoziiert wurden, trugen ganz sicher zur Faszination der Allgemeinheit mit Isis bei. Apuleius' Roman liefert uns nicht nur Details der geheimen Zeremonie, sondern demonstriert auch, wie allgegenwärtig der Isiskult in der römischen Gesellschaft war. In seiner Glanzzeit überragte der Kult der Isis das religiöse Leben der antiken Welt, bis der Triumph des Christentums ihn zusammen mit den anderen Mysterienreligionen ein für alle Mal zu Fall brachte. Die Initiation in den rein männlichen und vor allem unter Soldaten verbreiteten Kult des Mithras war besonders grausig. Sie beinhaltete die rituelle Tötung eines Stiers auf eine Weise, dass sein Blut auf den zu Initiierenden spritzte. Die Verlockung solcher geheimen Riten erlaubte es ihnen sogar, sich in die frühchristlichen Taufzeremonien einzuschleichen.[6]

Genau wie das Christentum konnten auch die Mysterienreligionen sowohl Konvertiten anlocken als auch Verfolgungen auslösen. Die Kulte von Kybele, Serapis, Mithras und Isis waren alle beliebt und im ganzen Römischen Reich verbreitet. Wie bereits angemerkt, war Isis besonders populär, sodass es ab dem Ende der Römischen Republik immer wieder zu Versuchen kam, den Kult zu verbieten. Der erste Kaiser Augustus hegte besonders tiefe Zweifel über das unrömische Wesen der Anbetung der Isis, ebenso wie der Satiriker Juvenal. Diese Einstellung verschwand in der Atmosphäre der kosmopolitischen Toleranz, die sich am Ende des 1. und während des 2. Jahrhunderts im Römischen Reich entwickelte. Selbst Kaiser wie Otho, Septimius Severus und Caracalla beteten Isis oder Serapis an.[7] Mysterienreligionen warben ihre Gefolgsleute mit dem Lockmittel der geheimen Riten, ihrer angeblichen magischen Kräfte und der spirituellen Erleuchtung: Das sind genau die

Dinge, die moderne Rosenkreuzer und skurrile Zweige der Freimaurer auch heute noch anstreben. Geheimgesellschaften sind also nicht geheim, wenn sie auch Geheimnisse haben. Der Wissenschaftler Theodore Ziolkowski drückte es so aus: »Es ist ein grundlegender menschlicher Impuls, Geheimnisse zu genießen, einer besonderen Gruppe anzugehören, die bevorzugte Informationen über jedes Thema hat, das dem Einzelnen wichtig ist, sei es die Regierung, Finanzen, Sport oder Religion.«[8]

In jüngerer Zeit haben Geheimgesellschaften einige gemeinsame Eigenschaften und Merkmale entwickelt. Sie bieten ihren Mitgliedern ein Gefühl der Zugehörigkeit zu einer Gruppe, basierend auf esoterischen Überzeugungen und Zielen, die sie von der Gesellschaft um sie herum abheben. Mit anderen Worten, Mitglied zu sein, macht sie zu etwas Besonderem. Die Mitglieder verspüren ein Einssein mit der Gruppe und geben im Gegenzug den Anführern der Gruppe, die oft unbekannt sind, ihren absoluten Gehorsam. Innerhalb der Gruppe herrscht außerdem ein Gefühl der Ebenbürtigkeit, das durch das Tragen von Masken, Kostümen oder Uniformen verstärkt wird. Nur ausgewählte Personen dürfen der Gruppe beitreten und müssen dazu eine Initiation durchlaufen. Sie ist Teil eines Prozesses der schrittweisen Vermittlung höherer Wahrheiten, die zu einem Aufstieg in die verschiedenen Ränge der Gruppe führt. Wissenschaftler haben festgestellt, dass die Mehrheit der Geheimgesellschaften religiöse Wurzeln hat. Zweck der Initiation ist, ein normales menschliches Wesen durch okkulte oder magische Prozesse oder Zeremonien zu einem spirituellen Wesen – oder zumindest zu einem spirituelleren menschlichen Wesen – zu läutern. Mit einer Mitgliedschaft in einer Geheimgesellschaft sind Vorteile verbunden, die Nichtmitgliedern verwehrt sind. Auch diese Vorteile machen die Mitglieder zu etwas Besonderem. Nicht jede Geheimgesellschaft besitzt all diese Merkmale oder zeigt sie mit derselben Intensität oder im selben Maße. Jeder Vergleich der Freimaurer, des Hermetic Order of the Golden Dawn, der Nazi-SS und des Ku-Klux-Klan zeigt, wie verschieden Geheimgesellschaften sein können.[9]

Verschwörungen sind oft mit Geheimgesellschaften verbunden, da Verschwörungen ihrem Wesen nach geheime Aktivitäten sind. Doch was ist eine Verschwörung oder auch Konspiration eigentlich? Rechtlich gesehen ist es eine Vereinbarung zwischen zwei oder mehreren Personen, durch illegale Handlungen ein Verbrechen zu begehen. In der Welt der Geheimgesellschaften ist eine Verschwörung üblicherweise eine politische Aktion oder ein Komplott gegen die Autorität, sei dies ein Anführer, eine Regierung oder eine Institution. Zu solchen realen oder auch nur eingebildeten Verschwörungen kommt es früher oder später immer dann, wenn Menschen sich zu Gruppen zusammenschließen, wie Theodore Ziolkowski feststellt: »Das Verschwörungsphänomen ist uralt. Menschen haben an Verschwörungen geglaubt, seit es Gruppen von wenigstens drei Personen gibt, in denen eine davon überzeugt ist, dass die anderen beiden sich gegen sie verschworen haben.«[10]

Verschwörungen haben eine lange und blutige Geschichte. Vor mehr als 3.000 Jahren gelang es der Haremsverschwörung von 1155 v. Chr. gegen Ramses III., diesen zu töten. Die Verschwörung schaffte es jedoch nicht, die königliche Nachfolge zu verändern. Zu seiner Zeit war das Nordreich Israel eine Brutstätte der Verschwörungen gegen ihre Könige, wie die Bücher der Könige und der Chroniken in der Bibel anschaulich erzählen. Unter den alten Römern waren Verschwörungen an der Tagesordnung. Dass beweisen die Catilinarische Verschwörung und die Ermordung von Julius Cäsar. Machen wir einen Sprung nach vorn in das 16. und 17. Jahrhundert. Die englischen Dynastien der Tudors und der Stuarts sahen sich zahllosen Verschwörungen ausgesetzt, um sie vom Thron zu vertreiben. Komplotte, die sich um verschiedene Thronanwärter drehten, plagten die erste Hälfte der Regentschaft von Heinrich VII. Später wurde Königin Elisabeth I. durch mehrere Verschwörungen bedroht, die sie durch die Königin von Schottland, Maria Stuart, ersetzen wollten. Nach der Niederlage und Hinrichtung von König Karl I. mussten sich sowohl das Commonwealth of England als auch das Protektorat des Oliver Cromwell verschiedener royalistischer Komplotte erwehren. Anders als bei den meisten Verschwörungen bis zu diesem Zeitpunkt in der Geschichte waren an diesen royalistischen Komplotten Geheimgesellschaften beteiligt.[11] Im Gegensatz zu sehr vielen Geheimgesellschaften entstanden diese royalistischen Gruppierungen jedoch nur zu dem Zweck, die Stuart-Dynastie erneut zu inthronisieren und die Laudianische (nach Bischof William Laud) Church of England wiederherzustellen. Okkultes spielte dabei kaum eine Rolle. Die vielen Verschwörungen zur Ermordung Hitlers waren zwar geheim, waren aber mit keiner Geheimgesellschaft verbunden. Was all diese Verschwörungen gemeinsam haben, ist, dass es sich um tatsächliche historische Ereignisse handelte und keine bloß eingebildeten.

»Verschwörungen« und »Verschwörungstheorien« sind keine austauschbaren Begriffe. Eine übersteigerte Fantasie und der Wunsch zu glauben, in manchen Fällen zusammen mit einer betrügerischen Absicht, sind die Grundlage für Verschwörungstheorien. Sie beteuern das Vorhandensein von Komplotten, die fast immer Geheimgesellschaften oder geheime Gruppen einbeziehen, obwohl fast niemals eine echte Verschwörung existiert. Ein gutes frühes Beispiel ist die Papisten-Verschwörung im 17. Jahrhundert in England.[12] Verschwörungstheorien dieser Art sind ein eher neues Phänomen in der Geschichte. Die Verschwörungen, die mit Verschwörungstheorien verknüpft sind, nehmen häufig weltweiten Einfluss. So sollte die Papisten-Verschwörung angeblich die Zerstörung des Protestantismus bewirken. Oft konzentrieren sich Verschwörungstheorien daher auf große öffentliche Ereignisse, wie die Ermordung von Präsident John F. Kennedy oder die Angriffe des 11. September 2001. Anstatt mit offensichtlichen Erklärungen zu arbeiten, die auf soliden Beweisen beruhen, setzen Verschwörungstheorien auf Aufsehenerregendes: dass etwa Lyndon B. Johnson die Ermordung Kennedys veranlasst hat oder die Israelis hinter den Geschehnissen des 11. September stecken. Im Bereich der Populärkultur wird es noch wilder. Laut der Fernsehserie *Akte X* (1993-2002) erschoss »Der Raucher« (auch: »Der Krebskandidat«) Kennedy, um die geheimen Abmachungen der Regierung mit außerirdischen Eindringlingen zu schützen. Die Science-Fiction-Serie *Dark Skies – Tödliche Bedrohung* (1996-97) schrieb die Ermordung Kennedys außerirdischen Lebensformen zu, den sogenannten Hives, die menschliche Körper befallen und übernehmen. Dann gibt es Jeffrey Dean Morgans Figur, den Comedian, in dem 2009 erschienenen Film *Watchmen*, der Kennedy erschießt. Niemand (das hofft man zumindest, wenn auch vielleicht vergebens) nimmt irgendeines dieser Beispiele für bare Münze. Sie bilden den Rand eines Milieus von Verschwörungstheorien, wo sich auch Leute wiederfinden, die die Ereignisse des 11. September undurchsichtigen Regierungsverschwörern oder israelischen Agenten zuschreiben, die Ärger machen wollen. Das Offensichtliche zu akzeptieren, dass nämlich Osama bin Laden und Al-Qaida anerkanntermaßen die Übeltäter waren, wird von den Verschwörungstheoretikern nicht als Möglichkeit akzeptiert. Andere Verschwörungstheorien konzentrieren sich auf heimliche Komplotte, die plötzlich auszubrechen scheinen. Die Französische Revolution ist ein gutes Beispiel dafür. Anstatt auf den wirklichen historischen Kontext und die Zustände der damaligen Zeit zu achten – dass eine korrupte und angeschlagene gesellschaftliche und politische Ordnung dem Aufstand einer unterdrückten und wütenden Bevölkerung unterlag, an dem sich sogar ein beträchtlicher Anteil der Eliten beteiligte –, bastelten sich reaktionäre Apologeten des Ancien Régime eine Verschwörungstheorie zusammen, die die scheiternde Elite Frankreichs freisprach. Sie behaupteten, dass die Französische Revolution das Ergebnis einer geheimen, aber riesigen Konspiration der Freimaurer sei, um die Partnerschaft aus Kirche und Staat, die seit Jahrhunderten die europäische Zivilisation gestützt hatte, zu stürzen. Seither sind viele Verschwörungstheorien entstanden, die die Probleme der Gesellschaft großen, universellen und geheimen Komplotten von Freimaurern, Juden und neuerdings Außerirdischen in Form von Geheimgesellschaften zuschreiben. Wie sich dieses Phänomen der globalen Verschwörungstheorien entwickelte, wird uns im Folgenden beschäftigen.

## Geheimgesellschaften und das Okkulte

Okkulte Geheimgesellschaften sind ein Produkt des nachreformatorischen Europas, das durch die Renaissance und die Reformation erst ermöglicht wurde. Die Rettung und Wiederentdeckung antiken Wissens während der Renaissance brachte die Gelehrten in Kontakt mit okkulten Schriften wie dem *Corpus hermeticum*. Die Erfindung der Druckerpresse erlaubte die breitere und schnellere Verbreitung dieses Wissens. Derweil schwächte die Reformation die geistige Kontrolle der römisch-katholischen Kirche. Manche Gelehrte wurden von diesem antiken okkulten Wissen in dessen Bann gezogen. Wir müssen bedenken, dass okkulte Schriften in der frühen Neuzeit nicht reflexartig als Aberglaube und Mumpitz abgetan wurden. Die Grenze zwischen der okkulten Sicht auf die Welt und der sich entwickelnden wissenschaftlichen Weltanschauung war ausgesprochen schwammig. Chemie und Alchemie, Astronomie und Astrologie waren nur schwer auseinanderzuhalten. Okkulte Studien wurden folglich ernstgenommen und galten nicht als verrufen. Als das Manuskript des *Corpus hermeticum* im Laufe des Jahres 1460 in Florenz ankam, wurde der humanistische Gelehrte Marsilio Ficino durch seine Mäzene, die Medici, von seiner Übersetzung der Werke Platons ins Lateinische zeitweilig abgezogen, um stattdessen das *Corpus hermeticum* zu übersetzen.[13]

Es überrascht nicht, dass die Gelehrten und gebildeten Laien der Renaissance die Hermetik, den Neuplatonismus und das Okkulte so ernst nahmen. Sie besaßen keine materialistische und positivistische wissenschaftliche Weltanschauung. Stattdessen glaubten sie an die Existenz des Übernatürlichen und Spirituellen und sahen das Leben als eine Suche nach der Erleuchtung in dieser und der Erlösung in der nächsten Welt. Darüber hinaus glaubte man an die Existenz einer verlorenen antiken Weisheit, welche die Menschen, wenn man sie erst einmal wiederentdeckte, zu Erleuchtung und spiritueller Erlösung führen würde. Man muss sich immer wieder vor Augen führen, dass erst am Ende des 17. Jahrhunderts, mit seiner Debatte zwischen den Alten und den Modernen, eine große Zahl von Gelehrten zu der Überzeugung gelangte, dass das Wissen der modernen Gesellschaft nun schließlich das Wissen des klassischen Griechenland und Rom übertroffen hatte. Es war lange davon ausgegangen worden, dass all diese unentzifferbaren ägyptischen Hieroglyphen alle Arten von wunderbarem, aber verlorengegangenem Wissen bewahrten. Gleichzeitig wurden andere antike Manuskripte entdeckt, transkribiert, übersetzt, bearbeitet und herausgegeben. Europäische Gelehrte bildeten zwischen dem 15. und dem 17. Jahrhundert immer mehr eine Gemeinschaft. Es war also nur natürlich, dass Gelehrte und andere mit einem forschenden und strebenden Geist sich in Organisationen wie der Royal Society zusammenfinden würden, um ihre Anstrengungen zu koordinieren. Selbst vor dieser Zeit kamen manche Menschen in Geheimgesellschaften zusammen. Ihre Hoffnung und ihr Ziel bestanden darin, ihr Wissen einzusetzen, um die Gesellschaft zu reformieren und die Welt zu einem besseren Ort zu machen. Die zwei frühesten und einflussreichsten dieser Geheimgesellschaften waren die Rosenkreuzer und die Freimaurer.

## Das Rosenkreuzertum

Sowohl die Rosenkreuzer als auch die Freimaurer besitzen Untergruppen, und einige von ihnen behaupten, dass ihre Gesellschaften bis in die düsteren Anfänge der menschlichen Geschichte zurückreichen. Zuverlässige wissenschaftliche Forschungen jedoch datieren die Ursprünge beider Geheimgesellschaften auf die Anfangsjahre des 17. Jahrhunderts. Den Rosenkreuzern lassen sich eindeutige und dokumentierte Daten zuordnen. Ganz sicher bekannt ist, dass die sogenannten Manifeste der Rosenkreuzerbruderschaft, *Fama fraternitatis* und *Confessio fraternitates*, 1614 und 1615 veröffentlicht wurden. Die Manifeste waren bereits 1610 im Umlauf gewesen, bevor sie dann im Druck erschienen.[14] Es folgte 1616 die Schrift *Die Chymische Hochzeit des Christian Rosencreutz*, als dessen Autor sich später der lutherische Pastor Johann Andreae herausstellte. Diese Werke umreißen die Überzeugungen und die Philosophie der Rosenkreuzer und erzählen die Geschichte des im 15. Jahrhundert lebenden deutschen Mönches Christian Rosencreutz. Nach seinem eigenen Bericht ging Rosencreutz auf eine Pilgerfahrt ins Heilige Land. Anschließend lebte er drei Jahre lang im Jemen, wo er die Weisheit der Araber studierte. Vom Jemen aus reiste er nach Fez in Marokko, um für zwei weitere Jahre Magie und die jüdischen mystischen Schriften zu studieren, die als Kabbalah bekannt sind. Auf dem Weg dorthin besuchte er Ägypten, obwohl die Rosenkreuzer-Manifeste sehr wenig über seine kurze Zeit dort zu berichten wissen. Er kehrte dann nach Deutschland zurück, wo die Obrigkeit sein neuentdecktes esoterisches Wissen nicht beachtete. Unbeirrt kehrte Rosencreutz in sein Kloster zurück und begründete das Rosenkreuzertum. Trotz dieser Behauptungen hält ihn die etablierte Wissenschaft nicht für eine reale Person, sondern für einen fiktiven Menschen, der als Allegorie benutzt wurde.[15]

Ein verwirrender Aspekt des Rosenkreuzertums ist die Tatsache, dass *Fama*, *Confessio* und *Chymische Hochzeit* anonym veröffentlicht wurden. Sie schienen Beweise für die Existenz einer Rosenkreuzerischen Geheimgesellschaft zu liefern, die vorgab, an der vordersten Front der okkulten Wissenschaften zu stehen.[16] Die Ideologie der Rosenkreuzer schien außerdem ein potenziell wirksames Gegengewicht zur Gefahr der katholischen Gegenreformation zu bilden. Gleichzeitig traten keine

Rosenkreuzer aus der Dunkelheit ihrer Geheimgesellschaft hervor, um neue Mitglieder zu rekrutieren oder ihren Verteidigern zu danken. Warum? Weil es keine Rosenkreuzer-Gesellschaft gab.

Es gibt glaubhafte Gründe anzunehmen, dass die Rosenkreuzer-Manifeste eine literarische Fiktion oder sogar ein Studentenscherz waren. Theodore Ziolkowski nannte ihre Veröffentlichung ein Medienereignis, das vergleichbar dem Getöse an Falschinformationen war, die aus der Veröffentlichung von Dan Browns *Sakrileg* (engl. *The Da Vinci Code*, 2003/dt. 2004) erwuchsen.[17] Es sieht so aus, als hätte Andreae die *Chymische Hochzeit* kurz nach 1605 geschrieben. Später schrieb er eine Autobiografie, die nur als Manuskript vorliegt und der Wissenschaft bis 1799 unbekannt war. Darin diskutierte Andreae die Rosenkreuzer-Manifeste. Er behauptete, die *Chymische Hochzeit* geschrieben zu haben, als er siebzehn Jahre alt und Student an der Universität in Tübingen war. Das würde die Entstehung des Buches in den Zeitraum von 1602 bis 1604 legen. Viele Wissenschaftler glauben außerdem, dass Andreae, möglicherweise zusammen mit anderen, die *Fama* geschrieben hat. Andreae war also Ende zwanzig oder maximal dreißig Jahre alt, als die Rosenkreuzer-Manifeste veröffentlicht wurden. Er wäre Anfang zwanzig gewesen, als die Manuskripte der Manifeste im Umlauf waren. Für ihre Verbreitung war sein Freundeskreis in Tübingen verantwortlich. Laut einem Szenario waren die Mitglieder dieser Gruppe Lutheraner, die daran interessiert waren, den Eifer des Protestantismus neu zu entfachen, um der katholischen Gegenreformation entgegenzutreten. In der Folge der millenaristischen Prophezeiungen des Joachim von Fiore glaubten sie, dass ein goldenes Zeitalter anbrechen werde.[18] Der Zweck der Rosenkreuzer-Manifeste bestand darin, andere, die nicht in die antike Weisheit und den Joachimismus eingeweiht waren, anzuregen, sich damit zu befassen und das Goldene Zeitalter herbeizuführen. Es war ein Aufruf an die Menschen, Rosenkreuzer zu werden.

Die Manifeste lassen sich auch als ein Studentenscherz interpretieren, der aus dem Ruder lief – so wie die Mythen und Legenden, die die Grundlage der Handlung von *Sakrileg* bildeten, viele Menschen davon überzeugten, dass die Fiktion unbedingt historische Wahrheit sei. Beweise deuteten auf Andreae als Autor der *Chymischen Hochzeit* und möglicherweise der *Fama* hin. Andreae wies diese Behauptung zeitlebens öffentlich zurück, obwohl er sie in seiner Autobiografie zugab. Doch er hatte gute Gründe, die Manifeste zu verleugnen. Er war lutherischer Pastor mit einem herausragenden Stammbaum als Enkel des Jakob Andreae, einer entscheidenden Figur bei der Entwicklung des konfessionellen Luthertums. In der Zeit der sich intensivierenden lutherischen Orthodoxie hätte er eine Menge zu verlieren gehabt, wäre er mit den unkonventionellen und sogar häretischen Lehren des Rosenkreuzertums in Verbindung gebracht worden, die in den Manifesten vertreten wurden. Andreae versicherte außerdem, dass die *Chymische Hochzeit* ein Scherz oder eine Satire war. Er selbst, seine Mutter und der Rest der Familie hatten darunter gelitten, dass der Vater von der Transformation unedler Metalle in Gold besessen gewesen war, die alchemistische Scharlatane versprachen. Die *Fama* enthält einige Passagen, die der angeblichen alchemistischen Goldherstellung sehr kritisch gegenüberstehen.[19] Als die Manifeste, nachdem sie einige Jahre im Umlauf gewesen waren, veröffentlicht wurden, war Andreae darüber gar nicht glücklich. Ob diese oder andere Personen die Lehren aus den Manifesten tatsächlich glaubten und damit den Eintritt des Goldenen Zeitalters beschleunigen oder einfach nur der Satire ein größeres Publikum verschaffen wollten, ist unklar. Was auch immer das Motiv war, die Veröffentlichung sorgte für Furore. Die Orthodoxen verdammten die Manifeste, während Gelehrte, die das antike hermetische Wissen beherrschen wollten und sich nach einem Goldenen Zeitalter sehnten, sie bereitwillig annahmen. Die Menschen glaubten an die Existenz der Rosenkreuzer und versuchten vergebens, zu den Leuten hinter den Manifesten Kontakt aufzunehmen. Da ihnen das nicht gelang, bildeten sie ihre eigenen und informellen Rosenkreuzer-Gruppen. Seither sind immer neue Rosenkreuzer-Gesellschaften gegründet worden.[20]

Gab es echte Rosenkreuzer-Gesellschaften, die im 17. Jahrhundert aktiv waren? Die Meinungen der Historiker gehen auseinander. Falls es solche Gesellschaften gegeben hat, dann waren ihre Mitgliedschaft und Dauer unbestimmt und flüchtig. In den angespannten Jahren vor und nach dem Dreißigjährigen Krieg (1618-48) und der allgemeinen Krise des 17. Jahrhunderts sehnten sich gebildete Menschen nach einer Lösung für die religiösen und intellektuellen Unruhen und gesellschaftlichen Übel. Die schwammigen Ideale, von den die Rosenkreuzer-Manifeste sprachen, verhießen Hoffnung. Entsprechend zogen sie gelehrte und gebildete Menschen an, die dann Rosenkreuzer werden wollten. David V. Barrett, der Geheimgesellschaften erforschte, formulierte es so: »Rosenkreuzer erschufen sich selbst aus dem Wunsch heraus, zu existieren.«[21] Angeregt durch die Aufregung über die Rosenkreuzer-Manifeste tauchten überall in Europa Rosenkreuzer-Gesellschaften auf, obwohl die frühe Begeisterung schnell wieder abnahm. Der deutsche Arzt und Alchemist Michael Maier, der 1612, als die Manifeste nur in Manuskriptform vorlagen, an Jakob I. von England schrieb, schien anzunehmen, dass der König bereits eine Rosenkreuzer-Gesellschaft in England anführte. Maier verfasste zwei Traktate zur Verteidigung der Rosenkreuzer – *Aureae mensae* (1617) und *Themis aurea* (1618). Er brachte außerdem eine stärkere Betonung der Alchemie in das Rosenkreuzertum ein, die immer noch zu spüren ist.[22]

Maier lebte von 1611 bis 1616 in England und hatte enge Verbindungen zur einzigen Rosenkreuzer-Gesellschaft, die im 17. Jahrhundert in England existierte. Sir Francis Bacon las *Fama* und *Confessio* auf jeden Fall und benutzte sie in seinen eigenen Schriften. Robert Fludd, ein Arzt und Okkultist, zeigte ein noch größeres Interesse am Rosenkreuzertum. Er scheint auch ein Freimaurer gewesen zu sein und könnte der Urheber der Verbindungen zwischen Rosenkreuzertum und Freimaurerei sein. Der Mystiker Thomas Vaughan gründete während der 1650er Jahre eine Rosenkreuzer-Gruppe mit starken alchemistischen Interessen. Andere mögliche Rosenkreuzer in England waren der Astrologe William Lilly, der Alchemist/Chemiker Sir Kenelm Digby und der Universalgelehrte und »Original Fellow« der Royal Society Elias Ashmole. Der Cambridger Gelehrte Ezekiel Foxcroft übersetzte die Chymische Hochzeit ins Englische, allerdings erschien sie erst 1690 im Druck, also lange nach seinem Tod.[23] Die Leidenschaft für das Rosenkreuzertum klang am Ende des 17. und in der ersten Hälfte des 18. Jahrhunderts ab, als die Protoaufklärung und die Aufklärung das europäische Denken zu dominieren begannen. Dennoch starb es niemals aus und wurde Mitte des 19. Jahrhunderts Teil des okkulten Wiederaufschwungs.

## Die Freimaurerei

Die Freimaurerei hat verschiedene uralte Ursprünge für sich beansprucht, ist aber zum größten Teil eine Schöpfung der frühen Aufklärung. Die unklaren historischen Anfänge der Freimaurer sollen angeblich in den Verbindungen der mittelalterlichen Steinmetze gelegen haben: Daher auch die Steinmetzkleidung und -werkzeuge, die in den Ritualen und Symbolen verwendet werden. Diese frühen Handwerker waren die sogenannten »operative masons« (sozusagen tatsächliche oder arbeitende Steinmetze). Die schottischen Intellektuellen, die die moderne Freimaurerei begründeten, begannen Ende des 16. und Anfang des 17. Jahrhunderts, den Logen der arbeitenden Steinmetze beizutreten. Im Laufe der Zeit fingen sie an, diese Logen zu dominieren, und als sie ihre eigenen Logen gründeten, nutzten sie die vorhandenen Organisationsstrukturen der Steinmetzlogen als Vorbild. Diese Intellektuellen waren die sogenannten »Gentleman-Maurer« oder »angenommenen Maurer«, bis 1757 der Begriff »spekulative Maurer« übernommen wurde. Ein vergleichbarer Prozess lief in England ab, allerdings erst später und weniger gut dokumentiert. Sir Robert Moray wurde eindeutig 1641 in eine spekulative Freimaurerloge in Edinburgh aufgenommen. Das ist die erste aufgezeichnete Initiation. Die Zeremonie fand jedoch in England statt, wo er in der schottischen Armee diente. Spekulative Logen existierten folglich schon seit geraumer Zeit in Schottland. Elias Ashmole wurde gemeinsam mit seinem Vater im Oktober 1646 in eine spekulative Loge in Warrington, heute Cheshire, aufgenommen. Andere Aufzeichnungen zeigen, dass es Ende des 17. Jahrhunderts überall in England spekulative Logen gab. 1717 schlossen sich vier Londoner Logen in der Schenke »Goose and Gridiron« zur Ersten Großloge von England zusammen. Von diesem Zeitpunkt an breitete sich die Freimaurerei von England nach Frankreich und dann nach Deutschland aus; die deutsche Loge wurde 1737 in Hamburg von Männern gegründet, die zuerst in England initiiert worden waren.[24]

Was brachte wohlsituierte Intellektuelle dazu, einer Freimaurerloge beizutreten? Die Freimaurerei entwickelte sich genau wie das Rosenkreuzertum zu einer Zeit, als der königliche Absolutismus an Macht zunahm und die römisch-katholische Kirche in Europa einen Wiederaufschwung erlebte. Ziel der Freimaurer war es deshalb, die persönliche

Freiheit und die Gleichheit der Menschen zu fördern, statt Privilegien für einige wenige zu schaffen und die unbegrenzte Macht von Staat und Kirche zu akzeptieren. Die Geheimhaltung der Gesellschaft schützte ihre Mitglieder vor der Überprüfung durch den absolutistischen Staat. Die Freimaurerei begünstigte außerdem eine vereinfachte und nichtdogmatische Herangehensweise an die Religion, die danach strebte, Toleranz und Freidenkertum zu den wichtigsten Prinzipien der Gesellschaft zu machen. Die Mitgliedschaft in einer Loge bot den Menschen ein starkes Sozialleben und ein Gefühl von Zugehörigkeit. Die gemeinsame Erfahrung der Einführung in die Geheimnisse der Freimaurerei förderte außerdem eine Kultur der Gleichheit. In gewisser Weise besaßen Freimaurerlogen Funktionen, die einem Club vergleichbar waren. Freimaurer standen auch dem kritisch gegenüber, was sie als Aberglaube betrachteten. Zu dieser Kategorie rechneten sie die Volksmagie, Geschichten über Feen und Trolle und den Glauben an das Glück. Sie zählten auch viele Aspekte des christlichen Glaubens dazu, vor allem einige, die der römisch-katholischen Kirche lieb und teuer waren. Aus diesem Grund stand die katholische Kirche der Freimaurerei feindselig gegenüber. Angesichts ihrer Abneigung gegen den Aberglauben gab es offiziell nichts Okkultes an der Freimaurerei. Die normale Freimaurerei hatte es nicht nötig, verlorenes Wissen der Antike wiederherzustellen oder ehrwürdige Vorläufer zu entdecken, die sich bis in das alte Ägypten zurückverfolgen ließen. Gleichzeitig versuchten sich einige Freimaurer, die ja Intellektuelle und Freidenker waren, an Magie, Alchemie und der Kabbalah.[25]

Auch die Freimaurerei hat ihre Gründungsmythen. Der vorherrschende Ursprungsmythos verfolgt ihren Beginn bis zum Bau des Salomonischen Tempels in Jerusalem, etwa 1.000 v. Chr,. und auf den Baumeister Hiram Abif zurück. Dieser Mythos ist tief in die Rituale der einfachen Freimaurergrade eingebettet. Es gibt noch weitere Ursprungsmythen, die nicht Teil der normalen Freimaurerei sind. Einer schreibt die Gründung der Freimaurerei den Tempelrittern zu. Die Tempelritter waren ein religiöser Kreuzfahrerorden, dessen Hauptquartier sich in Jerusalem an der Stätte des Salomonischen Tempels befand, daher der Name Tempelritter. Ein anderer Ursprungsmythos behauptete, dass die Freimaurer sich aus den mittelalterlichen Rosenkreuzern entwickelt hätten (die damals nicht existierten, aber unbequeme Fakten

schrecken wahre Gläubige nie ab). Andere vermuteten, dass die Freimaurer ihre Ursprünge in den griechischen Mysterienkulten hatten,
wie den Eleusinischen oder Dionysischen Mysterien. Der älteste Ursprungsmythos führte die Freimaurer schließlich auf Ägypten und die
Zeit der Pyramiden zurück. Die Ägypter wären die ersten Baumeister
gewesen. Sie wiederum gaben ihre Baukenntnisse und -fähigkeiten zusammen mit anderem esoterischen Wissen an Moses und die Hebräer
weiter. Eine Variante des ägyptischen Ursprungsmythos kehrte die
Wissensvermittlung um und schrieb es Joseph und seinen hebräischen
Brüdern zu, die Ägypter alles gelehrt zu haben, was es über das Bauen
zu wissen galt. Dieser Mythos gab den Freimaurern den ehrwürdigsten
Stammbaum überhaupt, zumindest nach den Standards des Wissens
des 17., 18. und 19. Jahrhunderts über antike Geschichte. Menschen,
und so auch einige Freimaurer, sehnen sich danach, eine weit zurückrei-
chende Herkunft für die eigene Gruppe nachweisen zu können. Leider
erfüllen die historischen Aufzeichnungen diese Sehnsucht nicht.[26]

## Der Templerismus

Der wichtigste Mythos über die Ursprünge der Freimaurerei im Hinblick auf Verschwörungstheorien war die Templerverbindung, die oft
als Templerismus bezeichnet wird. Er besagt, dass viele Tempelritter
den Massenverhaftungen im Jahre 1307 entkommen sind. Angeblich
suchten flüchtige Templer Asyl in Schottland, wo sie sich selbst als Freimaurer neu organisierten. Andere flohen wohl mit dem riesigen Temp-
lerschatz westwärts nach Nordamerika. Dort bauten sie Siedlungen
auf und versteckten ihren Schatz – das berühmteste dieser Verstecke
soll sich auf Oak Island befinden. Die Templer in Schottland versteckten sich nicht nur, sondern planten Vergeltung gegen die französische
Monarchie und die römisch-katholische Kirche. Ihre Nachfolger, die
Freimaurer, verbreiteten die Freimaurerei in England und Europa mit
dem Ziel, die böse Kirche und den Staat, die ihren Orden so grausam
zerschmettert und ihre Anführer getötet hatten, zu unterwandern und
zu zerstören.[27]
    Der Templerismus in der Freimaurerei hatte tatsächlich andere und
weniger sinistre Wurzeln. Rittertum und ritterliche Tugenden hatten

für viele Menschen immer schon eine starke Anziehungskraft. Der frühe Freimaurer und Gelehrte Elias Ashmole war ein großer Bewunderer der tugendhaften Ritterschaft und vor allem der Tempelritter. Die Anziehungskraft der Freimaurer auf ritterliche Rituale und Utensilien wurde nach der berühmten Rede des jakobitischen Ritters Andrew Michael Ramsay vor französischen Freimaurern im Jahre 1736 noch ausgeprägter. Obwohl er die Tempelritter nicht namentlich erwähnte, deutete Ramsays Rede sehr stark auf deren Rolle bei der Weitergabe freimaurerischer Überzeugungen hin. Er unterstützte außerdem die Idee, dass das große Geheimnis der Freimaurerei der Besitz geheimnisvollen Wissens sei, das die Erneuerung der moralischen Grundsätze der menschlichen Gesellschaft bewirken könne. Darüber hinaus boten die Tempelritter eine scheinbar plausible Verbindung zwischen den freimaurerischen Ahnen, Hiram Abif und den Erbauern des Salomonischen Tempels, und den Freimaurern des 18. Jahrhunderts. Die kreuzfahrenden Tempelritter als Hüter des Tempels in Jerusalem brachten die Geheimnisse der Steinmetze von Hiram mit sich zurück nach Europa. Solche Ursprungstheorien, die die Tempelritter einbeziehen, werden von heutigen freimaurerischen Historikern abgelehnt, was aber nicht heißt, dass der Templerismus verschwunden ist.[28]

Die größten Auswirkungen hatte der Templerismus im Deutschland des 18. Jahrhunderts. Den Deutschen gefiel das Konzept der Freimaurerlogen und der Versammlungen von Männern für geheime Rituale und Bruderschaft. Allerdings wollten sie eine Gesellschaft, in der Hierarchie und sozialer Konservatismus erhalten blieben; der Egalitarismus und Rationalismus der englischen Freimaurerei war für die wohlsituierten und adligen Deutschen unattraktiv. Entsprechend war die deutsche Freimaurerei gesellschaftlich elitärer aufgestellt, ließ sich aber auch stärker in den Bann der mythischen Ursprünge der Tempelritter, des Magischen und Okkulten ziehen. Rituale legten besonderen Wert auf die Hoffnung, Rache gegen jene zu üben, die den Tempelrittern geschadet hatten. Rachemotive wurden sogar in die verschiedenen Ränge aufgenommen, die von den deutschen Logen etabliert wurden.[29]

Ein besonders einflussreicher deutscher Freimaurer war Karl Gotthelf von Hund. Der aus einem niederen Adelshaus stammende Hund trat 1741 den Freimaurern bei, behauptete aber später, seine Initiation in die Tempelritter 1742 in Paris erhalten zu haben. Darüber hinaus gab er an, der exilierte Thronprätendent Charles Edward Stuart (»The Young Pretender«) wäre Großmeister der Tempelritter. Außerdem behauptete er, »unbekannte Obere« hätten ihn damit beauftragt, den Orden der Tempelritter in Deutschland wiederzubeleben. 1751 begründete er den Ritus der Strikten Observanz, der den Templerismus in der deutschen Freimaurerei förderte. Einige Jahre später begann der deutsche Theologe Johann August von Starck, eine klerikale Version der templeristischen Freimaurerei voranzutreiben, das Klerikale System oder Klerikat. Starck vereinte im Jahre 1768 seine Bewegung mit derjenigen Hunds. Dieses Arrangement wurde 1772 formalisiert. Im Gegensatz zu Hund jedoch interessierte sich Starck viel mehr sowohl für Okkultismus als auch für Egalitarismus. Das wirkliche Problem für Hund bestand darin, dass die »unbekannten Oberen«, die ihn dazu gebracht hatten, die Strikte Observanz zu organisieren, sich nie wieder mit weiteren Anweisungen bei ihm meldeten. Viele der Freimaurer, die er rekrutierte, hatten in der Erwartung mitgemacht, dass die »unbekannten Oberen« wieder auftauchen und sie unterweisen würden. Als dies nicht geschah, waren sie enttäuscht. Nach Hunds Tod im Jahre 1776 wuchs die Ernüchterung und die Strikte Observanz wurde 1782 aufgelöst. Ihre früheren Mitglieder neigten sich häufig dem konservativeren Orden des Gold- und Rosencreutz zu, der eine Mischung aus Rosenkreuzertum und Freimaurerei darstellte. Derweil begann Starck nach 1780 eine Hinwendung zum Konservatismus und gelangte bis zu seinem Tod im Jahre 1816 zu der festen Überzeugung, dass die Französische Revolution durch eine Verschwörung der Illuminaten ausgelöst worden war. Dennoch starb die templeristische Freimaurerei mit Hund und Starck nicht aus. Stattdessen verbreitete sie sich in Großbritannien und Nordamerika, allerdings ohne das Rachemotiv. Noch heute existieren solche templeristischen Freimaurergruppen. In der Zeit der Französischen Revolution und Napoleons sorgte das Rachemotiv mit seinem Ziel der Vergeltung gegen die französische Monarchie und die Kirche dafür, dass der Verdacht der Subversion auf die Freimaurer fiel – mit schrecklichen Konsequenzen.[30]

## Freimaurerei und die Französische Revolution

Das Problem für die Freimaurerei war, dass nicht nur die exzentrischen Ideen des Templerismus sie zu einem Ziel für Verdächtigungen machten. Die Freimaurerei trat für Gleichheit, religiöse Toleranz, Rationalismus und eine gesunde Skepsis ein. Diese Ideen waren den absolutistischen Monarchen und der römisch-katholischen Kirche des 18. Jahrhunderts ein Gräuel – nicht, dass die konfessionellen protestantischen Kirchen viel liberaler gewesen wären. Diese Art der Freidenkerei veranlasste einige Menschen, die Freimaurer umstürzlerischer Absichten zu verdächtigen – so wie ähnliche Ideen die Swedenborgianer in England in den 1790er Jahren in den Verdacht gebracht hatten, mit dem revolutionären Frankreich zu konspirieren. Die bloße Existenz geheimer Rituale und Initiationen weckte Zweifel und Misstrauen in vielen Ebenen der Gesellschaft. Nichtmitglieder fragten sich, was die Geheimgesellschaften im Schilde führten, und die übliche Vermutung war, dass es nichts Gutes sein könne. Die internen Streitigkeiten der Freimaurer mit ihren konkurrierenden Riten und Rängen verursachten ebenfalls Befürchtungen und Ängste unter vielen Außenstehenden. Während diese Umstände die Freimaurerei bei einigen Menschen in Misskredit brachten, fanden andere sie überhaupt nicht verwerflich. Für viele wohlsituierte Menschen im 18. Jahrhundert waren die Ideale der Freimaurerei durchaus attraktiv. Zur Zeit der Französischen Revolution litt sie jedoch unter Mitgliederschwund. Sowohl der Enthusiasmus als auch die Teilnehmerzahlen sanken. Während der Französischen Revolution erlitten viele Logen einen beträchtlichen Rückgang der Mitgliedschaften, da Menschen auswanderten, um der Gefahr zu entrinnen. Die jakobinischen Herrscher während der Zeit des Großen Terrors betrachteten die Freimaurer als eine Gefahr, die ebenso groß war wie der reaktionäre Adel und die Geistlichkeit des vorrevolutionären Frankreichs.[31]

Seit dem Ausbruch der Französischen Revolution beschuldigten verschiedene Gruppen die Freimaurer, die Revolution angezettelt zu haben. Die angebliche Clique, die schließlich als die wahren Anstifter und Anführer der revolutionären Verschwörung betrachtet wurde, war der freimaurerische Ableger, der als Illuminaten bezeichnet wurde. Seither wurden sie immer wieder des gesellschaftlichen Aufruhrs und riesiger Verschwörungen bezichtigt. Der Gründer der Illuminaten war Adam Weishaupt, der nach dem Tod seiner Eltern von Johann Adam von Ickstadt adoptiert wurde. Ickstadt gehörte zu den Beratern des bayerischen Kurfürsten und war Direktor der Universität Ingolstadt. Er war überzeugter Säkularist und Befürworter der Aufklärung und gab diese Einstellung an seinen Adoptivsohn weiter. Weishaupt trat 1772 dem Lehrkörper in Ingolstadt bei und unterrichtete die Rechte und Philosophie. Da er feststellte, dass die akademische Kultur von Ingolstadt in Konservatismus und Obskurantismus feststeckte, trat er 1774 den Freimaurern bei. Diese erwiesen sich jedoch mit ihrem Verbot von politischen und religiösen Diskussionen als Enttäuschung für ihn. Deshalb organisierten Weishaupt und vier weitere Personen den Bund der Perfektibilisten, besser bekannt als Illuminaten. Indem er eine komplexe und anspruchsvolle Prozedur für die Initiation neuer Mitglieder in die höheren Ränge einrichtete, stellte Weishaupt sicher, dass nur die Führungsschicht der Illuminaten wissen würde, was die Organisation wirklich vorhatte. Anfangs stiegen die Mitgliederzahlen nur langsam an. 1779 hatte der Orden nur 54 Mitglieder in fünf Kolonien oder Logen in Bayern. An dieser Stelle schlug ein anderer prominenter Illuminat, nämlich Franz Xaver Zwack, vor, die freimaurerischen Logen für illuministische Zwecke zu unterwandern und zu übernehmen. Diese Strategie erwies sich als erfolgreich und 1784 hatten die Illuminaten mehr als 650 Mitglieder aus verschiedenen Freimaurerlogen in Deutschland, der Schweiz, Österreich, Böhmen, Ungarn und Italien, wo sie oft Führungspositionen besaßen. Der Orden gewann den Dichter Johann Wolfgang von Goethe, den Gelehrten Johann Gottfried Herder, den Dramatiker Friedrich Schiller und den Herzog von Sachsen-Gotha-Altenburg, Ernst II., als Mitglieder (obwohl Goethe und Herder die Gruppe schnell zu radikal wurde).[32]

Weishaupt verabscheute den Konservatismus der Jesuiten, übernahm aber ihre Verfahrensweisen der Geheimhaltung und Täuschung für die Illuminaten. Nur die Anführer wussten, wie radikal die Ziele der Illuminaten wirklich waren. Weishaupt verachtete die traditionelle Freimaurerei als schwach und war der Meinung, dass sie durch ihre apolitischen Regeln indirekt die Fortsetzung der autokratischen Herrschaft und der Adelsprivilegien unterstützte. Das Problem für die Illuminaten bestand darin, dass ihre geheimen Ziele für eine Umformung der Welt und die Förderung von Freiheit, Demokratie, Gleichheit, Toleranz und einer aufgeklärten rationalistischen Religion der konservativen Obrigkeit nach und nach bekannt wurden. Der illuministische Versuch, beim Konvent von Wilhelmsbad im Jahre 1782 den zerfallenden Freimaurerzweig der Strikten Observanz zu übernehmen, wurde vom konservativen Jean Baptiste Willermoz vereitelt, der dafür sorgte, dass die Freimaurer ihren traditionellen wohltätigen und apolitischen brüderlichen Fokus behielten. Die Opposition zu den Illuminaten wuchs, und im Juni 1784 erließ Kurfürst Karl Theodor von Bayern ein Edikt, das Geheimgesellschaften verbot. Im März 1785 wurden in einem zweiten Edikt speziell die Freimaurer und die Illuminaten verboten. Da er gewarnt wurde, konnte Weishaupt aus Bayern fliehen, während andere Illuminaten festgenommen wurden. 1786 durchsuchten bayerische Behörden das Haus von Franz Xaver Zwack und beschlagnahmten seine gesammelten Illuminaten-Papiere. Diese wurden später veröffentlicht, um die vermuteten Komplotte und Verbrechen der Illuminaten zu bestätigen. Weishaupt malte sich zwar keine gewaltsame Revolution aus, doch interne Subversion gehörte zweifellos zu seinen Taktiken. Er malte sich das Ende der Monarchie, der Adelsprivilegien und der institutionellen Kirche aus. Die konservative Führung wurde auf die Gefahr aufmerksam, die die Illuminaten darstellten. Ihre Unterdrückung markiert den Beginn einer europaweiten Gegenaufklärung. Das Illuminatentum beschädigte die Freimaurerei, die in den 1780er Jahren bereits geschwächt war, indem es sie in ganz Europa mit einer Vereinigung in Verbindung brachte, die darauf aus war, die traditionelle Ordnung und die Organisation von Kirche und Staat zu zerstören. Viele Menschen kamen zu der Überzeugung, dass es eine große Verschwörung gab, um den Status quo des alten Europa zunächst zu unterwandern und dann zu zerstören. Für viele Konservative schienen die Geschehnisse nach dem Ausbruch der Französischen Revolution diese Überzeugung nur noch zu bestätigen.[33]

Die Französische Revolution war eines der bedeutendsten Ereignisse in der Geschichte. Genau wie die Amerikanische Revolution hatte sie tiefgreifende und langfristige Auswirkungen. Zu ihrer Zeit schockierte und begeisterte sie Europa in gleichem Maße. Viele Menschen hießen die Idee willkommen, dass Freiheit, Gleichheit und Brüderlichkeit die Grundlagen der bürgerlichen Gesellschaft werden sollten. Allerdings passten die sich abzeichnenden Änderungen den meisten Mitgliedern der gesellschaftlichen und politischen Elite überhaupt nicht. Monarchie und Kirche wurden bedroht. Als die Revolution voranschritt, leisteten die Unterstützer der traditionellen gesellschaftlichen Ordnung immer mehr Widerstand. Die Französische Revolution wurde gewalttätig, und es begann die Herrschaft des Terrors. Im September 1792 wurden 1.400 Gefangene, die meisten unpolitisch, in Paris kaltblütig ermordet. Bald darauf machte die Revolutionsregierung Ludwig XVI. den Prozess und richtete ihn am 21. Januar 1793 hin. Die Hinrichtung seiner Frau Marie Antoinette folgte einige Monate später am 16. Oktober. Beide Akte waren eine erstaunliche Zurückweisung der Monarchie als göttliches Recht. In der Zwischenzeit zog die Terrorherrschaft das Tempo an, als die Revolutionsregierung den Wohlfahrtsausschuss schuf. Als die Terrorherrschaft mit dem Thermidoraufstand beendet wurde, waren etwa 300.000 Menschen verhaftet worden, von denen 17.000 hingerichtet wurden und weitere 10.000 im Gefängnis starben. Besonders schrecklich waren die Massenertränkungen von Gefangenen in der Loire bei Nantes vom November 1793 bis zum Februar 1794. Es waren zwischen 4.000 und 9.000 Opfer, vor allem Priester, Nonnen und Unterstützer des royalistischen Vendée-Aufstandes im Westen Frankreichs. Gleichzeitig schafften es die französischen Revolutionsarmeen, die angreifenden Heere Österreichs und Preußens zurückzuschlagen. An dieser Stelle ging die Regierung in die Offensive und begann, die Nachbarländer Frankreichs zu erobern, wo sie ebenfalls revolutionäre Republiken einrichteten. Verstörte Konservative und Königstreue fragten sich, wie diese schreckliche Serie von Ereignissen zustande gekommen sein konnte. Eine der am weitesten akzeptierten Antworten verwies auf die Freimaurer als die Schuldigen.

Zunächst einmal muss man verstehen, dass die Freimaurer tatsächlich eine Rolle bei der Auslösung der Französischen Revolution gespielt haben. Freimaurerlogen warben unter ihren Mitgliedern für Toleranz, freies Denken, Gleichheit, Demokratie und Freiheit. Viele Freimaurer glaubten, dass es nur richtig und anständig sei, diese Werte auf die Gesellschaft als Ganzes anzuwenden. Ansonsten waren die meisten

Freimaurer gesetzestreue und respektable Bürger, die den Status quo unterstützten (abgesehen von einigen bescheidenen Reformen). Dennoch stand ihnen ein großer Teil der Obrigkeit, vor allem in der Kirche, mit tiefem Misstrauen gegenüber. Diese Situation, kombiniert mit dem Trauma und der Panik, die die Französische Revolution in den privilegierten Klassen in Europa auslöste, bot die Bühne für wilde Spekulationen über die Ursachen der Französischen Revolution.

Der erste, der die Philosophen der Aufklärung beschuldigte, die Französische Revolution verursacht zu haben, war der anglo-irische Politiker und Schriftsteller Edmund Burke. Sein *Reflections on the Revolution in France* erschien 1790 und wurde schnell zu einem Bestseller in Großbritannien und auf dem Kontinent, also auch in Frankreich. Unter deutschen Gegnern der Aufklärung hatte dieses Werk einen großen Einfluss. Obwohl Burke die Freimaurer oder die Illuminaten nicht in seiner Argumentation aufbrachte, unterstützte er später Abbé Augustin Barruel und seine globalen Verschwörungstheorien, die die Freimaurer und die Illuminaten einbezogen. Burke schrieb am 1. Mai 1797 an Barruel:»Ich kann Ihnen gegenüber gar nicht ausdrücken, wie sehr ich unterwiesen und erfreut bin durch den ersten Band Ihrer Geschichte des Jakobinismus.« Nach Burke breiteten sich immer komplexere und spekulativere Theorien über die Ursprünge und Ursachen der Französischen Revolution aus.[34]

Die erste Person, die die Freimaurer in der Öffentlichkeit als Anstifter der Französischen Revolution angriff, war Abbé Estève Bassie, ein Theologieprofessor aus Montpellier. 1790 veröffentlichte er in Rom *L'Esprit de la franc-maçonnerie dévoilé, relativement au danger qu'elle renferme (Der Geist der Freimaurerei enthüllt in Bezug auf die Gefahr, die er enthält)*. Darin verknüpfte er die Unterstützung der Freimaurer für Freiheit und Gleichheit, die sie mit den Philosophen teilten, mit der Erschaffung eines Klimas, das der Revolution, dem Antimonarchismus und dem Antiklerikalismus zuträglich war. Seine Behauptung ist nicht überraschend, wenn man die langanhaltende Feindseligkeit der römisch-katholischen Kirche gegenüber der Freimaurerei bedenkt. Schon bald danach trieb Abbé Jacques-François Lefranc die Freimaurerverbindung zur Revolution in seinem 1791 veröffentlichten Buch *Le Voile levé pour les curieux, ou le Secret de la Révolution révélé a l'aide de la franc-*

*maçonnerie (Der Schleier gelüftet für die Neugierigen, oder: Das Geheimnis der Revolution enthüllt mittels Freimaurerei).* Lefranc beschuldigte die Freimaurer, tief in die Konspiration verwickelt zu sein, die den Ausbruch der Französischen Revolution verursachte. Zu dieser Zeit war Lefranc auch an verschiedenen literarischen Projekten mit dem künftigen Wortführer der Verschwörungstheorien rund um die Revolution beteiligt – Abbé Augustin Barruel. Die Revolutionsregierung war von Lefrancs Meinungen alles andere als angetan und sperrte ihn in Paris ein, wo er während der September-Massaker von 1792 getötet wurde. Royalistische Zeitungen begannen 1792, die gleichen Stimmungen wiederzugeben wie Bassie und Lefranc. Die Verheerungen der Terrorherrschaft hatten zur Folge, dass die späteren Schriften über freimaurerische Verschwörungen noch wahnsinniger und umfassender wurden.[35]

Die Verschwörungstheorie weitete sich aus und bekam eine Verbindung zu den Tempelrittern, als 1797 Charles-Louis Cadet de Gassicourts Buch *Das Grab von Jacques de Molay oder Geheime Geschichte der alten und heutigen Eingeweihten, Tempelherren, Freimaurer und Illuminaten und ihr Einfluss auf die Französische Revolution* erschien. Gassicourt hatte eine interessante Laufbahn. Nach außen hin war er der Sohn des Apothekers Louis Claude Cadet de Gassicourt und dessen Frau Marie Boisselet. In Wirklichkeit war er jedoch der illegitime Sohn von Ludwig XV. und Boisselet. Obwohl sein angeblicher Vater wollte, dass er Pharmazie studiert, entschied sich der junge Gassicourt dafür, Rechtsanwalt zu werden, während er sich in die Schriften der Aufklärung vertiefte. Als 1789 die Französische Revolution ausbrach, war Gassicourt auf Seiten der Jakobiner, wurde aber später von ihren Exzessen abgeschreckt. Man beschuldigte ihn, den royalistischen Aufstand vom 13. Vendemiaire (5. Oktober) 1795 unterstützt zu haben, und verurteilte ihn zum Tode. Nachdem er es geschafft hatte, der Verhaftung zu entgehen, versteckte sich Gassicourt drei Jahre lang. In dieser Zeit schrieb er *Das Grab von Jacques de Molay*. Währenddessen wurde nach dem Sturz der Jakobiner seine Verurteilung aufgehoben. Er nahm nun doch ein pharmazeutisches Studium auf und erfreute sich unter Napoleon und später der wiederhergestellten Bourbonen-Monarchie einer erfolgreichen Karriere.[36]

Gassicourts kleines Buch umreißt die heimtückische Verschwörung, die die Französische Revolution auslöste. Es war ein Komplott
von Eingeweihten der Templer und Freimaurer, das zurückreichte bis
zur Unterdrückung der Tempelritter und der Hinrichtung ihres letzten
Großmeisters Jacques de Molay. Während seiner Haft hätte Molay die
Templer angewiesen, vier Freimaurerlogen in Neapel, Paris, Edinburgh
und Stockholm einzurichten, um eine verdeckte Möglichkeit zu haben,
den Templerorden am Leben zu erhalten. Diese Logen wären darauf
ausgerichtet, die Bourbonen-Dynastie auszulöschen und das Papsttum
zu zerstören. Um dieses Ziel zu erreichen, gingen diese Templer-Freimaurer ein Bündnis mit den Jesuiten ein, die hinter der Ermordung von
Heinrich IV. im Jahre 1610 steckten. Sowohl der Graf von St. Germain,
ein mysteriöser okkulter Abenteurer, als auch Alessandro Cagliostro,
seien Eingeweihte und Agenten der Templer-Freimaurer. Auch mehrere Anführer der Französischen Revolution gehörten zu den Eingeweihten der Templer-Freimaurer, wie etwa der Comte de Mirabeau, der
Herzog von Orleans, Louis-Philippe II., Maximilian Robespierre und
Georges Danton. Laut Gassicourt gab es nur 108 Templer-Freimaurer.
Die große Mehrheit der anderen Freimaurer war sich des templerisch-
freimaurerischen Komplotts zur Auslöschung der Monarchie und Zerstörung der Kirche nicht bewusst. Zweck von Gassicourts *Grab* war
es, den wahren Anlass der Terrorherrschaft zu enthüllen und zu verhindern, dass so etwas noch einmal geschah. Von diesem verworrenen
Beginn nahm die Verschwörungstheorie eines templerisch-freimau-
rerischen Komplotts als Ursache der Französischen Revolution ihren
Ausgang und verbreitete sich.[37]

Einer der großen Klassiker der Verschwörungsliteratur erschien kurz
nach Gassicourts Buch: Abbé Augustin Barruels mehrbändige *Mémoires
pour servir à l'histoire du Jacobinisme* (1797-1798; dt. *Denkwürdigkeiten
zur Geschichte des Jakobinismus*, 1800-1804). Er war 1765, mit 15 Jahren,
den Jesuiten beigetreten. 1762 begann er, an einer jesuitischen Schule
in Toulouse zu unterrichten. Nachdem Frankreich den Orden im Jahre
1764 aufgelöst hatte, ging er ins Ausland. Nach der endgültigen Unterdrückung der Jesuiten durch das Papsttum 1773 kehrte Barruel nach
Frankreich zurück, arbeitete als Hauslehrer und veröffentlichte gleichzeitig mehrere Bücher zu kirchlichen Fragen. Als Anhänger der Gegen-

aufklärung und anderer konservativer Bewegungen der französischen Geistlichkeit schrieb er vor dem Beginn der Französischen Revolution mehrere Angriffe auf die Aufklärung und die Philosophen bzw. half bei der Veröffentlichung solcher Angriffe.[38]

Als die Französische Revolution ausbrach, widersetzte sich Barruel ihren antiklerikalen Regelungen, einschließlich des Eids auf die Verfassung und der Zivilverfassung des Klerus von 1790. In dieser Zeit arbeitete er mit Abbé Lefranc zusammen. 1792 floh er ins Exil, bevor er wegen Staatsgefährdung verhaftet werden konnte. Nachdem er sich in England niedergelassen hatte, begann Barruel, seine *Denkwürdigkeiten zur Geschichte des Jakobinismus* zu recherchieren und zu schreiben. Mit diesem Buch versuchte er zu erklären, wie ein welterschütterndes Ereignis wie die Französische Revolution und ihre schreckliche Terrorherrschaft geschehen konnten.

Die ersten beiden Bände erschienen 1797, und 1798 folgten der dritte und der vierte Band. Barruel behauptete, dass es eine riesige Verschwörung gegen Kirche und Staat gäbe. Sie sei schon seit vielen Jahren im Gange, wenn Philosophen wie Voltaire die Kirche angriffen und sie niederzumachen suchten. Diese Enthüllung bildete den Inhalt des ersten Bandes der *Denkwürdigkeiten*. Die Kirche war eine wichtige Stütze der monarchistischen Regierung, die viele Philosophen ebenso wie die damit einhergehende Aristokratie ablehnten. Mit ihrem Ruf nach Freiheit und Gleichheit für alle Menschen meinten die Philosophen tatsächlich den Sturz von König und Aristokratie. Barruel erklärte dann, dass die Verbündeten der Philosophen in diesen antiklerikalen und antimonarchistischen Angriffen die Freimaurer seien. Ihre geheimen Zeremonien förderten die Ideale von Freiheit und Gleichheit in ihren Logen. Der zweite Band präsentierte diesen freimaurerischen Aspekt der Verschwörung. Eine dritte Komponente der Verschwörung war die heimliche Führungsrolle der Illuminaten aus Bayern, die in den Untergrund gegangen waren und die früheren Versuche, sie zu unterdrücken, überstanden hatten. Die Illuminaten waren die Anführer oder unbekannten Oberen, die die Aktivitäten der anderen Verschwörer koordinierten und lenkten. Indem sie die zersetzenden Lehren der Philosophen der Aufklärung anwandten, planten die Illuminaten die Zerstörung aller Religionen und Regierungen. Barruel gestand ein, dass die große Mehrheit der Freimaurer eine solche Agenda niemals unterstützen würde. Er behauptete jedoch, dass die heimlichen Aktivitäten der Illuminatenführer den Großteil der Freimaurer in Unkenntnis über die wahre Natur der teuflischen Agenda der Verschwörung halten würden. Der dritte und vierte Band der *Denkwürdigkeiten* beschrieben die Ursprünge und die Organisation der Illuminaten und gaben im Detail an, wie sie ihr schändliches Werk vollbrachten.[39]

Seit seinem ersten Erscheinen sind Barruels *Denkwürdigkeiten* in konservativen und Verschwörungstheoretiker-Kreisen sehr beliebt. Obwohl das Buch sehr ausführlich und langatmig ist, zieht es seine Leser in den Bann. Besonders reizvoll ist die allumfassende Erklärung für den verblüffenden und beunruhigenden Erfolg der Französischen Revolution in diesem Buch.[40] Natürlich ist diese Erklärung nur dann allumfassend, wenn Sie sich nicht fragen, wieso rationale und zivilisierte Menschen wie Voltaire, Diderot oder gar Adam Weishaupt ein Interesse daran haben sollten, die Zivilisation zu zerstören.

Zwischen der Veröffentlichung der ersten beiden und der letzten beiden Bände der *Denkwürdigkeiten* im Jahre 1798 erschien ein weiterer klassischer Text der Verschwörungstheorien – John Robisons *Proofs of a Conspiracy against All the Religions and Governments of Europe, carried on in the Secret Meetings of Free Masons, Illuminati, and Reading Societies* (*Beweise einer Verschwörung gegen alle Religionen und Regierungen von Europa, durchgeführt in den geheimen Versammlungen der Freimaurer, Illuminaten und Lesegesellschaften*). Robison war ein anerkannter Chemiker und Physiker, der eine vielfältige Karriere in der Marine, auf diplomatischen Missionen und als Professor in Glasgow und Edinburgh durchlaufen hatte. Erst später in seinem Leben interessierte er sich für Verschwörungstheorien.[41] Seine *Beweise einer Verschwörung* präsentieren im Prinzip die gleichen Schlussfolgerungen wie Barruels *Denkwürdigkeiten*, allerdings in knapperer, wenn auch weniger gut dokumentierter Form. Gegen Ende des Buches fasste Robison seine Schlüsse über die grässlichen Konsequenzen der widerwärtigen Handlungen und Komplotte der Philosophen, Freimaurer und Illuminaten zusammen. Erstens würden Religion und Moral angegriffen werden. Anschließend würde sich die Verschwörung bemühen, Eigentum, wirtschaftliche Ungleichheit und die gesellschaftliche Elite zu zerstören. Robison sah die

Illuminaten als Lügner und Heuchler an. Er beschuldigte sie, Frauen zu pervertieren, indem sie diese in diesen ungeheuerlichen Planungen zu Gleichen und Partnern der Männer machten. Darüber hinaus wies er darauf hin, dass es die Strategie dieser Geheimgesellschaft sei, von belangloser Kritik zu bösartigem Aufruhr voranzuschreiten. Außerdem argumentierte er, dass die Ideale der Erklärung der Menschen- und Bürgerrechte zur Terrorherrschaft degeneriert seien, weil diese Ideale unhaltbar wären. Wie Barruel behauptete Robison, dass die Illuminaten sowohl Schulen als auch Freimaurerlogen infiltriert hätten, um ahnungslose Rekruten zu gewinnen und diese Institutionen zum Aufruhr zu führen. Schließlich kritisierte er die liberalen politischen Theoretiker Joseph Priestley und Thomas Paine für ihre Unterstützung der Französischen Revolution. In hoffnungsvollem Ton drückte Robison seine Ansicht aus, dass die britische Gesellschaft und die Freimaurerei zu besonnen seien, um auf die verdrehten und gefährlichen Ideale der Illuminaten hereinzufallen. In der zweiten Auflage der *Beweise einer Verschwörung*, die Ende 1797 veröffentlicht wurde, fügte er ein Postskript hinzu, in dem er Barruels *Denkwürdigkeiten* lobte. Barruel erwiderte das Kompliment nicht, sondern kritisierte stattdessen die Oberflächlichkeiten und Fehler in Robisons Buch.[42]

Seit ihrem Erscheinen zogen die Bücher von Barruel und Robison eine beträchtliche Aufmerksamkeit und viele Leser an. Von beiden Büchern wurden sehr schnell tausende Exemplare verkauft. Sir Robert Clifford, der jüngere Sohn des katholischen Lord Hugh Clifford aus Devonshire, übersetzte die *Denkwürdigkeiten* aus dem Französischen ins Englische. Der jüngere Clifford verbrachte viel Zeit in Frankreich und kannte Barruel möglicherweise sogar aus der Zeit vor seiner Flucht nach England im Jahre 1792. Da Cliffords Übersetzung der umfangreichen *Denkwürdigkeiten* schon kurz nach der Veröffentlichung der französischen Version erschien, ist anzunehmen, dass er schon daran arbeitete, bevor die französische Fassung herauskam. Übersetzungen in andere europäische Sprachen – Deutsch, Italienisch, Spanisch, Portugiesisch und Niederländisch – folgten in den nächsten Jahren. Cliffords englische Übersetzung erschien schon bald in einer amerikanischen Ausgabe. Barruel schuf 1798 eine verkürzte Ausgabe der *Denkwürdigkeiten*, während andere Autoren Exzerpte und Kommentare veröffentlichten. Robisons *Beweise* wurden ähnlich erfolgreich ins Französische, Niederländische und Deutsche übersetzt. Beide Bücher wurden zu Grundlagenwerken für künftige Verschwörungstheoretiker, ob sie nun antifreimaurerische, antisemitische, antiilluminatische Fantasten waren oder von der Neuen Weltordnung faselten.[43]

Barruels *Denkwürdigkeiten* waren eine umfassende Abhandlung über die angebliche dreifache Verschwörung der Philosophen, Freimaurer und Illuminaten. Im Vergleich dazu gingen Robisons *Beweise* nicht ganz so sehr ins Detail. Tatsächlich bemühte dieser sich außerordentlich, die britische Freimaurerei von jeder Beteiligung an der Verursachung der Französischen Revolution oder dem Aushecken einer finsteren globalen Verschwörung zum Vorantreiben der schädlichen Gleichheit und Freiheit freizusprechen. Viele, vor allem britische Leser, waren von der dreifachen Verschwörung Barruels oder auch von Robisons Verschwörung nicht überzeugt. Die Menschen beobachteten zu dieser Zeit, dass die Freimaurer unter der Terrorherrschaft ebenso litten wie alle anderen. Barruels Buch war stark dokumentiert, doch seine Behauptungen eines unheimlichen Geheimnisses implizierten abenteuerliche Schlussfolgerungen und ignorierten die offensichtlichen Übel, die das Ancien Régime plagten. Für diejenigen, die daran glauben wollten, verband Barruels Darstellung der Verschwörung hinter dem Jakobinismus und der Französischen Revolution alles in einer Kette von Einflüssen, die bis zurück zu Mani, dem im dritten Jahrhundert lebenden persischen Propheten und Begründer des Manichäismus reichte. Der Historiker Peter Partner erklärte: »In Barruel … läuft alles zusammen; alle Gedanken werden wie durch eine magische Ansteckung von einer Gruppe und einer historischen Zeit zur nächsten übertragen.« Barruels Behauptung, dass geheime Verschwörungen die Ursache der Französischen Revolution seien, konnten den kritischen Beurteilungen durch spätere Historiker nicht standhalten. Stattdessen war es sein wahrer und bleibender Beitrag, das Konzept der Verschwörungen und Verschwörungstheorien in den politischen Diskurs und die Populärkultur eingebrannt zu haben.[44]

## Das Vermächtnis von Barruel

Die Bücher der späteren Verschwörungstheoretikerinnen Nesta Webster und Una Pope-Hennessy, geborene Birch, zeugen vom Weiterleben von Barruels Illuminaten-Verschwörung. Birch veröffentlichte 1911 zu Beginn ihrer Laufbahn als Autorin *Secret Societies: Illuminati, Freemasons and the French Revolution*. Ihr Buch war eigentlich eine Sammlung aus vier lose zusammenhängenden Essays, die sich mit den revolutionären und napoleonischen Zeiten in Frankreich befassten. Nur der erste Essay handelte von der Illuminatenverschwörung. Sie glaubte, dass diese wahr sei, erklärte aber, ihr Ziel sei es gewesen, Frankreich zu einer gerechten und freien Gesellschaft zu machen, die auf den Idealen der Aufklärung aufbaute. Im Prinzip verkehrte sie Barruel in sein Gegenteil. Nesta Webster wiederum vertrat die Barruel-Linie, dass es eine illuminatische Verschwörung gebe, die danach strebe, Regierung und Religion zu zerstören. 1910 kam Webster zu der Überzeugung, sie sei die Reinkarnation einer Aristokratin, die die Französische Revolution und ihre Massaker durchlebt habe. Aufbauend auf dieser dürftigen Grundlage, begann sie zu recherchieren und darüber zu schreiben. 1919 veröffentlichte sie *The French Revolution: A Study in Democracy*, in dem sie Barruels Behauptung unterstützte, dass die dreifache Verschwörung der Philosophen, Freimaurer und Illuminaten die Französische Revolution ausgelöst habe und seither weiterhin daran arbeite, eine globale Verschwörung und Revolution zu erreichen. Nachdem sie die »Protokolle der Weisen von Zion« kennengelernt hatte, nahm sie eine antisemitische Wendung und fügte in ihrem Buch *World Revolution: The Plot against Civilization* (1921) die Juden ihrer Liste der geheimen Verschwörer hinzu. Sie führte diese Verschwörungstheorien in *Secret Societies and Subversive Movements* (1924) fort. Ihre antisemitischen und antikommunistischen Meinungen brachten sie auf den Weg der britischen Faschisten und machten sie zu einer Bewunderin von Adolf Hitler (zumindest bis zum deutsch-sowjetischen Nichtangriffspakt von 1939). Die Bücher von Birch und Webster sind weiterhin verfügbar und werden immer wieder von Verschwörungstheoretikern und Antisemiten herangezogen und zitiert.[45]

Nach Napoleons Niederlage waren Verschwörungen in vielen Teilen Europas zu beobachten. Die Französische Revolution hatte die alte europäische Ordnung der Vorherrschaft von Monarchie, Adel und Kirche aufgebrochen. Die konservativen Eliten Europas, angeführt vom österreichischen Staatsmann Klemens von Metternich, taten alles, um die Auswirkungen der Französischen Revolution rückgängig zu machen und weitere revolutionäre Aktivitäten zu blockieren, hatten aber nur teilweise und am Ende nur temporär Erfolg damit. Demokratischer Liberalismus und Nationalismus ließen sich schließlich nicht mehr unterdrücken. Zwischen 1815 und 1848 kam es zu einer Reihe von Revolutionen, die diese Zeit zu einer Ära der Geheimgesellschaften und revolutionären Komplotte machte. In den italienischen Staaten gab es eine beträchtliche Anzahl an Geheimgesellschaften wie die Carbonari und an revolutionären Anführern wie Filippo Michele Buonarroti, aber auch andere europäische Länder erlebten eine Ausweitung revolutionärer Aktivitäten. An vielen Orten spielten die Freimaurer eine Rolle bei den verschiedenen Komplotten und Verschwörungen.[46]

Viele in der konservativen Elite glaubten, dass die versuchten Revolutionen und verschwörerischen Geheimgesellschaften eine Fortsetzung der von Barruel behaupteten großen Freimaurer-/Illuminaten-Konspiration der unbekannten Oberen seien, die die Französische Revolution verursacht hätten. Dabei waren die Geheimgesellschaften in Wirklichkeit eine vorhersehbare Antwort auf die reaktionäre und bedrückende Politik der konservativen Regierungen. Dies waren keine ahnungslosen Bauernopfer unbekannter Oberer der Illuminaten oder ähnlicher Gruppierungen. Die sich wandelnde europäische Gesellschaft und ihre Politik sorgten nach 1848 für den Niedergang und das fast völlige Verschwinden der revolutionären Geheimgesellschaften. Eine Ausnahme bildeten die Länder des Balkans und Russland. Vertreter des Liberalismus und Nationalismus begannen, ganz offen zu handeln. Dennoch hielt der Mythos von einer globalen, von den Illuminaten oder einer anderen verabscheuungswürdigen Gruppe geleiteten Verschwörung das Denken der konservativen Elite weiter gefangen. Bis in die 1870er Jahre erregte sich der britische Politiker und zeitweise Premierminister Benjamin Disraeli über Geheimgesellschaften. Etwa zur gleichen Zeit wurde Karl Marx beschuldigt, hinter einer riesigen Verschwörung zu stecken, aus der sich der Aufstand der Pariser Kommune von 1871 entwickelte. Dabei war Marx ein Gegner aufrührerischer

Geheimgesellschaften. Der Glaube an die Verschwörungstheorie von Geheimgesellschaften und globalen Komplotten überlebte nicht nur, sondern entwickelte sich weiter und breitete sich aus. Den verborgenen Meistern oder unbekannten Oberen der globalen Verschwörungen – die freimaurerischen Illuminaten – wurde nun eine weitere Gruppe zur Seite gestellt: die Juden.[47]

## Antisemitismus, Geheimgesellschaften und Verschwörungstheorien

Juden leiden schon seit der hellenistischen Zeit (323-31 v. Chr.) unter Vorurteilen und Feindseligkeiten. Der Aufstieg von Christentum und Islam hat dafür gesorgt, dass deren Ursprungsreligion, das Judentum, von seinen Nachfolgern zurückgedrängt und dominiert wurde. Das Mittelalter und die frühe Neuzeit prägten Kreuzfahrerpogrome, Vertreibungen aus England, Frankreich, Spanien und Portugal, Mythen von Roten Juden und der Ritualmordlegende. Dann gab es die Restriktionen, die den Juden auferlegt wurden, wie das Verbot von Landbesitz und der Zwang, in abgeschlossenen Ghettos zu leben. Mit dem Beginn der Aufklärung und dem Entstehen einer globalen Marktwirtschaft verbesserten sich die Bedingungen für die Juden allmählich.

Man muss sich immer wieder vor Augen halten, dass »Jüdischsein« bis zum letzten Viertel des 19. Jahrhunderts eine religiöse Bezeichnung war. Ab den 1870er Jahren jedoch bedeutete jüdisch zunehmend eine rassische Identifikation. Der entscheidende Unterschied war, dass die Taufe das religiöse Judentum des Konvertiten beendete und ihn in die allgemeine christliche Gesellschaft integrierte. Wenn Jüdischsein jedoch ein rassischer Zustand war, konnten Juden niemals Teil der christlichen Gesellschaft werden. Sie würden immer Juden sein. Der Mann, der hauptsächlich für diese Verschiebung vom religiösen zu einem biologischen Antisemitismus verantwortlich war, hieß Wilhelm Marr. Er war Journalist und schrieb das Buch *Der Sieg des Judenthums über das Germanenthum – Vom nichtconfessionellen Standpunkt aus betrachtet* (1873), das erfolgreich die rassische Sicht auf das Judentum vertrat und dabei den neu geprägten Begriff »Antisemitismus« verwendete.[48]

Bereits vor Marr gab es eine lange Tradition, alles Unglück in Europa auf jüdische Komplotte und Verschwörungen zu schieben. Diese vorgeblichen jüdischen Gräueltaten reichten von vergifteten Brunnen über das Entführen und rituelle Ermorden von Kindern sowie das Verbreiten der Pest bis zum Spionieren und Sabotieren im Auftrag der Mongolen und anderer fremdländischer Eindringlinge. Mit diesen Handlungen sollte die christliche Bevölkerung dezimiert werden. Es war entsprechend nur ein kleiner Schritt von dieser Sichtweise auf die verabscheuten Juden, sie mit der globalen Verschwörung der freimaurerischen Illuminaten in Verbindung zu bringen, die ebenfalls das Christentum und die Zivilisation zerstören wollten. Der Mythos einer jüdischen Weltverschwörung fügte sich also ganz natürlich in die europäische Populärkultur der freimaurerischen und illuminatischen Verschwörungstheorien ein. Der Historiker Norman Cohn drückte es treffend aus: »Im Mittelalter wurden Juden als Abgesandte Satans, Teufelsanbeter, Dämonen in Menschengestalt angesehen. Es ist eine der Errungenschaften der heutigen antisemitischen Bewegung, dass sie es Ende des 19. Jahrhunderts schaffte, diesen archaischen Aberglauben wieder zum Leben zu erwecken.«[49]

## »Die Protokolle der Weisen von Zion«

Das berüchtigtste und einflussreichste antisemitische Dokument, das Juden bezichtigte, Rädelsführer einer weltweiten Verschwörung zu sein, hieß »Die Protokolle der Weisen von Zion«. Obwohl dieses Pamphlet schon 1903 veröffentlicht worden war, wurde es erst Anfang der 1920er Jahre außerhalb Russlands bekannt. Es hat außerdem die zweifelhafte Ehre, eine komplette Erfindung zu sein und von einer betrügerischen Zeitungsente und mehreren Romanen abgekupfert zu sein. Es gab eine ganze Reihe von Traktaten und Büchern, die beteuerten, dass es eine jüdische Weltverschwörung gäbe, die bis zurück zur Französischen Revolution reichte. Ende der 1860er Jahre begann der europäische Antisemitismus, richtig Fahrt aufzunehmen, und es verbreiteten sich Theorien über globale jüdische Verschwörungen. Jakow Brafman, ein abtrünniger jüdischer Russe, der zum Christentum übergetreten war, schrieb mehrere Bücher, darunter *Lokale und weltweite jüdische Bruderschaften* (1868) und *Das Buch vom Kahal* (1869), in denen lokale und internationale jüdische Organisationen für ihre Unterdrückung der einfachen Juden und ihre Komplotte für die Durchsetzung einer jüdischen Weltherrschaft kritisiert wurden. Brafmans eigener Kahal (die Gemeindeorganisation) hatte versucht, ihn als jungen Mann in die russische Armee zu zwingen. Dadurch zur Flucht gezwungen, wurde er zu einem erbitterten Kritiker der jüdischen Gemeindeoberen und lieferte anscheinend interne Informationen über bösartige jüdische Machenschaften, mit denen antisemitische Verschwörungstheorien befeuert wurden. Brafmans Zeitgenosse, der französische Antisemit Roger Gougenot des Mousseaux, veröffentlichte 1869 *Le Juif, le judaisme et la judaisation des peuples chretiens (Der Jude, das Judentum und die Verjudung der christlichen Völker)*, in dem die Juden beschuldigt werden, als Verbündete der Freimaurer die Ideale der Aufklärung zu nutzen, um die Französische Revolution auszulösen und weiterhin nach der Weltherrschaft zu streben. Andere Veröffentlichungen, in denen die Verschwörungstheorie einer jüdischen Weltherrschaft vertreten wurden, waren *Eroberung der Welt durch die Juden* (1873) von Major Osman Bey (eigentlich Frederick Millingen) und *Der Talmud und die Juden* von Hippolytus Lutostansky, einem polnischen römisch-katholischen Priester, der nach einer Bestrafung wegen skandalösen Verhaltens zum orthodoxen Christentum übergetreten war. Ein sehr einflussreicher Vertreter der Theorie einer jüdischen Weltverschwörung war Hermann Goedsche, dessen Roman *Biarritz* (1868, geschrieben unter dem Pseudonym Sir John Retcliffe) die klassische Szene einer Versammlung jüdischer Anführer auf einem Friedhof in Prag enthält. Nach einer Ansprache des Chefrabbis, der ihre ruchlosen Pläne vorstellte, konspirierten sie dort, wie sich die jüdische Weltherrschaft erreichen ließe. Die Schöpfer der »Protokolle der Weisen von Zion« plagiierten die antisemitischen Szenen aus dem Roman *Biarritz* und präsentierten sie als historische Tatsache. Im Übrigen schrieb Goedsche selbst aus Maurice Jolys *Gespräche in der Unterwelt zwischen Machiavelli und Montesquieu* (1864), Alexandre Dumas', d. Ä., Roman *Joseph Balsamo* und Eugène Sues siebenbändiger Romanreihe *Die Geheimnisse von Paris* (1849-1856), ab, um seine antisemitische Handlung zu spinnen. Die »Protokolle« sind also eigentlich ein plagiierter Rufmord eines plagiatorischen Romans, der auf verschiedenen anderen fiktiven Werken aufbaut.[50] Die Ursprünge der »Protokolle der Weisen von Zion« sind sowohl unklar als auch verworren. Was jedoch kein vernünftiger Forscher und Wissenschaftler anzweifelt, ist die Tatsache, dass sie von vorn bis hinten erfunden sind. Das wurde viele Male schlüssig und unwiderlegbar aufgedeckt, von Lucien Wolf im Jahre 1920 bis zu Michael Hagemeister in der heutigen Zeit. Manche Quellen, wie Norman Cohn, verorten den Beginn der »Protokolle« auf Paris in den Jahren 1893-99. Zu dieser Zeit hatte die russische Geheimpolizei der zaristischen Ära, die Ochrana, Agenten in Paris, die die russischen Revolutionäre im Exil beobachteten. Angeführt von Pjotr Ratschkowski produzierten sie auch Propaganda gegen Revolutionäre, feindliche fremde Mächte, der Modernisierung zugetane zaristische Minister wie Sergej Witte und unbeliebte Minderheiten wie die Juden. Diese Aktivitäten schlossen die Suche nach Publikationen wie Jolys *Gespräche in der Unterwelt* und Goedsches *Biarritz* mit ein. Laut der älteren Forschung wurden die »Protokolle« in diesen Jahren verfasst. Die 1890er Jahre waren eine Zeit der zunehmenden Verfolgung der russischen Juden und verbreiteter Pogrome. Schließlich veröffentlichte der russische religiöse Schriftsteller Sergej Nilus die »Protokolle« im Jahre 1905 als Teil eines Buches über die bevorstehende Ankunft des Antichrist.[51]

Neuere Forschungen von Cesare de Michelis und Michael Hagemeister setzen dagegen die Entstehung der »Protokolle« in die Jahre 1902-03. Sie identifizieren den oder die Autoren der »Protokolle« nicht, betrachten das Dokument aber als ein Produkt des zunehmend unruhigen Zustandes von Russland am Vorabend der Revolution von 1905. Auf jeden Fall zeigt die Veröffentlichungshistorie der »Protokolle«, dass sie in relativ unbedeutenden Publikationen aus der Welt antisemitischer und extrem rechtsgerichteter Russen versteckt waren, die nur geringe Aufmerksamkeit erregten. Die zaristische Regierung begrüßte weder die »Protokolle« noch unternahm sie etwas, um sie zu unterdrücken oder zu verstecken. Das änderte sich mit dem Ausbruch der russischen Revolution.[52]

Vor der russischen Revolution waren die »Protokolle« also auf Russland beschränkt, wo sie nur eine antisemitische Propaganda unter vielen darstellten. Die kommende russische Revolution gab den »Protokollen« jedoch einen glaubwürdigen Zweck. Die geschilderte geheime jüdische Clique wurde gleichgesetzt mit den unbekannten Oberen hinter der Revolution in Russland. Die Bolschewiken waren Juden oder zumindest wollte die Propaganda der konterrevolutionären weißen Bewegung dies der Welt weismachen. Während des Bürgerkrieges verteilten die Weißgardisten die »Protokolle« an Bauern, um deren Antisemitismus in ihrem Kampf gegen die bolschewistischen Rotgardisten auszunutzen. Und als sie den Bürgerkrieg verloren hatten und in den Westen ins Exil gingen, nahmen sie die »Protokolle« mit sich.[53]

Anfang 1919 verteilten Russen der Weißen Bewegung Kopien der »Protokolle« auf der Pariser Friedenskonferenz in Versailles sowie an verschiedene Vertreter der US-Regierung, darunter Mitglieder der Armee- und Marinegeheimdienste. Im November 1918 waren die zaristischen Offiziere Fjodor Winberg und Pjotr Schabelski-Bork mit den deutschen Truppen, die aus der Ukraine vertrieben wurden, nach Deutschland geflohen. Sie gelangten augenscheinlich in den Besitz eines Exemplars von Sergej Nilus' Buch *Das Große im Kleinen*, in dem die »Protokolle« enthalten waren. Sie stellten die »Protokolle« dem antisemitischen deutschen Verleger Ludwig Müller von Hausen vor.[54] Dieser ließ sie ins Deutsche übersetzen und veröffentlichte sie im Januar 1920 (als Jahr der Veröffentlichung ist 1919 angegeben). Es war die erste nichtrussische Ausgabe der »Protokolle«, die bis 1933 insgesamt 33 Auflagen zählte. Der deutschen Übersetzung folgten 1920 schnell weitere: ins Englische (eine in England und zwei in den USA), Französische und Polnische. Arabische und italienische Übersetzungen erschienen 1921. In Großbritannien wurde die englische Übersetzung von Eyre & Spottiswoode unter dem Titel *The Jewish Peril* herausgebracht. Sie zog eine Reihe von wohlwollenden Artikeln in der konservativen *Morning Post* nach sich, die über die dringend notwendige Entlarvung der konspirativen »Furchterregenden Sekte« schwadronierte: der Juden. Währenddessen verschaffte Henry Ford den »Protokollen« in den Vereinigten Staaten von Amerika einen gewaltigen Öffentlichkeitsschub, indem er von Mai bis Oktober 1920 eine Reihe von antisemitischen Artikeln in seiner Zeitung, dem *Dearborn Independent*, veröffentlichte. Gesammelt erschienen sie dann als das berüchtigte Buch *The International Jew:*

*The World's Foremost Problem* (*Der Internationale Jude: Ein Weltproblem*). Eine halbe Million Exemplare überschwemmten die USA, unterstützt von einer gut finanzierten Werbekampagne. Das Buch wurde schnell ins Deutsche, Russische und Spanische übersetzt. Fords Unterstützung und Prestige verliehen den »Protokollen« Glaubwürdigkeit und machten sie zu einer weltweiten Sensation. Es folgte aber auch eine heftige negative Reaktion, und der anschließende Sturm der Entrüstung zwang Ford, seine eigene antisemitische Publikation sowie die »Protokolle« zu verleugnen. Ford behauptete, nichts von den »Protokollen« und dem *Internationalen Juden* gewusst zu haben und von seinen Assistenten getäuscht worden zu sein. Doch obwohl Ford zurückruderte, war der Schaden angerichtet: Die »Protokolle« und der Mythos einer jüdischen Weltverschwörung wurden zu einem zentralen Motiv und einer festen Größe in den Verschwörungstheorien.[55]

Bald erschienen Kritiken, die die »Protokolle« hätten vernichten sollen. In Großbritannien veröffentlichte Peter Graves, ein Korrespondent für *The Times* in London drei Artikel am 16., 17. und 18. August 1921. In ihnen wurde das unverhohlene Plagiat von Maurice Jolys *Gespräche in der Unterwelt* durch die »Protokolle« enthüllt. Lucien Wolf folgte mit drei Artikeln im *Manchester Guardian*, *The Spectator* und dem *Daily Telegraph*, in denen er die jüdische Weltverschwörung widerlegte und die *Morning Post* kritisierte. Diese Artikel fasste er dann zusammen und erweiterte sie zu dem kleinen Buch *The Myth of the Jewish Menace in World Affairs*. Darin verwies er auf die Unlogik der »Protokolle« und die Serie antisemitischer Artikel in der *Morning Post*. Wolf betrachtete die »Protokolle« als Verkörperung der antisemitischen und antibritischen deutschen Gefühle. Außerdem verwies er auf das Plagiat von Hermann Goedsches *Biarritz*. Eine besondere Absurdität, die Wolf herausstellte, müsste besonders die Aufmerksamkeit der britischen Leserschaft erregt haben. Dabei handelte es sich um den Versuch, die Briten mit der jüdischen Weltverschwörung in Verbindung zu bringen, indem man sie ebenfalls zu Juden erklärte – basierend auf den seltsamen Theorien des Anglo-Israelismus, der behauptete, dass das britische Volk von den verlorenen Stämmen Ephraim und Manasse abstamme. Keine dieser Anstrengungen schaffte es jedoch, den antisemitischen und konspirativen Überzeugungen der schändlichen und unermüdlichen Verschwörungstheoretikerin Nesta Webster Abbruch zu tun. Ihr Werk *Secret Societies and Subversive Movements* präsentierte eine verschlagene Verteidigung der »Protokolle«, indem es eine nicht beweiskräftige Beurteilung ihrer Authentizität ablieferte.[56]

In den USA veröffentlichte der jüdische Journalist und Diplomat Herman Bernstein *The History of a Lie: »The Protocols of the Wise Men of Zion«* (1921), das die gleichen Punkte behandelte wie Wolf, wenn auch ausführlicher. Bernstein strengte außerdem eine Klage gegen Henry Fords *International Jew* an, die sich über Jahre hinzog. Solche Bemühungen nahmen dessen Unterstützung des Antisemitismus einen beträchtlichen Teil seiner Wirkung, wie Fords erzwungene Leugnung des *International Jew* beweist.[57]

Ähnliche Versuche, in Kontinentaleuropa die verderblichen »Protokolle« zu bekämpfen, scheiterten. Die Nachkriegsumwälzungen, die Suche nach Sündenböcken für die Probleme und die anhaltende Kultur des Antisemitismus in Mittel- und Osteuropa waren zu stark, um sie mit lediglich ein paar rationalen Argumenten zu überwinden. Norman Cohn wies außerdem auf die Rolle und Verantwortung der aus der Mittelklasse stammenden Anhänger einer *völkischen* Ideologie hin. Diese behaupteten, dass die Deutschen die letzten Vertreter einer arischen Superrasse seien und damit von sich aus etwas Besonderes darstellten. Diese Überzeugung passte ausgezeichnet zur Darstellung einer jüdischen Weltverschwörung in den »Protokollen«. Es war eine giftige Kombination. In der Folge entdeckten der polnische Emigrant und Jude Benjamin W. Segel und andere deutsche Juden, dass es nach 1918 zu einer hoffnungslosen Aufgabe geworden war, antisemitische Lügen wie die »Protokolle« zu bekämpfen und zu entlarven. Segels *Welt-Krieg, Welt-Revolution, Welt-Verschwörung, Welt-Oberregierung* (1926) widerlegte die »Protokolle« gründlich, aber es nützte nichts. Zur gleichen Zeit machten Hitler und die Nazis sie zu einem Grundlagentext ihrer Ideologie.[58]

Deutschlands relative Nähe zu Russland bedeutete, dass zaristische und weißgardistische russische Exilanten dort Zuflucht suchten. Viele der Flüchtlinge waren Deutschbalten, wie Alfred Rosenberg, des künftigen Thule-Mitglieds und frühen Nazis, der die Ideologie der Nazi-Partei maßgeblich mitprägen würde. Er machte Hitler und dessen entstehende Partei auf die »Protokolle« aufmerksam. 1923 setzte Rosenberg die »Protokolle« in *Die Protokolle der Weisen von Zion und die jüdische Weltpolitik* für die Nazi-Bewegung in einen aktuellen Kontext. Während der ganzen 1920er Jahre und bis 1933 brachten rechtsgerichtete Verlage wie Theodor Fritschs Hammer-Verlag immer neue Auflagen der »Protokolle« sowie Fords *Internationaler Jude* und andere Werke heraus, die die Protokolle unterstützten oder wiederholten. Die »Protokolle« regten sogar zu Mordanschlägen auf Vertreter der Weimarer Republik an – insbesondere auf Walther Rathenau, Deutschlands ersten jüdischen Außenminister.[59]

Die Vorstellung einer globalen jüdischen Verschwörung fand bei Hitler und den Nazis Widerhall, da sie eine einfache Erklärung für alle Nöte Deutschlands lieferte. Die »Protokolle« boten eine Rechtfertigung für die brutale Unterdrückung aller Deutschen, die nicht mit den Nazis, ihren Kriegsplänen und ihrem Versuch der Ausrottung der Juden während des Holocaust übereinstimmten. Hitler diskutierte die »Protokolle« in *Mein Kampf*. In seinem Wüten gegen die Juden als böser Rasse, nicht als Religion, lobte er die »Protokolle«:

> Die ganze Existenz dieses Volkes [der Juden] basiere auf einer ständigen Lüge, wie die bei den Juden so verhassten »Protokolle der Weisen von Zion« auf unvergleichbare Weise zeigten. Und die Tatsache, dass die *Frankfurter Zeitung* jede Woche stöhne und schreie, die Protokolle bauten auf einer Fälschung auf, sei doch der beste Beweis für ihre Echtheit. Was viele Juden unbewusst täten, würde hier bewusst enthüllt. Und nur das sei wichtig. Wenn dieses Buch zum gemeinsamen Eigentum eines Volkes geworden wäre, könne man die jüdische Gefahr als gebannt ansehen.[60]

Die Nazis taten alles dafür, die »Protokolle« mit der Welt zu teilen und so das Prinzip des Antisemitismus und der jüdischen Weltverschwörung zu verbreiten. Ihr Ehrenplatz in der Nazi-Propaganda schloss nicht die Unterstützung für andere Klassiker der Nazi-Ideologie aus – *Mein Kampf* und Rosenbergs *Der Mythus des 20. Jahrhunderts*. Hitler nutzte die jüdische Weltverschwörung der »Protokolle« außerdem für die Behauptung, dass jede Gruppe oder jede Nation, die sich ihm und seinem Dritten Reich entgegenstellte, ein Werkzeug der Weisen von Zion sei. Gleichzeitig wurde von Hannah Arendt darauf hingewiesen, dass Hitler und die Nazis tatsächlich versuchten, die Strategien und Taktiken für die Weltherrschaft zu kopieren, die in den »Protokollen« beschrieben sind. 1939, als der Ausbruch des Zweiten Weltkriegs immer näher rückte, genossen die »Protokolle« das höchste Maß an Akzeptanz und Erfolg.[61]

Der Zweite Weltkrieg endete mit der völligen Zerschlagung des Dritten Reichs und dem Tod von Hitler. Allerdings bedeutete diese Niederlage nicht das Ende der »Protokolle«. Sie waren einfach zu nützlich für jene, die Verschwörungstheorien verbreiteten. Die Weisen von Zion können zusätzlich zu den oder anstelle der Juden leicht auf andere unbeliebte Gruppen übertragen werden. Es könnten die Illuminaten, die Trilaterale Kommission, außerirdische Eindringlinge, Kommunisten oder andere Gruppen sein, die angeblich die Weltherrschaft anstreben. Wie die Werke von Barruel und anderen haben die »Protokolle« vielen Menschen angewöhnt, an Verschwörungen irgendwelcher schattenhaften Gruppen zur Erlangung der Weltherrschaft zu glauben, egal wie absurd sie sein mögen. Der Aufklärer Herman Bernstein beobachtete und prognostizierte schon 1921:

Und nun schmücken feige anonyme Autoren die »Protokolle« weiter aus, indem sie den alten Lügen neue hinzufügen, und Beschuldigungen gegen Juden vorbringen, die selbst Nilus-Lutostanski-Butmi im finstersten Russland nicht auszusprechen gewagt hatten. Vielleicht entwickeln sich eines Tages diese neuen Legenden und absurden, bösartigen Mythen zu einer neuen und überarbeiteten Ausgabe der geheimen jüdischen »Protokolle«.[62]

Er hatte Recht.

## Neue Weltordnungen

Die nationale Souveränität ist für viele Menschen auf der Welt eine große Sache. Selbst die kleinste Einmischung in die Freiheit eines Landes, so zu handeln, wie es ihm passt – unabhängig davon, wie verwerflich, irrational oder unbedeutend die verbotene Handlung oder Politik sein mag –, ruft das Gespenst einer unaufhaltsamen Bewegung hin zu einer globalen Regierung oder, wie dies allgemein genannt wird, einer Neuen Weltordnung auf den Plan. Historisch gesehen ist der Widerstand gegen eine wie auch immer geartete Weltregierung ein eher neues Phänomen. Das Römische Reich war zu seiner Zeit eine Weltregierung. Viele Menschen sträubten sich dagegen, Untertanen Roms zu sein, wie die regelmäßig ausbrechenden Aufstände in den Provinzen zeigten. Dennoch schauten die Menschen der Spätantike und des Mittelalters nach dem Untergang des weströmischen Reiches sehnsüchtig und voller Nostalgie zurück auf diese imperiale Zeit. Das mittelalterliche Ideal bestand darin, die universelle Kirche und ein universelles Imperium wiederherzustellen. Dieses Ziel war die Motivation hinter der Errichtung des Heiligen Römischen Reichs. Die Wiederherstellung eines universellen Kaiserreichs wurde als heilig gepriesen, auch wenn verschiedene Könige und Päpste ihr Bestes taten, um dessen Vollendung zu hintertreiben. Dennoch blieb das Ideal eines universellen Reichs bis ins 17. Jahrhundert bestehen, als der Aufstieg absolutistischer Nationalstaaten zur neuen Normalität wurde. Dieses neue politische System dominierte das 18. Jahrhundert, bis die Französische Revolution es hinwegfegte.

Die Revolutionsjahre und die Napoleonische Ära brachten den Aufstieg des Nationalismus, zuerst in Frankreich und später in Spanien, Deutschland, Italien und darüber hinaus. Natürlich waren die Könige des Mittelalters und der frühen Neuzeit immer mit allen Mitteln darauf bedacht, ihre Souveränität zu bewahren. Mit dem Aufkommen des Nationalismus wurde die Souveränität jedoch zu einer Quelle des Stolzes und des Trostes für alle Bürger des Staates. Mit der industriellen Revolution und der Zunahme des wirtschaftlichen Wohlstands und der wissenschaftlichen Kenntnisse intensivierten sich auch die nationalen Rivalitäten auf gefährliche Weise. Schon vor 1914 gab es Vorschläge von einigen Anführern und Denkern, supranationale Organisationen einzurichten, um die Spannungen zu verringern, die Zusammenarbeit zu fördern und effizienter zu sein. Nach den Verheerungen des Ersten Weltkriegs schien die Schaffung des Völkerbundes eine Notwendigkeit zu sein. Sein Scheitern und die erneute Verwüstung durch den Zweiten Weltkrieg führten zur Gründung der Vereinten Nationen, um inter-

nationalen Frieden und internationale Zusammenarbeit zu erreichen.
Diese Entwicklungen werden von vielen zwar als ein Zeichen des Fort-
schritts zur Sicherung und Fortsetzung einer besseren und sichereren
Welt betrachtet, andere sahen sie jedoch als Teil einer Verschwörung,
um die Freiheit der Menschen zu beenden.

Globale Verschwörungstheorien gibt es schon sehr lange. Die Französische Revolution schürte Ängste, dass Freimaurer und Illuminaten
das Christentum und die Monarchie zerstören und auf den Trümmern
eine Weltregierung errichten würden. Ab der Mitte des 19. Jahrhunderts
wurden die Juden als die Verschwörer betrachtet. Nach 1917 kamen die
Bolschewiken hinzu. Ironischerweise versuchten die Nazis, die angetreten waren, um die angebliche jüdische und bolschewistische Gefahr einer Weltherrschaft zu bekämpfen, selbst eine Weltherrschaft unter der
Ägide des Dritten Reichs zu etablieren. Der alliierte Sieg im Zweiten
Weltkrieg und die Erschaffung der Vereinten Nationen führte nicht zu
einem goldenen Zeitalter der internationalen Zusammenarbeit. Stattdessen kam es zum Kalten Krieg zwischen dem kapitalistischen Westen
und dem kommunistischen Osten, der 45 Jahre andauerte.

Den westlichen Nationen drohte nicht nur eine militärische Gefahr
von Russland und dessen Verbündeten, sondern sie lebten auch immer
in Angst vor innerer Gefährdung durch kommunistische Eindringlinge
und Kollaborateure. Die Vereinigten Staaten litten unter der Roten
Angst. Das Klima des Kalten Krieges zwischen Ost und West beförderte eine im Prinzip manichäische Gut-gegen-Böse-Weltsicht. Diese
Art des Denkens ermutigte zu dualistischen und simplifizierenden Erklärungen für politische und gesellschaftliche Probleme. Daraus resul-
tierend wurden die Vereinigten Staaten von Amerika zu einer Brutstätte
für Verschwörungstheorien und paranoide Fantasien, die üblicherweise
in den dunklen Ecken von Gesellschaften und manchmal sogar in der
Normalität des Lebens von Nationen blühen. Diese Bedingungen führten zum Erscheinen der Neue-Weltordnung-Verschwörung mit ihrer
vagen, sich ständig verändernden und furchterregenden Geschichte von
der globalen Beherrschung durch unbekannte Obere.

Vor dem Zweiten Weltkrieg betrachteten rechtsgerichtete Gruppen
in Europa und den Vereinigten Staaten von Amerika üblicherweise den
Kommunismus und die Sowjetunion als eine größere Gefahr als Hitler

und das Dritte Reich. Die Nazi-Aggression, die schließlich zum Zweiten Weltkrieg führte, änderte diese Wahrnehmung. Nachdem Deutschland und der Nationalsozialismus zerstört worden waren, richteten sie ihren Fokus schnell wieder zurück auf die Gefahr durch Stalins Russland und die kommunistische Expansion. Stalin und die Russen wiederum sahen die strammen Antikommunisten als Bedrohung an. Diese gegenseitigen Verdächtigungen und Ängste machten einen Ost-/West-Konflikt unausweichlich. Auch die Ängste der Verschwörungstheoretiker wurden weiter angeheizt, sodass Verschwörungstheorien zahlreich zutage traten.[63]

Studien haben gezeigt, dass rechte politische Überzeugungen und Verschwörungsdenken eine besondere Affinität haben. Menschen aus dem linken Spektrum haben ebenfalls ihre Verschwörungstheorien, aber es gibt weit weniger linksgerichtete Verschwörungstheorien und sie sind fast immer weniger extrem in ihren Überzeugungen. Da die Verbreitung von Verschwörungstheorien in den USA seit 1945 so groß und vielfältig war, lassen sie sich am besten in einem Überblick darstellen, der sich auf einige wenige repräsentative Beispiele konzentriert, die demonstrieren, wie sich Verschwörungstheorien verändert und weiterentwickelt haben. Eine der führenden Gruppen, die rechtsgerichtete, antikommunistische Verschwörungstheorien vertritt, ist die John Birch Society.[64]

Die John Birch Society war 1958 in Indianapolis, Indiana, unter der Leitung von Robert W. Welch gegründet worden. Welch, der aus North Carolina stammte, war ein Wunderkind und hatte mit zwölf Jahren die Highschool sowie mit siebzahn Jahren die University of North Carolina abgeschlossen. Außerdem hatte er die United States Naval Academy besucht und war dann an die Harvard Law School gegangen, ohne allerdings an einer der beiden Einrichtungen einen Abschluss zu erwerben. Welch behauptete, dass er nach seinem Weggang von Harvard vom akademischen Leben desillusioniert gewesen sei. Er wandte sich stattdessen der Herstellung und dem Verkauf von Süßigkeiten zu. Gemeinsam mit seinem Bruder wurde er sehr erfolgreich und erwies sich besonders geschickt im Marketing. Die Welch-Brüder entwickelten Sugar Daddies, Junior Mints und weitere beliebte Bonbonsorten. Als er 1956 in den Ruhestand ging, war Welch ein wohlhabender Mann. Im

Laufe der Jahre wurde er immer aktiver in der republikanischen Partei und im Kampf gegen den Kommunismus.[65]

Schon bald wurde Welch so besorgt wegen der Gefahr einer kommunistischen Übermacht, dass er beschloss, die John Birch Society zu gründen. Er benannte die neue Organisation nach einem amerikanischen Missionar und Soldaten, der in China am 25. August 1945, zehn Tage nach der japanischen Kapitulation im Zweiten Weltkrieg, von einem kommunistischen Soldaten getötet worden war. Manche Menschen, vor allem Birchs Mutter Ethel, sahen ihren Sohn als Märtyrer an und erklärten ihn später zum ersten amerikanischen Opfer des beginnenden Kalten Krieges. Vordergründig betrachtet war Birch das perfekte Symbol für Welchs antikommunistische Organisation. Angesichts des fragwürdigen Rufs, den die John Birch Society schon bald entwickelte, fragten sich viele Menschen, die Birch gut gekannt hatten, ob ihm gefallen hätte, wofür sein Name benutzt wurde. Zu dieser Gruppe gehörte der Kriegsheld James (Jimmy) Doolittle, der im April 1942 den Bombenangriff auf Tokio angeführt hatte. Doolittle und seine Mannschaft mussten über dem japanisch besetzten China abspringen, wo Birch sie rettete und durch die feindlichen Linien in Sicherheit brachte. Die beiden Männer wurden Freunde und Doolittle sagte später: »Er [Birch] konnte nicht wissen, dass die John Birch Society ... nach ihm benannt werden würde ... Ich bin mir ziemlich sicher, dass er das nicht gebilligt hätte.«[66]

Mit an der Gründung der John Birch Society beteiligt waren der Industrielle Fred Koch, Vater von David und Charles, den späteren Gründern der Heritage Foundation und der Tea Party. David und Charles Koch traten der Gesellschaft ebenfalls bei, verließen sie dann später aber, um ihre eigenen konservativen Unternehmungen zu verfolgen.[67] Die John Birch Society war nicht nur antikommunistisch, sondern gegen praktisch alles, was irgendwie fortschrittlich war, wie etwa Bürgerrechte, Frauenrechte, das Federal Reserve System, soziale Wohlfahrt, Einwanderung und alles, was irgendwie aussah, als würde es eine Weltregierung, die Vereinten Nationen und die Globalisierung befördern. Die kommunistische Unterwanderung amerikanischer Institutionen war scheinbar allgegenwärtig, einschließlich der Parent-Teacher-Association (PTA) und aller Zweige der US-Regierung bis in die höchsten

Ebenen inklusive des Präsidenten. Welch schrieb 1956 (auch wenn er erst 1963 veröffentlicht wurde) das Buch *The Politician*, das im Prinzip Präsident Dwight Eisenhower beschuldigte, ein russischer Agent zu sein. Alles war Teil einer riesigen kommunistischen Verschwörung. *The Politician* brachte gemäßigte Republikaner und Konservative dazu, Welch und die John Birch Society als irrational radikal abzulehnen. Einer von Welchs größten Gegnern war ein früherer Freund namens William Buckley Jr., ein Konservativer alter Schule und der Herausgeber der Zeitschrift *National Review*. Die John Birch Society erwarb sich also einen Ruf als absurd antikommunistische Organisation. Paranoia und Verschwörungen gehörten zu ihrer typischen Rhetorik. So wollte es Welch, der die John Birch Society despotisch bis kurz vor seinem Tod im Jahre 1985 führte.[68]

Kurz nachdem Welch gestorben war, zerbrach das Sowjetreich und dessen kommunistische Regierung stürzte. Man hätte glauben können, dass die John Birch Society mit dem Ende des Kalten Krieges und der Gefahr einer kommunistischen Weltherrschaft ebenfalls in der Bedeutungslosigkeit verschwinden würde. Das war aber nicht der Fall: Für Welch drehte sich die John Birch Society nicht nur um die Gefahr einer kommunistischen Expansion. Für ihn war der Kommunismus nur eine Verkörperung der geheimen Weltverschwörung, die bis ins alte Griechenland zurückreichte, aber erst mit den bayerischen Illuminaten zutage getreten war. Mit anderen Worten, die Weltverschwörung blieb eine gefährliche Bedrohung – ob mit oder ohne Kommunisten. Die Fähigkeit der John Birch Society, den Fokus auf immer vagere Verschwörungstheorien zu verschieben, ist ein Beispiel dafür, wie improvisierte Verschwörungstheorien sich ändern und weiterentwickeln können. Mithilfe des kultischen Milieus kann jede Verschwörungstheorie ausreichend Ressourcen finden, um sich neu zu erfinden.[69]

Die John Birch Society erlebte in der ersten Dekade des 21. Jahrhunderts einen erneuten Aufschwung. Die Bircher-Ideologie wurde zu einer wichtigen intellektuellen Grundlage des ausgesprochen konservativen Tea-Party-Flügels der republikanischen Partei. Der konservative Moderator Glenn Beck wurde ein eifriger Verfechter ihrer Literatur und Ideen und führte sie in die entstehende Tea Party ein. Das ist ein wichtiges Beispiel dafür, wie verschwörungstheoretische Politik in die politische Mitte einsickerte.[70]

Milton William Cooper repräsentiert eine andere Variante des Verschwörungsdenkens nach dem Zweiten Weltkrieg. Er wurde in eine Familie mit militärischem Hintergrund in Long Beach, Kalifornien, hineingeboren. Abgesehen davon, dass die Familie wegen der Armeetätigkeit des Vaters häufig umziehen musste, sind Informationen über Coopers Kindheit eher spärlich. Mit 19 Jahren trat er der United States Air Force bei, wo er während der Kubakrise und der Ermordung von Präsident Kennedy diente. Nach einer ehrenhaften Entlassung ging er 1966 zur United States Navy. Cooper verlangte einen Kampfeinsatz und kam in den letzten Tagen der Tet-Offensive von 1968 nach Vietnam. Nach Ende seiner Einsatzzeit arbeitete er unter Admiral Bernard A. Clarey beim Marinegeheimdienst. Seine Position umfasste eine bedeutende Sicherheitsfreigabe. Später würde Cooper behaupten, dass er alle möglichen Verschlusssachen gesehen hätte, in denen schmutzige Geheimnisse und schändliche Aktivitäten zu Themen wie etwa der Kennedy-Ermordung enthüllt wurden. An dieser Stelle hätte er seine Offenbarung hinsichtlich der Existenz einer Weltregierung oder Neuen Weltordnung gehabt.[71]

Kurz nach dem Fall von Saigon im Jahre 1975 verließ Cooper die Navy. Er versuchte gemeinsam mit einem Freund von der Marine, eine Tauchschule zu eröffnen, war damit aber nicht erfolgreich. Zugleich hatte er mit geistigen und körperlichen gesundheitlichen Problemen zu kämpfen, die auf seinen Militärdienst zurückzuführen waren. Außerdem war er so oft verheiratet, dass die FBI-Aufzeichnungen sich über die genaue Anzahl der Frauen unschlüssig sind. Mitte der 1980er Jahre hatte er einen Job an einer berufsbildenden Schule, wo er Erfolg und Förderung erlebte, bis der kalifornische Justizminister die Schule wegen Betrugs an ihren Schülern schließen ließ. Während dieser Zeit recherchierte Cooper in seiner Freizeit Verschwörungen im Stil der Neuen Weltordnung. Ab 1988 begann er, Aspekte seiner eigenen Verschwörungstheorie vorzustellen, die schließlich 1991 in seinem Buch *Behold a Pale Horse* gipfelten. Nachdem er seine Ideen zunächst in frühen Computer-Chat-Boards veröffentlicht hatte, startete er 1989 eine Radiosendung und gewann eine treue Anhängerschaft unter Verschwörungsgläubigen. 1991 hatte er genügend Material für *Behold a Pale Horse* gesammelt. Auch 30 Jahre später ist es auf Amazon.com ein Bestseller unter den UFO-Büchern, das mit Erich von Däniken um den Spitzenplatz konkurriert. Diese Errungenschaft ist besonders bemerkenswert, wenn man bedenkt, dass UFOs nur einen kleinen Teil von Coopers Buch ausmachen.[72]

*Behold a Pale Horse* ist ein seltsames Buch. Auf dem Cover ist der Tod auf einem fahlen Pferd abgebildet, wie es auch im biblischen Buch der Offenbarung steht, auf das der Buchtitel anspielt. Der Stil des Titelbildes passt zum Veröffentlichungsort in Arizona, wo ja auch Cooper wohnte. Ansonsten ist der Inhalt eine Art Datenhalde. In der ersten Ausgabe von 1991 gibt es 17 Kapitel mit sieben Anhängen. Die Anhänge sind größtenteils Reproduktionen verschiedener Dokumente, die nicht von Cooper stammen. Die meisten Kapitel wiederum sind gespickt mit Faksimiles von Dokumenten, Fotografien, Diagrammen, Tabellen und Karten. Viele der Kapitel sind auch einfach abgedruckte Dokumente – Kapitel 3 etwa gibt eine antikatholische Propaganda aus der Mitte des 19. Jahrhunderts wieder, während Kapitel 15 aus den »Protokollen der Weisen von Zion« besteht (die in der Ausgabe von 2019 fehlen). Einige der Kapitelnamen spiegeln deutlich Coopers Ängste wider: »Goodbye U.S.A., Hello New World Order«, »Are the Sheep Ready to Shear?« (Sind die Schafe bereit zur Schur?) und »The Secret Government« (Die geheime Regierung). Es gibt Abschnitte, die von den Verbindungen des US-Militärs zur satanischen Kirche, UFOs und Area 51, Alien-Implantaten und der Verwicklung der US-Regierung in AIDS und den Drogenhandel handeln. Das Buch schließt mit einem Diagramm, das die Mitglieder des Council on Foreign Relations und der Trilateralen Kommission und die überschneidenden Verbindungen zwischen diesen Organisationen darstellt, die beide als Fassade für die Neue Weltordnung gelten. *Behold a Pale Horse* ist ein Mischmasch aus Verschwörungstheorien von den Freimaurern und den Illuminaten über die Rothschilds bis zum Council on Foreign Relations und außerirdischen Eindringlingen.[73]

Michael Barkun, der extremistische Kulte und Verschwörungstheorien erforscht, wies darauf hin, dass der UFO-Glaube Teil der Neue-Weltordnung-Verschwörungen geworden ist. Seit der Fliegende-Untertassen-Manie der späten 1940er und frühen 1950er Jahre gibt es den Vorwurf, dass Regierungsverschwörungen das Wissen über außerirdische Besucher unterdrücken wollen. Dazu kamen dann Geschichten über Experimente der Außerirdischen an Tieren und Menschen. Angeblich sei die US-Regierung geheime Allianzen und Verträge mit den Außerirdischen eingegangen, die dazu geführt haben, dass die Regierung außerirdischen Besuchern erlaubt, grauenhafte Experimente durchzuführen. Von hier aus ist es nur noch ein kleiner Schritt zu dem Glauben, die Außerirdischen seien die wahren unbekannten Oberen hinter der Neue-Weltordnung-Verschwörung. Und genau daran glaubte Milton William Cooper.[74] Laut Cooper beruhten Spielfilme wie *Unheimliche Begegnung der dritten Art* (1977) und *E. T. – Der Außerirdische* (1982) auf echten Kontakten zwischen Menschen und Aliens in den frühen 1950er Jahren. In einem 1991 geführten Gespräch mit dem französischen Ufologen Jacques Vallée erklärte Cooper, dass »es vier Typen von Aliens gäbe … Da waren zwei Arten von Grauen, einschließlich einer Rasse, die man nicht häufig sieht, die eine lange Nase hat. Dann sind da die nordischen Typen, große, blonde Arier, und schließlich die Orangefarbenen.« Wie er an diese Informationen gelangte, ist unklar. Für die UFO-Bewegung als Ganzes waren Coopers verrückte Verschwörungstheorien eine Peinlichkeit, die die Glaubwürdigkeit der gesamten UFO-Bewegung bedrohte. Cooper selbst äußerte sich niemals klar darüber, ob der Erfolg der außerirdischen Neue-Weltordnung-Verschwörung am Ende gut oder schlecht für die Menschen sein würde.[75]

Nach 1995 revidierte Cooper seine Verschwörungstheorie plötzlich und drastisch. Außerirdische waren nicht länger die großen Verschwörer und unbekannten Oberen der Neuen Weltordnung. Sie waren nicht einmal real. Stattdessen steckten immer schon die Illuminaten hinter der Neuen Weltordnung. Sie schufen einfach die UFOs als Teil einer Desinformationskampagne, um ihre Beteiligung glaubwürdig abstreiten zu können, falls ihre verabscheuungswürdigen Pläne jemals ans Licht kommen würden. Derweil hatte sich Cooper von der UFO-Bewegung entfernt und der Miliz-Bewegung angenähert, die in den 1990er Jahren florierte. Wie Barkun festgestellt hat, sind bei Verschwörungstheoretikern wie Cooper oft solche dramatischen Änderungen in ihren Theorien zu beobachten, wenn die Tendenz ihres improvisierten Theoretisierens unabsichtlich einen unüberwindlichen Feind wie etwa Außerirdische mit Super-Technologien geschaffen hat. Um die Hoffnung auf einen erfolgreichen Widerstand nicht zu verlieren, legte Cooper das Neue-Weltordnung-Komplott wieder zurück in die Hände bloßer Menschen mit ihren üblichen Schwächen.[76]

Was auch immer Cooper von der Realität von UFOs und einer außerirdischen Neue-Weltordnung-Verschwörung hielt – wie bei vielen Verschwörungstheorien sind seine Ideen nicht falsifizierbar. Jeder Beweis, der ganz klar die Theorien von Cooper und anderen Verschwörungstheoretikern widerlegt, kann einfach abgelehnt werden, indem man behauptet, dass der Beweis eine Erfindung im Zuge einer Vertuschungsaktion der Regierung oder der Neuen Weltordnung sei. Menschen, die ganz besonders hartnäckig an Coopers Verschwörungstheorien glauben, mögen zwar eine kleine Minderheit sein, doch sie sind nicht ohne Einfluss. Der Oklahoma-City-Bomber Timothy McVeigh lauschte, genau wie andere regierungsfeindliche Aktivisten, regelmäßig Coopers Radiosendungen. McVeigh besuchte Cooper im Sommer 1994 kurz vor dem Anschlag auf das Alfred P. Murrah Federal Building. Es ist nur wenig über ihr Gespräch bekannt. Cooper behauptete, McVeigh nicht zu kennen; ihr Gespräch sei unverfänglich gewesen. Natürlich hatte er einen triftigen Grund für diese Behauptung, hatte doch das FBI schon bald nach dem Bombenanschlag begonnen, ihm einige unbequeme Fragen zu stellen. Es ist vielsagend und auch kein Zufall, dass Cooper und seine Verbündeten fast sofort die Behauptung aufstellten, McVeigh sei ein Handlanger der Regierung gewesen und der Bombenanschlag ein Ablenkungsmanöver, um die Antiregierungs- und Miliz-Bewegungen in Misskredit zu bringen.[77]

Cooper, der immer weiter in die Welt der Miliz- und Antiregierungsbewegungen vordrang, machte mit seinen Radiosendungen und Veröffentlichungen weiter, einschließlich einer Zeitung, *Veritas*. Außerdem beteiligte er sich an paramilitärischen Aktivitäten der Miliz-Bewegung. All dies kostete Geld, und einige seiner Projekte erwiesen sich als kostspielige Reinfälle. Seine finanziellen Schwierigkeiten veranlassten Cooper zu Geldschwindeleien, sodass es am 18. Juni 1998 zu Anklagen wegen Bankbetrugs und Steuerhinterziehung kam. Entsprechend seiner schon lange bestehenden regierungsfeindlichen Prinzipien wies Cooper die Anklagen als illegitim und verfassungswidrig zurück. Außerdem kündigte er bewaffneten Widerstand gegen alle Versuche an, ihm die

Anklagen zu übergeben oder ihn zu verhaften. Da die Bundesbehörden nicht wieder schlechte Öffentlichkeit wegen eines weiteren tödlichen Zwischenfalls wie in Ruby Ridge oder bei den Branch Davidians in Waco riskieren wollten, zögerten sie damit, den Haftbefehl zu vollstrecken. Die Probleme fanden den krankhaft misstrauischen Cooper dennoch. Am 11. Juli 2001 fuhr Dr. Scott Reynolds Hamblin mit seiner Familie auf einen Hügel in der Nähe von Coopers Wohnsitz, um aus der Ferne ein Gewitter zu beobachten. Nachdem sie nur einen kurzen Halt eingelegt hatten, fuhr Hamblin mit seiner Familie nach Hause. Er bemerkte, dass ihm ein Pickup-Truck folgte. An seinem Haus angekommen, wurde Hamblin von dem Fahrer bedroht, der ihm sagte, er solle sich von seinem Besitz fernhalten, und ihm eine geladene Pistole vor die Nase hielt. Der Fahrer war Milton William Cooper, der immer wieder Menschen von dem Hügel in der Nähe seines Hauses vertrieben hatte, obwohl dieser nicht auf seinem Land lag. Hamblin, ein angesehener Bürger, reichte eine Beschwerde beim Sheriff ein. Zunächst hielt sich das Sheriff-Büro an den Rat des FBI und verfolgte die Sache nicht weiter. Der gekränkte Hamblin verlangte jedoch weiterhin Gerechtigkeit. Schließlich erließ der Staat Arizona einen Haftbefehl gegen Cooper mit einer Anklage wegen schwerer Körperverletzung und rücksichtsloser Gefährdung. Geplant war, Cooper am 11. September zu verhaften, allerdings kam es wegen der Möglichkeit, dass er gewarnt worden war, zu einer Verschiebung. Hinzu kam die Tatsache, dass am selben Tag das World Trade Center angegriffen worden war, was die Angelegenheit weiter verzögerte. Cooper sendete den ganzen Tag seine Radiosendung, und die Behörden wollten ihn nicht festnehmen, solange er auf Sendung war. Deshalb suchte das Sheriff's Department nach einer Möglichkeit, die Verhaftung unauffällig vorzunehmen. Es sollte jedoch nicht sein. Am Abend des 5. November 2001 versuchten 17 Mitglieder des Apache County Sheriff's Department, Cooper aus seinem Haus zu locken. Der Plan ging schief und es kam zu einer Schießerei. Cooper schoss einem der Deputys in den Kopf, während ein anderer Deputy seine Waffe in ihn entleerte. Wundersamerweise überlebte der verletzte Deputy, blieb allerdings gelähmt. Cooper wurde getötet.[78]

Der Tod von Milton William Cooper bedeutete nicht das Ende der Verschwörungstheorien, vor allem derer um die Neue Weltordnung.

Cooper war in der dämonischen Welt der Verschwörungen nicht allein; ihr Name ist wirklich Legion. Es waren und bleiben immer noch reichlich Verfechter von Verschwörungstheorien, die mit den nicht falsifizierbaren improvisierten Versionen ihrer Verschwörungstheorien hausieren gehen, die anscheinend unsterblich sind und sich jedem Gegenargument widersetzen.

Der wahrscheinlich berüchtigtste und einflussreichste Verschwörungstheoretiker, der heute aktiv ist, ist Alex Jones. Geboren wurde er im texanischen Dallas. Später zog seine Familie nach Austin, wo er an der Highschool Football spielte und 1993 seinen Abschluss machte. Nach einem kurzen Aufenthalt am örtlichen Community College startete er eine Call-In-Show im Kabelfernsehen, wechselte dann aber 1996 zum Radio. Der libertäre Politiker Ron Paul war mehrmals in seiner Sendung zu Gast. Jones' Themen verschoben sich zum Verschwörungsdenken und zu Antiregierungsthemen, wie etwa der Anschuldigung, dass die Bundesregierung hinter dem Bombenanschlag von Oklahoma City und dem Mord an den Branch Davidians in Waco stecke. 1999 gewann er den Preis bei einer Zeitungsumfrage nach dem besten Talkradio-Gastgeber von Austin. Im selben Jahr feuerte ihn sein Arbeitgeber KJFK-FM, weil er sich weigerte, sein Themenspektrum auf anderes als Verschwörungstheorien auszuweiten. Unbeirrt begann Jones, von seinem Zuhause aus über das Internet zu senden und schon 2001 wurde seine Sendung von 100 Radiostationen übernommen. 2010 hatte er zwei Millionen Hörer pro Woche und seine Website, InfoWars, wurde zehn Millionen Mal im Monat abgerufen. Auf seinem Weg zum Erfolg beschuldigte er Präsident George W. Bush, hinter den Angriffen auf das World Trade Center am 11. September zu stecken, und attackierte – neben anderen schockierenden Handlungen – den Talkshow-Host und Fox-News-Kommentator Geraldo Rivera verbal. 2013 erging er sich in einer hässlichen Debatte über die Waffenkontrolle mit Piers Morgan und plante, den Texaner Ted Cruz wegen seiner Opposition zu Donald Trump von seinem Senatssitz zu vertreiben.[79]

Jones' InfoWars-Website und seine Radiosendung sind lukrative Unternehmungen geworden. 2014 sagte Jones vor Gericht aus, dass InfoWars 20 Millionen Dollar Umsatz pro Jahr generiere. 2017 berichtete das Magazin *Der Spiegel*, dass zwei Drittel von Jones' Einkünften durch

Produkte zustande kämen, die auf der InfoWars-Website zum Verkauf angeboten werden.[80] Der »Store«-Bereich bei InfoWars ist ein bisschen anders als bei Websites wie der John Birch Society. Dort liegt der Fokus darauf, die Leser über die richtige Ideologie zu unterrichten und sie politisch zu organisieren, um konkrete Ziele zu erreichen. Zum Verkauf stehen Bücher, Pamphlete und DVDs, die über die Ideologie der Organisation informieren oder sie unterstützen. Manche Produkte wurden im eigenen Haus produziert, andere stammen von vergleichbaren Gruppen oder sind Verschwörungsklassiker wie John Robisons *Proofs of a Conspiracy*.[81] Die InfoWars-Website und ihre Partner-Site – Prison-Planet – sind anders. Bei beiden liegt der Schwerpunkt offensichtlich auf Alex Jones. Sie müssen nicht lange suchen, um sein Bild zu finden: Es ist überall. Die Homepage von InfoWars listet verschiedene Videos und News-Stories auf, die behaupten, wahre Nachrichten zu sein – im Unterschied zu den Mainstream-Medien. Auf beiden Websites von Jones gibt es einen »Store«-Button. Klickt man ihn an, gelangt man in beiden Fällen in den InfoWars-Shop. Das erste, was Besucher sehen, sind »Bestsellers«, bei denen es sich vor allem um Gesundheits- und Wellnessprodukte handelt, die für InfoWars produziert werden. Es sind Dinge wie Ultra2 (ein angereichertes Vitamin-B-12-Präparat für mehr Energie), Brain Force Plus (das behauptet, den Geist zu reinigen und anzuregen), DNA Force Plus (zum Mobilisieren des Körpers, um ihm zu helfen, Umweltgifte abzuwehren) und Super Male Vitality (noch mehr Mobilisieren, um einem Mann bei na-Sie-wissen-schon zu helfen). Damit sich das weibliche Publikum nicht vernachlässigt fühlt, verkauft Jones auch Super Female Vitality. Ganz offensichtlich sorgen sich Jones' Anhänger um ihre Energie und ihre Leistungsfähigkeit – sowohl mental als auch im Schlafzimmer. Es scheint, das Bekämpfen der unbekannten Oberen der Neuen Weltordnung kann auf verschiedene Weisen erschöpfen. Außerdem sind die InfoWars-Kunden besorgt wegen giftiger Elemente in der Umwelt, was ironisch anmutet, wenn man ihre Ablehnung und allgemeine Geringschätzung von Umweltproblemen und Umweltverschmutzung bedenkt. Ein anderer Abschnitt heißt »Preparedness« (Bereitschaft) und verkauft Campingausrüstungen und Gerätschaften zur Nahrungszubereitung, die einem anscheinend helfen sollen, die kommende Apokalypse durchzustehen, sowie Sicherheitsanlagen, mit denen man sein Haus schützen kann, um kriminelle Gangs wie die MS-13 oder tyrannische Regierungsbehörden wie das Bureau of Alcohol, Tobacco and Firearms abzuwehren. Ein »Media«-Abschnitt verkauft Bücher und Videos. Verschwörungstheorien wie Illuminaten-Materialien, Antiregierungsproduktionen oder -veröffentlichungen und UFO-Artikel, einschließlich antiker Aliens, und andere Produkte pseudowissenschaftlicher oder pseudohistorischer Natur, werden ebenfalls präsentiert. Schließlich gibt es den Abschnitt »Gear« (Ausrüstung), der hauptsächlich Kleidung enthält. Es werden T-Shirts verkauft, die Aufdrucke tragen wie »Build the Wall«, »Californians Keep Out« über einer texanischen Flagge und »Alex Jones Did Nothing Wrong« (vermutlich nichts, was seine Exfrau tragen würde), sowie andere Dinge, die Unterstützer von immigrantenfeindlicher und waffenfreundlicher Politik oder Verehrer von Donald Trump ansprechen. Genau wie Glenn Beck und Rush Limbaugh hat Alex Jones einen Weg gefunden, um das Verschwörungsdenken für sich zahlen zu lassen – und das nicht zu knapp.[82]

Jones ist ein klassisches Beispiel für improvisiertes Verschwörungsdenken. Seine Radiosendung und seine InfoWars-Website verbreiten eine große und sogar verblüffende Vielfalt an Verschwörungstheorien: zum Beispiel, dass das Impfen von Kindern Autismus auslöst, dass die Schießereien an Schulen wie Sandy Hook Elementary und der Stoneman Douglas High School Täuschungsmanöver der Regierung seien, genau wie der Bombenanschlag von Oklahoma-City und der Anschlag auf das World Trade Center, und dass die Regierung das Wetter kontrollieren und sogar Tornados und Hurrikans erzeugen und lenken kann. Diese Liste ist nur ein kleiner Auszug. Hinter all diesen teuflischen Aktivitäten und Komplotten stecke die Neue Weltordnung. Es ist eine Neue Weltordnung, die in ihrer Zusammensetzung und Agenda nur vage und flüchtig ist. Man könne nur sicher sagen, dass sie nichts Gutes im Sinn hat und unaufhörlich konspiriert. Jede Tragödie wird so verdreht, dass sie den Bedürfnissen einer Verschwörungstheorie dient. Eine Prüfung der InfoWars-Website bestätigt die Vielfalt, Allgegenwart und Unablässigkeit der großen Verschwörung der Neuen Weltordnung. Und all das ist praktischerweise nicht falsifizierbar, zumindest nicht im Denken der wahren Gläubigen. Gleichzeitig sollte sich jeder nachdenkliche Mensch die Zeit nehmen, sich vorzustellen, wie man sich als Eltern eines Kindes fühlen würde, das in der Sandy Hook Elementary oder der Stoneman Douglas High School getötet wurde, wenn Alex Jones einen als Krisenschauspieler in einer False-Flag-Tragödie bezeichnet.[83] Es gibt viele andere Verschwörungstheoretiker wie Alex Jones, wie Thomas Milan Konda in seinem aktuellen Buch *Conspiracy of Conspiracies: How Delusions Have Overrun America* (2019) beobachtet. Jones hat viele Vorgänger. Die Frage ist: Wird sich dieses irrationale Verschwörungsdenken als Modeerscheinung herausstellen, die sich irgendwann totläuft und verschwindet? Das hoffen wir. Leider hat, wie Michael Barkun beobachtete, die wachsende Überschneidung der UFO-Theorien mit den Verschwörungstheorien von der Art der Neuen Weltordnung eine Synergie erzeugt, die beide Gruppen viel stärker in den Bereich der allgemeinen Öffentlichkeit gerückt hat. Mithilfe des Internets, der sozialen Medien, Fernsehsendungen wie *Ancient Aliens* und Radiosendungen ist die Mutter aller kultischen Milieus entstanden. Konda ist zu diesem finsteren Schluss gekommen:

Gegenwärtig haben das Verschwörungsdenken, seine zunehmende De-facto-Verknüpfung mit rechter und autoritärer Politik und die verschwörungsfreundlichen Imperative der webbasierten Kommunikation in der amerikanischen Politik eine Situation geschaffen, die viele Menschen als äußerst bedrohlich empfinden. Gleichzeitig möchte niemand die freie Rede beschränken oder von einer Behörde vorschreiben lassen, welche Ideen vernünftig und welche konspirativer Unfug sind. Es mag beruhigend sein, sich vorzustellen, dass sich die Situation von selbst klärt oder eine Verschiebung in den politischen Überzeugungen das erledigt. Doch die Beweise sprechen dagegen.[84]

Es ist schwer, Kondas Einschätzung zu widersprechen.

*Ihr sollt nicht alles Verschwörung nennen, was dies Volk Verschwörung nennt, und vor dem, was sie fürchten, fürchtet euch nicht und lasst euch nicht grauen.*

JESAJA 8:12

# Der Weg in die Verdammnis: Deutsche, Nazis und eine Kultur des Übernatürlichen

*Offensichtlich wäre niemand ein Nazi gewesen, wenn rationaler Glaube an die Nazi-Versprechen die Voraussetzung gewesen wäre.*

PETER DRUCKER, 1939[1]

*Jeder Deutsche steht mit einem Fuß in jenem bekannten Lande Atlantis, in dem er mindestens einen recht stattlichen Erbhof sein Eigen nennt.*

HERMANN RAUSCHNING, 1940[2]

Heinrich Himmler, der Reichsführer SS, führte 1936 eine jährliche Gedenkfeier ein. Die Zeremonie fand in der Stiftskirche St. Servatius Quedlinburg statt und gedachte des Jahrestages der Geburt von Heinrich I. von Sachsen, auch bekannt als Heinrich der Vogler, im Jahre 876. Später in demselben Jahr, am 2. Juli, organisierte Himmler eine Gedenkfeier zum 1000. Todestag Heinrichs.[3] Die jährliche Gedenkfeier anlässlich seines Todes wurde bis 1944 fortgeführt, ein Ereignis, das Himmler verpasste. Obwohl es eine ernste Angelegenheit war, flossen in Abwesenheit des Reichsführers – so wurde berichtet – unerhört große Mengen Alkohol. Vielleicht war dies aber auch Deutschlands sich zu jener Zeit verschlechternder militärischer Lage geschuldet.

Es war nicht ungewöhnlich, dass patriotische Deutsche Heinrich I. als Nationalheld feierten. Ihm wird gemeinhin zugeschrieben, das Heilige Römische Reich in Deutschland wiedererweckt und die Grundlagen für die Errungenschaften seines ausgesprochen erfolgreichen Sohnes, Otto I. des Großen, gelegt zu haben. Praktisch alle heutigen Historiker, die sich mit dem mittelalterlichen Deutschland befassen, stimmen dieser Einschätzung zu. Himmler hatte aber noch ein paar fantastischere Gründe, Heinrich I. zu ehren.[4]

Heinrich I. hatte wesentlich zum Aufstieg Deutschlands zur größten europäischen Macht zur Zeit des Hochmittelalters beigetragen. Himmlers Interesse an Heinrich I. ging jedoch weit über darüber hinaus. Als inbrünstiger Christenfeind und Antikatholik stellte Himmler Heinrich I. als christenfeindlichen Germanen dar, der Abstand zur Kirche hielt und sich danach sehnte, zu Deutschlands vorchristlicher Vergangenheit und seinen alten nordischen Göttern zurückzukehren. Die Wiederbelebung des germanischen Heidentums war eines von Himmlers Zielen, das er Heinrich I. ebenfalls zuschrieb. Um diese Sicht auf Heinrich I. historische Bedeutung zu fördern, richtete Himmler eine König-Heinrich-I.-Gedächtnisstiftung ein, um den mittelalterlichen König zu erforschen. Es besteht die Vermutung, dass Himmler sich vielleicht selbst für eine Inkarnation von Heinrich I. gehalten habe, obwohl die moderne Forschung dieser Behauptung skeptisch gegenübersteht.[5]

Heinrich Himmler stand beispielhaft für die Faszination und Unterstützung des Nationalsozialismus für Pseudohistorie, Pseudo- oder Grenzwissenschaften und einen Mischmasch aus esoterischen oder okkulten Überzeugungen und Praktiken. Er war dabei alles andere als allein. Viele Deutsche waren schon lange vor dem Aufstieg des Nationalsozialismus und des Dritten Reichs von diesen Aspekten fasziniert oder sogar besessen. Wenn die Besessenheit Himmlers und anderer Deutscher mit Heinrich I. alles gewesen wäre, dann hätte die Geschichte des Dritten Reichs vielleicht weniger blutig ausgesehen.

## Das völkische Milieu

Die Wissenschaft hat über die Rolle der Rand- oder Grenzwissenschaften, des Übernatürlichen und des Okkulten in Nazideutschland von den Anfängen der nationalsozialistischen Partei in den frühen 1920er Jahren bis in die Gegenwart heftig diskutiert. Manche weisen die Verbindung zwischen Nationalsozialismus und Esoterik als unbedeutend von der Hand, während andere behaupten, Grenzwissen, übernatürliche oder okkulte Überzeugungen hätten eine wichtige, wenn auch nicht die vorrangige Rolle beim Vorantreiben von Ideologie, Politik und Handeln im Dritten Reich gespielt. Uneinig ist man sich unter anderem deshalb, weil manche Wissenschaftler ihr Augenmerk auf die Rolle des Okkulten beschränken, während sie den Einfluss und die Rolle von Pseudowissenschaft, Pseudohistorie und verwandten Überzeugungen im Deutschland vor 1945 weitgehend ignorieren. Verkompliziert wird die Sache noch dadurch, dass diese Formen von Grenzwissen nicht klar voneinander abgegrenzt sind. Pseudohistorie, Pseudowissenschaft, der Glaube an Übernatürliches und Okkultes überschneiden einander und vermischten sich zu dem, was der Historiker Eric Kurlander als das übernatürliche Imaginäre der deutschen Gesellschaft und Kultur bezeichnet. Erschwerend kommt bei der wissenschaftlichen Debatte über die Rolle des Randwissens, des Übernatürlichen und Okkulten die spätere Verbreitung ausgesprochen sensationsheischender Bücher, Dokumentationen und Vorstellungen über Hitler, die Nationalsozialisten und das seltsame Randwissen dieser Ära hinzu. Diese sensationslüsternen Autoren behaupten, dass die nationalsozialistische Führung glaubte, die übernatürlichen und okkulten Mächte seien echt und könnten von den Nazis ausgenutzt werden, um das Dritte Reich zur Weltherrschaft zu führen. Einige dieser Autoren scheinen selbst an die Existenz dieser übernatürlichen und okkulten Kräfte und Phänomene zu glauben.

In den 1920er Jahren konnte Deutschland auf ein langes und angesehenes Erbe aus Kultur, Wissenschaft und strikter Gelehrsamkeit zurückblicken, das bis ins 16. Jahrhundert reichte. Die Deutschen waren ein wohlgebildetes Volk und viele ihrer Universitäten waren Institutionen von Weltrang mit ausgezeichneter Forschung. Zwischen 1901 und 1932 gewannen die Deutschen 11 Nobelpreise in Physik und 14 in Chemie. Zum Vergleich: Französische Wissenschaftler gewannen im selben Zeitraum fünf Nobelpreise für Physik und Chemie, während britische Wissenschaftler den Nobelpreis für Physik viermal und den für Chemie fünfmal gewannen. Wissenschaftler aus den USA standen sogar noch weiter hinten, mit nur drei Nobelpreisen in Physik und zwei in Chemie. Die deutsche Wissenschaft in Geschichte, Soziologie, Bibelkritik und anderen Disziplinen war hochangesehen. Dies sind die deutschen intellektuellen Errungenschaften, die bewundert werden und im Gedächtnis bleiben – nicht die überraschend weit verbreitete Akzeptanz des Übernatürlichen und Okkulten.[6]

Es wäre leicht, zu behaupten, dass die Nationalsozialisten und ihre Fixierung auf das Übernatürliche und Okkulte nur eine Verirrung seien. Allerdings wäre das nicht wahr. Die Nationalsozialisten waren nicht die einzigen Deutschen, die von den Grenzwissenschaften und dem Studium des Übernatürlichen, Esoterischen und Okkulten fasziniert waren. Ein bedeutender Teil der deutschen Gesellschaft war in denselben sensationellen und fesselnden Überzeugungen gefangen. Und die Faszination war keineswegs neu. Sie geht den großen wissenschaftlichen Errungenschaften der deutschen Kultur voraus. Das spätmittelalterliche Deutschland war das Kernland der besonders bösartigen Mythologie von den wilden und kriegslüsternen Roten Juden, die im düsteren Osten lauerten. Diese warteten auf den richtigen Zeitpunkt, um zuzuschlagen und das Christentum mithilfe der europäischen Juden zu zerstören. In den ersten Dekaden des 17. Jahrhunderts war in Deutschland das Rosenkreuzertum entstanden, das nur den Anfang in einer immer größer werdenden Mischung aus esoterischen Geheimgesellschaften bildete. Im 18. Jahrhundert entwickelte sich in Deutschland eine elitäre, aristokratische, konservative und zutiefst mystische Form der Freimaurerei, die sich im Orden des Gold- und Rosencreutz ausdrückte. Sie trug nur noch geringe Ähnlichkeit zur seriösen Rationalität und dem Egalitarismus der ursprünglichen schottischen Freimaurerei.[7]

Inzwischen haben Rationalismus und Materialismus der Aufklärung und die spätere Wissenschaft, Industrialisierung und Massenkultur des 19. Jahrhunderts die menschliche Existenz immer mehr entmystifiziert. Der Gründervater der Soziologie, Max Weber, nannte diesen Prozess die Entzauberung der Welt. Obwohl diese Veränderungen im Allgemeinen als Fortschritt für die menschliche Zivilisation angesehen werden, empfanden viele Menschen sie als verwirrend, aufreibend und entfremdend. Sie widerstanden der Entzauberung und suchten Wunder, Mysterien, Glauben und das Übernatürliche.

Im Laufe des 19. Jahrhunderts nahmen das Unbehagen und die Entfremdung vom modernen Rationalismus und Materialismus zu. Urbanisierung und Industrialisierung schnitten die Menschen von der traditionellen Gemeinschaft und der Natur ab. Die Säkularisierung unterwanderte die Gewissheiten, die durch den religiösen Glauben geboten wurden. Gleichzeitig erhielten die Menschen durch einen zunehmenden Wohlstand und die damit einhergehende Massenkultur die Mittel und Möglichkeiten, ihr Leben neu zu verzaubern. Billige Zeitungen, Zeitschriften und Bücher verschafften sehnsuchtsvollen Lesern Zugang zu eigenwilligen Vorstellungen über Geschichte, Wissenschaft, Gesundheit, Astrologie, Okkultismus und Spiritualismus. Ein frei verfügbares Einkommen erlaubte es den Menschen, die Dienste von professionellen Astrologen, Wahrsagern und Anbietern fantastischer Heilmittel und Diäten in Anspruch zu nehmen. Eine zunehmende Freizeit gab den Menschen Gelegenheit, Vereinen gleichgesinnter Personen beizutreten und Kurse zu besuchen, in denen es um die verschiedensten, auch randständigen Themen ging. Diese Entwicklungen ermöglichten es übernatürlichen, okkulten und grenzwissenschaftlichen Ideen über Atlantis, Modediäten, seltsame Kulte, Magie, Verschwörungen und Astrologie, ein neues und breiteres Publikum zu erreichen. Auf ihre Weise funktionierten diese Ableger der neuen Massenmedien im 19. und frühen 20. Jahrhundert genauso wie das Internet seit den 1990er Jahren. Es fördert und kultiviert den Glauben an die seltsamsten Verschwörungstheorien, UFOs, Alien-Invasionen und dubiose Diäten und Gesundheitspraktiken. Deutschland war in dieser Beziehung nicht allein. Das Aufkommen einer Reaktion gegen die Entzauberung der Welt ist allen westlichen Industriestaaten gemeinsam. Jede nationale Kultur besitzt ihre eigene Version des Grenzwissens und entsprechender Überzeugungen. Sie waren jedoch im Großen und Ganzen ähnlich, da sie alle aus einer allgemeinen Gegenreaktion auf die Moderne mit ihrer Industrialisierung, Urbanisierung, ihrem Rationalismus, Säkularismus und ihrer Wissenschaft erwuchsen. All dies ging Hand in Hand mit der sogenannten okkulten Wiedergeburt in der westlichen Welt, die während der Aufklärung begann und sich im 19. und Anfang des 20. Jahrhunderts ausbreitete. Eins ist sicher, das Okkulte war niemals wirklich tot.[8]

Das soll nicht heißen, dass Deutschland mit seiner Subkultur des Grenzwissens nicht inbrünstiger als andere Nationen auf die Moderne reagierte. Es prädestinierte Deutschland aber auch nicht für den Aufstieg des Nationalsozialismus und der Schrecken des Dritten Reiches. Anders als andere westliche Industriestaaten wurde Deutschland zu einer fortschrittlichen Industriegesellschaft, bevor es zu einem vereinten Staat wurde. Die Erschaffung des deutschen Kaiserreichs im Jahre 1871 führte zu einer sofortigen Weltmacht und einem wirtschaftlichen Aufschwung. Dieses Ereignis gab den Deutschen eine Menge, worauf sie stolz sein konnten, ließ aber auch die Erwartungen auf noch mehr Größe ansteigen. Diese Erwartungen blieben bis zu einem gewissen Grad unerfüllt, was in den Jahren vor 1914 ein unbestimmtes Gefühl von Unzufriedenheit und Ernüchterung verursachte. In dieser Stimmung begannen die Menschen, nach Mysterien und Wundern zu suchen, und entwickelten Sehnsucht nach einer vergangenen Herrlichkeit, die so nie existiert hatte. Der unerwarteten Niederlage im Ersten Weltkrieg folgten ein hart und unfair errungener Frieden, politische Instabilität und wirtschaftlich schwere Zeiten, die den Aufstieg des Nationalsozialismus ermöglichten und den vorhandenen Antisemitismus stark anheizten. Sie erhöhten außerdem den Reiz des Eskapismus in die Bereiche des Übernatürlichen, des Okkulten, der Pseudowissenschaft und einer mystischen Vergangenheit. Auch hier war Deutschland nicht allein. Auch in Süd- und Osteuropa wurden Regierungen von Faschisten übernommen und der Antisemitismus in Osteuropa nahm zu.[9]

Während des 19. Jahrhunderts machten die Deutschen ähnliche Erfahrungen wie die anderen westlichen Länder. Die Romantik, mit ihrer Verehrung des Mittelalters, des Erhabenen, des Mysteriösen und des Übernatürlichen, war sehr einflussreich in Deutschland. Mit all der mittelalterlichen Geschichte sowie der nordischen Mythologie von Odin und Thor und den Legenden von Siegfried und den Nibelungen stand der deutschen Romantik eine Fülle an Material zur Verfügung, mit dem sie arbeiten konnte. Genau wie die anderen Europäer hielten die Deutschen am Antisemitismus fest. Doch sie waren nicht allein mit diesem Vorurteil. Andere westliche Nationen besaßen ihre eigenen antisemitischen Elemente, die oft viel giftiger waren als die deutsche Variante. Deutschland war jedoch der Ort, an dem der Begriff »Antisemitismus«

das erste Mal benutzt wurde. Erfunden wurde er von Wilhelm Marr, dem wenig bekannten Autor des Traktats *Der Sieg des Judenthums über das Germanenthum – Vom nichtconfessionellen Standpunkt aus betrachtet* (1873). Seine Arbeit löste eine unheilvolle Verschiebung vom religiösen zum rassischen Antisemitismus aus. Juden waren nicht länger ein Volk, das eine mangelhafte Religion ausübte und daher bekehrt und entsprechend erlöst werden konnte. Stattdessen waren sie eine böse Rasse, verschieden von anderen Menschen, die durch die Zeiten hindurch die christliche Gesellschaft bedroht hatte und deshalb nicht erlöst werden konnte. Deshalb sah man Juden als Ungeziefer oder Krankheit an, die ausgelöscht werden musste. Als Marr dies in den 1870er Jahren schrieb, vertrat die große Mehrheit der Deutschen diese widerlichen Überzeugungen nicht und hieß sie auch nicht gut. Beim Übergang zum 20. Jahrhundert jedoch erfuhren Deutschland und andere europäische Nationen ein Wiederaufleben des Antisemitismus. Dies äußerte sich im Auftauchen der »*Protokolle der Weisen von Zion*« und anderen Werken mit widerwärtiger antisemitischer Propaganda. Diese Schriften verwandelten die Wahrnehmung der Juden von einer Religion zu einer Rasse im biologischen Sinne und unterstellten ihnen ein Komplott zur Unterwerfung der Welt.[10]

Die Deutschen teilten darüber hinaus den Enthusiasmus des späten 19. Jahrhunderts für den Sozialdarwinismus und die Vorstellungen von einer Rassenhygiene, die durch die westlichen Nationen fegten. Der Sozialdarwinismus lehrte, dass der Kampf um das Überleben des Stärksten in der Natur auch für die menschlichen Rassen, Nationen und gesellschaftlichen Klassen galt. Die reichste und mächtigste Rasse oder Nation oder gesellschaftliche Klasse war ganz eindeutig die stärkste und verdiente es daher am meisten zu überleben. Ernst Haeckel war ein bekannter deutscher Zoologe, der die Darwinsche Evolutionstheorie unterstützte und viel dafür tat, sie in Deutschland bekanntzumachen. Er förderte außerdem den Sozialdarwinismus und seine Ideen von überlegenen und unterlegenen Rassen und dem Kampf unter den Menschen ums Überleben. Haeckels Vorstellungen waren in Deutschland sehr populär und beeinflussten unter anderem das Denken von Hitler und den Nationalsozialisten. Da Deutschland eine reiche und mächtige Nation war, vor allem nach der Reichseinigung von 1871, gehörten die Deutschen offensichtlich zur stärksten Kategorie der Menschheit. Die Briten, Franzosen, Amerikaner und auch die Russen dachten von sich selbst ebenso. Sie alle wünschten, ihren Status zu behalten, weshalb die Idee der Rassenhygiene entstand, die danach strebte, die Schwachen, die Behinderten und die von der Norm Abweichenden daran zu hindern, eine erfolgreiche und starke Gesellschaft nach unten zu ziehen. Ein Ziel der Rassenhygiene bestand darin, behinderte oder »nicht normgerechte« Menschen mithilfe von Zwangssterilisationen daran zu hindern, Kinder zu bekommen – für Unterstützer dieser Maßnahmen eine grausame Notwendigkeit. Für die Deutschen war das Ariertum außerdem eine ausgesprochen attraktive Vorstellung. Viele hielten sich selbst für Nachfahren der Arier, einer angeblich alten und überlegenen weißen Rasse. Rassenhygiene und Ariertum wurden zu den zentralen Lehren der nationalsozialistischen Ideologie, die schließlich in der grauenhaft menschenfeindlichen Politik der Euthanasie von Menschen mit scheinbaren »Defekten« und Behinderungen sowie im Völkermord an Juden, Sinti und Roma und anderen unbeliebten Gruppen gipfeln würde. Genaugenommen ist der Nationalsozialismus so eng mit dem Ariertum verknüpft, dass das allgemeine historische Gedächtnis gern die Tatsache aus den Augen verliert, dass viele andere westliche Eliten ebenfalls das Ariertum und seinen Ableger, den Sozialdarwinismus, vertreten haben.[11]

Während der Aufklärung lehnten sich viele europäische Gelehrte gegen die judäisch-christliche Sichtweise hinsichtlich der Ursprünge von Menschheit und Zivilisation auf. Manche vertraten die Auffassung, dass Nordindien der wahre Geburtsort der Zivilisation sei. Etwa zur gleichen Zeit stellte William Jones, ein Kolonialbeamter in Britisch-Indien, die These von der Existenz einer prähistorischen Sprache auf, die der Urahn von Sanskrit, Griechisch, Latein und anderen europäischen Sprachen sei. Der deutsche Gelehrte der Romantik Friedrich Schlegel übernahm Jones' linguistische Ideen voller Begeisterung, zog dann aber eine Verbindung zwischen Rasse und Sprache. In seinem Werk *Über die Sprache und Weisheit der Indier* (1808) präsentierte er die Theorie, dass die Sprecher der Ursprungssprache Sanskrit nach dem Begründen einer friedvollen und genialen Kultur im Himalaya zu kriegerischen Wanderungen aufgebrochen waren, die zur Eroberung des indischen

Subkontinents und einer Reise gen Westen geführt hatte, um das nördliche Europa zu besiedeln. 1818 hatte er dann auch den Begriff »arisch« populär gemacht, der auf Sanskrit »edel« bedeutet und die alte Ursprache bezeichnet sowie die Menschen, die sie sprachen. Schlegels Konzept dieser blonden und blauäugigen arischen Rasse fand in Frankreich, Großbritannien, den USA und Deutschland Akzeptanz. Theodor Roosevelt war ein begeisterter Verfechter des Ariertums. In Deutschland sprach das Ariertum den Nationalismus und Pangermanismus an, da es die Deutschen zur überlegenen Rasse erklärte. Es überrascht daher kaum, dass die Nationalsozialisten später das Ariertum rückhaltlos in ihre Ideologie aufnahmen.[12]

Das 19. Jahrhundert war eine Zeit des aufstrebenden Nationalismus, vor allem des romantischen Nationalismus, der während und kurz nach den Napoleonischen Kriegen entstand. Der romantische Nationalismus bemühte sich, die Legitimität der Nationalstaaten an den Banden von Kultur, Sprache, Traditionen, ethnischer Zugehörigkeit und Rasse festzumachen. Existierende Nationalstaaten wie Frankreich und Russland versuchten, ihre nationalen Identitäten zu intensivieren. Menschen, die keinen eigenen Nationalstaat besaßen, hofften, einer zu werden. Aus diesem nationalistischen Schwund erwuchs der Pangermanismus. Dieser wollte alle deutschsprechenden Völker in einem großen Nationalstaat zusammenbringen, der diejenigen vereinte, die im heutigen Deutschland und Österreich lebten, zu denen dann möglicherweise auch die Niederländer und Skandinavier kommen sollten. Am Ende waren Italien und Deutschland die zwei neuen Nationalstaaten, die im 19. Jahrhundert geschaffen wurden. Beide entstanden durch Gewalt. Eine Reihe von Aufständen und Unabhängigkeitskriegen gipfelte schließlich 1871 in der Vereinigung Italiens mit Rom als Hauptstadt. Die Vereinigung Deutschlands war das Ergebnis der Siege Preußens im österreichisch-preußischen Krieg von 1866 und dem französisch-preußischen Krieg von 1870-71 unter der Führung des Eisernen Kanzlers Otto von Bismarck. Die österreichischen Deutschen gehörten nicht zu der geeinten Nation. Sie blieben Teil des aus vielen Völkern bestehenden Kaiserreichs Österreich-Ungarn. Dieses Ergebnis enttäuschte Pangermanen in Deutschland und vor allem in Österreich und wurde später von den Nazis wieder aufgegriffen.[13]

Die *völkische* Bewegung ist eine weitere Manifestation des romantischen Nationalismus, die ebenfalls den Pangermanismus ergänzte. Es gibt übrigens im Englischen trotz der gemeinsamen Abstammung der Wörter »völkisch« bzw. »Volk« und »folk« von derselben Wurzel keinen äquivalenten Ausdruck. Dennoch lässt sich die Bedeutung mit »Ethno-Nationalismus« oder »rassischem Nationalismus« wiedergeben, also ein Nationalismus, der auf der ethnischen oder rassischen Zugehörigkeit basiert. Auch dieser war Teil des Aufbegehrens gegen den Rationalismus, wissenschaftlichen Materialismus und die Entzauberung der Welt, die den Modernismus kennzeichneten, der im 19. und frühen 20. Jahrhundert den Alltag bestimmte.[14] Die völkische Bewegung war ein weitverbreitetes und einflussreiches Phänomen in der deutschen Gesellschaft vom Ende der napoleonischen Kriege bis zum Dritten Reich. Dank ihrer vielen Interessen und Erscheinungsformen war sie so mannigfaltig, dass sie fast schon formlos wirkte. Folklore, Lokalgeschichte, Prähistorie, Zurück-aufs-Land-Programme, esoterische und okkulte Interessen, Förderung einer nationalen Gemeinschaft, das Wiederbeleben heidnischer Traditionen und Sitten und eine Affinität für den Antisemitismus gehörten alle zur völkischen Bewegung. Es ist daher nicht überraschend, dass die Ideen des Ariertums in ihr ein passendes Zuhause fanden.

All diese Aktivitäten und Interessen ermutigten Deutsche mit einem Hang zu völkischen Ideen, sich selbst für besonders zu halten, viel besser als andere Völker, wie etwa die Slawen. Völkische Ideen wurden in Büchern und Artikeln von Zeitschriften und Zeitungen verbreitet, deren Autoren romantische Geschichte oder Folklore diskutierten. Es erschienen Romane mit völkischen Themen und Hintergründen. Eine Reihe von Verlegern unterstützte aktiv diese Arten von Schriften, da sie an diese glaubten und sie außerdem beliebt waren und sich gut verkauften. Auch Gruppen, die eine Rückbesinnung auf das Landleben oder die Liebe zur Natur förderten, die angeblich auf einer mystischen Verbindung zwischen den Menschen und ihrem Land basierten, unterstützten die völkische Bewegung. Besonders einflussreich war die sogenannte Wandervogel-Jugendbewegung, die sich dem Wandern verschrieben hatte. Oft hingen ihre Mitglieder auch dem Ariertum und der völkischen Ideologie an. Viele Lehrer und Professoren an deutschen

Schulen und Universitäten waren Anhänger völkischer Ideen und ermutigten gleichgesinnte Schüler und Studenten. All diese Gruppen waren sich darin einig, dass der deutsche Nationalismus besonders sei und angesichts einer vorwiegend nichtdeutschen Welt und besonders ihrer Untergruppe, der bedrohlichen nichtarischen Welt, wiederbelebt werden müsse. Dies war die Lage, in der sich vor dem Ersten Weltkrieg die verschiedenen arischen oder ariosophischen Gruppen herauszubilden begannen.[15]

## Die Ariosophie und ihre Ursprünge

Ariosophie bedeutet »Weisheit der Arier«. Der Begriff wurde 1915 vom österreichischen Okkultisten Jörg Lanz von Liebenfels geprägt, obwohl ariosophische Ideen schon seit den 1890er Jahren kursierten. Es war eine Bewegung, die in den 25 Jahren vor dem Beginn des Ersten Weltkrieges im Jahre 1914 als ein Gebräu aus Pangermanismus, Ariertum, Antisemitismus, Theosophie und völkischem Nationalismus entstand. Viele künftige Nazi-Größen fanden ariosophische Ideen attraktiv und nahmen sie in ihre Ideologie auf. Um die Ariosophie zu verstehen, ist es wichtig, sich die Laufbahnen und Ideen von Guido von List und Lanz von Liebenfels anzuschauen. Beide Männer waren Österreicher und gehörten zum gleichen Milieu aus Pangermanismus, völkischem Denken, Antisemitismus und Okkultismus, dem der junge Hitler in seinen Jahren in Wien begegnete. Sowohl List als auch Lanz von Liebenfels erfanden für sich aristokratische Abstammungen. Mit diesen persönlichen Anstrengungen versuchten sie, Teil einer deutschen Vergangenheit und eines Erbes zu werden, das im Prinzip eine ziemliche Fantasterei war.[16]

Guido von List war in Wien geboren worden. Seine Eltern stammten aus der Mittelklasse und seinem Vater gehörte ein gutgehendes Lederwarengeschäft. Wie viele andere Deutsche im österreichisch-ungarischen Kaiserreich verspürte er Furcht angesichts des wachsenden slawischen Nationalismus und wandte sich dem Pangermanismus zu. Ansonsten beschäftigte er sich mit beliebten Freizeitaktivitäten wie Wandern, Bergsteigen und dem Studium der Volkskunde mit völkischem Beiklang.

1877 starb Lists Vater, was es dem Sohn erlaubte, das Familienge-
schäft zu verlassen, um eine literarische Karriere als Journalist, Essayist
und Autor von Romanen mit völkischen Themen zu verfolgen. Durch
seine Schriften erlangte er schnell Bekanntheit in pangermanischen
und völkischen Kreisen sowohl in Österreich als auch in Deutschland.
Ab Mitte der 1890er Jahre zeigten seine Schriften antisemitische Ten-
denzen. 1888 erschien sein erster Roman, *Carnuntum*. Dieser hatte
einen germanischen Hintergrund und spielte in der Spätantike im 4.
Jahrhundert. Die beiden 1894 und 1895 folgenden Romane schilder-
ten ebenfalls eine heroische germanische Vergangenheit. Als Nächstes wandte sich List dem Verfassen von Theaterstücken mit völkischen
Themen zu, die seine Berühmtheit in pangermanischen Kreisen noch
steigerten.

Der größte Beitrag Lists zu den deutschen übernatürlichen Überzeugungen bestand darin, dass er der erste populäre Autor war, der völkische Ideologie mit Okkultismus und Theosophie kombinierte. Ne-
benbei propagierte List die Existenz einer alten germanischen Religion,
die er Wotanismus nannte. Wotan, auch bekannt als Odin oder Wo-
den, war der Hauptgott der skandinavischen/germanischen Götterwelt.
Diese Götter bildeten einen wichtigen Bestandteil der germanischen
Mythologie und Volkskunde. Mithilfe der Prosa- und der Lieder-Edda
als Quellen entwickelte List den Wotanismus zu einer Religion, die
geheimes Wissen über natürliche Mysterien enthielt und bewahrte.
Im Laufe der Zeit fügte er immer weitere esoterische Einzelheiten
hinzu. Ab den 1890er Jahren behauptete List, dass in der vorchristli-
chen germanischen Gesellschaft eine wotanistische Priesterschaft existiert hätte, die besonderes und mächtiges Wissen besaß. Ab dieser Zeit
wurden okkulte Ideen in Lists Schriften immer wichtiger. 1908 war
die wotanistische Religion mit ihrem gnostischen Wissen das Kern-
stück seiner Weltanschauung geworden. Eine andere Behauptung Lists
besagte, dass die alten Germanen von den Armanen regiert worden
waren, die Nachkommen und Erben eines gottgleichen Sonnenkönigs
gewesen seien. Die gesellschaftliche und politische Hierarchie der alten
germanischen Gesellschaft oder *Armanenschaft* beruhte darauf, wie viel
der alten Weisheit oder Gnosis ein Mensch besaß. Die am höchsten
in diese Weisheit eingeführten Personen waren die Priesterkönige, die

die Germanen regierten. So wie List davon erzählte, war die alte germanische Gesellschaft eine harmonische Meritokratie voll gnostischer Weisheit.[17]

Doch in Lists wotanistisches Eden drang eine Schlange ein. Frühchristliche Missionare trafen ein und begannen Menschen zu bekehren, darunter auch Mitglieder der Oberschicht und die Könige. Nachdem sie erst einmal eine Machtposition erlangt hatte, fing die christliche Kirche an, den Wotanismus zu dämonisieren. Ihre Anstrengungen wurden unterstützt von Verbündeten wie Kaiser Karl dem Großen, der unter den verbliebenen Wotanisten eine Kampagne aus Verfolgung und Zwangsbekehrung startete. Besiegt ging die *Armanenschaft* in den Untergrund. Gruppen wie die Tempelritter, verschiedene Renaissance-Humanisten, Kabbalisten und Rosenkreuzer waren alle Teil der verborgenen *Armanenschaft*. Einer der aus dem Untergrund agierenden armanistischen Gelehrten war der bedeutende Hebraist Johannes Reuchlin, der im 15. und frühen 16. Jahrhundert wirkte und dessen Reinkarnation List zu sein vorgab. Kein Wunder, dass Himmler sich so zur Ariosophie hingezogen fühlte – Reinkarnation ist viel besser als ancestry.com. List hatte keinen Beweis für die Existenz der alten wotanistischen Gesellschaft. Einige der Ideen kamen ihm in Form von Visionen oder Träumen, die bei Besuchen an heiligen Orten wie der Hügelfestung Geiselberg auftraten. In anderen Fällen enthüllten sich ihm bisher unvorstellbare Wahrheiten angeblich bei seinen Studien und der unorthodoxen Interpretation von Runen. Er behauptete, den Wotanismus überall in uralten Ruinen und vorgeblichen architektonischen Designs und Motiven zu sehen, die vom armanistischen Untergrund benutzt würden. Ähnlich mangelhafte Argumente werden auch von denjenigen vorgebracht, die behaupten, überall auf der Welt Beweise für Außerirdische, mittelalterliche chinesische Weltumsegler oder Überreste der Atlanter zu sehen. List wollte, dass die Armanenschaft wiedergeboren würde und dann wiederum die Größe des germanischen Volkes wiederherstellt.[18]

Ab 1902 tauchten in Lists Schriften über die altgermanische Vergangenheit und den Wotanismus okkulte Konzepte auf. Besonders theosophische Einflüsse äußerten sich ab 1903. Diese Entwicklung kam nicht überraschend, spielte doch die Theosophie der Madame Helena Blavatsky eine große Rolle im neuzeitlichen deutschen Revival des

Okkultismus seit dem Fehlstart der Deutschen Theosophischen Gesellschaft im Jahre 1884. Die Theosophie bot ein Gegenmittel zum Positivismus der Wissenschaft des 19. Jahrhunderts sowie eine Möglichkeit, die Wissenschaft mit humanistischen religiösen Überzeugungen in Übereinstimmung zu bringen. Die Theosophie passte gut zu Lists Bemühungen, den Wotanismus und völkische Ideen durch irgendwie methodologisch dubiose Studien von Volkskunde, Archäologie und Runen zu einer kohärenten Ideologie zusammenzubauen. Die theosophische Elite aus Mahatmas mit einer machtvollen geheimen Weisheit fügte sich gut in Lists Konzept der Armanen-Priesterkönige ein. List übernahm außerdem Madame Blavatskys evolutionäres Schema der sieben Wurzelrassen der Menschheit. Sie lehrte, dass die Weisheit der Theosophie eine lange Geschichte hatte, die sich bis in die unbekannten Zeitalter erstreckte, dabei aber den meisten Menschen verborgen blieb. Das entsprach Lists Darstellung des Wotanismus als eines sehr alten Systems des Wissens, das in den Untergrund gezwungen worden war. Gleichzeitig übernahm List nur bestimmte theosophische Lehren. Er lehnte ihre zyklische Weltsicht ab. List war ein Millenarist mit einer linearen Sicht auf die Geschichte. Für ihn hielt die Zukunft eine Wiederherstellung der Weisheit und Macht des Wotanismus sowie den endgültigen Triumph des guten, großen und weisen germanischen Volkes bereit. Die Theosophie sprach viele Bereiche der deutschen Gesellschaft an, darunter linke und rechte, liberale und konservative. Jeder Student der Theosophie entnahm ihr – wie List – genau die Ideen, die seinen Zwecken dienten.[19]

List betrachtete sich selbst als einen modernen Propheten. Seine Prophezeiungen würden sich mit der Erschaffung eines mächtigen pangermanischen Reiches erfüllen. Dieses Reich würde durch eine Elite aus arischen Deutschen regiert werden, die ein Leben aus Luxus und Privilegien führen würden, das auf der Arbeit der geringeren, nichtarischen Völker basierte, die im Prinzip Sklaven wären. Eine strenge Rassentrennung wäre die Regel, damit die Reinheit der Arier bewahrt bliebe. Die arische Gesellschaft wäre patriarchalisch organisiert, das heißt, die männlichen Familienoberhäupter würden die höchste Ebene der Bürger bilden. Der Historiker Nicholas Goodrick-Clarke hat darauf hingewiesen, dass diese Vision einer perfekten Gesellschaft im Einklang mit den Rassengesetzen stand, die von den Nationalsozialisten in den 1930er Jahren erlassen wurden. Lists rassisch reine Arier-Elite nahm Himmlers Pläne vorweg, dessen SS-Truppen zu einer rassisch reinen Elite zu machen, die die Erde mit einer Herrenrasse bevölkern würde. Als 1914 der Erste Weltkrieg ausbrach, sah List dies als Auslöser für das Entstehen seines pangermanischen Reiches. Obwohl vom Ergebnis des Krieges tief enttäuscht, blieb List bis zu seinem Tode im Jahre 1919 dabei, dass der Triumph des großartigen pangermanischen Reiches sowohl durch mystische als auch durch irdische Mittel schon bald vollzogen werden würde.[20]

Ein weiterer wichtiger ariosophischer Denker war Jörg Lanz von Liebenfels. Eine Generation jünger als List, war er ebenfalls in eine römisch-katholische Wiener Mittelklasse-Familie hineingeboren worden. Und genau wie List fügte er seinem Namen das adlige »von« hinzu – mit einer ebenso schwachen Begründung dafür. 1915 prägte er den Begriff »Ariosophie« für die Ideen, die er, List und andere gleichgesinnte Personen unterstützten. 1983 war der junge Lanz als Novize in den Zisterzienser-Orden eingetreten. Als er 1894 ein Templer-Grab besuchte, behauptete er, eine Art Erleuchtung in Bezug auf die Arier und die minderwertigen Rassen gehabt zu haben. Einige Jahre später musste er die Zisterzienser verlassen, weil er Probleme mit der »fleischlichen Liebe« gehabt habe. Nichts davon hinderte Lanz jedoch daran, eine Laufbahn als Okkultist einzuschlagen.[21]

Anders als bei List waren Lanz' Vorstellungen von der menschlichen Geschichte nicht besonders völkisch oder germanisch. Stattdessen befürwortete er eine Vision der Prähistorie, in der arische Supermenschen, die auf den verlorenen Kontinenten Atlantis und Lemuria lebten, telepathische und allwissende Kräfte besaßen, vergleichbar den Kräften von Blavatskys Wurzelrassen. Die militärischen religiösen Orden des Mittelalters hätten diese Kräfte weitergetragen. Lanz wollte diese Kräfte in der Gegenwart mit der Wiederherstellung der arischen Krieger und Weisen wiederbeleben. Diese Ideen wurden in einen christlichen Mantel gehüllt, in dem es zum Sturz des Menschen kam, als Eva sich mit einem Dämonen paarte. Ihre Brut war der Ursprung der minderwertigen dunklen Rassen. Für Lanz war das Überleben der rassischen Reinheit der Arier eine Frage des Überlebens des zivilisierten und guten Teils der menschlichen Gesellschaft. Er präsentierte diese Anschauungen 1893 in seinem Buch *Theozoologie*. Lanz traf List das erste Mal 1893, als er gerade den Zisterziensern beigetreten war. List nahm eine Reihe von Lanz' Ideen in seine eigenen Schriften auf, wie etwa das okkulte Wesen der Tempelritter und dass die ursprüngliche Heimat der Arier der arktische Kontinent Arktogäa gewesen sei. Beide Männer glaubten an die millenaristische und apokalyptische Sichtweise, dass ein großer Krieg zu einem arischen Triumph über die minderwertigen Rassen führen würde. Dieser Sieg würde ein rassisch reines Paradies auf Erden nach sich ziehen. Lanz glaubte, dass eine erzwungene Rassentrennung es der arischen Rasse schließlich erlauben würde, sich selbst in dem Maße zu reinigen, dass sie ihre verlorenen Superkräfte wiedergewinnen würde. Für ihn war es entscheidend, seine ziemlich bizarren Ideen mit einem Hauch von wissenschaftlicher Legitimation auszustatten. Dieses Bestreben führte ihn zur Zusammenarbeit mit dem wissenschaftlich orientierten Deutschen Monistenbund.[22]

Lanz' anhaltende Faszination für die Tempelritter veranlasste ihn, sich einen dubiosen Stammbaum zuzulegen, der ihm einen Templer als Vorfahren bescherte (da die Tempelritter sich zur Keuschheit verpflichtet hatten, war es offensichtlich, dass dies ein Vorfahr war, der unkeusch und nicht zölibatär lebte, genau wie Lanz selbst). 1907 gründete er (auch wenn es sich in seinen Augen um eine Wiedergründung handelte) den Ordo Novi Templi (Orden des Neuen Tempels, ONT, auch: Neutempler-Orden) und richtete dessen Hauptquartier auf der Burg Werfenstein in Österreich ein. Die Gruppe besaß mehrere Ebenen der Mitgliedschaft, die auf der arischen Abstammung beruhte, sowie komplizierte Rituale und Ausrüstungen. Nach der Niederlage Deutschlands im Jahre 1918 und dem bis 1923 herrschenden Chaos gewann der ONT für die pangermanischen Nationalisten eine neue Relevanz. Sie strebten danach, den faulen Kräften des Kommunismus und demokratischen Republikanismus zu widerstehen, die ihrer Ansicht nach ihre Nation zerstörten. Lanz' Ideologie wurde außerdem stärker antisemitisch, da er die Juden und Freimaurer für die Verbündeten des Bolschewismus hielt. Die Ariosophie und der ONT von Lanz kombinierten Wissenschaft, Religion, das Okkulte und Vorurteile zu einer gnostischen Ideologie.

Sie war ein perfekter Ausdruck des Missbehagens und der Ängste der Österreicher und Deutschen in den Jahren vor und nach dem Ersten Weltkrieg. Hitler und die Nazis, die keine Konkurrenz neben sich duldeten, unterdrückten den ONT nach ihrer Machtübernahme 1933 und lösten ihn schließlich auf.[23]

Man muss sich immer vor Augen halten, dass die Guido-von-List-Gesellschaft, eine Art Fanclub/Geheimgesellschaft, der bzw. die 1908 gegründet worden war, um Lists Schriften zu studieren, und der ONT nur vergleichsweise geringe Mitgliederzahlen hatten, es aber dennoch eine breitere Öffentlichkeit gab, die ihre völkischen und ariosophischen Ideen glaubwürdig und attraktiv fand. Ihre Vorstellungen verbreiteten sich in Deutschland durch Artikel und Bücher völkischer Autoren und Runenenthusiasten, die Lists Ideen auf ihre eigenen Interpretationen von Runen anwandten. Theodor Fritsch und andere Mitglieder der List-Gesellschaft gründeten 1912 den Reichshammerbund. Dessen Zweck bestand darin, die verschiedenen antisemitischen Organisationen zu koordinieren und zu vereinen und unter seine Führung zu bringen. Gleichzeitig gründeten Fritsch und seine Mitstreiter den Germanenorden, eine geheime Gruppe, die aus den prominenteren Anführern des Reichshammerbundes bestand. Obwohl der Reichshammerbund einen beträchtlichen Anteil seiner Ressourcen für die Rekrutierung einsetzte, hatte er 1913 nur einige Hundert Mitglieder. Vor dem Ersten Weltkrieg hatte die deutsche Gesellschaft als Ganzes nur wenig Interesse an mystischem Extremismus.[24]

Obwohl er eine Geheimgesellschaft war, stellte sich der Germanenorden deutlich geschickter beim Werben neuer Mitglieder an als der Reichshammerbund. Sein Aufruf für eine ariosophische Wiedergeburt und die Erschaffung eines pangermanischen armanistischen Reiches (oder Armanenreiches) rassisch reiner Deutscher war für völkisch Gesinnte definitiv reizvoll. Auch die Idee einer geheimen antisemitischen Gesellschaft hatte ihre Anziehungskraft. Viele antisemitische Deutsche glaubten genau wie Antisemiten anderer Nationen, dass die Juden an einer riesigen, geheimen Verschwörung beteiligt waren, um die deutsche Gesellschaft oder die ganze Welt zu beherrschen. Man hatte also das Gefühl, dass man diesem gigantischen Komplott am besten durch eigene Geheimgesellschaften begegnen sollte. Außerdem waren einige deutsche Freimaurer enttäuscht über das, was sie als die Abwertung der freimaurerischen Prinzipien durch jüdische und fremdländische Einflüsse ansahen. Für sie bot der Germanenorden eine geheime Alternative. Der Beginn des Ersten Weltkriegs beeinträchtigte die Zunahme der Mitgliederzahlen des Germanenordens und die Zahlen sanken, als Mitglieder dem Militär beitraten. Nach dem Waffenstillstand erneuerte der Orden seine Bemühungen um neue Mitglieder. In dem Chaos, das Deutschland von 1919 bis 1923 gefangen hielt, befeuerte der Orden darüber hinaus eine ganze Reihe von Morden und Anschlägen auf Juden und Unterstützer der Weimarer Republik.[25]

Ende 1916 erregten die Aktivitäten des Germanenordens die Aufmerksamkeit und Anhängerschaft von Rudolf von Sebottendorf, der als Adam Alfred Rudolf Glauer geboren worden war. Sebottendorf würde eine entscheidende, wenn auch verdrängte Rolle in den Anfängen der nationalsozialistischen Partei und ihren Verbindungen zu dem Okkulten, der Grenzgeschichte und der Pseudowissenschaft spielen, die die Ariosophie war. Er stammte aus der preußischen Provinz Schlesien und war der Sohn eines Eisenbahningenieurs. Als junger Mann war er eine Weile herumgezogen und hatte als Matrose gedient sowie in Ägypten und der Türkei gearbeitet. Nach einer Anklage in Deutschland wegen Fälschung und anderen Betrugs kehrte er in die Türkei zurück und wurde 1911 osmanischer Bürger. In der Türkei wurde er von Baron Heinrich von Sebottendorf adoptiert und trug folglich den Namen Sebottendorf. Später fand noch eine deutsche Adoption statt, die angezweifelt wurde – allerdings erhielt er aktive Unterstützung durch die Familie von Sebottendorf. Er kämpfte in der türkischen Armee und wurde während des ersten Balkankriegs (1912-13) verwundet. 1913 kehrte er mit einem türkischen Pass nach Deutschland zurück. Seine türkische Staatsangehörigkeit und die Kriegsverletzung sorgten dafür, dass er im Ersten Weltkrieg nicht in die deutsche Armee eingezogen wurde. Vor seiner Rückkehr nach Deutschland hatte Sebottendorf starkes Interesse an Geheimgesellschaften und dem Okkulten bekundet. 1901 war er einer türkischen Freimaurerloge beigetreten. Außerdem wurde er Sufi des Bektaschi-Ordens, nachdem er zum Islam konvertiert war. Ab 1912 begann er, mit numerologischen Meditationen zu experimentieren, doch Vorfälle würden zeigen, dass Sebottendorf nicht nur ein träumerischer und dilettantischer Okkultist war.[26]

Schon bald, nachdem Sebottendorf Ende 1916 dem Germanenorden beigetreten war, beauftragte ihn Hermann Pohl, der Anführer der okkultistischen Walvater-Gruppe innerhalb des Ordens, den bayerischen Ableger des Ordens wiederzubeleben. Hier erwies sich Sebottendorf als geschickter Anwerber und Organisator. Bereits Weihnachten 1917 war die Abteilung in Bayern sehr aktiv. Dieser Erfolg veranlasste Sebottendorf, im Juli 1918 sein Hauptquartier im Hotel Vier Jahreszeiten einzurichten. Der Germanenorden belegte fünf große Clubräume, die 300 Besucher aufnehmen konnten. Die Besitzer des Hotels sympathisierten mit dem Germanenorden und erlaubten es Sebottendorf und den anderen Mitgliedern des Ordens sowie später der Thule-Gesellschaft, den Lieferanteneingang zu benutzen, um ihr Kommen und Gehen geheim zu halten. Um ihre fragwürdigen rechtsgerichteten und antisemitischen Aktivitäten vor den sozialistischen Gegenspielern und den Behörden der Weimarer Republik zu verschleiern, nannte sich der Germanenorden nun Thule-Gesellschaft. Er behauptete von sich, ein harmloser Verein zum Studium der Volkskunde zu sein, der sich für die Eddas und die nordische Mythologie interessierte. Der Name »Thule« war von »Ultima Thule« abgeleitet, mit dem der antike griechische Reisende Pytheas im Norden gelegene Inseln, möglicherweise Island, bezeichnet hatte. Es war der angebliche Zufluchtsort der altgermanischen Armanen, die sich dort vor den Verfolgungen durch die Christen in Sicherheit gebracht hatten. Diese arktische Verbindung passte sehr gut zu den ariosophischen Interessen an Atlantis und anderen verlorenen Kontinenten, die aus der Theosophie übernommen worden waren. Im Fall der Thule-Gesellschaft lag der ariosophische Fokus auf dem verlorenen Kontinent Hyperborea, der angeblichen Heimat der Arier. Sebottendorf war ein leidenschaftlicher Verfechter der Ideologien von List, Lanz von Liebenfels und anderen Ariosophen. Der Historiker David Luhrssen brachte es auf den Punkt: »Die Ariosophie war die Geheimsprache der Thule-Gesellschaft.«[27]

Von Herbst 1918 bis Frühjahr 1919 herrschten in Deutschland Aufruhr und Gewalt, als deutsche Linke versuchten, die Weimarer Republik zu stürzen und durch eine (sozialistische) Räterepublik zu ersetzen.

Tatsächlich kam es in München kurzzeitig zur Einrichtung einer Räteregierung. Sebottendorf nutzte dort jedoch geschickt die Thule-Gesellschaft für eine erfolgreiche Gegenrevolution. Er war der rechte Mann am rechten Ort zur rechten Zeit. Im Juli 1918 kaufte Sebottendorf die Münchner Wochenzeitung *Münchener Beobachter und Sportblatt*. Sie diente zum Verbreiten der Thule-Propaganda unter dem Deckmantel einer harmlosen Sportzeitung. Das Thule-Hauptquartier im Hotel Vier Jahreszeiten wurde unter Sebottendorfs Führung zu einem Staat im Staate, der die Rotgardisten der Räterepublik verdeckt und offen bekämpfte. Man richtete ein Waffenarsenal ein und organisierte im November 1918 eines der ersten paramilitärischen und antikommunistischen Freikorps in Deutschland. Später hob Sebottendorf ein zweites Freikorps aus, das Freikorps Oberland, das Hitler bei seinem gescheiterten Putschversuch von 1923 unterstützte. Aus dem Hotel Vier Jahreszeiten kamen alle möglichen konterrevolutionären Aktionen, ohne dass die Münchner Rotgardisten die Quelle all ihrer Probleme erkannten. Im April 1919 wurde ihnen schließlich die Art der Gefahr bewusst und sie starteten einen Gegenangriff auf die Thule-Gesellschaft. Beim Sturm auf das Hauptquartier konnten allerdings nur wenige Gefangene gemacht werden, da Spione in der kommunistischen Organisation die Konterrevolutionäre gewarnt hatten. Die Thule-Gefangenen wurden am 30. April in ihrem Gewahrsam im Luitpold-Gymnasium erschossen. Dieser skrupellose Akt weckte den Zorn der Antikommunisten und spornte sie weiter an. Nach der Niederlage der Münchner Räteregierung kam es aus Rache zu Massakern an ihren Unterstützern. Sebottendorfs Führung in dieser Zeit brachte ihn und die Thule-Gesellschaft in Kontakt mit künftigen Nazi-Größen wie Ernst Röhm und Rudolf Heß. Der Sieg der Thule-Gesellschaft und ihre Aktivitäten trugen stark dazu bei, aus München eine Brutstätte für völkischen, pangermanischen Nationalismus und ariosophische Fantasien zu machen, die die Entstehung und das Wachstum des Nationalsozialismus begünstigten.[28]

Während Sebottendorfs Führung dazu beitragen konnte, die Niederlage der Münchner Rotgardisten herbeizuführen, begann sein persönliches Glück zu bröckeln. Er wurde von jüdischen Geschäftsleuten verklagt und man entzog ihm die Kontrolle über das Freikorps Oberland. Darüber hinaus gab es Anschuldigungen, er hätte sich als Adliger ausgegeben und die türkische Staatsbürgerschaft angenommen, um dem Dienst in der deutschen Armee zu entgehen. Schlimmer noch, andere Thule-Mitglieder hielten ihm vor, seiner Nachlässigkeit sei es zu verdanken, dass die sieben Thule-Mitglieder gefangengenommen und im Luitpold-Gymnasium hingerichtet worden seien. Außerdem wurde ihm vorgeworfen, während der Aufstände in München Geld der Thule-Gesellschaft veruntreut zu haben. Im Juni 1919 trat er als Meister der Thule-Gesellschaft zurück. Diese Entwicklungen verstellen in gewisser Weise den Blick auf Sebottendorfs Rolle als Brücke zwischen der Ariosophie und den Ursprüngen der frühen nationalsozialistischen Partei.[29]

## Die nationalsozialistischen Ursprünge und die Ariosophie

Kurz bevor und nachdem Sebottendorf die Thule-Gesellschaft verlassen hatte und in die Schweiz gereist war, beförderten zwei Ereignisse den Aufstieg von Hitler. Am 5. Januar 1919 gründete die Thule-Gesellschaft die Deutsche Arbeiterpartei (DAP) unter der Führung von Anton Drexler und mit der Hilfe von Dietrich Eckart, einem Dichter und Mitglied der Thule-Gesellschaft. Die neue Partei sollte nationalistisch sein und den einfachen Mann ansprechen; besonders okkultistisch war sie nicht. Währenddessen, im Sommer 1919, wandelte Sebottendorf den von ihm gekauften Verlag Franz Eher Nachf., der den *Münchener Beobachter* herausgab, in die Franz Eher Nachfolger GmbH um. Diese wurde im März 1920 von einer Gruppe Thule-Mitglieder übernommen.[30]

Drexler und seine Deutsche Arbeiterpartei hatten anfangs Probleme, Mitglieder zu finden. Sie schafften es jedoch, die Aufmerksamkeit der deutschen Armee zu erregen. Eine unglückliche Wendung des Schicksals wollte es, dass es sich bei dem Soldaten, der zum Ausspionieren der Gruppe entsandt worden war, um Adolf Hitler handelte. Seine Armeeoberen befahlen ihm, der neuen Partei beizutreten. Anstatt die DAP als potenziell subversive Organisation zu betrachten, gefiel ihm, was er über Nationalismus, Antisemitismus, Antikapitalismus und Antimarxismus sah und hörte. Auf Versammlungen begann Hitler, das Wort zu ergreifen. Seine rednerischen Fähigkeiten erwiesen sich als beeindruckend. Schon bald wurde er in eine Führungsposition befördert. Bei

seinem Aufstieg zur Macht unterstützte ihn Dietrich Eckart, der nach
einem messianischen Führer für die Partei gesucht hatte, der Deutschland wieder zur Größe verhelfen würde. Außerdem war er ein Befürworter des völkischen Nationalismus, Antisemitismus und Glaubens an
das Übernatürliche und hatte großen Einfluss auf das Denken Hitlers
und die frühe nationalsozialistische Ideologie. Am 24. Januar 1920 ließ
Hitler den Namen der DAP in Nationalsozialistische Deutsche Arbeiterpartei (NSDAP) ändern. Drexler trat als Parteichef zurück. Später
im Dezember wurde Sebottendorfs *Münchener Beobachter* durch Vermittlung von Dietrich Eckart an die nationalsozialistische Partei verkauft. Eckart wurde Chefredakteur, ein weiteres Thule-Mitglied und
künftiger Nazi, Alfred Rosenberg, sein Assistent. Hitler selbst wurde
im November 1921 über die Partei zum Gesellschafter und damit Miteigentümer der Zeitung. Die Thule-Gesellschaft und ihre Mitglieder
gingen schließlich in der NSDAP auf. Sie brachten die ariosophischen
Doktrinen und Konzepte von Guido von List und Lanz von Liebenfels
mit, die Sebottendorf zu einem wichtigen Bestandteil des Programms
der Thule-Gesellschaft gemacht hatte.»Ohne diesen Mann [Sebottendorf] wären wahrscheinlich sowohl der Germanenorden wie auch die
Ariosophie in Vergessenheit geraten.«[31]

Dies bedeutet nicht, dass die Ariosophie, das Okkulte, Pseudohistorie und Pseudowissenschaft eine entscheidende Rolle beim Aufstieg
Hitlers und der Nazis gespielt haben.Es gab eine Menge Umstände,
die zum Erfolg der Nationalsozialisten beitrugen. Ihr völkischer Nationalismus, Antisemitismus, Antibolschewismus und Antikapitalismus
gewannen die Zustimmung verschiedener Teile der deutschen Gesellschaft, die tief gespalten war. Die Weimarer Republik hatte neben den
Nazis viele andere Feinde. Kommunisten, Monarchisten, die deutsche
Armee und andere rechtsgerichtete oder konservative Gruppen oder
Parteien verabscheuten sie. Viele Deutsche verbanden mit ihr die Niederlage, den sogenannten Dolchstoß in den Rücken der deutschen
Armee und den ungerechten Vertrag von Versailles. Das Eintreten der
Weltwirtschaftskrise verschlimmerte die Lage der Republik noch weiter, als sowohl die Nationalsozialisten als auch die Kommunisten auf
den Straßen Chaos stifteten. Für viele in der deutschen Oberschicht
schienen die Nazis das geringere Übel und im Vergleich zu den Kom

munisten einfacher zu kontrollieren zu sein. Diese Unterschätzung der Nationalsozialisten erwies sich schnell als tragischer Fehler, nachdem Reichspräsident Paul von Hindenburg Hitler im Jahre 1933 zum Reichskanzler ernannt hatte. Am Fall der Weimarer Republik war nichts Übernatürliches oder Okkultes.[32]

Das Okkulte und Übernatürliche, Pseudohistorie und Pseudowissenschaft spielte jedoch eine wichtige Rolle in Aspekten der Kultur und Ideologie des Dritten Reichs und seiner Grundsätze. Deutschland war ein unglückliches Land in Aufruhr. Angst und Hass waren überall zu spüren. Die Nationalsozialisten machten sich den Antibolschewismus, Antimodernismus und Antisemitismus vieler Deutscher zunutze. Aus Sicht der Nazis war es eine positive Entwicklung, dass Hitler und seine Partei daran arbeiteten, das von vielen Deutschen ersehnte pangermanische Reich zu errichten. Diesen Deutschen wurde gesagt, sie seien das *Herrenvolk*, dazu auserkoren, die Welt zu beherrschen. Mit anderen Worten, sie waren das wahre auserwählte Volk der menschlichen Geschichte. Dieses pangermanische Reich würde ein Bevölkerungswachstum erleben, sodass es auch geografisch wachsen müsse. Man brauchte mehr *Lebensraum*. Diese Weltanschauung diente später als Rechtfertigung für die Aggression und Eroberung, die schließlich zur erzwungenen Vertreibung oder Auslöschung der ursprünglichen Bevölkerung der Länder führen sollte, die die Deutschen für sich beanspruchten. Solche teuflisch ambitionierten Pläne erforderten eine skrupellose und effiziente Regierung. Die Nationalsozialisten befürworteten deshalb eine autoritäre Regierung mit einem *Führer* an der Spitze, dessen Urteil nicht hinterfragt werden durfte: das sogenannte Führerprinzip.[33]

Manche Menschen akzeptieren leicht und einfach eine Überzeugung oder Ideologie, die ihrem Ego schmeichelt oder ihre Vorurteile bestätigt. Es tut jedoch nicht weh, die Glaubwürdigkeit von abstoßenden und seltsamen Ideen durch etwas zu stärken, das wie ein wissenschaftlicher, historischer oder religiöser Beweis aussieht. Das ist die Stelle, an der okkulte Rand- oder Pseudohistorie und Grenz- oder Pseudowissenschaften ins Spiel kommen. Während der Wilhelminischen Zeit und der Weimarer Republik glaubten und praktizierten viele Deutsche okkulte Überzeugungen oder einige der eigenartigen historischen oder wissenschaftlichen Theorien, die im Umlauf waren.[34] Der Nationalsozialismus und abseitige Glaubenssysteme wie die Ariosophie ergänzten einander symbiotisch. Außerdem half der weit verbreitete Glaube an bizarre und fantastische Dinge dabei, die irrationalen Überzeugungen der Nationalsozialisten zur Normalität werden zu lassen. Und schließlich war der Glaube an okkulte und seltsame wissenschaftliche Ideen und eine an den Haaren herbeigezogene Vergangenheit eine Reaktion auf den wissenschaftlichen Materialismus und die Entzauberung der Welt, die dem Leben in der modernen Zeit die ganze Freude, das Staunen und das Mysteriöse nahmen. Es war viel reizvoller zu glauben, dass die eigenen Vorfahren ursprüngliche Heldenkrieger mit Superkräften waren, die auf einem verlorenen Kontinent lebten, als zu glauben, sie seien primitive und brutale, in Tierhäute gehüllte Höhlenmenschen gewesen, die kaum die Eiszeit überlebt hatten.

### Der frühe Hitler und das Grenzwissen

Glaubte die nationalsozialistische Führung an all dieses okkulte, übernatürliche und grenzwertige Wissen? Die Antwort ist eindeutig: Nein. Viele Deutsche hatten keine Verwendung für okkultes oder Grenzwissen. Einstein betrachtete die Astrologie, die in der Weimarer Republik so populär war, als Aberglauben und gestand ihr nicht einmal im gesellschaftlichen Rahmen einer Dinnerparty in Berlin im Jahre 1927 Raum zu.[35] Manche prominenten Nazis dachten genauso. Martin Bormann, Josef Goebbels, Albert Speer und Hermann Göring waren Skeptiker und Zyniker, die das Okkulte verspotteten. Für diese Nazis war die größte Sorge, Macht zu gewinnen, sie einzusetzen und zu behalten, obwohl in Görings und Bormanns Fällen Plünderungen ebenfalls ein Ziel waren. Goebbels und Speer waren hochgebildet, während Bormann und Göring den brutalen, antiintellektuellen Typus verkörperten. Keiner von ihnen glaubte an die Mythen des Nationalsozialismus – nicht, dass sich Goebbels zu schade war, aus Gründen der Propaganda auf die Prophezeiungen des Nostradamus zurückzugreifen.[36]

Heinrich Himmler, Rudolf Heß, Alfred Rosenberg und Richard Walter Darré dagegen besaßen pseudowissenschaftliche oder okkulte Überzeugungen, die auch ihre Politik entscheidend beeinflussten, wie später gezeigt werden wird. Auch Hitlers Mentor, der Dichter Dietrich Eckart scheint okkulten und anderen seltsamen Überzeugungen zugeneigt gewesen zu sein. Er war gemeinsam mit Heß und Rosenberg ein Mitglied oder zumindest ein enger Mitarbeiter der Thule-Gesellschaft. Sein vorzeitiger Tod im Jahre 1923 beschränkte allerdings seinen Einfluss auf die Beziehungen der nationalsozialistische Partei mit dem Übernatürlichen und den Grenzwissenschaften.[37] In ihren unterschiedlichen Einstellungen zum Okkulten, zur Pseudowissenschaft und Pseudohistorie war die oberste Führungsriege der NSDAP ein Mikrokosmos des Makrokosmos ihrer Partei und der deutschen Gesellschaft insgesamt. Das wirft die Frage auf: Wie stand Adolf Hitler zum Okkulten und Übernatürlichen?

Historiker diskutieren schon lange über die immer noch nicht endgültig aufgeklärte Beziehung Hitlers zum Okkulten und zu anderen Formen des Grenzwissens. Frühe Biografien betonten sein größenwahnsinniges Streben nach Macht und sahen alle Verbindungen zum Okkulten oder Übernatürlichen als unbedeutende Ablenkungen an. Sicher, das Okkulte und das Grenzwissen standen nicht im Zentrum von Hitlers Gedankenwelt – er war vor allem von der Einrichtung des tausendjährigen Reiches und der Weltherrschaft besessen. Hitler glaubte, dass die Deutschen als Nachfahren der Arier ein Volk des Schicksals seien. Im Gegensatz dazu waren Juden die Verderber und die Bösen. Eine Vermischung von Ariern und Juden konnte nichts Gutes hervorbringen, sondern nur zu teuflisch katastrophalen Ergebnissen führen. Arische Deutsche waren in einem existenziellen Kampf mit den Juden gefangen und als ihr Führer würde Hitler sie zum Sieg führen. Wie viele andere Deutsche hielt Hitler nicht viel von den verschiedenen slawischen Völkern und den dunkelhäutigen Völkern außerhalb Europas. Nichtsdestotrotz beschäftigte er sich nicht zwanghaft mit den Details dieses apokalyptischen Szenarios, also etwa, ob die Arier nun von den verlorenen Kontinenten Atlantis oder Hyperborea oder doch eher aus dem Himalaya stammten. Gelegentlich verlor er die Geduld mit denjenigen, die davon besessen waren, wie Himmler oder Rosenberg.[38]

Eine Sache, die den Blick auf die Beziehung zwischen Hitler und den Ariosophen sowie der Thule-Gesellschaft trübt, sind die Anstrengungen, die er und der innere Kreis der aufstrebenden nationalsozialistische Partei unternommen hatten, um sich von diesen okkulten

Gruppen und ihren Ideen zu lösen. Diese Abneigung stammt zum Teil aus den Behauptungen von Sebottendorf und Lanz von Liebenfels, sie seien die Mentoren und Inspirationen von Hitler gewesen. Problematisch an diesen Behauptungen war, dass sie das Bild des einsamen Helden Hitler, das er und die nationalsozialistische Partei von ihm zu zeichnen versuchten, untergruben. Die Partei wollte Hitler als eine Art messianischen Halbgott darstellen, der eine Klasse für sich bildete und all seine Kräfte und Ideen allein entwickelt hatte. Außerdem wollten die Nationalsozialisten keinen Wettbewerb um Loyalität und Hingabe der Massen.[39] Sie tolerierten widerwillig die organisierte Religion, unterdrückten aber Gruppen, die sie als sektiererisch einstuften, unabhängig davon, ob ihre Überzeugungen mit denen der Nazis konform gingen oder nicht. Daher wurden nicht nur die Freimaurer und die Zeugen Jehovas unterdrückt, sondern auch die Thule-Gesellschaft, die Guido-von-List-Gesellschaft, der ONT und andere ariosophische Gruppen.

Lanz von Liebenfels in Wien behauptete sehr schnell, Hitlers Ideen beeinflusst zu haben, nachdem die nationalsozialistische Bewegung in Deutschland an politischer Stärke gewann. 1927 schrieb er in *Ostara*: »Man wird sich daran erinnern, dass die Hakenkreuz- und faschistischen Bewegungen im Grunde Nachkommen von *Ostara* sind.« Er hoffte, dass Hitler anerkennen würde, wie sehr die Ariosophie seine nationalsozialistische Ideologie geformt hatte. Hitler jedoch leugnete jede Verpflichtung oder jeden Einfluss. Das bedeutet nicht, dass Hitler damit Recht hatte. Als die Nazis 1933 in Deutschland an die Macht kamen, löste Hitler prompt Lanz' Geheimgesellschaft, den ONT, in Deutschland auf. Zu diesem Zeitpunkt zog der vorsichtige Lanz in die sichere Schweiz um. Als Deutschland 1938 Österreich annektierte, wurden dort der Neutempler-Orden geschlossen und die Zeitschrift *Ostara* eingestellt. Lanz konnte erst 1946 nach Wien zurückkehren, wo er den ONT reaktivierte. Der Orden war daraufhin wieder in Österreich und Deutschland aktiv. Lanz war der Auffassung, den verarmten jungen Hitler getroffen und ihm einige alte Ausgaben von *Ostara* überlassen zu haben. Der Wahrheitsgehalt dieser Behauptung ist genau wie die ganze Idee, dass Lanz Hitler und die nationalsozialistische Ideologie maßgeblich beeinflusst habe, immer noch Thema einer Debatte unter Historikern, die bisher zu keiner Einigung gelangt sind. Das gilt auch für die Frage, ob Hitler und die Nationalsozialisten Lanz mit einem Schreibverbot belegt haben.[40] Der Wissenschaftsjournalist Willy Ley, der Mitte der 1930er Jahre in die USA auswanderte, weil die Nazis ihn quasi seiner Arbeitsgrundlage beraubt hatten, schrieb 1947 in seinem Essay »Pseudoscience in Naziland«: »Zu meiner Verwunderung hat keine Parteigruppe oder Nazi-Gemeinde jemals zu Ehren von Dr. Jörg Lanz von Liebenfels eine Statue errichtet.«[41]

Rudolf von Sebottendorf war eine weitere Person, die eine wichtige Rolle in der Vorgeschichte des Nationalsozialismus für sich und die Thule-Gesellschaft beanspruchte. Und auch er wurde zurückgewiesen. Nachdem Sebottendorf sich von der Thule-Gesellschaft und den Rechten in München getrennt hatte, zog er in die Schweiz und dann weiter in die Türkei, wo er Geschäfte machte und Bücher über Astrologie und Okkultes schrieb. Nach der Machtübernahme der Nationalsozialisten im Jahre 1933 kehrte er nach München zurück und versuchte, die Thule-Gesellschaft wiederzubeleben. Innerhalb weniger Monate veröffentlichte er außerdem *Bevor Hitler kam: Urkundliches aus der Frühzeit der nationalsozialistischen Bewegung.* Darin behauptete er, die Thule-Gesellschaft und andere kleine Gruppen seien die Basis für Hitlers Aufstieg zur Macht gewesen. Sebottendorf erklärte: »Thule-Mitglieder waren die Menschen, an die Hitler sich zuerst wandte und die sich als erstes mit Hitler verbündeten.«[42] Viele Historiker fanden diese Behauptung sehr plausibel. Hitler und die Nazi-Obrigkeit sahen das jedoch ganz anders. Sie verhafteten ihn 1934, ließen ihn aber schnell wieder frei. Er durfte in die Schweiz und von dort aus in die Türkei zurückkehren. Dort arbeitete er in Istanbul für den deutschen Geheimdienst. Leider hielt die deutsche Botschaft seine Informationen im Allgemeinen für nutzlos. Angesichts der drohenden Niederlage Deutschlands am Ende des Krieges beging Sebottendorf Selbstmord, indem er sich im Bosporus ertränkte. »So endete das Leben jenes Abenteurers, der der Nationalsozialistischen Partei die Ariosophie brachte«, kommentierte Nicholas Goodrick-Clarke dessen Tod. Den frühen Nationalsozialisten jedoch war die Thule-Gesellschaft peinlich und Hitler wollte, dass alle Verbindungen zwischen ihm und den Thule-Leuten unterdrückt wurden. Diese Verdrängung schloss auch die sehr offensichtlichen Verbindungen der frühen Nazis Rudolf Heß, Dietrich Eckart und Alfred

Rosenberg ein. Dieser Prozess sorgte dafür, dass Sebottendorf am Ende größtenteils vergessen war.[43] Das Ausmaß von Hitlers okkulten Verbindungen bleibt dadurch unklar und ist nicht mehr vollständig auszumachen.

Unter diesen Umständen wäre es interessant, über das Schicksal des Dichters und Stückeschreibers Dietrich Eckart zu spekulieren, der zweifellos ein Mentor Hitlers war, wäre er nicht kurz nach dem Putschversuch von 1923 gestorben. Im Rahmen seines Mentoring erweiterte Eckart Hitlers intellektuellen und ideologischen Horizont, einschließlich des Okkulten, unterrichtete ihn in Fragen der Etikette und des öffentlichen Redens, stellte ihm wohlhabende Gönner vor, sicherte ihm finanzielle Unterstützung und pries ihn als den deutschen Messias. Ende 1922 war die einst enge Beziehung zwischen Eckart und Hitler allerdings abgekühlt. Hitler wurde arrogant und Eckart gefiel das nicht. Eckart beschwerte sich im Mai 1923 gegenüber einem anderen Hitler-Vertrauten, Ernst Hanfstaengl, Hitler zeige »einen Größenwahn, halb zwischen einem Messias-Komplex und Nero«. Trotz ihrer wachsenden Entfremdung beteiligte sich Eckart an Hitlers Putschversuch im kommenden November. Nach kurzer Haft wurde er wegen schlechter Gesundheit entlassen, nur um am 26. Dezember im Alter von 54 Jahren an einem Herzanfall zu sterben. Jahrelanges Trinken und Drogenmissbrauch hatten seinen frühen Tod verursacht. Trotz ihrer Differenzen beteuerte Hitler, gern an Eckart zurückzudenken und sorgte dafür, dass die Erinnerung an ihn in der nationalsozialistischen Kultur aufrechterhalten wurde. Doch was wäre, wenn Eckart als Kritiker, Rivale und Erinnerung an die okkulten Thule-Verbindungen des »Führers« weitergelebt hätte? Wäre Eckart auch den Weg Sebottendorfs gegangen?[44]

Hitler lebte als armer junger Mann auf der Suche nach einer Ausbildung und einer Karriere in Wien. Wien war eine Brutstätte des völkischen Pangermanismus, der die Ariosophie von Guido von List und Jörg Lanz von Liebenfels hervorgebracht hatte. Laut Lanz besuchte Hitler 1909 die Büros der Zeitschrift *Ostara*, die sich auf Ariertum und völkische Rassentheorie sowie Antisemitismus spezialisiert hatte, um einige alte Ausgaben der Publikation zu kaufen. Lanz, der die offenkundige Armut des jungen Mannes bemerkte, schenkte ihm nicht nur die alten Hefte, sondern gab Hitler auch Geld für die Fahrt zurück in sein Quartier. Aufgrund dieser Begegnung würde Lanz später behaupten, er sei der Mann gewesen, von dem Hitler seine Ideen hatte, eine Behauptung, die Hitler als vollkommen übertrieben einstufte.[45]

Hitler begann ab dem 12. September 1919, Versammlungen der DAP zu besuchen, anfangs als Spion, schon bald aber bekehrt und als überzeugtes Mitglied. Auf diesen Versammlungen dürften ihm die völkischen und ariosophischen Ideen der Thule-Mitglieder begegnet sein. Soweit es Hitler betraf, waren die völkischen Prinzipien der richtige Weg für die Deutschen. Was ihm nicht gefiel, war die Neigung einiger Ariosophen, sich bei ihren geheimen Treffen auf obskure Studien und Diskussionen zu konzentrieren, statt hinaus auf die Straßen zu ziehen, zu agitieren und für die Errichtung eines völkischen Staates zu kämpfen. Es war diese Art von Zustand, die Hitler in seiner Programmschrift *Mein Kampf* zu seiner Bemerkung über »diese deutschvölkischen Wander-Gelehrten« veranlasste. In *Mein Kampf* wiederholte er immer und immer wieder die Notwendigkeit zu handeln, statt endlos und belanglos zu diskutieren.[46]

### Hitlers Hassliebe zum Grenzwissen

Die deutschvölkischen Gelehrten irritierten Hitler gelegentlich auch dann noch, als er an die Macht gelangt war. Beim Reichsparteitag in Nürnberg im September 1936 übte Hitler vernichtende Kritik an Ludwig Roselius, einem reichen Kaffee-Unternehmer und Förderer modernistischer Architektur, und Herman Wirth, den Präsidenten von Himmlers geliebter völkischer *Forschungsgemeinschaft Deutsches Ahnenerbe*. Hitler sagte: »Wir haben nichts zu tun mit jenen Elementen, die den Nationalsozialismus nur vom Hören und Sagen her kennen und ihn daher nur zu leicht verwechseln mit undefinierbaren nordischen Phrasen und die nun in einem sagenhaften Atlantischen Kulturkreis ihre Motivforschungen beginnen.« Hitler fand Wirth persönlich irritierend und betrachtete seine Angriffe auf das Christentum als verfrüht. Wie viele Nationalsozialisten war Hitler ein abgefallener Katholik, der sich nun leidenschaftlich gegen das Christentum wandte. Er wollte das Christentum aus der deutschen Gesellschaft eliminieren, wusste aber, dass die Zeit noch nicht reif dazu war. Himmler war gezwungen, Wirth zu degradieren.[47]

Zwei Jahre später, am 6. September 1938 attackierte Hitler in einer Rede auf der Kulturtagung die Mitglieder seines inneren Kreises, Himmler und Rosenberg, in derselben Angelegenheit. Ihre Bemühungen, den Wotanismus als Konkurrenz zum Christentum zu etablieren, drohte die Beziehungen des Dritten Reichs zu den verschiedenen kirchlichen Institutionen Deutschlands zu gefährden. Hitler erklärte seinem Publikum: »Denn der Nationalsozialismus ist eben keine kultische Bewegung, sondern eine ausschließlich aus rassischen Erkenntnissen erwachsene völkisch-politische Lehre. In ihrem Sinn liegt kein mystischer Kult, sondern die Pflege und Führung des blutbestimmten und -bedingten Volkes.« Hitler gab während des Zweiten Weltkriegs kleine Abendgesellschaften, bei denen er nervtötend über die nationalsozialistische Ideologie und aktuelle Ereignisse salbaderte, während die Mitglieder seines Führungszirkels sklavisch an seinen Lippen hingen. Bormann und die anderen lauschten aufmerksam den Worten ihres Führers. Am 11. April 1942 verspottete er Rosenbergs *Mythus des 20. Jahrhunderts*. Er behauptete, dass dies »kein Ausdruck der offiziellen Linie der Partei« wäre, und fügte hinzu: »Auf jeden Fall ist es in einem allzu verworrenen Stil geschrieben.« Doch trotz dieser scheinbaren Verunglimpfung von okkulten und grenzwertigen Ideen schätzte Hitler diese Überzeugungen für sich, die NSDAP und Deutschland im Allgemeinen. Der Historiker Eric Kurlander formulierte es so: »Welche Vorbehalte auch immer Hitler gegenüber den ›deutschvölkischen Wander-Gelehrten‹ hatte, er erkannte an, welche Faszination die übernatürlichen Fantastereien auf seine Parteikollegen und die normalen Deutschen ausübten.« Wie später gezeigt wird, erlaubte er den Mitgliedern seines inneren Kreises wie Himmler und Rosenberg, ihre Interessen an den Grenzwissenschaften zu verfolgen. Sie durften Programme und Institutionen im Dritten Reich entwickeln, die beträchtliche Ressourcen verschlangen.[48]

Obwohl Hitler dem übernatürlichen und Grenzwissen nicht so ergeben war wie Himmler und andere, interessierte er sich dennoch für Magie, Astrologie und eine Reihe anderer Pseudowissenschaften. Die Schriften von Ernst Schertel weckten Hitlers Aufmerksamkeit und be-

einflussten ihn. Schertel war eine Art Populärpsychologie- und Selbst-
hilfe-Autor, dessen Werke mit okkulten und übernatürlichen Aspekten
gespickt waren. Im Speziellen las und annotierte Hitler Schertels Buch
*Magie: Geschichte, Theorie, Praxis* (1932) und verwendete es unter anderem, um seine öffentlichen Auftritte zu verbessern. Für Hitler war
Schertels »Magie« praktischer Art und half ihm, an sich zu arbeiten.[49]
Hitler teilte außerdem eine Begeisterung für die Astrologie mit seinem
Stellvertreter und Vertrauten Rudolf Heß und anderen Nazi-Größen.
Ein Ausdruck von Hitlers astrologischen Interessen war seine enge Beziehung mit dem gefeierten Hellseher und Astrologen Erik Jan Hanussen. Hanussens wahrer Name lautete Hermann Steinschneider und
er war ein mährischer Jude. 1930 hatte er eine enge Beziehung zu den
Anführern der nationalsozialistischen Bewegung aufgebaut. Seine jüdische Herkunft war ein offenes Geheimnis, wurde aber angesichts seiner
vorgeblichen okkulten Kräfte geflissentlich übersehen. Hanussen und
Hitler trafen sich häufig. Direkt vor den Wahlen im Jahre 1932 lehrte
er Hitler Redetechniken, um Menschenmengen rhetorisch kontrollieren zu können. Einige Monate später, im Februar 1933, sagte Hanussen den berüchtigten Reichstagsbrand vorher. Es ist nicht ganz klar, ob
er einfach nur gut geraten oder einen Tipp von seinen Nazi-Gönnern
bekommen hatte. Zu seinem Pech wurde Hanussen ein Opfer seines
eigenen Erfolges. Seine Vorhersage des Reichstagsbrandes sowie seine
Nähe zu führenden Nazis warf Verdacht auf die Partei. Außerdem
kannte er zu deren Unmut zu viele Geheimnisse prominenter Nationalsozialisten, während seine Beliebtheit in der deutschen Öffentlichkeit
möglicherweise unwillkommene Komplikationen für die Führung und
Autorität der Partei darstellten. Deshalb wurde Hanussen am 24. oder
25. März ermordet und heimlich begraben. Sein Leichnam wurde Anfang April entdeckt.[50]
Der Mord an Hanussen änderte nichts an der Vorliebe für Astrologie
bei Hitler und einigen seiner Verbündeten. Rudolf Heß, sein Stellvertreter in der Partei, blieb ein hingebungsvoller Anhänger der Astrologie
und anderer übernatürlicher Überzeugungen. Da er sich zunehmend
über seinen schwindenden Einfluss auf Hitler und die Tücken des geplanten Krieges gegen die Sowjetunion sorgte, entschied sich Heß zum
Handeln. Nach einem passenden astrologischen Ratschlag und einem

übernatürlich inspirierten Traum flog er am 10. Mai 1941 nach Schottland, um mit Großbritannien Friedensverhandlungen aufzunehmen. Dies war eine große Peinlichkeit für das Dritte Reich und für Hitler ein bitterer Schlag und persönlicher Betrug.[51]

Die astrologischen Aspekte von Heß' Flug lösten die Sonderaktion Heß (offiziell: Aktion gegen Geheimlehren und sogenannte Geheimwissenschaften) aus, bei der im Mai und Juni 1941 gegen Deutschlands Astrologen vorgegangen wurde. Doch obwohl sie unter der Leitung des unnachgiebigen und skrupellosen Reinhard Heydrich stattfand, war diese Verfolgung von Okkultisten nur kurzlebig und im Vergleich zu Aktionen gegen andere Gruppen, die den Zorn der Nazis auf sich gezogen hatten, relativ zurückhaltend. Wie Eric Kurlander gezeigt hat, waren okkulte und übernatürliche Überzeugungen sowohl bei der NSDAP als auch bei der allgemeinen deutschen Bevölkerung zu verbreitet und populär, um sie auszulöschen. Außerdem glaubten viele nationalsozialistische Größen, einschließlich Hitler, selbst an das Okkulte und Übernatürliche; sie hatten nur etwas gegen betrügerische Okkultisten. Ansonsten wünschten sie einfach, den Okkultismus und das Übernatürliche zu kontrollieren und für ihre Ideologie und Herrschaft einzusetzen.[52]

Hitler hatte ein anhaltendes Interesse an der Wissenschaft, vor allem, wenn diese die Möglichkeit versprach, Wunderwaffen herzustellen, mit denen er seine Feinde besiegen könne. Ansonsten unterschied sein Interesse nicht zwischen herkömmlicher Wissenschaft und Grenz- oder Pseudowissenschaft. Die Rassenwissenschaft sprach ihn offensichtlich besonders an, da sie die Basis für die völkischen Überzeugungen, das Ariertum und den Antisemitismus lieferte und diese scheinbar wissenschaftlich rechtfertigte. Auch die Welteislehre oder Glazialkosmologie von Hanns Hörbiger erregte Hitlers Aufmerksamkeit. Genaugenommen war dies die einzige Grenzwissenschaft, die seine uneingeschränkte Unterstützung gewann. Hitlers Begeisterung für Hörbigers Theorie war nicht nur ein persönlicher Tick. Die Welteislehre hatte eine beträchtliche Anhängerschaft in der deutschen Öffentlichkeit, obwohl die etablierte deutsche Wissenschaft ihr vehement widersprach. Hörbiger war ein österreichischer Ingenieur gewesen, der 1894 ein Stahlplattenventil erfunden hatte, mit dem sich der Betrieb von Hochöfen deutlich verbessern ließ. Die Erfindung erwies sich als ausgesprochen lukrativ. In der Hoffnung auf einen vergleichbaren Erfolg im Bereich der Kosmologie veröffentlichte Hörbiger gemeinsam mit seinem Koautor Philipp Fauth, einem Hobbyastronomen, im Jahre 1913 das Buch *Wirbelstürme, Wetterstürze, Hagelkatastrophen und Marskanal-Verdopplungen.* Der Erste Weltkrieg dämpfte die Wirkung dieses Buches zunächst, nach dem Krieg jedoch warb Hörbiger mithilfe von öffentlichen Lesungen und Zeitungsartikeln offensiv für seine Theorie. Einfach gesagt, behauptete er, dass das Universum voller Wasser in Form von Eis sei. Die Milchstraße bestünde aus Eisbrocken, während alle anderen Planeten bis auf die Erde mit Eis bedeckt seien – genau wie der Mond. Herumwanderndes himmlisches Eis und Eisansammlungen seien verantwortlich für die verschiedenen Katastrophen in der Vergangenheit der Erde. Obwohl astronomische Beobachtungen und wissenschaftliche Experimente die Behauptungen Hörbigers nicht unterstützten, akzeptierten viele Deutsche sie leidenschaftlich als wissenschaftliche Tatsachen. Die Welteislehre harmonierte ganz hervorragend mit den völkischen und nationalsozialistischen Ideologien. Sie sprach die völkische und ariosophische Faszination für die Arktis an. Darüber hinaus schien der Katastrophismus der Welteislehre anscheinend einen wissenschaftlichen Beweis für die Zerstörung verlorener Kontinente wie Atlantis oder Hyperborea zu liefern, den angeblichen Heimatgebieten der ursprünglichen arischen Superzivilisationen. Heinrich Himmler und andere nationalsozialistische Größen waren eifrige Befürworter der Welteislehre. Ganz sicher genoss sie Hitlers Unterstützung, auch wenn er nicht ganz so begeistert war wie Himmler. Hörbigers Ideen wurden bei einigen seiner Abendessen mit seinem inneren Kreis diskutiert. In der Nacht vom 25. auf den 26. Januar 1942 erklärte Hitler: »Ich bin wohl geneigt, die kosmischen Theorien von Hörbiger zu akzeptieren.« Einige Wochen später, am 20./21. Februar, verglich er Hörbiger aufgrund der erweiterten wissenschaftlichen Erkenntnisse wohlwollend mit Kopernikus. Außerdem gratulierte er sich selbst und dem Dritten Reich dafür, dass sie solch innovatives wissenschaftliches Denken unterstützten. Es wurde behauptet, dass die richtige Anwendung der Welteislehre es ermöglichen würde, das Wetter auf Wochen, Monate und sogar Jahre im Voraus vorherzusagen. So sollte etwa der

Winter 1941/42 relativ milde ausfallen. Diese falsche Vorhersage hatte katastrophale und tragische Folgen für die deutsche Wehrmacht, als sie Ende Juni 1941 Operation Barbarossa startete, den Überfall auf die Sowjetunion. Der nächste Winter verlangte einen brutalen Tribut von den schlecht vorbereiteten deutschen Truppen.[53]

Erwiesen ist, dass Hitler ein weitreichendes Interesse am Okkulten, Übernatürlichen, an Grenzhistorie und Pseudowissenschaften zeigte. Er verfolgte seine Interessen nicht mit der gleichen Leidenschaft oder Besessenheit wie Himmler oder Heß, dennoch war es mehr als nur ein bisschen ungewöhnlich für den Anführer einer wichtigen und gebildeten Nation, solche haltlosen Überzeugungen und Ideen zu unterstützen.

## Nazi-Führer in den Grenzbereichen

Andere nationalsozialistische Größen beschäftigten sich viel mehr mit dem okkulten und übernatürlichen Wissen als Hitler. Rudolf Heß war ein hochdekorierter Veteran des Ersten Weltkriegs. Nach dem Krieg besuchte er 1919 die Universität München. Dort studierte er unter Karl Haushofer, einem Verfechter des Lebensraum-Prinzips. Heß stellte das Konzept später Hitler vor und es wurde ein wichtiger Grundsatz der nationalsozialistischen Ideologie. Haushofer und Heß teilten darüber hinaus das Interesse an der Astrologie. Heß war Mitglied der Thule-Gesellschaft gewesen, wurde aber ein treuer und unerschütterlicher Gefolgsmann Hitlers, nachdem er ihn auf einer DAP-Versammlung gehört hatte. Da er Hitler während des Putschversuchs vom November 1923 unterstützt hatte, wurde er hinterher festgenommen und im selben Gefängnis wie Hitler eingesperrt. Dort half er diesem bei der Abfassung von *Mein Kampf*. Wie Hitler war er Vegetarier, rauchte nicht und trank auch keinen Alkohol. Ab 1923 diente er Hitler als persönlicher Sekretär. Als die Nationalsozialisten 1933 an die Macht kamen, ernannte Hitler ihn zum stellvertretenden Parteichef und Minister ohne Geschäftsbereich in der Regierung des Dritten Reichs. Heß, der Hitler völlig ergeben war, versuchte im Gegensatz zu anderen Mitgliedern der nationalsozialistischen Führung nicht, seine persönliche Machtbasis auszubauen oder sich zu bereichern. Wegen seiner zurückhaltenden Art hatten seine okkulten und übernatürlichen Überzeugungen kaum oder keinen Einfluss auf die nationalsozialistische Politik. Er beschäftigte in seiner Kanzlei viele Okkultisten und war ein unverbrüchlicher Unterstützer von Parapsychologie, Welteislehre und Lebensraum.[54]

Wenn es um die Förderung des Okkulten, des Glaubens an das Übernatürliche und die Grenzwissenschaften in der nationalsozialistischen Partei und im Dritten Reich ging, war Heinrich Himmler ganz vorn dabei. Himmler, der zu jung gewesen war, um am Ende des Ersten Weltkriegs noch der Armee beizutreten, vermisste den Dienst im Kampf. Als der Krieg zu Ende war, hatte er wie viele junge Deutsche Probleme, seinen Weg in der Welt zu finden. Im August 1923 trat er der NSDAP bei und beteiligte sich an Hitlers Putschversuch. Dabei schaffte er es, der Verhaftung zu entgehen und wurde niemals belangt. Irgendwann in den Jahren 1923 oder 1924 wandte er sich von seiner konservativen katholischen Erziehung ab und wurde zu einem Anhänger des Okkultismus und der nordischen Mythologie. Auch sein Antisemitismus nahm an Heftigkeit zu. Er trat 1925 in die SS ein, eine damals sehr kleine Untergruppe der SA, deren Aufgabe es war, Hitler zu schützen. Mit Hitlers Rückhalt stieg Himmler im Laufe der nächsten Jahre an die Spitze der SS auf und verwandelte sie in eine unabhängige, paramilitärische Eliteeinheit und das Instrument für die Erschaffung einer genetisch reinrassigen Elite aus arischen Supermännern. Sie war die Verkörperung der ariosophischen pseudowissenschaftlichen und pseudohistorischen Ideen. Es wurden alle möglichen Regeln und Maßnahmen in Kraft gesetzt, um sicherzustellen, dass SS-Mitglieder passend heirateten und sauber lebten. Um die SS noch geschlossener zu machen, wurden alle Arten von okkulten und übernatürlichen Unterweisungen, Rituale und Symbole erschaffen. Dieter Wisliceny, ein SS-Hauptsturmführer, beschrieb während seines Kriegsverbrecherprozesses, dass unter Himmler »sich die SS nach und nach in eine neue Art religiöser Sekte verwandelte«.[55]

Bei seinen Bemühungen, die SS und Deutschland umzuformen, wurde Himmler von dem Ariosophen Karl Maria Wiligut beraten und unterstützt. Wiligut wurde als der Rasputin Himmlers bezeichnet, auch wenn er sich selbst Weisthor nannte. Geboren in Österreich, kämpfte er im Ersten Weltkrieg, wo er bis zum Oberst aufstieg, bevor er 1918 aus dem Dienst ausschied. Er erging sich in allen möglichen ariosophischen

Fantasien, die weit über das hinausgingen, was List und Lanz von Liebenfels sich vorstellten, sodass er aufgrund seines unberechenbaren Verhaltens im November 1924 in eine Nervenklinik eingewiesen wurde.
Nach seiner Entlassung im Jahre 1927 nahm er seine Beschäftigung
mit der Ariosophie wieder auf, verließ aber dann 1932 seine Familie
und zog nach München. Dort wurde er zu einem gefeierten Runenok-
kultisten. Nachdem er nach der Machtübernahme der Nazis Himmler
vorgestellt worden war, trat er in die SS ein und entwickelte eine enge
und herzliche Freundschaft zu Himmler, für den er ein vertrauter Rat-
geber wurde. Wiligut entwarf den Totenkopfring der SS und machte
Vorschläge für die Rituale und Symbole, sodass diese eine anscheinend
traditionell völkische und ariosophische Anmutung bekamen. Außerdem half er bei der Auswahl der Wewelsburg als SS-Burg und gab
Hinweise zu deren Ausgestaltung. Sowohl Himmler als auch Wiligut
träumten davon, das Christentum in Deutschland durch eine wieder-
belebte altgermanische Religion zu verdrängen. Allerdings hielten die
Mitarbeiter der Forschungsgemeinschaft Ahnenerbe Wiligut für einen
Spinner und stritten ständig mit ihm wegen seiner bizarren Ideen und
Vorschläge für Forschungen, die er durchzuführen gedachte. Trotz ihrer
gemeinsamen Überzeugungen distanzierte sich Himmler selbst Anfang
1939 von Wiligut, nachdem Hitler sich irritiert über die okkulte Besessenheit gezeigt hatte. Wiliguts offizieller Austritt aus der SS erfolgte
am 28. August 1939, doch im Prinzip war er schon seit dem vorherigen
Februar aller Vollmachten enthoben worden. Außerdem hatte Himmler
erfahren, dass Wiligut in den 1920er Jahren entmündigt worden war
und Zeit in einer Nervenklinik verbracht hatte. Es wäre eine potenziell
ungeheure Peinlichkeit für ihn gewesen, wären diese Informationen an
die Öffentlichkeit gedrungen.[56]

Mit Himmlers SS hatte Hitler eine wirksame Waffe gegen äußere
und innere Bedrohungen seines Regimes und ein Werkzeug, um seine
Politik durchzusetzen. Manche haben Himmler als zynischen Oppor-
tunisten eingeschätzt, der genau wie Goebbels oder Göring lediglich
danach strebte, immer mehr Macht zu gewinnen. Der SS-Offizier Dieter Wisliceny erklärte: »Die übliche Sichtweise ist, dass Himmler ein
eiskalter, zynischer Politiker war. Diese Sicht ist mit Sicherheit falsch.
In seiner ganzen Haltung war Himmler ein Mystiker, der diese Welt-

anschauung [der SS] mit religiösem Fanatismus auslebte.« Indem er die SS mit einem reichen Erbe völkischer Geschichte, Unterweisungen, Ritualen und Symbolen ausstattete, hoffte er, ihre Treue und Hingabe an das Dritte Reich zu festigen. Wie alle »wahren« Nationalsozialisten war Himmler der rassistischen Ideologie der arischen Herrenrasse, untermenschlichen Slawen und anderen minderwertigen Rassen sowie der teuflischen und verlausten Juden fanatisch ergeben. Diese Überzeugungen waren mit dem Lebensraum-Prinzip verflochten, das die Entfernung der minderwertigen Rassen von den Ländereien verlangte, die für die Expansion der arischen Deutschen gebraucht wurden. Im Fall der Juden wurde aus der Politik des Entfernens schon bald die Politik der Ausrottung, die sogenannte Endlösung. Himmler nutzte seine indoktrinierte und gehorsame SS für die Durchsetzung dieser Politik.[57]

Himmler hielt sich selbst für einen Wissenschaftler und einen Befürworter von Ariosophie, Rassenkunde und anderen Formen des Grenzwissens, die Bedeutung für die Ideologie und Ziele der Nationalsozialisten hatten. In dem Versuch, das okkulte, übernatürliche und Grenzwissen, das den Nationalsozialisten und anderen Deutschen zur Verfügung stand, auszuweiten, gründete Himmler zusammen mit Richard Walter Darré im Jahre 1935 die Forschungsgemeinschaft Ahnenerbe. Aufgabe des neuen Instituts war es, Entdeckungen über die deutsche Vergangenheit, genauer gesagt, die völkische oder ariosophische Version dieser Vergangenheit, zu machen und diese Erkenntnisse durch Zeitschriftenartikel, Bücher, Ausstellungen, Dokumentationen und wissenschaftliche Konferenzen bekanntzumachen. Während seiner Existenz finanzierte das Ahnenerbe archäologische und wissenschaftliche Expeditionen an vielversprechende Orte in Deutschland und Skandinavien. Eine berühmte Expedition unter Leitung von Ernst Schäfer führte in den Jahren 1938 und 1939 nach Tibet. Andere Expeditionen führten auf die Krim und in den Kaukasus. Dort suchten sie einerseits nach der alten gotischen Heimat und versuchten andererseits eine Ausrede dafür zu liefern, warum man die aktuellen Bewohner vertreiben und durch Deutsche ersetzen sollte, die neuen Lebensraum brauchten.

Eine der seltsamen Forschungsideen des Ahnenerbes bestand darin, die Techniken der physischen Anthropologie zum Identifizieren von Juden und Ariern zu vervollkommnen. Rassenwissenschaftler wie

Bruno Beger waren in ihren entsprechenden Bemühungen nicht erfolgreich. Sie stießen immer wieder auf die unaussprechliche Realität, dass Juden keine biologische Rasse darstellten und Arier ein eingebildetes kulturelles Konstrukt und keine wissenschaftliche Klassifikation waren. Die negativen Ergebnisse hielten die Ahnenerbe-Forscher jedoch nicht von immer unmenschlicheren und grausigeren Forschungen ab, wie den Skelettsammlungen von Bruno Beger an der Universität Strasbourg und dem Konzentrationslager Natzweiler. Ahnenerbe-Wissenschaftler wie Sigmund Rascher und August Hirt führten an den Insassen von Dachau und anderen Konzentrationslagern schreckliche medizinische Experimente durch. Himmlers Wissenschaftler versuchten sogar erfolglos, eine Superwaffe namens Thors Hammer herzustellen, die elektrische Impulse verwendete. Das Ahnenerbe führte außerdem Forschungen durch, die Beweise für den ewigen Liebling der Nazis erbringen sollten – die Welteislehre.

Wäre der Zweite Weltkrieg nicht ausgebrochen, hätte Himmler Edmund Kiss, einen Architekten und Autor von Abenteuer- und Fantasy-Romanen mit ariosophischen Themen, ausgeschickt, um die alte Stadt Tiwanaku (span.: Tiahuanaco) in Bolivien zu erforschen. Laut den Behauptungen des österreichischen Auswanderers Arthur Posnansky hätte dort vor tausenden von Jahren eine hochgestellte Zivilisation geblüht. Falls das so wäre, dann schien deren Existenz die Vorstellung zu bestätigen, dass eine alte arische Zivilisation durch eine Naturkatastrophe zerstört worden sei, die mit der Welteislehre zusammenhing. Mit einem geplanten Team von 20 Wissenschaftlern wäre dies die größte Expedition des Ahnenerbes gewesen. Andere Expeditionen sollten den Iran, die Kanarischen Inseln und Island aufsuchen, wurden aber wegen des Krieges abgesagt. Wenn all das klingt wie ein Indiana-Jones-Film, dann liegt das daran, dass die Handlung von *Jäger des verlorenen Schatzes* auf der wirklichen Existenz dieser Nazi-Fantasien aufbaute. Angesichts der 137 Forscher und Wissenschaftler sowie weiterer 82 Angestellter der Forschungsgemeinschaft Ahnenerbe im Jahre 1939 wird deutlich, dass beträchtliche Geldmengen in dubiose Forschungen investiert wurden.[58]

Darüber hinaus zeigt die weite Verbreitung der Erkenntnisse des Ahnenerbes in der deutschen Öffentlichkeit und ihre Verwendung beim Formulieren und Durchsetzen der nationalsozialistischen Politik, dass okkulte und übernatürliche Überzeugungen einen bedeutenden Einfluss auf das Dritte Reich hatten. Himmler nahm seine völkischen/ariosophischen Überzeugungen und die Arbeit des Ahnenerbes sehr ernst. Im Rückblick auf eine sechsstündige Zugfahrt mit Himmler im Jahre 1929 erinnert sich der Nazi-Funktionär Albert Krebs, dass er dessen Gesellschaft wegen seines gekünstelten Posierens und seiner kleinlichen Kommentare über andere Nazis ausgesprochen anstrengend fand. Am schlimmsten aber war, so Krebs, dass »ich mir den dummen und endlosen Schmus« über die okkulten und übernatürlichen Vorstellungen im Zusammenhang mit der nationalsozialistische Ideologie anhören musste.[59] Krebs war sicher nicht allein in seiner Meinung, dass Himmler ein nervender Langweiler war. Zum Vorteil für Himmler war er ein nervender Langweiler, der aus dem gleichen Holz geschnitzt war wie Hitler, einem anderen nervenden Langweiler, wie ein Überblick über die Notizen zu seinen Tischgesprächen von 1941 bis 1944 zeigt.

»Lebensraum« und »Blut und Boden« waren zwei Aspekte der nationalsozialistischen Ideologie, mit denen Angriffskriege und die zwangsweise Vertreibung oder Auslöschung von Slawen und Juden aus den Ländern gerechtfertigt wurden, die man für ein pangermanisches Reich begehrte. Beide Konzepte wurzelten in der sozialdarwinistischen Pseudowissenschaft und dem völkischen Nationalismus des späten 19. Jahrhunderts. In den 1890er Jahren hatte der Geograf Friedrich Ratzel postuliert, dass der Mensch in Wechselwirkung mit seiner geografischen Umgebung stehe, was die gesellschaftliche Entwicklung beeinflusste. Gesunde und erfolgreiche Gesellschaften benötigten ausreichend Raum und wachsende Gesellschaften bräuchten immer mehr Land. Bei der Formulierung dieses Konzeptes war Ratzel vom Sozialdarwinismus des Biologen Ernst Haeckel beeinflusst. Sein Ansatz gewann weitere Unterstützung durch den schwedischen Geografen Rudolf Kjellén, der ihn Anfang des 20. Jahrhunderts zu einem Grundsatz der Disziplin der Geopolitik machte. Das Lebensraum-Prinzip bildete einen Teil der deutschen militärischen Ziele während des Ersten Weltkriegs. Das Oberkommando ging davon aus, dass es dem deutschen Reich große Teile Polens und der baltischen Staaten einverleiben könne. Die Niederlage machte diesen Plan zunichte, doch überzeugte auch viele Deutsche davon, dass ein eurasisches Reich für Deutschland

eine Notwendigkeit sei, um den britischen und französischen Kolonial-
reichen sowie dem amerikanischen Westen entgegenzutreten. Einer der
Nachkriegsverfechter des Lebensraums war Karl Haushofer, Professor
für Geografie an der Universität München und Lehrer von Rudolf Heß
im Jahre 1919. Heß wiederum machte Hitler mit dem Konzept des
Lebensraums bekannt und so wurde es – mit tragischen Folgen – in die
nationalsozialistische Ideologie aufgenommen.

Der Sozialdarwinismus und der geografische Determinismus der
Lebensraum-Ausrichtung der Geopolitik werden heute als pseudowis-
senschaftlich betrachtet. Damals jedoch passte die darwinistische Idee
vom Kampf um die Existenz und vom Überleben des Stärksten gut in die
Weltanschauung vieler Mitglieder der Eliten in den westlichen Indust-
rienationen. Die Nationalsozialisten zogen aus dem Lebensraum-Prinzip seine logische, unmenschliche Konsequenz. Während sie dies taten,
erweiterten sie es um das Konzept von Blut und Boden. Im 19. Jahrhundert glorifizierte die deutsche völkische Romantik das Landleben
und die tiefe Verbundenheit des deutschen Bauern mit der Scholle. In
einer Reaktion auf Urbanisierung und Industrialisierung priesen die
völkischen Nationalisten das Leben auf dem Land als gesünder und
strebten danach, die Anzahl der kräftigen und hartarbeitenden Bauern
zu erhalten und zu erhöhen, die das Rückgrat der deutschen Gesellschaft bildeten und die besten Soldaten abgaben. Der Bund Artam versuchte, jungen Deutschen das Zurück-aufs-Land-Ideal schmackhaft
zu machen, darunter auch Richard Walter Darré und Himmler. Darré
war Landwirtschaftsexperte und fand das Konzept von Blut und Boden
sehr sympathisch, sodass er es in seinen Schriften propagierte. 1930 trat
er der NSDAP bei. Das Blut-und-Boden-Konzept behauptete, dass es
eine tiefgreifende und mystische Verbindung zwischen den Menschen
und dem Land, das sie bewohnten, gäbe. Für Darré waren die Deutschen ein besonderes Volk und Deutschland war ihr besonderes Land.
Darrés Blut und Boden fügte sich sehr gut in Himmlers Bestreben ein,
das traditionelle deutsche Landleben wiederherzustellen. Genau wie
Himmler wollte Darré die altgermanische Religion zurückbringen und
das Christentum ersetzen.[60]

1932 ernannte Himmler Darré zum Leiter des neugegründeten
Rasse- und Siedlungshauptamts innerhalb der SS. 1938 kam es dann

zu einem Konflikt mit Himmler, in dessen Folge er diese Position verlor und auch als Reichsminister für Ernährung und Landwirtschaft an Bedeutung verlor. Lebensraum und Blut und Boden blieben dennoch weiterhin integrale Bestandteile der nationalsozialistischen Ideologie, einschließlich der Vertreibung von Menschen aus ihrer Heimat und des oftmals darauf folgenden Völkermords. Es war ein unheimlich tragisches Beispiel dafür, wie gefährlich mystische, pseudowissenschaftliche Theorien sein können.

Der Philologe Hans F. K. Günther lieferte dem Ariertum und dem völkischen Glauben an die rassische Überlegenheit der Deutschen eine zweifelhafte akademische Unterstützung. Der völkische Verleger Julius Lehmann hatte angesehene deutsche Wissenschaftler gesucht, die bereit waren, Bücher zu schreiben, in denen die Überlegenheit der Arier oder der nordischen Völker bewiesen wurde. Günther, ein unbedeutender Akademiker mit mittelmäßiger Qualifikation, war als einziger bereit, diese Aufgabe zu übernehmen. Sein erstes Buch erschien 1920. Es hieß *Rassenkunde des deutschen Volkes*, ein 500-Seiten-Wälzer, der es zu ungeahnter Popularität brachte: 1933 waren 16 Auflagen erschienen. Hitler hatte vier Ausgaben in seiner persönlichen Bibliothek, die ihm alle von Julius Lehmann geschenkt worden waren. Es war eines der Bücher, die Hitler las, als er nach dem Putschversuch von 1923 in der Festung Landsberg inhaftiert war. Er nutzte es auch beim Schreiben von *Mein Kampf*. Laut Günthers *Rassenkunde Europas* (1924) wurde Europa von fünf Rassen bewohnt, deren größte die nordische Rasse sei. Diese sei in Bezug auf ihre körperlichen, intellektuellen und sittlichen Eigenschaften überlegen. Diese Eigenschaften seien biologischer Art und nicht die Ergebnisse von Umgebung oder Kultur.

Günther setzte bewusst auf die Vorurteile und völkischen Fantasien, die viele Deutsche hegten und die beträchtlich zur Popularität seines Buches beitrugen. Die sehr hohen Verkaufszahlen ließen Günther reich und berühmt werden. 1930 wurde er durch Fürsprache der lokalen Nationalsozialisten und gegen den Willen der Universität Jena dort auf einen eigens eingerichteten Lehrstuhl für Sozialanthropologie berufen. Die Nationalsozialisten betrachteten ihn als ihren führenden Experten für Rassenfragen, und er arbeitete gemeinsam mit Richard Walter Darré an einer Rassenpolitik. 1932 trat er in die NSDAP ein. Von 1939 bis zu seiner Entlassung 1945 hatte er einen Lehrstuhl an der Universität Freiburg. Auch nach seiner dreijährigen Internierung zeigte Günther keine Reue, sondern leugnete den Holocaust und vertrat weiter seine skrupellosen Ansichten zu Eugenik und Rassenhygiene.[61] Martin Gardner, ein Wissenschaftsjournalist, der sich schon früh kritisch mit Grenzwissen auseinandersetzte, fasste Günthers Arbeiten so zusammen: »Die Bücher von Männern wie Günther sind ein bemerkenswerter Beweis für die Leichtigkeit, mit der eine Wissenschaft durch starke emotionale Vorurteile pervertiert werden kann, die ein Wissenschaftler nicht aus dem Thema, sondern aus den ihn umgebenden kulturellen Kräften bezieht.«[62]

Die nationalsozialistische Ideologie wurde aus einem Mischmasch fragwürdiger Quellen zusammengesetzt, von denen einige widersprüchlich, lächerlich oder für viele normale Deutsche einfach abstoßend waren. Der Versuch, diese oft absurden Elemente zu einem organisierten und zusammenhängenden System zusammenzubauen, wurde oft durch die antiintellektuellen Einstellungen der verschiedenen Mitglieder der nationalsozialistischen Führung, wie Göring und Bormann, noch weiter behindert. Manche Nationalsozialisten dagegen bemühten sich, eine umfassende Philosophie und Ideologie für die Partei und das Dritte Reich zu schaffen. Den bedeutendsten Versuch unternahm Alfred Rosenberg.

Rosenberg wurde im heutigen Estland geboren. Am Ende des Ersten Weltkriegs zog er nach München, wo Dietrich Eckart sein Förderer wurde. Er schrieb antisemitische und antibolschewistische Artikel für den *Völkischen Beobachter*. Rosenberg trat im Januar 1919, einige Monate vor Hitler, in die Deutsche Arbeiterpartei ein. Möglicherweise war auch er Mitglied der Thule-Gesellschaft. Nach dem Tod von Eckart im Jahre 1923 wurde Rosenberg Chefredakteur der Zeitung *Völkischer Beobachter*, die mittlerweile der NSDAP gehörte. Als Hitler wegen seines Putschversuchs von 1923 im Gefängnis war, machte er Rosenberg zum Parteichef. Nachdem Hitler wieder die Führung übernommen hatte, setzte Rosenberg seine Bemühungen fort, die nationalsozialistische Ideologie zu systematisieren und bekanntzumachen.

1930 veröffentlichte Rosenberg sein Opus magnum, *Der Mythus des 20. Jahrhunderts: Eine Wertung der seelisch-geistigen Gestaltenkämpfe unserer Zeit.* Das Buch vertrat die Vorstellung von den Deutschen als den Erben der arischen Supermenschen, extremen Nationalismus und bösartigen Antisemitismus. Rosenbergs »Mythus« war der Glaube an das Blut, womit er das reine Blut der Rasse meinte, das den wesentlichen Charakter eines Volkes bildet, seine »Rassenseele«. Er verfocht die Ansicht, dass die ursprünglichen Arier eine überlegene und hochentwickelte Rasse gewesen seien, die ihre kulturellen Errungenschaften, darunter einen Sonnenkult, auf der Welt verbreitet hätten. Während ihrer Ausbreitung vermischten sie sich mit minderwertigen Völkern, was zu ihrer Degeneration führte. Außerdem sahen sie sich mit der Konkurrenz durch rivalisierende Rassen mit gegensätzlichen Charakteren oder Rassenseelen konfrontiert. Rosenberg zeichnet diesen historischen Prozess vom verlorenen Kontinent Atlantis bis in die Gegenwart nach. Seine Erzählweise ist ein Mischmasch aus pseudohistorischen Spekulationen, zerhackstückter Geschichte, mystischen Glaubenssprüngen, zweifelhafter Wissenschaft und antichristlichen oder antisemitischen Entstellungen. Rosenberg warf sogar ein, dass Jesus ein Arier gewesen sei. Mit anderen Worten, der *Mythus* verdankte eine Menge der Ariosophie.[63]

Vor der Veröffentlichung versuchte Rosenberg, Hitler dazu zu bewegen, das Manuskript zu lesen, seine Meinung zu äußern und ihm die Erlaubnis zur Veröffentlichung zu erteilen. Hitler hat das Manuskript augenscheinlich nie gelesen, gab aber dennoch seine Zustimmung. Nach dem Erscheinen musste Rosenberg heftige Kritik einstecken, weil er anscheinend dafür plädierte, das Christentum in Deutschland durch irgendeine Art von wiedererwecktem nordischem Heidentum zu ersetzen. Tatsache ist, dass der heftig christenfeindliche Hitler und andere gleichgesinnte Nazis das traditionelle Christentum entweder durch ein nordifiziertes Christentum oder eine nationalsozialistische Version des altgermanischen Heidentums verdrängen wollten. Rosenberg und Himmler bevorzugten definitiv die zweite Variante. Man muss sich außerdem vor Augen halten, dass der Nationalsozialismus die einzige faschistische Bewegung war, die sich antichristlich gab und es durch einen selbstgebastelten nationalistischen Heidenkult ersetzen wollte. Hitler wollte jedoch nicht, dass Rosenberg Ärger mit den Kirchen und den deutschen Christen aufrührte. Am 11. April 1942 äußerte er bei einem Abendessen mit seinem inneren Kreis: »Ich muss darauf bestehen, dass Rosenbergs *Mythus des 20. Jahrhunderts* nicht als Ausdruck der offiziellen Parteilinie angesehen werden soll.« Rosenbergs *Mythus* verkaufte sich mehr als eine Million Mal und wurde zusammen mit *Mein Kampf* »einer der zwei größten ungelesenen Bestseller des Dritten Reiches« genannt. Meist wurden diese Bücher gekauft, um im Bücherregal oder auf dem Beistelltischchen sichtbar die Treue zum Dritten Reich zu bekunden. Wir dürfen nicht vergessen, dass Rosenberg nicht schrieb, um gläubige Christen zum Heidentum zu bekehren. Seine angestrebte Leserschaft umfasste Menschen, die ungebunden waren und nach einem neuen Glauben suchten. Gleichzeitig ließen es sich verschiedene Mitglieder von Hitlers gehässigem und niederträchtigem Führungszirkel nicht nehmen, über Rosenberg herzuziehen. Hermann Göring verachtete Rosenbergs Ideen. Goebbels hatte in seinem Tagebuch zunächst geäußert, dass der *Mythus* »sehr gut« sei, Albert Speer jedoch berichtete, er hätte sich über Rosenberg lustig gemacht. Er bezeichnete den *Mythus* sogar als »ideologischen Rülpser«. Bedenkt man, dass Goebbels niemals jemand war, der sich von einem Rivalen oder potenziellen Rivalen übertrumpfen ließ, fragt man sich, ob sein privates Tagebuch seinen wahren Gefühlen nicht vielleicht näherkommt.[64]

Rosenbergs *Mythus* kam Himmlers Herangehensweise an die nationalsozialistische Ideologie sicher sehr nahe, doch in vielerlei Hinsicht waren die beiden Männer eher Rivalen als Verbündete. 1934 wurde Rosenberg zum Leiter der Dienststelle für Kulturpolitik und Überwachungspolitik der NSDAP, auch als Amt Rosenberg bezeichnet, ernannt, das auch volkskundliche und esoterische Themen behandelte. Die Arbeit dieser Dienststelle überschnitt sich mit der von Himmlers Ahnenerbe. Neben dem Amt Rosenberg betraute Hitler Rosenberg mit zahlreichen weiteren Aufgaben. Von 1933 bis 1945 war er Leiter des Außenpolitischen Amtes der NSDAP, von 1941 bis 1945 Reichsminister für die besetzten Ostgebiete. Dieses Amt war besonders wichtig, da es hier darum ging, die örtlichen Bevölkerungen davon zu überzeugen, Deutschland gegen Stalin und die kommunistischen Russen zu unterstützen. Deutlich behindert wurde diese Mission dadurch, dass gleichzeitig die Durchsetzung des Lebensraum-Prinzips begonnen hatte, also die brutale Vertreibung der Slawen, die durch deutsche Siedler ersetzt wurden. Hitler kritisierte Rosenberg gelegentlich, hatte aber auch ganz eindeutig Vertrauen in ihn. In einem Brief zu seinem Geburtstag am 11. Januar 1943 schrieb Hitler: »Ich erinnere mich immer noch an den Tag, an dem ich dich im Haus von Dietrich Eckart getroffen habe. Seitdem bist du der erste geistige und intellektuelle Miterbauer der Partei geworden. Eines Tages wird die Geschichte vermerken, wie viel du getan hast, um die weltanschaulichen Grundlagen der Bewegung zu klären und zu stabilisieren.« Der Historiker Irving Hexham hat überzeugend dargelegt, dass Hitler großen Respekt für Rosenbergs Ratschläge und Ideen hatte, die in ganz Deutschland verbreitet wurden.[65]

## Historiker und der nationalsozialistische Rand

Hitler und die nationalsozialistische Bewegung errichteten ein fürchterliches Reich aus brutaler Macht, Völkermord und verheerenden Angriffskriegen. Am Ende wurden sie unter großen Mühen und Opfern für Europa und die Welt besiegt und zerstört. Übernatürliches, Okkultes, Grenzhistorie und Pseudowissenschaft spielten eine Rolle bei der Erschaffung der perversen Ideologie, die den Nationalsozialismus trug. In den 1930er Jahren und im Verlauf des Zweiten Weltkriegs wurde anerkannt, dass eine Verbindung zwischen dem Nationalsozialismus und dem Übernatürlichen existierte. Nach der Niederlage Deutschlands im Jahre 1945 und bis in die 1960er Jahre hinein begannen Wissenschaftler, die Überzeugungen der Nazis und ihre Verbindungen mit dem Übernatürlichen und den Grenzwissenschaften zu studieren. Andere Wissenschaftler wie Alan Bullock betonten gleichzeitig den Größenwahn und die zynische Machtgier, die Hitler und andere Führungsfiguren motiviert hatten.[66] Beide Einschätzungen von Hitler und dem Nationalsozialismus haben ihre Berechtigung.

Zugleich erregte die abartige und entsetzliche Natur des Nationalsozialismus, vor allem ihre Verbindung zum Okkulten und Übernatürlichen, die Aufmerksamkeit von Sensationsautoren mit seltsamen Theorien. 1960 brachten die zwei französischen Autoren Louis Pauwels und Jacques Bergier das Buch *Le Matin des magiciens* heraus, das 1962 als *Aufbruch ins 3. Jahrtausend* auf Deutsch und 1964 als *The Morning of the Magicians* auf Englisch erschien. Es war – noch vor Erich von

Däniken – ein Mix aus okkulten, pseudohistorischen und pseudowissenschaftlichen Spekulationen über lange verlorene Superzivilisationen und Behauptungen über antike außerirdische Besucher und die Erschaffung von geheimen supermenschlichen Mutanten. In all diese anomalen Vorgänge waren angeblich auch Hitler und die Nazis verwickelt. *Le Matin des magiciens* wurde ein Kultklassiker für die Gegenkultur, New-Age-Anhänger und Verschwörungstheoretiker. Es ist gewissermaßen der – wenn auch kaum noch bekannte – Urtext für die Anhänger von Grenzwissen und dem Übernatürlichen. Er inspirierte außerdem andere, ihre eigenen zweifelhaften Theorien über Hitler, die Nazis und den Okkultismus zu entwickeln. In diesen Büchern besitzen das Okkulte und Übernatürliche wirkliche Mächte, die Hitler und andere Nationalsozialisten sich für ihre eigenen finsteren Pläne – oder die finsteren Pläne der schattenhaften, okkulten Figuren, die die Kräfte hinter Hitler und den Nazis waren und diese für ihre eigenen teuflischen Ziele einsetzten – zunutze zu machen hofften.[67]

Ein gutes Beispiel für eine solche okkulte Geschichte ist Trevor Ravenscrofts *The Spear of Destiny* (1973). Dieses Buch spekuliert über den Speer des Longinus, mit dem dieser Christus in die Seite gestochen haben soll und der dadurch eine Quelle übernatürlicher Macht geworden sei. Hitler, der von Dämonen besessen war, wollte den Speer unbedingt für seine Welteroberungspläne haben. Ravenscroft behauptete außerdem, dass verschiedene mysteriöse Figuren Hitler gelenkt hätten, der im Prinzip ihre Marionette war. Abgesehen davon, dass sie die Existenz eines antiken Artefakts akzeptieren müssen, das ungeheure magische Kräfte besitzt, müssen die Leser darüber hinaus mit der Tatsache zurechtkommen, dass Ravenscroft einen Teil seiner Erkenntnisse vom verstorbenen Okkultistengelehrten Walter Stein erworben hatte, und zwar über Séancen mithilfe eines Mediums. Wenn man also Ravenscrofts Überzeugungen hinsichtlich solcher übernatürlichen Quellen nicht teilt, erfährt man in *The Spear of Destiny* nicht viel Neues über Hitler und die Nazis. Das kann man auch über andere Bücher dieses Typs sagen, von denen immer wieder neue erscheinen, ohne dass ein Ende in Sicht ist. Meist sind sie spaßig zu lesen, wenn man Freude an wildgewordenen Fantastereien hat, aber sie sind keine Geschichte.[68]

Die soliden historischen Forschungen von Nicholas Goodrick-Clarkes *The Occult Roots of Nazism* (1985 und 1992, dt. *Die okkulten Wurzeln des Nationalsozialismus*, 1997 bzw. 2004) haben gezeigt, dass okkulte Ideen und Überzeugungen eine wahrnehmbare und wichtige Rolle in der Entstehung der nationalsozialistischen Bewegung gespielt haben. Er schaute jedoch nicht genauer auf die Frage, ob das Okkulte weiterhin von Bedeutung war, nachdem die Nationalsozialisten 1933 an die Macht gekommen waren. In jüngerer Zeit haben Wissenschaftler wie Corinna Treitel (in *A Science for the Soul*, 2004) angeführt, dass Okkultismus und Faschismus nicht an sich miteinander verwandt sind. Das ist wahr. New Ager und Okkultisten können liberal, konservativ oder unpolitisch sein. Rudolf Steiner und seine Anthroposophie waren in Deutschland in der ersten Hälfte des 20. Jahrhunderts so ziemlich das Gegenteil von Faschismus und Nationalsozialismus. Treitel wies deutlich nach, dass deutsche Okkultisten danach strebten, ihre Überzeugungen und Praktiken in eine Form von Wissenschaft zu verwandeln. Dieses Ziel wurde allerdings von vielen deutschen Wissenschaftlern und Intellektuellen abgelehnt, worüber Treitel hinweggeht. Mehr noch, sie minimiert die Rolle von okkulten und pseudowissenschaftlichen Vorstellungen bei der Formulierung der Nazi-Politik: »Himmler konsultierte zweifellos Okkultisten, aber es gibt nichts, das nahelegt, dass die Ratschläge, die er empfangen hat, jemals ihren Weg in wichtige politische Entscheidungen gefunden hätten.«[69] Diese Aussage ignoriert unter anderem den Einfluss von Karl Maria Wiligut. Außerdem legt sie den Schwerpunkt auf das Okkulte, ignoriert aber den sehr offensichtlichen Einfluss von Pseudowissenschaft, Grenzwissenschaft und Grenzhistorie auf das Denken der Nazis.

Als Reaktion auf die Argumente von Treitel und anderen ähnlich denkenden Wissenschaftlern veröffentlichte der Historiker Eric Kurlander im Jahre 2017 *Hitler's Monster: A Supernatural History of the Third Reich*. Das Buch bietet eine detaillierte und gründlich dokumentierte Studie der Rolle des übernatürlichen Denkens und entsprechender Vorstellungen unter den Nazis und in der Gesellschaft Nazi-Deutschlands. Am wichtigsten ist, dass er die Arbeit von Goodrick-Clarke zum Okkulten und dem Nationalsozialismus in die Zeit nach 1933 fortsetzt. Außerdem umfasst seine Definition des Übernatürlichen auch die

Pseudowissenschaft, Grenzwissenschaft und Grenzhistorie sowie das Okkulte.[70] Diese Definition schließt also alles ein, von Parapsychologie über völkische Religion bis zur Welteislehre, den verlorenen Kontinenten und okkulten Studien.[71] Die nationalsozialistische Ideologie bot eine allumfassende Alternative zum rationalen Materialismus der Aufklärung und der modernen Wissenschaft sowie der spirituellen Beruhigung, die traditionell vom Christentum geleistet wurde. Kurlander erklärt:

> Aufbauend auf diesen Beweisen behaupte ich, dass keine politische Massenbewegung so bewusst oder konsistent wie die Nazis auf das zurückgriff, was ich »übernatürliche Fantasterei« nenne – Okkultismus und »Grenzwissenschaft«, heidnische, New-Age- und östliche Religionen, Volkskunde, Mythologie und viele andere übernatürliche Lehren –, um eine Generation von deutschen Männern und Frauen anzulocken, die nach neuen Formen der Spiritualität und neuen Erklärungen einer Welt suchten, die irgendwo zwischen wissenschaftlicher Nachprüfbarkeit und den angestaubten Wahrheiten der traditionellen Religion standen. Sicherlich unternahm keine Massenpartei, nachdem sie einmal an der Macht war, ähnliche Anstrengungen, solche Lehren zu kontrollieren oder zu analysieren, geschweige denn sich zu eigen zu machen und zu institutionalisieren, ob im Bereich von Wissenschaft und Religion, Kultur und Sozialpolitik oder im Drängen zu Krieg, Reich und ethnischer Säuberung. Ohne die Beziehung zwischen Nationalsozialismus und dem Übernatürlichen zu verstehen, kann man auch die Geschichte des Dritten Reichs nicht vollständig verstehen.[72]

Pseudowissenschaftliche Rassentheorien, gepaart mit apokalyptischen, heidnischen und bibelfeindlichen Überzeugungen, Entstellungen des Darwinismus und der falschen Geschichte, die durch solche betrügerischen Publikationen wie die »Protokolle der Weisen von Zion« propagiert wurden, verwandelten den Holocaust aus einem sinnlosen Massenmord in einen existenziellen Kampf zur Rettung der Arier und Deutschlands vor einem jahrtausendealten, teuflischen Komplott der Juden und versuchten, ihn damit zu rechtfertigen. Rassistische anthro-

pologische Theorien und betrügerische Erforschungen der Vorgeschichte verschmolzen mit der völkischen Religion und schufen ein Bild
der germanischen Völker als Supermenschen, die ihr angestammtes,
großartiges Erbe den von ihnen als minderwertig angesehenen Rassen
entreißen müssten. Gewäsch über mystische Verbindungen zwischen
dem Land und seinen Bewohnern, verstärkt durch einen angeblichen
Bedarf nach immer mehr Land für die wachsende arische Bevölkerung
bot die Rechtfertigung für Eroberungskriege und Imperialismus, die
zum Völkermord führten. Gestützt wurde all dies durch das sozialdar-
winistische Konzept des Kampfes um das Überleben des Stärkeren.

Glaubte das deutsche Volk an diese Ideologie mit ihrem okkulten,
pseudowissenschaftlichen und grenzhistorischen Beiwerk? Manche
Menschen taten es, andere nicht. 1934 gab es eine Unterhaltung zwischen dem englischen Journalisten Sir Philip Gibbs und einem unge-
nannten französischen Geschäftsmann. Sie bot Gibbs und uns heute
einige düstere Einblicke in die deutsche Gesellschaft am Anfang der
Nazi-Herrschaft. Gibbs bat den Franzosen um seine Analyse der Lage
in Deutschland. Es stellte sich heraus, dass der Franzose die Situation
sechs Monate lang genau beobachtet und außerdem die nationalsozialistische Literatur von Rosenberg und anderen gelesen hatte. Er kam zu
dem Schluss, dass 35 Prozent der Deutschen für Hitler sterben würden,
während der Rest der Bevölkerung dem Nationalsozialismus unschlüssig gegenüberstünde oder ihn aktiv hasste. Doch die Nazis hatten die
Kontrolle. Ihre Ideologie drehte sich um Rassismus, Stammesdenken
und eine Wiederbelebung des nordischen Heidentums.

Das ist es, was sie schreiben, und das ist es, was sie die jungen Köpfe
in Deutschland lehren. Wir nehmen es nicht ernst genug. Nach
meinem Urteil ist es sehr ernst. Es ist eine Herausforderung für die
europäische Zivilisation und das Christentum. Wir sind geneigt, es
abzutun und zu sagen, dass es nur das irre Gerede von ein paar Ver-
rückten ist. Dabei ist es eine eindeutige Philosophie, die von Männern verfolgt wird, die das Schicksal des Staates in ihren Händen
halten. Das ist die Bildung, die jungen Menschen gegeben wird,
Plastik in den Händen derer, die sie formen würden. Man kann
nicht verstehen, was in Deutschland passiert ist – der Angriff auf die

Juden und Katholiken und die protestantische Lehre –, ohne dies alles zu beachten. Es ist die Antriebsfeder der deutschen Energie. Es ist der Grund, weshalb wir sie im europäischen Fortschritt nicht als Gleiche und Partner betrachten können.

Gibbs, der anfangs skeptisch war, stellte fest, dass ihn sein Aufenthalt in Berlin zu demselben Schluss brachte.[73]

Die Deutschen waren nicht das einzige Volk, das trunken war von dem giftigen Gebräu, das durch falsche und abscheuliche Ideen entstand. Sie tranken nur eben in den 1930er Jahre am meisten davon. Die Abscheulichkeit der Verwüstung, die das Schicksal Deutschlands und Europas in der Zeit von 1933 bis 1945 war, ist eine angsteinflößende Warnung davor, was passiert, wenn Staaten und Gesellschaften die Standards für die objektive Wahrheit in den Wind schlagen und sich auf Fake News, Pseudowissenschaft, Grenzhistorie und Verdrehungen der Religion verlassen.[74] Wie der Autor Christopher Hale es machtvoll und prägnant ausdrückte: »Der Mythos ist niemals harmlos.«[75]

# Der Mythos von Roswell

*Natürlich wird es immer unmöglich sein zu beweisen, dass es
niemals eine fliegende Untertasse gab. Menschen, die an die schwer
fassbaren, platten Dinger glauben, wird es wahrscheinlich für die
nächsten Jahrzehnte geben. Aber es gibt jetzt jeden Grund für die
Erwartung, dass die UFO-Manie als nicht mehr als nur ein weiteres Beispiel von Massenwahn in die Geschichte eingehen wird.*

MARTIN GARDNER, 1952

Martin Gardner war ein Universalgelehrter im besten Sinne. Er war
Experte für Lewis Carroll, ein Zauberer mit einem gewissen Ruhm und
ein erfolgreicher Autor, der über mathematische und populärwissen-
schaftliche Themen schrieb. Eine seiner großen Errungenschaften war
das Erschaffen und Sammeln von mathematischen Spielen und Rät-
seln. Diese veröffentlichte er in einer Reihe von Büchern, die dank Do-
ver Publications immer wieder aufgelegt werden. In der zweiten Hälfte
des 20. Jahrhunderts gehörte Gardner zu den führenden Aufklärern von
pseudowissenschaftlichen Behauptungen. Sein erstes Buch, *In the Name
of Science: An Entertaining Survey of the High Priests and Cultists of Science, Past and Present*, erschien 1952. Es wurde aktualisiert und 1957
unter einem neuen Titel erneut aufgelegt: *Fads and Fallacies in the Name
of Science*. In diesem Buch untersucht Gardner verschiedene pseudowissenschaftliche Überzeugungen und Gruppen, von den Flacherdlern
bis zum Lyssenkoismus, von Charles Fort und seinen Anhängern über
verlorene Kontinente, Pyramidologie, verschiedene medizinische Ma-
rotten und Kulte, Ernährungsmoden und Dianetik (dem Vorläufer von
Scientology) bis zum Antisemitismus und verschiedenen anderen For-

men des Rassismus. *Fads and Fallacies* ist und bleibt ein Klassiker der skeptischen Literatur. Nach mehr als 60 Jahren wird es immer noch aufgelegt.[1] Und das aus gutem Grund: Viele seiner Informationen sind weiterhin relevant und außerdem liest es sich sehr gut. Gardner setzte seinen Kampf gegen die Pseudowissenschaft fort und gehörte 1976 zu den Mitbegründern des Committee for the Scientific Investigation of Claims of the Paranormal, heute bekannt als Committee for Skeptical Inquiry (CSI).

Als Gardner in den 1950er Jahren seine zwei Ausgaben von *Fads and Fallacies* schrieb, waren die USA und andere Teile der Welt in einer Faszination für fliegende Untertassen gefangen, die 1947 begann und zur heutigen UFO-Bewegung (Unidentified Flying Objects; unidentifiziertes Flugobjekt) oder Ufologie wurde. Natürlich fügte Gardner in beide Bücher ein Kapitel über fliegende Untertassen ein. Er merkte schon früh an, dass der Glaube an fliegende Untertassen Nährstoff für Theosophisten und Okkultisten geworden war. Er war der Meinung, der Wirbel um fliegende Untertassen und die UFO-Bewegung würde irgendwann nachlassen oder sogar ganz verschwinden. Das ist nicht geschehen. Obwohl die UFO-Bewegung ihre Hochs und Tiefs erlebt hat, ist sie nicht verschwunden. Stattdessen ist sie auf der ganzen Welt zu einem bedeutenden Aspekt der Populärkultur geworden. Im Zentrum der UFO-Bewegung findet sich der Roswell-Zwischenfall von 1947 – ein Ereignis, das Gardner in *Fads and Fallacies* nicht einmal erwähnt. Wie konnte das passieren? Es gibt einen eindeutigen Grund dafür, wie ein genauerer Blick auf die Ursprünge des Mythos von Roswell enthüllt.

### Der Weg nach Roswell

Roswell ist eine Kleinstadt von etwa 50.000 Menschen in der Südostecke von New Mexico. Das Land in dieser Gegend ist trocken und relativ eben. Man kann meilenweit sehen. Texas liegt etwa 90 Meilen östlich und etwas mehr als 100 Meilen südlich. 1947 gab es hier noch keine Interstate-Straßen. Der nächstgelegene größere Highway war die berühmte Route 66, die etwa 100 Meilen nördlich verlief. Selbst heute gibt es keinen Interstate-Highway, der näher als 100 Meilen an Roswell liegt, da die I-40 in New Mexico ungefähr dem Verlauf der alten Route 66 folgt. Ein Besucher muss also wirklich dorthin wollen. Trotz dieser ungünstigen Lage gibt es bis zu 200.000 Touristen pro Jahr. Wieso? Weil Roswell der Ort ist, an dem Anfang Juli 1947 angeblich eine fliegende Untertasse abgestürzt ist. Deshalb ist dies das Mekka der UFO-Bewegung, wie der Skeptiker Michael Shermer es genannt hat.[2]

Ich beschloss, im September 2019 nach Roswell zu fahren. Vom nördlichen Alabama aus war es eine Reise von etwa 1.300 Meilen. Das meiste davon verlief auf den Interstates 65 und 20, doch kurz hinter Sweetwater, Texas, war es am besten, die I-20 verlassen und nordwärts auf dem Highway 85 zu fahren. Reisende sollten sich bewusst sein, dass diese Strecke durch einen wahren Wald aus gigantischen Windkrafträdern führt, deren satanische Maschinen krebserregende Geräusche erzeugen – oder zumindest scheinen einige dies zu glauben. Roswell ist immer noch 300 Meilen entfernt. Diese Region war der Ausgangspunkt für die großen Viehtriebe, die den Chisum und Goodnight-Loving-Trails folgten. Die scheinbare Flachheit des Landes verhüllt die Tatsache, dass die tatsächliche Höhe zwischen 3.600 und 4.000 Fuß (1.100 bis 1.200 Meter) über dem Meeresspiegel beträgt. Es mag wie eine lange Reise erscheinen, aber die Durchschnittsgeschwindigkeit auf dieser relativ leeren Straße liegt bei 80 Meilen pro Stunde (ca. 130 km/h). Reisende wissen, dass Roswell nicht mehr weit ist, wenn sie den Pecos River überqueren, vorausgesetzt, sie erkennen, dass dieser kleine Bach tatsächlich ein Fluss ist. Schon bald tauchen verräterische Zeichen mit Bildern von kleinen grünen Männchen auf, dann Häuser und schließlich die Main Street in Roswell.

Die Kreuzung von Highway 380 (der in Roswell Second Street heißt) und Main Street ist Ground Zero für die Ufologie. Das International UFO Museum and Research Center liegt nur einen Block südlich. An der Straße Richtung Norden und Süden gibt es verschiedene auf UFOs bezogene Geschäfte. Selbst die Lampenschirme an den Straßenlaternen sind wie die klassischen grauen Alien-Köpfe geformt. Drei Blöcke nördlich befindet sich das Roswell Visitors Center mit seinem UFO-Dekor, in dem freundliche Angestellte die Reisenden mit hilfreichen Broschüren ausstatten und sie sogar mit einigen grauen Außerirdischen fotografieren. Im International UFO Museum werden derweil Besucher eines bestimmten Alters erkennen, dass das Gebäude ursprünglich einmal ein Kino gewesen ist. Das Plains eröffnete im Jahre 1946 als Kino mit einer Leinwand und Platz für 1.030 Zuschauer. Nachdem es in den 1970er Jahren schließen musste, wurde es 1996 als International UFO Museum neueröffnet.[3]

Die Eröffnung des International UFO Museum in Roswell fand 45 Jahre nach dem angeblichen Absturz der fliegenden Untertasse im Jahre 1947 und mehr als zehn Jahre nach der Wiedererweckung des Roswell-Zwischenfalls als UFO-Ereignis im Jahre 1980 statt. Walter Haut war als junger Lieutenant auf der Roswell Army Air Force Base für die Öffentlichkeitsarbeit zuständig. Er schrieb am 8. Juli 1947 die Pressemitteilung, in der stand, dass nahe Roswell eine abgestürzte fliegende Untertasse geborgen worden war. Beim Besuch einer UFO-Konferenz in Washington, DC, schlug ein anderer Teilnehmer Haut vor, ein UFO-Museum in Roswell einzurichten. Haut nahm den Vorschlag ernst und trug ihn zwei anderen Personen vor, die angeblich Zeugen von Teilen des Roswell-Zwischenfalls gewesen waren: Glenn Dennis und Max Littell. Auch diese hielten das für eine gute Idee. 1991 richteten die drei daher ein kleines Museum in der siebenten Etage des Gebäudes der Sunwest Bank auf der Main Street von Roswell ein. Es war ein ungünstiger Ort und entsprechend kamen in den ersten beiden Jahren nur 2.000 Besucher. 1992 zog das Museum direkt an die Main Street um, sodass es besser sichtbar und zugänglich wurde. Die Besucherzahlen stiegen und 1996 war es die größte Touristenattraktion in Roswell mit mehr als 106.000 Besuchern in den vorangegangenen vier Jahren, die nur in die Stadt kamen, um die UFO-Stätten zu sehen. Diese Touristen gaben 16 Millionen Dollar aus und generierten Steuereinnahmen in Höhe von fast einer Million Dollar.[4]

Das erste UFO-Festival in Roswell wurde für Juli 1996 anberaumt. Etwa zwei Monate vor dem geplanten Termin zog das UFO-Museum in das frühere Plains-Kino um. Natürlich ist es das Hauptanliegen der Exponate in diesem Museum, zu zeigen, dass im Juli 1947 eine oder mehrere fliegende Untertassen in der Nähe von Roswell abgestürzt sind. Bei diesen vorgeblichen Abstürzen sollen neben den Trümmern tote und sogar ein oder zwei lebende Aliens entdeckt worden sein. Die Exponate versichern darüber hinaus, dass die abgestürzten Untertassen außerirdischen Ursprungs waren und dass Aliens weiterhin die Erde besuchen. Außerdem geben sie zu verstehen, dass die Alien-Besucher auf der Erde schon seit unvordenklichen Zeiten stattfinden, wie auch Erich von Däniken und *Ancient Aliens* behaupten.

Während der Fokus des International UFO Museum auf dem Roswell-Zwischenfall liegt, präsentieren seine Exponate auch noch eine Vielzahl anderer Hypothesen oder Behauptungen, die zu den unzähligen Untergruppen der UFO-Bewegung gehören. Eine Reihe der Ausstellungsstücke waren ursprünglich Requisiten und Kulissen aus verschiedenen Fernsehsendungen über Roswell und UFOs. Vermutlich am beeindruckendsten ist ein dreidimensionales Diorama einer fliegenden Untertasse, die in der Wüste landet. Es wurde in der Serie *Making Monsters* auf dem Travel Channel verwendet. Neben der fliegenden Untertasse enthält es aufblitzende Lichter, falschen Rauch und Soundeffekte mit einer Gruppe Außerirdischer, die um die Trümmer herumstehen. Das Museum besitzt außerdem einen gut ausgestatteten Souvenirladen, der laut Dusty Huckabee, dem Direktor des Mainstreet Roswell, allein 1996 Waren im Wert von einer Million Dollar verkauft hat. Das UFO-Festival von 1997 war der Höhepunkt des Roswell-Tourismus, da es zum 50. Jahrestag des Untertassenabsturzes stattfand. In den folgenden Jahren gingen die Besucherzahlen in Roswell zurück, blieben aber immer noch ganz ansehnlich. Das UFO-Festival von 2019 erlebte mit 14.000 Teilnehmern einen beträchtlichen Zuwachs an Besuchern. Aufgrund der COVID-Pandemie musste das Festival 2020 abgesagt werden, doch 2021 konnten wieder die Zahlen von 2019 erreicht werden. Jim Hill, der Direktor des International UFO Museum, berichtete, dass in einem normalen Jahr etwa 220.000 Menschen das Museum aufsuchen und 57 Millionen Dollar Umsatz generieren. Mit dem UFO-Festival 2022, das zum 75. Jahrestag des angeblichen UFO-Absturzes stattfindet, scheint die Zukunft des Roswell-Tourismus zu dieser Zeit und auch den Rest des Jahres auf soliden Füßen zu stehen. Abgestürzte fliegende Untertassen und tote Außerirdische sind ein gutes Geschäft.[5]

Roswell hat unter den üblichen wirtschaftlichen Problemen kleiner Städte in einsamen ländlichen Gegenden gelitten. Anders als vergleichbaren Städtchen jedoch hat die Populärkultur Roswell ein vorgefertigtes UFO-Thema beschert. Die Wiederbelebung des Roswell-Zwischenfalls als bedeutendes UFO-Ereignis ab 1980 machte aus Roswell eine weltberühmte Attraktion. Ab den frühen 1990er Jahren wurde der Mythos des Absturzes von Roswell zum Dreh- und Angelpunkt der UFO-Bewegung. Immer mehr Bücher, Zeitschriftenartikel, Dokumentationen, Filme und Fernsehserien erwähnten Roswell oder befassten sich damit. Örtliche Zeugen meldeten sich. Mit der Zeit zeigten nähere Untersuchungen, dass ihre Aussagen nicht beweiskräftig waren oder sich als kaum zuverlässig erwiesen. Die Einrichtung des International UFO Museum im Jahre 1991 war ein Aspekt dieses Revivals. Dann kam 1994 der Fernsehfilm *Roswell* mit Kyle MacLachlan und Martin Sheen heraus. Er vertrat die sensationslüsterne Haltung, dass es den Absturz einer fliegenden Untertasse gegeben hätte und die Regierung dies zu vertuschen versuchte. Der Name Roswell wurde dadurch noch bekannter. Ironischerweise wurde der Film in Arizona produziert und nicht vor Ort in Roswell, sehr zum Verdruss der Stadtoberen.

All diese Entwicklungen sorgten dafür, dass ein paar Stadtobere und Geschäftsleute von Roswell UFOs und den Roswell-Zwischenfall zunehmend als brauchbares Thema betrachteten, um Touristen anzulocken. Das International UFO Museum bot dafür eine solide Grundlage. 1996 wandten sich daher Haut, Dennis und Littell, die Besitzer des Museums, wegen eines UFO-Festivals an Huckabee. Huckabee sowie dem Ratsmitglied Stan Crosby gefielen die Idee und sie legten sie dem Stadtrat zur Abstimmung vor. Die anderen Ratsmitglieder lehnten sie ab. Sie hatten das Gefühl, dass es Roswell als Gemeinde in ein schlechtes Licht rücken könnte, wenn man zu sehr auf die UFOs setzen würde. Darüber hinaus verletzte das Thema UFOs die religiösen Gefühle mancher Menschen. Huckabee und Crosby ließen sich nicht beirren und beschlossen, die Festivalidee allein weiterzuverfolgen. Zufälligerweise saß Crosbys Ehefrau Deon im Vorstand des Museums. Das erste UFO-Festival fand am 4. Juli 1996 statt und zog fast 1.000 Besucher an, die fast alle von außerhalb der Stadt und sogar von außerhalb des Bundesstaates kamen. Die Einheimischen mieden die Veranstaltung. Was jedoch die Aufmerksamkeit der Einwohner erregte, war die Tatsache, dass Hotels, Restaurants und Tankstellen einen deutlichen Umsatzanstieg verzeichnen konnten.

Nachdem sie die wirtschaftlichen Vorteile des ersten UFO-Festivals erlebt hatten, entschieden die Organisatoren, 1997, zum 50. Jahrestag des Roswell-Zwischenfalls, ein zweites Festival abzuhalten. Dieses Mal wurden sie von der Gemeinde unterstützt. Es beteiligten sich nun verschiedene Wirtschaftsvereinigungen wie Mainstreet Roswell sowie Bürgervereine. Stan Crosby startete einen ausgesprochen erfolgreichen Versuch, das Festival unter dem Titel Encounter 97 im Internet bekanntzumachen. Auch das New Mexico State Departement of Tourism, das Tourismusministerium von New Mexico, bot umfassende Unterstützung. Es nahm Encounter 97 nicht nur in seine Broschüren auf, sondern veranstaltete auch Workshops für lokale Geschäftsleute, um ihnen zu helfen, das meiste aus der Veranstaltung herauszuholen. Außerdem machte es Werbung in nationalen und internationalen Medien und stellte ausländischen Journalisten Dolmetscher zur Verfügung. Man wollte Roswell ganz offensichtlich zu einer permanenten Touristenattraktion machen.[6] Die Veranstaltung schaffte es am 23. Juni 1997 sogar auf das Cover des *Time*-Magazins.[7] Als Folge von so viel Publicity nahmen etwa 48.000 Menschen an Encounter 97 teil. Mit anderen Worten, während des Festivals verdoppelte sich die Einwohnerzahl von Roswell. Derweil schossen rund um das International UFO Museum Souvenirläden mit UFO-Krimskrams wie Pilze aus dem Boden. Ehemals leerstehende Geschäfte blühten neu auf. Andere Unternehmen in der Gegend fühlten sich bemüßigt, ebenfalls auf den UFO-Zug aufzuspringen. Vor dem Dunkin' Donuts auf der Main Street steht eine 6 Meter hohe, grüne Alien-Figur, die das Dunkin'-Donuts-Schild hochhält, während ein nahegelegener McDonald's im UFO-Dekor ausgestattet ist. Roswell hatte sein Thema für einen erfolgreichen Tourismus gefunden.

Nicht alle Einwohner der Stadt waren mit dem Fokus auf UFOs und abgestürzte fliegende Untertassen einverstanden. Einige Menschen glaubten, dass das Thema das Image der Stadt beschädigte, indem es für ein fiktives Ereignis warb (nein, nicht alle Einwohner von Roswell sind Gläubige). Doch wie Deon Crosby antwortete, als sie gefragt wurde, ob sie an UFOs glaube: »Was ich glaube? Ich glaube an den Tourismus.« Touristen bedeuteten Geld. Angesichts von 200.000 Touristen, die jedes Jahr nach Roswell kommen, von denen 85 Prozent das International UFO Museum besuchen, scheint das UFO-Thema ausgesprochen gut zu funktionieren. Es funktionierte auf jeden Fall für Walter Haut, der mit einem sehr schönen BMW durch den Ort fuhr, der das Kennzeichen »Mr. UFO« trug. Mrs. Haut, die sich nicht ausstechen lassen wollte, führte entsprechend das Autokennzeichen »Mrs. UFO«.[8]

An dieser Stelle könnte man sich fragen, wieso es fast 50 Jahre gedauert hat, bis das International UFO Museum und das UFO-Festival entstanden sind, wenn der Roswell-Zwischenfall schon 1947 stattgefunden hat. Das ist eine interessante und wichtige Frage. Ihre Antwort verrät uns eine Menge über den Ursprung, das Wesen und die Substanz des Mythos von Roswell und der UFO-Bewegung. Wenn von nun an von dem »Roswell-Zwischenfall« die Rede ist, dann ist damit die offizielle und historische Geschichte des Absturzes eines Überwachungsballons der United States Air Force gemeint. Der Begriff »Mythos von Roswell« bezieht sich auf die Geschichte vom Absturz eines oder mehrerer außerirdischer Raumschiffe in ihren unterschiedlichen Versionen.

## Der Roswell-Zwischenfall: Die historische Version

Um den Roswell-Zwischenfall von 1947 vollkommen zu verstehen, muss man sich unbedingt über seinen historischen und geografischen Kontext im Klaren sein. 1947 befanden sich die Vereinigten Staaten von Amerika und die westliche Welt im Übergang von der relativen moralischen Klarheit des Zweitens Weltkriegs und der Euphorie seines siegreichen Endes in die schmutzige und unsichere Welt des Kalten Krieges. Die USA besaßen das Atomwaffenmonopol, doch es war nur eine Frage der Zeit, bis die Sowjetunion das Wissen erworben hätte, um ihre eigene Atombombe herzustellen. Und während die Russen sich verzweifelt bemühten, eine Nuklearwaffe zu entwickeln, waren die USA ebenso verzweifelt bemüht, herauszufinden, wann die Russen erfolgreich sein würden. Es war noch vor der Entwicklung der U-2-Spionageflugzeuge und noch lange vor dem Start irgendwelcher Spionagesatelliten ins Weltall. Es gab noch keine Überwachung aus dem Himmel.[9]

New Mexico war der Geburtsort für die Waffen des Atomzeitalters. Seine Abgeschiedenheit und seine Wüstenwildnis machten es zu einem idealen Ort, um geheime Waffenentwicklungen und Waffentests durchzuführen. Los Alamos wurde zum Ort von »Project Y«, dessen

Aufgabe darin bestand, eine Atombombe zu entwerfen und zu konstruieren. Die erste Detonation einer Atombombe erfolgte am 16. Juli
1945 auf der Alamogordo Bombing and Gunnery Range. Nach Ende
des Krieges wurde das Roswell Army Air Field die Basis für das 509th
Bomb Wing, die weltweit erste und im Jahre 1947 einzige Bomberein-
heit, die Nuklearwaffen führte.

Zur selben Zeit waren einige der Kräfte zum Überwachen des Fort-
gangs des sowjetischen Nuklearwaffenprogramms ebenfalls in New Mexico angesiedelt. 1946 schloss die New York University einen Vertrag
über die Herstellung und den Einsatz von hochfliegenden Ballons, die
Ausrüstungen transportieren konnten, mit denen es möglich wäre, die
Geräusche von Nukleartests auf sowjetischem Gebiet aufzuspüren. Diese
Operation trug den Namen »Project Mogul« und wurde in Alamogordo
durchgeführt. Es handelte sich um eine hochgeheime Operation. New
Mexico war also Heimstätte vieler sehr wichtiger und außerordentlich
geheimer Militärprojekte. Nicht nur die benachbarten Zivilisten waren
ahnungslos, sondern auch die große Mehrheit des militärischen Perso-
nals hatte keine Ahnung von den supergeheimen Aktivitäten.

In diesem Kontext der Geheimhaltung und Anspannung des Kalten
Krieges kam es zu dem Roswell-Zwischenfall. In der ersten Juni-Wo-
che 1947 wurden drei Ballons des Project Mogul in Alamogordo gestartet. Wind- und Wetterbedingungen zeichnete man sorgfältig auf.
Einer der Ballons war am 4. Juni gestartet worden und ein B-17-Bom-
ber folgte seinem Flugpfad. Später verlor Alamogordo den Kontakt zu
diesem Ballon. Wahrscheinlich ging er in der Nähe der Foster Ranch
von William »Mack« Brazel nieder. Am 14. Juni waren Brazel und sein
Sohn auf der Ranch unterwegs, als sie auf den abgestürzten Ballon
stießen. Es waren schon früher einmal Wetterballons auf der Foster
Ranch abgestürzt, aber diese Trümmer waren anders. Brazel beschrieb
später, dass er Gummiteile, eine Art Aluminiumfolie und Stöcke aus
Balsaholz fand. Es war nichts dabei, das ihm weiter zu denken gegeben
hätte. Zehn Tage später, am 24. Juni, erschienen in den überregionalen
Nachrichten Berichte von Kenneth Arnolds Begegnung mit fliegenden
Scheiben im Bundesstaat Washington. Innerhalb weniger Tage änder-
ten die Presseberichte Arnolds anfängliche Beschreibung von »fliegenden Scheiben« in den inzwischen üblichen Begriff »fliegende Unter-

tasse«. Brazel kehrte mit seiner Frau und seiner Tochter am 4. Juli an die Absturzstelle zurück. Die Schafe, die in diesem Bereich grasten, hatten sich vor den Trümmern erschreckt und weigerten sich, darüber hinweg zum Wasser zu laufen. Deshalb räumten die Rancher die Trümmer weg, damit die Schafe die Wasserstelle erreichen konnten.

In der Zwischenzeit rollte die von den Arnold-Berichten ausgelöste fliegende-Untertassen-Manie über das Land. Die moderne UFO-Bewegung war geboren und die USA erlebten ihre erste UFO-Aufregung. Es ist wichtig, diese Aufregung und den Roswell-Zwischenfall in ihren richtigen historischen und kulturellen Kontext zu setzen. Wenn Menschen 1947 und in den nächsten ein oder zwei Jahren eine fliegende Untertasse zu sehen glaubten, dann nahmen sie üblicherweise an, es handele sich um irgendein geheimes, experimentelles Fluggerät des US-Militärs. Alternativ war es – Oh wie schrecklich! – ein supergeheimes, experimentelles Fluggerät der Russen. Niemand kam zu dem Schluss, dass eine fliegende Untertasse ein außerirdisches Raumschiff sei. Diese Annahme, dass alle fliegenden Untertassen aus dem Weltall stammten, kam erst später, nicht schon 1947.

Zurück auf der Foster Ranch musste Brazel in die nahegelegene Stadt Corona reisen, wo er von der Arnoldschen Begegnung mit der fliegenden Scheibe erfuhr. Er schlussfolgerte, dass seine fremdartigen Trümmer zu einem geheimen Militärprojekt gehören könnten. Am 7. Juli fuhr Brazel in geschäftlichen Dingen nach Roswell. Dort meldete er die abgestürzten Trümmerteile dem Sheriff von Chaves County, George Wilcox (Roswell war der Sitz des Countys). Brazel stellte eine Verbindung zwischen den Trümmern und der jüngsten Sichtung der fliegenden Scheiben durch Arnold her. Wilcox reichte Brazels Informationen pflichtbewusst an die Verwaltung des Roswell Army Air Field weiter. Daraufhin sprachen Lieutenant Colonel Jesse Marcel und Captain Sheridan Cavitt mit Brazel und folgten ihm zur Foster Ranch. Die drei Männer besichtigten die Trümmerstelle und sammelten die Überreste ein. Brazel übergab ihm das, was er und seine Familie bereits geborgen hatten. Marcel dachte, die Trümmer könnten von einem Drachen stammen, und schätzte das Gewicht auf etwa 2 kg. Marcel und Cavitt kehrten an diesem Abend auf die Basis zurück.

Am nächsten Tag gab Lieutenant Walter Haut, der Presseoffizier von Roswell, eine Pressemitteilung heraus, in der behauptet wurde, dass das Militär Trümmer von einer abgestürzten fliegenden Untertasse hätte. Diese Geschichte schaffte es sofort auf die Titelseite des *Roswell Daily Record* vom 8. Juli 1947. Nachrichtenagenturen griffen die Story auf und sie verbreitete sich in Windeseile im ganzen Land und im Ausland. Derweil war Marcel mit den Trümmern zu einem Treffen mit dem Regionalkommandanten, General Roger Ramey, nach Fort Worth geflogen. Dort identifizierten Ramey und seine Leute die Überreste als einen Wetterballon. Ramey gab an diesem Abend ein Interview im örtlichen Radiosender und bestätigte, dass es sich um einen Wetterballon gehandelt hatte. Er ließ außerdem Reporter in sein Büro kommen, um die Trümmer zu untersuchen und zu fotografieren. Die Neuigkeit, dass die ursprüngliche Identifizierung der Trümmer falsch gewesen war, verbreitete sich ebenfalls schnell in den USA und der ganzen Welt. Am nächsten Tag druckte der *Roswell Daily Record* eine weitere Titelgeschichte, in der er den Bericht vom Vortag korrigierte und aussagte, dass die Trümmer von einem Wetterballon stammten.[10]

Auf diese Weise erschien die Originalgeschichte von der fliegenden Untertasse von Roswell und war fast ebenso schnell wieder verschwunden. Ungeachtet der dramatischen ersten Behauptung von der Bergung einer fliegenden Untertasse vergaß die aufkommende UFO-Bewegung Roswell für 30 Jahre. Martin Gardner hatte also guten Grund, Roswell mit keinem Wort zu erwähnen. Der Historiker David Michael Jacobs, der mit der UFO-Bewegung sympathisierte, ließ den Vorfall in seinem Buch *UFO Controversy in America* von 1975 ebenfalls unerwähnt. Ted Bloecher, ein unermüdlicher Sammler und Chronist von UFO-Sichtungen, hielt den Roswell-Zwischenfall für einen Fehler und nannte Hauts Pressemitteilung eine »leichtsinnige Aussage«. Bloecher schrieb 1967, 20 Jahre nach dem Roswell-Zwischenfall, und zeigte also ein hohes Maß an Voraussicht, als er kommentierte: »Es bleibt immer noch die Möglichkeit, dass ein supergeheimes Experiment mit hochfliegenden Ballons nahe Corona abgestürzt ist, was eine Erklärung für die Verwirrung und Geheimhaltung ergeben würde, die bei der Bergung geherrscht hatte.« Genau das stand dann auch 1995 im US-Air-Force-Bericht *The Roswell Report: Fact versus Fiction in the New Mexico Desert,* wo man zugab, dass die Trümmer von einem Überwachungsballon des Project Mogul stammten – daher die Vertuschung. Die US Air Force schickte 1997 noch einen zweiten Bericht hinterher, *The Roswell Report: Case Closed*, der noch weitere Details lieferte. Dieser widerlegte die Geschichten von Alien-Leichnamen, die an der Absturzstelle auf der Foster Ranch geborgen worden wären. Solche Geschichten tauchten ab 1980 mit dem Beginn des Mythos von Roswell auf.[11]

Indes wurde behauptet, dass die Öffentlichkeit von Roswell und die kleine Armee angeblicher Zeugen den Roswell-Zwischenfall niemals vergessen hat.[12] Die Beweise für diese Behauptung sind spärlich und zweifelhaft. Man fragt sich, ob die Wiederbelebung des Roswell-Zwischenfalls und seine Verwandlung in den Mythos von Roswell nicht eher etwas damit zu tun hatte, dass die UFO-Jäger eine neue Geschichte brauchten und suchten, um in den 1970er Jahren der schwächelnden UFO-Bewegung wieder auf die Beine zu helfen. Ufologen begannen, Einwohner von Roswell eines bestimmten Alters mit Suggestivfragen zu bombardieren, die möglicherweise Erinnerungen an lang vergangene Ereignisse weckten oder vage Erinnerungen mit Vermutungen zu einer Konfabulation über ein nicht stattgefundenes Ereignis verschmelzen ließen, die immer größer wurde und sich schließlich zu einem Mythos entwickelte. Das wirft die Frage auf: Waren diese Erinnerungen zuverlässig? Vielleicht waren einige Einwohner der Stadt übermäßig darauf erpicht, am Ruhm und an den Profiten teilzuhaben, die prominente Zeugen erwarten konnten. Wie wir noch sehen werden, haben sich die meisten Augenzeugenberichte als unerheblich oder unzuverlässig erwiesen und konnten entkräftet werden. Jetzt jedoch wollen wir uns die Geschichte der modernen UFO-Bewegung von ihren Anfängen im Jahre 1947 bis zum Aufstieg des Mythos von Roswell zum wichtigsten UFO-Narrativ in den 1980er und 1990er Jahren anschauen.

## Die UFO-Bewegung

Kenneth Arnolds Begegnung mit den fliegenden Scheiben am Himmel des pazifischen Nordwestens der USA während eines Flugs mit seinem eigenen Flugzeug am 24. Juni 1947 kennzeichnet den Beginn der neuzeitlichen UFO-Bewegung. Laut Ted Bloecher gab es bis Ende 1947 nach der Arnoldschen Begegnung 853 UFO-Sichtungen. Das war die erste der UFO-»Wellen«. In den Jahren 1952, 1957, 1965-67 und 1973 folgten weitere Wellen von UFO-Sichtungen.[13] Anfangs nahmen die Menschen an, dass es sich bei den fliegenden Untertassen vermutlich um experimentelle Fluggeräte handelte, die von den US-Amerikanern oder den Russen gebaut worden waren. Das änderte sich mit der These, die fortan die Diskussion dominierte, die fliegenden Untertassen kämen aus dem Weltall. Nach der Welle der seltsamen und unerklärten Himmelsobjekte von 1952 prägte die US Air Force den Begriff Unidentified Flying Object (UFO). Viele der unerklärlichen Objekte am Himmel waren gar nicht untertassenförmig und erschienen oft einfach nur als Lichter am Himmel. Der Begriff »UFO« beschrieb nicht nur die Unsicherheit und Vielfalt des Phänomens deutlich besser, sondern sollte auch weniger stark suggerieren, dass ein unerklärtes Himmelsphänomen eine Maschine aus einer anderen Welt sei. Die entstehende neue Bewegung übernahm den Begriff ebenfalls bereitwillig. Für sie galt allerdings die Gleichung im Allgemeinen: UFO = fliegende Untertasse = außerirdisches Raumschiff.[14]

Bereits am Anfang der UFO-Bewegung begann die Öffentlichkeit, die US-Regierung und besonders das Militär zu beschuldigen, man würde vertuschen, dass es sich bei den UFOs um außerirdische Fluggeräte handele. Tatsächlich hatten Militärbehörden Bedenken wegen der UFOs und wollten die UFO-Manie eindämmen. Erstens fürchteten sie, dass in der Bevölkerung Panik vor außerirdischen Invasoren ausgelöst werden könnte, wie 1938 durch Orson Welles' Hörspielfassung von H. G. Wells' *Der Krieg der Welten* geschehen. Zweitens betrachtete die Air Force UFOs als eine potenziell gefährliche Ablenkung. Das Interesse an UFOs könnte die Bereitschaft für einen sowjetischen Überraschungsangriff unterwandern. Außerdem könnte ein UFO-Zwischenfall als sowjetischer Angriff missverstanden werden und versehentlich einen Atomkrieg auslösen.[15] Öffentliche Kritik wegen Vertuschungen und ihre eigenen Bedenken veranlassten die Air Force, verschiedene Untersuchungen von UFOs durchzuführen. Das 1948 gestartete Project Sign kam zu dem Schluss, dass einige UFO-Sichtungen physische Fluggeräte unbekannter Herkunft sein könnten. Project Sign wurde Anfang 1949 durch Project Grudge ersetzt, das Ende 1951 wiederum zu Project Blue Book wurde. Project Blue Book lief bis 1969. Der Astronom J. Allen Hynek war Berater bei allen drei Projekten. Hynek war anfangs UFO-Skeptiker gewesen, hatte sich aber bis 1969 zu einem UFO-Gläubigen gewandelt, der überzeugt war, UFOs seien real und nicht nur seltsame Naturerscheinungen. Hynek war von der unwissenschaftlichen Herangehensweise der Air Force an die UFO-Untersuchungen und ihrem geheimen Plan, den Glauben an UFOs zu diskreditieren und das Interesse und den Enthusiasmus der Öffentlichkeit zu schwächen, enttäuscht und desillusioniert.

1966 versuchte die US Air Force, endgültig alle Fragen zu UFOs auszuräumen, und beauftragte dazu eine wissenschaftliche Studie. Die University of Colorado sollte diese Studie liefern, zum Leiter des Projekts wurde der angesehene Physiker Edward U. Condon ernannt. Nachdem das sogenannte Condon-Komitee mit seinen Treffen begonnen hatte, geriet die Trennung zwischen Skeptikern und Verfechtern des UFO-Phänomens in den Blick der Öffentlichkeit. Kritiker beschuldigten Condon und andere aus dem Komitee, mit einer vorgefertigten Schlussfolgerung gestartet zu haben, dass UFOs kein technisches Phänomen und es daher nicht wert seien, untersucht zu werden. Sicher, genau zu diesem Schluss kam der umfangreiche Condon Report aus dem Jahre 1969 schließlich. Diese Ergebnisse beschnitten die öffentliche Unterstützung für die UFO-Bewegung ganz beträchtlich, die infolge dessen während der 1970er Jahre fast ausstarb. Die Air Force fühlte sich nun berechtigt, das Project Blue Book einzustellen und die Regierung von der Last zu entbinden, UFO-Untersuchungen durchzuführen – zumindest öffentliche.

Unabhängig davon, ob die Regierung der lästigen UFO-Bewegung überdrüssig war oder nicht, hatte die Bewegung selbst mit internen Problemen zu kämpfen. Die ursprüngliche Hauptmission der UFO-Bewegung war es, UFO-Sichtungen zu untersuchen. Um erfolgreich zu sein, erforderte dieses Ziel die seriöse, systematische und hoffentlich wissenschaftliche Erforschung der vielen Sichtungen. Ein prominenter Verfechter dieser wissenschaftlichen Herangehensweise an die UFO-Untersuchungen war Donald Keyhoe. Er war ein unnachgiebiger Gegner sowohl der Regierungsvertuschungen als auch der sensationslüsternen Teile der UFO-Bewegung. Außerdem war er ein schwieriger

Typ und ein schlechter Manager. Ende der 1960er Jahre übernahm J. Allen Hynek Keyhoes informelle Führungsposition. In dieser Zeit entstanden verschiedene zivile Organisationen für das Studium der UFOs in den USA und auf der ganzen Welt und verschwanden oft auch wieder. Eine der ältesten war die Aerial Phenomenon Research Organization (APRO), die 1952 von den frühen Ufologen Coral und Jim Lorenzen gegründet wurde. Angesichts der scheinbaren Diskreditierung der Ufologie durch den Condon Report, der Konkurrenz durch andere UFO-Gruppen und interner Spaltungen (Ufologen können zänkisch sein) musste die APRO einen Niedergang erleben und ist seit 1988 inaktiv. Eine andere frühe Gruppe war das 1956 gegründete National Committee on Aerial Phenomena (NICAP). Von 1957 bis 1969 war Donald Keyhoe der streitlustige Leiter von NICAP. Gebeutelt durch Missmanagement und interne Streitereien verfiel auch NICAP nach dem Condon Report und stellte 1980 seine Tätigkeit ein.[16]

Einige UFO-Organisationen gingen ein, andere entstanden neu. Das Mutual UFO Network (MUFON) wurde 1969 als unabhängige Einheit gegründet. Es hatte seine Existenz als Midwest UFO Network unter dem Mantel der APRO begonnen, sich dann aber abgespaltet und ist immer noch aktiv. 1973 organisierte J. Allen Hynek das Center for UFO Studies (CUFOS), das ebenfalls noch in Betrieb ist. Diese Gruppen, sowie ähnliche, große und kleine, Organisationen, die sich dem empirischen und wissenschaftlichen Studium von UFOs widmen, sind sowohl in den USA als auch in anderen Teilen der Welt zu finden. Nicht alle Ufologen jedoch verfolgen diesen nüchternen und wissenschaftlichen Ansatz.

Die UFO-Bewegung ist nicht monolithisch. Es gibt viele Hypothesen und Meinungen, die von irgendwelchen Menschen vehement vertreten werden. Es existieren Splittergruppen und immer wieder kommt es zu Spaltungen. Der Historiker Daniel Cohen, der UFO-Sichtungen des späten 19. Jahrhunderts erforscht, hat es sehr lebhaft beschrieben:

Die Welt der Ufologen ist durchsetzt mit Intrigen und Leidenschaft. Es ist eine Welt, in der Anschuldigungen wie »blind« und »dumm« noch die netten Dinge sind, die man über seine Feinde und manchmal auch über seine Freunde sagt. Nicht ungewöhnlich sind hässlichere Ausdrücke wie »geldgeiler Scharlatan« und »McCarthy-artiger Bücherverbrenner«, »Agent provocateur«, »CIA-Büttel« und die Andeutung, dass man der Agent einer ultraterrestrischen Macht sei. Zwischen Menschen, die einander zustimmen, werden manchmal schlimmere Vendettas ausgefochten als zwischen Gläubigen und Skeptikern. Jeder, der einmal Zeit im Sog der ufologischen Politik verbracht hat, wird wissen, dass ich nicht übertreibe.[17]

Menschen, die sich an den Debatten rund um Roswell beteiligen, sind keine Ausnahme.

Aufsehenerregende Behauptungen über UFOs machten Schlagzeilen, wie etwa die weithin publizierten Geschichten der »Kontaktler«, die in den 1950er Jahren gang und gäbe waren. Kontaktler waren Menschen, die behaupteten, Aliens aus fliegenden Untertassen getroffen und mit ihnen interagiert zu haben. Der erste und berühmteste war George Adamski. 1891 in Polen geboren, war er mit seiner Familie in die USA gekommen, als er zwei Jahre alt war. In den 1930er Jahren entwickelte er ein Interesse an östlichem Okkultismus, verschob aber seinen Fokus in den frühen 1940er Jahren auf Außerirdische, die die Erde besuchen. Am 20. November 1952 dann erlebte er eine telepathische Kommunikation und körperlichen Kontakt mit Venusianern, im Speziellen mit jemandem namens Orthon. Während dieser Begegnung will er angeblich zusammen mit sechs anderen Menschen eine große Formation aus 184 Raumschiffen beobachtet haben, die über sie hinweggeflogen seien. Die Venusianer nahmen ihn sogar in eines ihrer Raumschiffe mit. Adamski nannte seine außerirdischen Besucher »Space-Brüder«. Es waren große, blonde und gutaussehende Menschen, die die Menschheit vor den Gefahren eines Atomkriegs warnen und sie lehren wollten, friedlich zusammenzuleben. Die Geschichte wies eine verdächtige Ähnlichkeit zur Handlung des Films *Der Tag, an dem die Erde stillstand* (1951) auf, der im Jahr zuvor herausgekommen war. Die Lehren der Space-Brüder spiegelten die Ideen des östlichen Okkultismus wider, die Adamski vorher vertreten hatte. Adamski schrieb dann mehrere Bücher über seine Erfahrungen, trat öffentlich auf und gründete mehrere Organisationen, die ihm bis zu seinem Tode ein nettes Einkommen einbrachten. Genauere Untersuchungen zeigten, dass Adamskis Kontaktgeschichten voller Lücken und Widersprüche waren. Es mehrten sich die Beweise, dass er zynisch das Vertrauen anderer ausnutzte. Dennoch hatte Adamski den grundlegenden Rahmen der »Kontaktler«-Erzählung geschaffen: Die Aliens waren attraktive Menschen, sie wollten die Bewohner der Erde vor nuklearen Gefahren warnen, sie verhielten sich unauffällig, um keine Panik auszulösen, und sie kamen in Frieden und Liebe.[18]

Andere Kontaktler folgten. Einer der interessanteren war Truman Bethurum. Er behauptete, dass acht kleine Männer ihn am 28. Juli 1952, als der in der Wüste von Nevada arbeitete, mit zu ihrem Raumschiff genommen hätten, um ihren Anführer kennenzulernen. Dieser Anführer oder besser: diese Anführerin war eine wunderschöne brünette Frau namens Aura Rhanes. Die Außerirdischen stammten von einem Planeten namens Clarion, dessen Orbit sich immer hinter der Sonne befand, weshalb wir Menschen nichts von seiner Existenz wussten. Genau wie die Space-Brüder besuchten die Clarioniten die Erde, um uns vor den Gefahren eines Atomkriegs zu warnen und uns die Notwendigkeit klarzumachen, unsere gefährlichen und aggressiven Methoden zu ändern. Bethurums Geschichte rief eine Menge Skepsis hervor und provozierte selbst in der UFO-Gemeinschaft die Anschuldigung, ein Scherz bzw. eine Fälschung zu sein. Sein wackeliger Bericht verhinderte allerdings nicht, dass er eine große und profitable Gefolgschaft anzog. Adamskis Geschichte scheint auf einem Hollywood-Film zu beruhen, während Bethurums Bericht einen frühen UFO-Kult inspiriert zu haben scheint.[19]

Der UFO-Kult der »Seeker« (Sucher) war die Schöpfung von Dorothy Martin, einer Hausfrau aus Oak Park, Illinois. Sie war schon lange an okkulten Ideen und Erfahrungen interessiert. 1954 behauptete sie, dass Außerirdische, die sich selbst die Elder Brothers (ältere Brüder) und die Guardians (Wächter) nannten, sie durch ihr automatisches Schreiben kontaktiert hätten. Beim automatischen Schreiben dokumentiert eine Person unbewusst übersinnliche Botschaften einer paranormalen Entität. Eine dieser Entitäten namens Sanada behauptete sogar, in einem früheren Leben Jesus Christus gewesen zu sein. Außerdem gaben die Guardians an, vom Planeten Clarion zu kommen. Martin behauptete niemals, ein Raumschiff gesehen zu haben. Aufgrund dieser Geschichte ihres Kontakts mit Außerirdischen versammelte sie eine kleine, aber ergebene Gefolgschaft. Ihr automatisches Schreiben enthüllte die Prophezeiung einer unmittelbar bevorstehenden Flut Ende Dezember, die Chicago zerstören und den Planeten verwüsten würde. Die Existenz der Seeker kam Leon Festinger von der University of Minnesota und einigen anderen Forschern zu Ohren. Da sie das Phänomen gern studieren wollten, infiltrierten sie die Seeker mit einigen ihrer Studenten. Ihr Plan war, genau zu beobachten, wie die Seeker reagieren würden, wenn die versprochene Katastrophe nicht eintrat. Und sie trat nicht ein. Die daraus resultierende Studie, *When Prophecy Fails*, beschrieb, wie Martin (in der Studie Mrs. Keech genannt) und ihre Anhänger die sich einstellende Glaubenskrise meisterten. Sie behaupteten, die Guardians hätten sie darüber informiert, dass die Gebete der Seeker die Flut abgehalten und damit Chicago gerettet hätten. Festingers Forschungen wurden die Grundlage für das Konzept der kognitiven Dissonanz. Wie andere Kontaktler kamen Martins außerirdische Mentoren in Frieden und wollten die Menschheit retten.[20] Ende der 1950er Jahre ging die Kontaktler-Ära zu Ende, allerdings schienen neue Formen wilder Spekulationen und Falschmeldungen die entstehende Lücke zu füllen und Gläubige, die echte Beweise und Erklärungen über die Realität von UFOs suchten, sowie UFO-Skeptiker gleichermaßen zu irritieren.[21]

Das nächste bekannte Phänomen der UFO-Bewegung waren die Entführten. Dabei handelt es sich um Menschen, die behaupten, dass Außerirdische sie entführt und auf ihr Raumschiff gebracht hätten, wo ihre Entführer Untersuchungen und Experimente an ihnen durchgeführt hätten und manchmal mit ihnen in das Weltall geflogen seien, bevor sie sie zurückgebracht hätten. Die meisten Entführten berichteten, dass ihrem Gedächtnis eine bestimmte Zeit verloren gegangen sei und sie kaum oder keine bewussten Erinnerungen an das Entführungserlebnis hätten. Mittels Hypnose wurde versucht, die Erinnerungen zurückzuholen – eine ausgesprochen zweifelhafte Methode.[22]

Die berühmte Urgeschichte des Phänomens der Entführten ereignete sich am 19. September 1961 auf dem Land in New Hampshire. Barney und Betty Hill fuhren gerade nach Hause, als sie ein flaches, rundes Flugobjekt bemerkten, das ihnen den Weg versperrte. Sie wurden von den Insassen des außerirdischen Raumschiffs an Bord genommen und untersucht. Nachdem sie zunächst zu ihrem Auto zurückkehren durften, erlebten sie eine zweite Episode mit dem Raumschiff und konnten sich anschließend an 35 Meilen ihrer Fahrt nicht mehr erinnern. Nach ihrem Erlebnis verspürten sie Angstgefühle und meldeten ihre UFO-Begegnung am 21. September dem Luftwaffenstützpunkt in Pease. Die Air Force identifizierte das Raumschiff vorläufig als eines vom Planeten Jupiter, änderte aber später die Erklärung und gab an, dass atmosphärische Bedingungen die Ursache der seltsamen Sichtung gewesen seien. Im selben Jahr noch sprachen die Hills mit den Ufologen von NICAP über ihr Erlebnis. Anfang 1963 suchten sie dann Hilfe durch Hypnose. Betty beschrieb unter Hypnose ihre außerirdischen Entführer als die mittlerweile klassischen grauen Aliens, was eine deutliche Änderung zu ihrer ursprünglichen Geschichte darstellte. Experten, die die Ergebnisse der unter Hypnose gewonnenen Aussage der Hills untersuchten, hielten sie für kompromittiert.

Es folgten weitere Entführungsgeschichten, doch die Anzahl der Berichte blieb gering und begann erst Mitte der 1980er Jahre drastisch anzusteigen. Die bekannteste und einflussreichste Entführung war die von Whitley Strieber im Jahre 1985. Strieber schrieb Horrorromane. Er behauptete, dass graue Außerirdische ihn am Abend des 26. Dezember aus der Blockhütte der Familie in den Wäldern des Bundesstaates New York entführt und auf ihr Raumschiff gebracht hätten. Dort unterzogen sie ihn verschiedener intensiver körperlicher Untersuchungen, an die er nur verschwommene Erinnerungen hatte, bis er eine Hypnose durchführen ließ. Der Arzt, der die Hypnose vornahm, diagnostizierte bei Strieber auch eine Form von Epilepsie, die Halluzinationen auslöst. Ungeachtet dieser Diagnose schrieb Strieber 1987 das Buch *Die Besucher* (engl. *Communion*), das zu einem Bestseller wurde. Es folgten noch vier weitere Berichte über seine Begegnungen mit Außerirdischen aus seiner Feder. Später trat er auch in Folgen der Sendung *Ancient Aliens* auf.

Berichte über Alien-Entführungen dominierten die UFO-Bewegung in den 1980er und 1990er Jahren, auch wenn Wissenschaftler in ihnen Fälle von eingebildeten oder eingepflanzten Erinnerungen oder Schlafparalyse sahen. Die Fernsehserie *Akte X – Die unheimlichen Fälle des FBI* (1993-2002 sowie 2016-2018) erwies sich als ungeheuer beliebt.

Die Geschichten handelten von Alien-Entführungen, Regierungsvertuschungen und Verschwörungen im Zusammenhang mit Alien-Infiltrationen. Dazwischen gab es immer wieder Folgen mit Monstern oder ungeheuerlichen Phänomenen. Andere Erscheinungen, die mit Außerirdischen zusammenhingen, waren mysteriöse Kornkreise und die Verstümmelung von Kühen und Pferden. Die Verstümmelungen und Entführungen ließen die Theorie aufkommen, dass die Außerirdischen DNS oder anderes von Menschen und Tieren sammeln und für ihre finsteren Zwecke verwenden. Manche behaupten, die Aliens würden eine hybride Rasse aus Außerirdischen und Menschen züchten, die die Erde übernehmen und den Rest der Menschheit versklaven würde. Es wurde sogar angedeutet, dass einige Regierungen (einschließlich der US-Regierung) Teil einer riesigen Verschwörung sein könnten, um die Infiltration durch die Außerirdischen zu unterstützen: Ein Komplott, das direkt aus *Akte X* kommen könnte, wobei unklar ist, ob die Kunst das Leben imitiert oder umgekehrt.[23]

Parallel zu den Geschichten der Kontaktler und Entführten entstand der Mythos von den antiken Alien-Besuchern als ein weiterer Ableger der UFO-Bewegung (die sogenannte Prä-Astronautik). 1968 erschien Erich von Dänikens *Erinnerungen an die Zukunft* (1969 Übersetzung ins Englische unter dem Titel *Chariots of the Gods*). Das Buch wurde ein internationaler Bestseller, obwohl die Idee von *Erinnerungen an die Zukunft* keineswegs neu war. Jason Colavito hat das Konzept der Außerirdischen, die in der Prähistorie und der Antike die Erde besucht haben, bis auf den Horrorschriftsteller H. P. Lovecraft zurückverfolgt. Zwischen dem Ende der 1910er Jahre und seinem Tod im Jahre 1937 war Lovecraft ein sehr produktiver Autor von Kurzgeschichten, die auf Horrorthemen basierten. In einer Reihe dieser Geschichten tauchen rätselhafte und ziemlich fiese Außerirdische auf. Ende der 1940er Jahre war das Interesse an Lovecraft in den USA abgeklungen und flackerte auch vor den 1960er Jahren nicht wieder auf. In Frankreich dagegen wurde Lovecraft zu einem beliebten Autor und literarischen Studienobjekt, genau wie, seltsamerweise, Jerry Lewis und Edgar Allen Poe, von dem die Franzosen seit jeher fasziniert sind. Aus diesem Grund inspirierten Lovecrafts Geschichten in Frankreich einige definitiv grenzwissenschaftliche Bücher über die ferne Vergangenheit. 1960 veröffentlichten Louis Pauwels und Jacques Bergier *Le Matin de Magiciens* (dt. *Aufbruch ins dritte Jahrtausend*, 1962). Das Buch ist voller spekulativer Mutmaßungen über die menschliche Geschichte. Zu diesen Spekulationen zählte die Existenz uralter Superzivilisationen und Prä-Astronauten, wobei die gleichen sogenannten Nachweise zum Einsatz kamen wie bei von Däniken einige Jahre später. Ein anderer französischer Autor, Robert Charroux, lieferte 1965 in seinem Buch *Histoire inconnue des hommes depuis cent mille ans* (dt. *Phantastische Vergangenheit. Die unbekannte Geschichte der Menschen seit hunderttausend Jahren*, 1966) seine Version der Prä-Astronautik. Dort wurde ebenfalls die Existenz einer antiken Superzivilisation postuliert, die ihren Ursprung auf der Venus hatte. Die angeführten Beweise verwendete später auch von Däniken in seinem Buch.[24]

Ein anderer Autor von Büchern über Prä-Astronautik, der noch vor von Däniken aktiv war, war W. Raymond Drake. Als begeisterter Anhänger von Charles Fort durchwühlte Drake alle möglichen Bibliotheken und Archive auf der Suche nach Beweisen, dass Außerirdische in der fernen Vergangenheit eine Superzivilisation auf die Erde gebracht hätten. Die Zivilisation degenerierte und verlor dabei ihr hohes technologisches Wissen. Drakes erstes Buch, *Gods or Spacemen?*, erschien 1964, vier Jahre vor *Erinnerungen an die Zukunft*. 1968 veröffentlichte Drake sein zweites Buch, *Gods and Spaceman in the Ancient East*, doch schon 1969 kam die britische Ausgabe von *Erinnerungen an die Zukunft* (unter dem Titel *Chariots of the Gods*) heraus, gefolgt von der amerikanischen Ausgabe im Jahre 1970. Von Dänikens Buch startete durch und seine Verkäufe übertrafen die von Drakes Buch bei weitem. Im Laufe der 1970er Jahre veröffentlichte Drake weitere acht Bücher über Prä-Astronauten, von Däniken dagegen »nur« fünf, doch von Däniken verkaufte deutlich mehr Exemplare. Obwohl Drake vor von Däniken kam, wurden seine Bücher an den Rand des Prä-Astronautik-Wahns gedrängt, genau wie die vielen Nachahmer von Dänikens. Der bescheidene Erfolg dieser Rivalen ist vor allem dem unersättlichen Hunger des Publikums auf Prä-Astronautik-Bücher zuzuschreiben. Tatsächlich war Zecharia Sitchin mit seiner »Earth Chronicles«-Reihe (sieben Bände zwischen 1976 und 2007) von Dänikens einziger ernsthafter Konkurrent im Bereich des Prä-Astronautik-Phänomens. Er behauptete, dass die Erde von den Bewohnern des Planeten Nibiru besucht worden wäre, eines mysteriösen Planeten mit einem sehr ausgefallenen Orbit. Seine antike Kulisse für die Alien-Zivilisationen und -Kolonien war Mesopotamien.[25]

## Der Ursprung und die Evolution des Mythos von Roswell

Die 1970er Jahre waren in den Nachwehen des Condon Reports ein Jahrzehnt der Verwirrung und des Niedergangs der UFO-Bewegung. UFO-Gläubige hatten gehofft, dass neue UFO-Sichtungen, die Theorien, dass UFOs hinter dem mysteriösen Verschwinden von Schiffen und Flugzeugen steckten, die Geschichten von Astronauten, die außerirdische Raumschiffe beobachtet hatten, und dass die US-Regierung offiziell enthüllen würde, dass UFOs außerirdische Raumschiffe seien, die die Erde besuchten, endlich beweisen würden, dass UFOs real und aus dem Weltall seien. Nichts davon trat ein. Stattdessen wurde Falschmeldung um Falschmeldung entlarvt. Das Bermuda-Dreieck und die Geschichten um die Sichtungen der Astronauten erwiesen sich als Irrtümer und die Regierung weigerte sich zu verkünden, dass Besuche Außerirdischer stattgefunden hätten. Die Öffentlichkeit verlor das Interesse an den UFOs, nachdem in den letzten 30 Jahren keine zuverlässigen physischen Beweise aufgetaucht waren, dass sie überhaupt existierten. In diese Stimmung hinein wurde der Mythos von Roswell geboren.[26]

Wenn einer Person das Verdienst zugeschrieben werden soll, den Mythos von Roswell erschaffen zu haben, dann wäre dies Stanton Friedman. Das International UFO Museum in Roswell würde sicher zustimmen. Es gibt dort gleich im Eingangsbereich eine Gedenkausstellung für Friedman und sein Werk. Man könnte es sogar einen Schrein nennen. Friedman hatte Nuklearphysik an der University of Chicago studiert, wo er seinen Bachelor of Science (1955) und seinen Master of Science (1956) erwarb. Nach dem Studienabschluss arbeitete er von 1956 bis 1970 in der Industrie als Atomphysiker. Nach seiner Entlassung 1971 wurde er UFO-Forscher: Er hielt Vorträge, trat in Radio- und Fernsehsendungen auf, arbeitete als Berater und schrieb Artikel. Am 21. Februar 1978 besuchte er Baton Rouge, Louisiana, um einen Vortrag über UFOs zu halten und in einer lokalen Fernsehsendung aufzutreten. Während er bei dem Fernsehsender war, erzählte ihm einer der Angestellten von einem Freund, der behauptet hatte, bei der Bergung einer abgestürzten fliegenden Untertasse geholfen zu haben. Dieser Freund stellte sich als Jesse Marcel vom Roswell-Zwischenfall 1947 heraus. Friedman rief Marcel an, um ihn nach seinen Erfahrungen mit der fliegenden Untertasse zu befragen. Was er erfuhr, war enttäuschend. Marcel konnte sich nicht erinnern, in welchem Jahr die Begegnung stattgefunden hatte, und er besaß auch keine Dokumente oder Artefakte aus dieser Zeit. Dennoch schlug Friedman Marcel vor, an einer Talkshow über abgestürzte UFOs in Chicago teilzunehmen. Sie fand am 7. April 1978 statt. Einer der Gäste war Leonard Stringfield, ein bekannter Ufologe, der sich auf abgestürzte UFOs spezialisiert hatte. Stringfield machte sich Notizen, als Marcel seine Geschichte erzählte, und nahm sie in einen Vortrag auf, den er auf der MUFON-Konferenz hielt.[27]

In der Zwischenzeit schrieb auch Friedman Artikel über UFOs für den *National Enquirer*. Anfang 1979 trat die Produktionsfirma Group I International wegen der Zusammenarbeit an einem Dokumentarfilm *UFOs are Real* an Friedman heran (bei der Video-Veröffentlichung lautete der Titel *Flying Saucers are Real*). Friedman erschien in diesem Film als der hauptsächliche Sprecher. Im Mai 1979 reiste er mit einem Filmteam nach Houma, Louisiana, wo sie Marcel interviewten. *UFOs are Real* wurde im November 1979 veröffentlicht. Der Präsentationsstil des Films war vergleichbar mit der Fernsehserie *In Search of ...*, die von Leonard Nimoy präsentiert wurde und seit 1977 lief. Marcel tauchte kurz auf. Er behauptete, dass die Reporter, die die Absturztrümmer von Roswell in General Roger Rameys Büro angeschaut hatten, nur einen kleinen Teil der wahren Trümmer gesehen hatten und nichts, was wichtig war, wie die Teile mit den seltsamen Hieroglyphen darauf. Marcel sagte aus, dass Ramey ihm Stillschweigen befohlen hatte, sodass er niemals tatsächlich mit den Reportern sprach. Diese Behauptung widerspricht dem Bericht von J. Bond Johnson über das Treffen in Rameys Büro, der am 9. Juli 1947 im *Fort Worth Morning-Star-Telegram* erschienen war. Johnson zitiert Marcel in seinem Artikel, der unter anderem auch aussagt, dass Marcel aus Houma war, was niemand bei dem Treffen in der Luftwaffenbasis von Fort Worth gewusst haben dürfte. Kritiker des Mythos von Roswell, wie Philip J. Klass, haben festgestellt, dass sich die Geschichte von Marcel immer mehr ausweitete und veränderte, je öfter er sie erzählte, was die Zuverlässigkeit seiner Aussage in Frage stellt.[28]

Friedman wollte ein Buch über seine Entdeckungen über Roswell schreiben, kannte aber keine Verleger. 1979 galt die Idee, dass ein außerirdisches Raumschiff 1947 bei Roswell abgestürzt war, selbst bei den meisten Ufologen als gründlich widerlegt. Viele Menschen in der UFO-Bewegung hatten vermutlich noch nie vom Roswell-Zwischenfall gehört. Aus Sicht eines Verlegers schien ein Buch eines eher unbekannten Autors, das behauptete, im Jahre 1947 sei eine fliegende Untertasse bei Roswell, New Mexico, abgestürzt, nicht sonderlich erfolgversprechend. Für Friedman war es ein glücklicher Zufall, dass er bei einem Vortrag in Minneapolis einen alten Freund, William L. Moore, wiedertraf. Als er ihm von seinen Recherchen mit den Roswell-Zeugen erzählte, schien Moore interessiert zu sein und willigte ein, an dem Projekt mitzuarbeiten. Eine klassische Lösung, um das Interesse eines Verlegers zu wecken, besteht darin, einen bekannten Autor mit ins Boot zu holen. Moore kannte einen solchen Autor. Er hatte gerade als Koautor an *The Philadelphia Experiment; Project Invisibility* mitgearbeitet, das 1979 veröffentlicht wurde. Sein Koautor war Charles Berlitz, der wegen seiner Bücher über Atlantis und das Bermuda-Dreieck Bekanntheit erlangt hatte. Berlitz besaß außerdem enge Kontakte zu einer Reihe von Verlegern. Er stimmte zu, mit Moore zusammenzuarbeiten. Das war eine Kombination, die einen vorteilhaften Vertrag mit einem großen Verlag einbringen würde. In Großbritannien präsentierte Berlitz Granada Publishing ein vierseitiges Exposé des Buches und bekam einen Vorschuss von 50.000 £, also etwa 100.000 $, was damals eine beträchtliche Summe war. Der amerikanische Verlag war Grosset & Dunlap. Das Buch erhielt den Titel *The Roswell Incident* und erschien 1980. Es wurde sehr schnell als Paperback in großer Auflage sowie in französischer und deutscher Übersetzung (deutscher Titel: *Der Roswell-Zwischenfall*, 1980) veröffentlicht. Es verkaufte sich trotz aufschlussreicher Kritik sowohl von Skeptikern als auch von traditionellen Ufologen, die sich über Ungenauigkeiten und Sensationsmache beschwerten, sehr gut. Friedman wurde nicht als Autor genannt. Er erhielt einen Teil von

Moores Anteil am Honorar, doch eine vollständige Anerkennung seines Beitrags und seiner Rolle bei der Entstehung von *The Roswell Incident* durch Moore und Berlitz tauchte im veröffentlichten Buch nicht auf. Moore und Berlitz erwähnten Friedman in den Danksagungen des Buches – neben mehreren Dutzend anderer Menschen. Die Verwendung einiger seiner Interviews wurde an einigen Stellen des Buches in Klammern genannt. Es war eine dürftige Anerkennung von Friedmans Rolle. Andererseits ist unklar, wie viel Berlitz tatsächlich selbst an diesem Buch mitgeschrieben hat. Wenn Kritik aufkam, war Moore schnell dabei, Berlitz für Fehler und Übertreibungen verantwortlich zu machen. Trotz widriger Reaktionen bot *The Roswell Incident* dem Mythos von Roswell ein Fundament, das er in den folgenden Jahren ausbauen und ausschmücken konnte.[29]

Im Jahr der Veröffentlichung von *The Roswell Incident* sendete die Fernsehserie *In Search of ...* am 20. September eine Episode mit dem Titel »UFO Cover-ups«, in der es einen Teil mit Jesse Marcel gab. Er war sogar nach Roswell geflogen worden, damit das Interview vor Ort stattfinden konnte. Marcel erzählte davon, dass Brazel ihn mit an die Absturzstelle genommen hatte, die groß und voller Trümmer war. Er sammelte so viele Trümmer auf, wie er konnte, und nahm sie mit zurück in die Roswell Army Air Force Base. Von dort flog er mit den Trümmern nach Fort Worth und zu dem Treffen mit General Ramey, der die Trümmer zu den Überresten eines Wetterballons erklärte. Außerdem wies er Marcel an, in Gegenwart von Reportern zu schweigen. Jahre später würde Marcel erklären, dass die Trümmer nicht von der Erde seien. An keiner Stelle in seinem Bericht behauptet Marcel, etwas von einer abgestürzten fliegenden Untertasse, toten Aliens oder anderen Absturzstellen gesehen oder gehört zu haben.[30]

Laut *The Roswell Incident* von Berlitz und Moore wurde am 2. Juli 1947 eine fliegende Untertasse in der Nähe von Roswell von einem Blitz getroffen. Sie verlor einige Trümmer auf der Foster Ranch von Mack Brazel, schaffte es aber, noch etwa 100 Meilen weiter bis zur Hochebene von San Augustin zu fliegen, wo sie dann abstürzte. Dort stießen der Landschaftspfleger Grady Barnett sowie eine Gruppe von Archäologen auf das Wrack. Sie wurden kurz darauf durch eintreffendes Militärpersonal vertrieben. Am selben Tag entdeckte Mack Brazel die seltsamen Trümmer auf seiner Ranch. Später, am 5. Juli, fuhr Brazel in die Stadt Corona, wo er von den Sichtungen fliegender Untertassen erfuhr. Da er glaubte, eine fliegende Untertasse gefunden zu haben, meldete er sie Sheriff Wilcox in Roswell. Wilcox gab die Information an die Roswell Army Air Force Base weiter, die Jesse Marcel hinzuzog. Brazel nahm ihn mit auf seine Ranch, wo sie harte und unzerbrechliche Teile aufsammelten, auf denen sich Hieroglyphen befanden. Marcel nahm die Bruchstücke mit in die Army-Basis und am 8. Juli formulierte Haut eine Pressemitteilung, in der behauptet wurde, dass die Basis eine abgestürzte fliegende Untertasse entdeckt hätte. Es wurde angedeutet, dass die Pressemitteilung nur ein Versuch war, von der abgestürzten fliegenden Untertasse auf der Hochebene von San Augustin abzulenken. General Ramey dementierte prompt die Pressemitteilung mit seiner Wetterballon-Erklärung, die von den Medien und der Öffentlichkeit akzeptiert wurde. Auf diese Weise vermied das US-Militär Panik wegen einer Alien-Invasion und hatte trotzdem die Möglichkeit, die geborgene Alien-Technologie für seine eigenen Waffenentwicklungen auszunutzen. Von diesem Augenblick an war der Roswell-Zwischenfall scheinbar widerlegt und blieb für fast 30 Jahre vergessen.[31]

Sieben Jahre nach der Veröffentlichung von *The Roswell Incident* erschien mit Stanton Friedmans, William Moores und Jaime Shanderas Freigabe der Majestic-12- oder MJ-12-Papiere eine zweite Version des Mythos von Roswell. Diese Papiere sollten angeblich ein Memo von 1952 sein, das für den neugewählten Präsidenten Dwight Eisenhower vorbereitet worden war, um UFOs und die Bemühungen einer Gruppe von Regierungs- und Militärbeamten zu diskutieren, die Situation zu bewältigen. Diese neue Version behauptete, dass am 2. Juli 1947 eine fliegende Untertasse eine Fehlfunktion hatte und über Brazels Ranch explodiert war. Das Militär begann am 7. Juli mit den Aufräumarbeiten, als zwei Meilen östlich des Trümmerfeldes Alien-Körper entdeckt worden waren. Obwohl das Antriebssystem des Fluggeräts zerstört worden war, schickte man das Wrack und die Leichname für wissenschaftliche Untersuchungen an verschiedene Orte.[32]

1991, also vier Jahre später, brachten die UFO-Forscher Kevin D. Randle und Donald R. Schmitt *UFO Crash at Roswell* heraus. In ihrer Version erlebte die fliegende Untertasse am 2. Juli eine Fehlfunktion,

die sie zwang, auf der Ranch von Mack Brazel zu landen. Die fliegende
Untertasse versuchte, abzuheben, stockte jedoch und streifte den Boden, wobei sie einen 45 Meter langen Riss und eine Spur aus Bruch-
stücken hinterließ, bevor sie sich in die Luft erhob. Da sie immer noch
nicht richtig funktionierte, stürzte sie einige Meilen weiter ab. Brazel
fand die Trümmer am 3. Juli, das Militär wurde am 6. Juli hinzugerufen.
Eine Suche aus der Luft am 8. Juli fand das abgestürzte Fluggerät an
einem Felsen zwei Meilen weiter; die Körper einiger Außerirdischer
waren darum verstreut. Kurz bevor das Militär eintraf, stolperten Grady
Barnett und die Archäologen dort über das Wrack. Das Militär verwies
die Zivilisten dieser Stelle und drohte ihnen, falls sie jemals über das
reden sollten, was sie gesehen hatten. Die Trümmer und die Alien-Körper wurden entfernt und in das Hospital des Roswell Army Air Field
gebracht, wo Zivilisten sie sahen. Am selben Tag gab das Militär seine
Pressemitteilung heraus. Und schon am nächsten Tag gab Brazel dem
*Roswell Daily Record* ein Interview, in dem er eine unwahre Geschichte
erzählte, genau wie das Militär ihn angewiesen hatte. Gleichzeitig zog
General Ramey die Pressemitteilung zurück und ließ die Wetterballon-
Geschichte kolportieren. Der Presse wurden falsche Trümmer gezeigt
und so begann die Vertuschungsaktion der Regierung, die bis heute an-
dauert.[33]

Jesse Marcel wurde dank seiner Auftritte in Dokumentationen und
Zeitungsinterviews so eine Art Roswell-Prominenz, dabei lebte er gar
nicht mehr dort. Friedman und Moore setzten ihre Suche nach weiteren Zeugen fort. Die Aufmerksamkeit, die Marcel genoss, regte ganz
offenkundig auch die Erinnerung anderer Menschen in Roswell an.
Neue Zeugen tauchten auf. Andere Ufologen, wie das Autorenteam
Randle und Schmitt, schlossen sich der Suche nach weiteren Zeugen
an. Randle und Schmitt würden schließlich behaupten, mehr als 300
Zeugen zu haben, von denen einige anonym zu bleiben wünschten. Es
war eine beeindruckende Liste, doch eine nähere Untersuchung der
Liste durch den Ufologen Karl Pflock enthüllte einige Probleme. Nur
41 der Zeugen waren 1947 tatsächlich in Roswell und konnten aus erster oder zweiter Hand berichten. Von diesen waren nur 23 in einer Position, irgendeine Art von körperlichem Beweis oder Trümmern des Absturzes auf der Foster Ranch gesehen zu haben. Noch vielsagender ist,

dass nur sieben behaupteten, die Trümmer, die sie gesehen hatten, hätten seltsame Eigenschaften gehabt, die auf eine außerirdische Herkunft hindeuten könnten. Solche Zweifel kamen jedoch erst später auf.[34]

Die Aufmerksamkeit der Medien erhöhte die Berühmtheit von Roswell und seinem Mythos. Im September 1989 brachte die Fernsehsendung *Unsolved Mysteries*, präsentiert von Robert Stack, eine Episode mit dem Titel »Roswell«. Stack begann die Sendung, indem er erklärte, dass 1947 etwas Seltsames in Roswell passiert sei. Dann kam die Standard-Roswell-Erzählung von Mack Brazels und Jesse Marcels Begegnungen mit den Trümmern des Absturzes. Jesse Marcel war zwar 1986 verstorben, doch man holte seinen Sohn Jesse Jr., der 1947 11 Jahre alt gewesen war, ins Studio, um über die überirdischen Bruchstücke zu sprechen. Von dort kam die Dokumentation zu dem angeblichen Socorro-Untertassenabsturz, der am selben Tag stattgefunden hatte wie der Roswell-Absturz. Dieser wurde von dem Landschaftspfleger Grady »Barney« Barnett und einer Trupper herumwandernder und anonymer Archäologen entdeckt. Bei diesem Absturz gab es auch Alien-Körper. Barnett war 1969 gestorben, seine Geschichte kam deshalb ans Licht, weil er sie seinem Freund Vern Maltais erzählt hatte. Anschließend wurde das MJ-12-Dokument mit seiner scheinbaren Bestätigung des Untertassenabsturzes und der toten Außerirdischen diskutiert. Leider war das MJ-12-Dokument gründlich widerlegt worden, doch unbelehrbare Ufologen weigerten sich, es ruhen zu lassen. Die Dokumentation wechselte hin und her zwischen der offiziellen Militärversion des Roswell-Zwischenfalls und der UFO-Absturzversion, die von angeblich zuverlässigen Zeugen verbreitet wurde. Die Sendung hatte Millionen von Zuschauern, die nun eine deutlich komplexere Fassung des Mythos vom UFO-Absturz bei Roswell kennengelernt hatten. Als sie am 24. Januar 1990 erneut ausgestrahlt wurde, schauten noch mehr Menschen zu.[35]

Der Mythos von Roswell erhielt einen weiteren Schub, als der Kabelsender Showtime am 31. Juli 1994 das Dokudrama *Roswell* sendete (sein alternativer Titel lautete *Roswell: The UFO Cover-up*). Das Skript basierte auf Randles und Schmitts *UFO Crash at Roswell*. Die Handlung des Films konzentriert sich auf die Erfahrungen von Jesse Marcel. Er stellt Marcel als jemanden dar, der von Anfang an glaubte, dass ein außerirdisches Raumschiff abgestürzt sei. Natürlich zeigen die historischen Aufzeichnungen, dass das weder für Marcel noch für die Menschen im Allgemeinen wahr sein kann. 1947 ging man üblicherweise davon aus, dass fliegende Untertassen und UFOs irdischen Ursprungs seien und es sich entweder um amerikanische oder um sowjetische experimentelle Fluggeräte handelte. Sheridan Cavitts Name wird im Film zu Sherman Carter geändert. Er wird als mysteriöser und irgendwie gruseliger Geheimdienstoffizier aus dem Pentagon dargestellt, der mit Vertuschungsaktionen befasst ist und Marcels Suche nach der Wahrheit behindert. Die Präsentation der Absturztrümmer in General Rameys Büro findet statt, doch die außerweltlichen Artefakte wurden zuvor durch Ballontrümmer ersetzt. Marcels Karriere wird durch den Roswell-Zwischenfall ruiniert, da er als unzuverlässiger Offizier abgestempelt wird, der zu einer wunderlichen und gegenstandslosen Schlussfolgerung über ein abgestürztes Alien-Raumschiff gekommen ist.[36]

Mack Brazel wird im Film als jemand gezeigt, der die Wahrheit kennt, aber eingeschüchtert und bestochen wurde, die Vertuschung zu unterstützen. Bei der Suche aus der Luft ist die abgestürzte fliegende Untertasse an einem Felsen zerschellt aufgefunden worden, die Körper der toten Außerirdischen liegen um sie herum. Es wird außerdem die Aussage von Glenn Dennis aufgegriffen, dass er das Wrack der fliegenden Untertasse und die toten Aliens auf dem Roswell Army Air Field gesehen habe. Die Krankenschwester Naomi Self (umbenannt in Janet Foss) taucht auf, die an der Autopsie der Aliens teilgenommen hat. Natürlich ist einer der Außerirdischen am Leben, wenn auch schwer verletzt. Dieser wird in die Area 51 gebracht. Es ist ein klassisches graues Alien mit einem großen Kopf und großen Augen. In Area 51 schaut sich James Forrestal, eine wirkliche historische Person, die in dem Film dargestellt wird, zusammen mit anderen Regierungsvertretern den Außerirdischen an. Das sterbende Alien kommuniziert telepathisch mit Forrestal und teilt diesem mit, dass weitere Aliens einer anderen Art kommen. Wieder in Roswell informiert eine mysteriöse Figur namens Townshend (gespielt von Martin Sheen) Marcel, dass der Roswell-Absturz nur die Spitze des Eisbergs ist und es mehr Kontakte mit Außerirdischen geben wird. Es hätte andere Landungen gegeben, die Außerirdischen könnten aus einem anderen Universum sein und sie haben die biologische Entwicklung der Menschen beeinflusst. Es wird außerdem enthüllt, dass Forrestal an einem Tagebuch seiner Alien-Begegnung gearbeitet hat. Bevor er jedoch etwas damit anfangen kann, wird er in das Bethesda Hospital eingewiesen, wo er Selbstmord begeht. Es wird vage angedeutet, dass an dieser Geschichte mehr dran war. Zum Schluss zeigt der Film, wie Marcel und seine Familie die leergeräumte Absturzstelle noch einmal besuchen. Es wird gesagt, dass seit Marcels Tod im Jahre 1986 etwa 350 Zeugen bereit waren, über den UFO-Absturz von Roswell zu reden, obwohl die Regierung die Möglichkeit außerirdischen Lebens nicht länger untersucht. Angesichts der großen Zahl an Menschen, die gezeigt werden, wie sie beide Absturzstellen aufräumen und mit den toten Aliens sowie dem Untertassenwrack auf dem Roswell Army Air Field hantieren, würde man eigentlich viel mehr Zeugen erwarten. Und obwohl der Film *Roswell* behauptete, auf einer wahren Geschichte zu basieren, würde sich mit der Zeit zeigen, dass fast alles, was dargestellt wurde, in den späten 1990er Jahren widerlegt werden konnte.

Einige Wochen später, am 18. September 1994, schrieb *Unsolved Mysteries* den Roswell-Mythos weiter, als es eine Folge über die Verbindung zwischen dem Roswell-Absturz und Area 51 sendete. Glenn Dennis, einer der Mitbegründer und Miteigentümer des International UFO Museum in Roswell, erzählt seine Geschichte von Untertassenwracks und toten Außerirdischen. Er ist das Vorbild für die Figur des Bestatters im Film Roswell, der wegen Särgen in Kindergröße einen Anruf vom Militär erhält. Auch er besuchte die Basis, sah die seltsamen Wrackteile, lernte die Krankenschwester kennen, die an der Alien-Autopsie beteiligt war, wurde der Basis verwiesen und traf sich hinterher mit der Krankenschwester, die für ihn ein Bild der Außerirdischen zeichnete. Wie später gezeigt wird, ist Glenn Dennis' Aussage widersprüchlich und hochgradig unseriös. An dieser Stelle wendet sich die Sendung Area 51 zu. Es werden Spekulationen diskutiert, dass die zertrümmerte Alien-Technologie analysiert wurde, um sie zur Entwicklung besserer Flugzeuge für das US-Militär einzusetzen. Die Sendung schließt mit der Aussage, dass es klar sei, dass Außerirdische aus einer technisch höherentwickelten Zivilisation neugierig sind und die Erde erkunden.[37]

Der Mythos von Roswell ist wie ein Chamäleon. Er verändert und entwickelt sich entsprechend der Umstände. Neue Versionen der Roswell-Geschichte tauchten auf, bevor der Film Roswell produziert und gesendet wurde, und auch danach. 1992 gaben Friedman und sein neuer Koautor Don Berliner *Crash at Corona: The United States Military Retrieval and Cover-up of a UFO* heraus. Der große Unterschied zu früheren Büchern bestand darin, dass Friedman und Berliner eine zweite abgestürzte fliegende Untertasse hinzufügten. Eine Untertasse stürzte in der Nähe von Brazels Ranch ab und hinterließ vier tote Außerirdische, während nun ein zweites Raumschiff etwa zur selben Zeit ungefähr 150 Meilen weit entfernt auf der Hochebene von San Augustin verunglückte. Dies war der Grady-Barnett-Absturz. Offensichtlich war es kein guter Tag für fliegende Untertassen.[38]

Friedmans und Berliners Einführung eines zweiten Untertassenabsturzes führte zu einer Spaltung in der UFO-Bewegung. Manche unterstützten sie, andere bevorzugten die Version in *UFO Crash at Roswell* von Randle und Schmitt. Im Allgemeinen unterstützten die meisten Menschen in der Bewegung Randle und Schmitt. Allerdings ist die UFO-Bewegung störrisch und auch ihr Buch musste eine Menge Kritik aushalten. Als Reaktion veröffentlichten sie 1994 *The Truth about the UFO Crash at Roswell*. Sie lehnten die Absturzstelle von San Augustin weiterhin ab, kamen aber nun mit einer neuen Absturzstelle daher. Wieder gibt es eine Fehlfunktion bei der fliegenden Untertasse und sie landet am 4. Juli auf der Brazel-Ranch. Bei einem Startversuch schlägt sie noch einmal auf dem Boden auf und hinterlässt einen 150 Meter langen Riss sowie einige Trümmerteile. Die Untertasse schafft es, sich in die Luft zu erheben, doch statt nur wenige Meilen weiter abzustürzen, fliegt sie 35 Meilen und stürzt dann nördlich von Roswell ab, wo sie eine völlig neue Trümmerstelle erzeugt. Das Radar in White Sands erfasst das UFO, sodass schnell Militär zur Stelle ist, das ein schwer beschädigtes Raumschiff und vier tote Außerirdische sowie einen noch lebenden vorfindet. Zivile Zeugen werden verjagt, nachdem sie gewarnt wurden, Stillschweigen über das zu bewahren, was sie gesehen haben. Am nächsten Tag, dem 5. Juli, entdeckt Mack Brazel die erste Landestelle und die Trümmer und meldet diese an Sheriff Wilcox, der das Militär einschaltet.[39]

Im selben Jahr betrat ein neuer Mitspieler Szene rund um die Kontroversen über den Mythos von Roswell: Karl T. Pflock. Er hatte von 1966 bis 1972 für die CIA gearbeitet und während der Regierungszeit von Reagan als Deputy Assistant Secretary of Defence gedient. 1992 wurde er hauptberuflich UFO-Forscher und veröffentlichte 1994 sein *Roswell in Perspective* für den Fund for UFO Research. In diesem Bericht versicherte Pflock, dass die meisten UFO-Sichtungen in Wirklichkeit Ballons des Project Mogul seien. Er war damit die erste Person, die dieses ausgesprochen heikle und geheime Programm in die UFO- und Roswell-Kontroversen einbezog. Er widersprach außerdem der Authentizität des MJ-12-Berichts und den Aussagen der wichtigsten Zeugen, die in den Büchern von Berlitz und Moore sowie von Friedman und Berliner verwendet wurden. Darüber hinaus argumentierte er, dass ein Großteil der Beweise, die Randle und Schmitt in ihrem ersten Buch präsentierten, ebenfalls unzuverlässig seien. Er vermutete, dass ein abgestürzter Mogul-Ballon die Ursache für die meisten Trümmer gewesen sei, die von Mack Brazel gefunden wurden, obwohl auch ein versagendes Alien-Raumschiff mit dem Mogul-Ballon kollidiert sein könnte. In diesem Szenario kamen also drei tote Außerirdische und das Wrack einer fliegenden Untertasse zusammen mit den Überresten des Mogul-Ballons vor. Der Kommandant des Roswell Army Air Field, Colonel William Blanchard, ließ Lieutenant Walter Haut die schicksalhafte Pressemitteilung über die Bergung der abgestürzten fliegenden Untertasse abfassen. Blanchard wusste jedoch nichts von toten Außerirdischen. Das heißt, sowohl das Strategic Air Command als auch Project Mogul erfanden Geschichten, um den Alien-Kontakt und das supergeheime Projekt zu vertuschen. Obwohl Pflock vorgab, pro Ufologie zu sein, begann sein Bericht damit, den Mythos von Roswell zu zerpflücken.[40]

Eines der seltsameren Bücher, die im Laufe der Entwicklung des Mythos von Roswell erschienen, wurde 1997 veröffentlicht. Es handelte sich um Philip J. Corsos *The Day after Roswell*, dessen Erscheinen mit dem 50. Jahrestag des Roswell-Zwischenfalls zusammenfiel. Corso diente von 1942 bis 1963 in der US Army, wo er bis zum Rang eines Lieutenant Colonel aufstieg. Im Zweiten Weltkrieg war er beim Geheimdienst der Armee und während des Koreakrieges hatte er mit den Belangen der

Kriegsgefangenen zu tun. Von 1961 bis 1963 arbeitete er als Leiter von Foreign Technology unter Lieutenant General Arthur Trudeau in der Abteilung Army Research and Development im Pentagon.

*The Day after Roswell* macht einige erstaunliche Behauptungen. Corso war zur Zeit des angeblichen Zwischenfalls mit einer fliegenden Untertasse nicht in oder bei Roswell, behauptete aber, es würde einen großen Einfluss auf seine Karriere haben. Im Juli 1947 war er in Fort Riley stationiert und sah, als er Wache hatte, Lastwagen, die mysteriöse Materialien zum Wright Army Air Field (heute Wright-Patterson Air Force Base) transportierten. Er schnüffelte ein wenig in der Fracht der Lastwagen herum und entdeckte, dass sie das Wrack einer Art Raumschiff geladen hatten. Außerdem sah er den Körper eines toten Außerirdischen. Diese Fracht stammte von dem Absturz der fliegenden Untertasse, der in Roswell stattgefunden hatte. Es sollte nicht Corsos letzte Roswell-Begegnung sein.[41]

Corso scheint ein Protegé von General Trudeau gewesen zu sein. 1961 machte ihn der General zum Leiter von Foreign Technologie im Pentagon. Nachdem er seinen Dienst angetreten hatte, berichtete Trudeau ihm von den Artefakten und dem Wrack, die das Militär in Roswell geborgen hatte. Alle erkannten, dass diese Materialien wichtig waren, doch vor Trudeau hatte noch niemand versucht, sie zu analysieren und für die Entwicklung nützlicher Technik zu verwenden. Trudeau übertrug Corso die Aufgabe, die Roswell-Materialien in die Hände der Forschungs- und Entwicklungsabteilungen der Rüstungsunternehmen zu übergeben. Corso erfuhr von Wernher von Braun und Willy Ley, dass Nazi-Deutschland ebenfalls in den Besitz von Alien-Technologie gelangt war, die man dort benutzt hatte, um einige ihrer Wunderwaffen zu konstruieren. Laut Corso lag die Kontrolle über die Alien-Technologie in den Händen einer geheimen Gruppe, die verdächtig nach Majestic-12 klang.[42]

Von diesem Zeitpunkt an wird Corsos Bericht noch unglaubwürdiger. Ufologen hatten schon seit einigen Jahren behauptet, dass die Regierung die Alien-Wracks von Roswell und anderen UFO-Abstürzen untersuchen würde. Corso lässt sich ausführlich darüber aus, dass Nachtsichtgeräte, Glasfasern, integrierte Schaltkreise, strahlungsbehandelte Lebensmittel, Teilchenstrahlen und elektromagnetische Antriebssysteme neben weiteren Dingen Ergebnisse der Kenntnisse waren, die aus der Alien-Technologie gewonnen wurden. Angeblich sind die meisten dieser technischen Fortschritte der Verantwortung von Corso und Trudeau zu verdanken. Aber nicht alles: Corso gibt bescheiden zu, dass die Entwicklung des Transistors der Tatsache zu verdanken ist, dass General Trudeau einen Teil der Roswell-Technologie im Jahre 1947 mit Bell Labs und Motorola teilte.[43]

Natürlich war das Militär sehr daran interessiert, Alien-Technologie aus abgestürzten fliegenden Untertassen zu erhalten. Um das zu erreichen, schuf es zwei geheime Projekte. Eines war Project Moon Dust, das Teams einrichtete, um schnell und in aller Stille abgestürzte außerirdische Raumschiffe zu bergen. Ganz offenkundig hatten die Aliens eine Menge Ärger mit Fehlfunktionen oder schlecht gesteuerten fliegenden Untertassen. Das andere Programm war Project Blue Fly, das die Transportmöglichkeiten lieferte, um die Alien-Wracks sicher und heimlich zur Wright-Patterson Air Force Base zu bekommen, wo sie untersucht werden konnten.[44]

Corso und Trudeau arrangierten in der zweiten Hälfte des 20. Jahrhunderts nicht nur anonym eine technologische Revolution in den USA, sondern spielten auch noch eine Rolle bei der Rettung der Menschheit vor Invasion und Eroberung durch irgendwelche bösen außerirdischen Eindringlinge. Laut seinem Bericht war Corso einer der wenigen loyalen Amerikaner, die 1961 im Pentagon arbeiteten. Offensichtlich enthielt das Kabinett von Präsident Kennedy Menschen, die Betrüger oder Geheimagenten der Sowjetunion waren. Die CIA war vom KGB unterwandert worden und ebenfalls nutzlos. Selbst 1947 gab es im Stützpunkt Alamogordo, auf dem die Atombombe entwickelt worden war, einige sowjetische Spione – was tatsächlich stimmt. In Corsos Version informierten diese Spione Stalin über den Absturz und die Bergung der fliegenden Untertasse in Roswell. Diese Information machte Stalin sehr unglücklich – er wollte ebenfalls seinen Anteil an der Alien-Technologie haben. All diese Umstände bedeuteten, dass Corso und Trudeau sehr aufpassen mussten, wem sie Zugang zu den Roswell-Artefakten gewährten, damit diese nicht in die falschen Hände fielen.[45]

Noch überraschender war, dass Corso nun auch noch behauptete, der Kalte Krieg wäre nach 1947 nur ein Ablenkungsmanöver für den wirklichen Konflikt gewesen: den geheimen Krieg gegen die außerirdischen Invasoren. Diese Behauptung würde scheinbar General Douglas MacArthurs kryptische Bemerkungen aus dieser Zeit über mögliche Invasionen aus dem Weltall erklären. Obwohl sie verstimmt waren, weil sie keine eigene Quelle für Alien-Technologie hatten, erkannten Stalin und seine Nachfolger in der sowjetischen Führung die grässliche Bedrohung an, die eine Alien-Invasion darstellte, und unterstützten insgeheim die Vereinigten Staaten von Amerika in ihrem Kampf. Während der ganzen Zeit herrschte im amerikanischen Militär eine chronische Furcht davor, dass die Sowjets eigene Verträge mit den Aliens abschließen könnten. Zögerlichkeit und politische sowie bürokratische Trägheit plagten die Bemühungen von Corso und anderen, die sich an dem verdeckten Krieg mit den Aliens beteiligten. Schließlich wurden die amerikanischen Anstrengungen durch Präsident Ronald Reagan aufgerüttelt. Seine Strategic Defense Initiative (SDI, auch als Star Wars bezeichnet) war nach außen hin ein Raketenabwehrsystem, das die USA vor Angriffen sowjetischer ballistischer Interkontinentalraketen mit Atomsprengköpfen schützen sollte. In Wirklichkeit oder besser gesagt in Corsos Wirklichkeit war Star Wars tatsächlich ein Raketenabwehrsystem, das auf Alien-Technologie basierte und dazu diente, außerirdische Invasoren abzuwehren. Reagan und der sowjetische Staatschef Michail Gorbatschow hatten eine geheime Vereinbarung getroffen, in der Star Wars sowohl die Sowjetunion als auch die USA und vermutlich auch den Rest der Welt schützen würde. Corso bestand darauf, dass die Anti-UFO-Waffen, zu denen auch Teilchenstrahlen gehörten, die bevorstehende Invasion aus dem Weltall verhinderten. Und das war sehr gut so, da er versicherte, dass die Aliens böse Absichten hatten. In Corsos Einschätzung besaß das US-Militär Waffen, die deutlich besser und mächtiger waren als die Waffen, die im Film *Independence Day* gegen die Aliens eingesetzt wurden. Das sollte eine Erleichterung für die ganze Menschheit sein, da wir nicht immer darauf bauen konnten, dass Jeff Goldblum es schafft, ein Computervirus in ein außerirdisches Computernetzwerk einzuschleusen, oder Randy Quaid ein Alien-Kampfschiff in einem Selbstmordangriff zerstört. Eines Tages würde die wahre Geschichte dieses geheimen Krieges gegen die Aliens herauskommen, versicherte Corso. Mehr als 20 Jahre später ist dieser

Krieg immer noch ein Geheimnis – wenn man einmal von Corsos Ent-
hüllungen absieht.[46] *The Day after Roswell* hat sich damals sehr gut verkauft – mehr als
250.000 Exemplare wurden abgesetzt – und es ist immer noch im Druck.
Corsos Behauptungen wurden sowohl von Skeptikern als auch von normalen Ufologen abgelehnt. Der unnachgiebige und sorgfältige Forscher
Philip Klass führte eine zeilenweise Untersuchung von *The Day after
Roswell* durch, die viele faktische Fehler und Inkonsistenzen enthüllte.
Stanton Friedman und William L. Moore gingen sogar so weit, das
Buch eine reine Erfindung zu nennen, was angesichts der Umstände
nicht zu weit hergeholt ist. Ein anderer Ufologe, der im Ruhestand be-
findliche US-Army-Colonel John B. Alexander, nahm eine wohlwol-
lendere Haltung gegenüber Corso ein und beschrieb ihn als »einen perfekten Gentleman und prinzipiell einen tollen Typen«. Alexander traf
sich sogar mit Corso vor der Veröffentlichung von *The Day after Roswell*.
Am 9. September 1994, nachdem das Buch erschienen war, schickte er
Corso einen langen Brief, der eine Liste mit 92 faktischen Fehlern und
Fragen nach Corsos Quellen enthielt. Außerdem äußerte Alexander
gegenüber Corso: »Das ist keine vollständige Liste.« Bei dem Versuch,
einen tieferen Blick in die Behauptungen Corsos zu werfen, konnten
keine Beweise dafür gefunden werden, dass außerirdische Technologie
eine wichtige Rolle bei der Entwicklung der amerikanischen Waffen
gespielt hätte oder dass ein geheimer Krieg gegen die Aliens geführt
worden wäre oder weiter im Gang ist. Andererseits unterstützten oder
widersprachen prominente Figuren – die es wissen müssten – Corsos
sensationellen Behauptungen nicht, wenn man sie interviewte. Karl
Pflock, der Ufologe mit der starken skeptischen Neigung, kam zu der
gleichen Schlussfolgerung wie Klass und Friedman. Nach einem ersten
Treffen im Jahre 1994 hatte Pflock den Eindruck, Corso sei ein »Auf-
schneider«. Einer von Corsos Ansprüchen auf Glaubwürdigkeit war die
Tatsache, dass der konservative Senator Storm Thurmond ein Vorwort
zu *The Day after Roswell* geschrieben hatte. Leider dachte Thurmond,
er würde ein Vorwort für eine Denkschrift über Corsos Militär- und
Regierungskarriere schreiben. Als er feststellte, dass es in dem Buch um
UFOs ging, schickte er eine wütende Forderung an den Verleger, sein
Vorwort aus künftigen Auflagen zu entfernen. Diese Begebenheit wirft

kein gutes Licht auf Corsos Integrität. Ein anderer angeblicher Freund, auf den sich Corso berief, war J. Edgar Hoover, der langjährige Direktor des FBI. In Corsos FBI-Akte vermerkte Hoover dagegen:»Corso ist eine Ratte.«[47]

## Die Empiriker schlagen zurück: Roswell entlarvt

Von Anfang an plagten die UFO-Bewegung und den Mythos von Roswell Betrüger, Scharlatane, Wahnvorstellungen übereifriger wahrer Gläubiger, Abspaltungen unter den Ufologen und ein übermäßiges Zutrauen zu Zeugen von zweifelhafter Glaubwürdigkeit. Im Oktober 1947 berichteten zwei Männer auf Maury Island, die vorgaben, auf Hafenpatrouille gewesen zu sein, von der Sichtung fliegender Untertassen. Es stellte sich heraus, dass die beiden mittellose Treibholzsammler waren, die bei einem Verhör durch Beamte des Armeegeheimdienstes ihre Täuschung eingestanden. Ein anderer Hoax startete als Scherz. Der Herausgeber des *Aztec Independent Review* schrieb eine scherzhafte Geschichte über den Absturz einer fliegenden Untertasse bei Aztec, New Mexico. Leider wurde die Geschichte von mehr als 100 Zeitungen aufgegriffen, die sie als wahren Bericht abdruckten. Der Ufologe Frank Scully hatte die Aztec-Geschichte in seinem Buch *Behind the Flying Saucers* (1950) wiedergegeben. Tatsächlich war Scully durch ein paar Hochstapler – Silas M. Newton und Leo A. Gebauer – getäuscht worden, wie der Journalist J. P. Cahn in einem Artikel in der September-Ausgabe 1952 von *True* enthüllte. Es zeigte sich, dass Newton und Gebauer eine Menge Menschen betrogen hatten. In Denver wurden Anklagen gegen sie eingereicht, und sie wurden verurteilt. Scully lehnte es ab, zu akzeptieren, dass er getäuscht worden war, doch der Vorfall sorgte dafür, dass Geschichten von Abstürzen fliegender Untertassen in den nächsten 25 Jahren von der blamierten UFO-Bewegung wie Gift behandelt wurden. Die meisten der Geschichten über Alien-Begegnungen der sogenannten Kontaktler wie George Adamski rochen ebenfalls nach Wahnvorstellungen oder regelrechtem Betrug.[48]

Der Mythos von Roswell litt unter ähnlichen Problemen, einschließlich falscher Erinnerungen. Die Bücher von Berlitz und Moore, Randle und Schmitt, Friedman und Berliner sowie Corso schufen den Mythos von Roswell und machten ihn zu einer nationalen Sensation. Ein Teil ihres Erfolges kann darauf zurückgeführt werden, dass sie auf scheinbar zuverlässigen Zeugen beruhten. Doch waren sie wirklich zuverlässig? UFO-Skeptiker und -Aufklärer hatten ihre Zweifel und begannen, sich die Aussagen von Zeugen und die anderen Formen von Beweisen genauer anzuschauen. Zwischen 1986 und 1990 veröffentlichte der altgediente UFO-Aufklärer Philip J. Klass vier Artikel in *Skeptical Inquirer*, mit denen die MJ-12-Dokumente gründlich als Fälschungen entlarvt wurden. Diese Majestic-Dokumente bewiesen angeblich, dass die Existenz von UFOs, abgestürzten fliegenden Untertassen und toten Außerirdischen auf höchster Regierungsebene bekannt sei und vor der Öffentlichkeit versteckt würde. Außerdem wäre Majestic 12 eine supergeheime Kommission, die alle mit UFOs zusammenhängenden Angelegenheiten regelte. Das Problem war, dass die ganze Geschichte auf gefälschten oder in grober Weise fehlinterpretierten Dokumenten beruhte. Natürlich lehnten wahre Gläubige Klass' Recherchen ab oder ignorierten sie.[49]

1994 erschien eine neue Geschichte der UFO-Bewegung: *Watch the Skies! A Chronicle of the Flying Saucer Myth* von Curtis Peebles, Luftfahrthistoriker für das Dryden Flight Research Center der NASA. Sie verfolgt, wie sich die Konzepte von UFOs und außerirdischen Besuchern im Laufe der Zeit entwickelt haben. Die Berichte über das Aussehen der UFOs und Alien-Raumschiffe haben sich schrittweise verändert und zeigen viele Variationen. Es gab außerdem eine große Vielfalt an Außerirdischen, von käferäugigen Monstern zu wunderschönen, blonden Ariertypen. Nun jedoch hat sich das Bild des Aliens stabilisiert und zeigt einen kleinen, grauen Humanoiden mit einem großen Kopf und großen Augen. Problematisch ist, dass das Bild der Außerirdischen parallel zu der Darstellung von Aliens in Comics, Science-Fiction-Storys, Filmen und Fernsehsendungen verlief. Auch hier scheint das Leben oder, besser gesagt, der moderne Mythos die Kunst oder vielmehr die Populärkultur zu imitieren. Peebles genealogische Herangehensweise an die Überlieferung der Ufologie stellte die Plausibilität des Roswell-Mythos genau zu der Zeit in Frage, als dieser Mythos seinen Höhepunkt erreichte.[50]

Eine der ersten Studien, die ernsthafte Zweifel daran weckte, dass ein UFO in Roswell abgestürzt war, war Karl T. Pflocks zuvor erschienener Bericht *Roswell in Perspective* von 1994. Er stellte dar, dass in Roswell tatsächlich ein Ballon des Project Mogul abgestürzt sei. Gestützt wurde seine Angabe durch die Veröffentlichung des Berichts *The Roswell Report: Fact versus Fiction in the New Mexico Desert* der US Air Force aus dem Jahre 1995. Dieser Bericht enthielt eine gründliche Dokumentation von Project Mogul und seinen Verbindungen zu UFO-Sichtungen und -Abstürzen. Viele UFO-Sichtungen waren in Wirklichkeit Project-Mogul-Ballons in großer Höhe, die von Menschen beobachtet wurden. 1947 waren diese Ballons allerdings als streng geheime Mittel zum Ausspionieren des sowjetischen Atomwaffenprogramms gedacht gewesen. Natürlich wollte die Regierung die Existenz dieses Programms geheim halten und jede Aufmerksamkeit von den abgestürzten Mogul-Ballons ablenken. In dieser Beziehung hatten die Ufologen recht: Es hatte eine Regierungsvertuschung in Roswell gegeben. Allerdings wurde nicht der Absturz einer fliegenden Untertasse vertuscht. Die Enthüllung von Project Mogul warf außerdem ein neues Licht auf die Aussagen der 41 Menschen, die die Trümmer aus Roswell gesehen hatten, sowie die Aufregung der Belegschaft des Roswell Army Air Field Anfang Juli 1947. Was sie sahen, war der Versuch des Militärs, Project Mogul geheim zu halten. Diese Erklärung war einfach und glaubwürdig. Sie passte sehr gut zu dem, was die Zeugen ausgesagt hatten. Spätere Enthüllungsbücher würden dasselbe vielsagende Argument enthalten.[51]

Das Jahr 1997 sah die Veröffentlichung von zwei hervorragend recherchierten und deutlich formulierten Büchern, die die Glaubwürdigkeit des Mythos von Roswell kritisch analysierten. Das eine war *UFO Crash at Roswell: The Genesis of a Modern Myth* von Benson Saler, Charles A. Ziegler und Charles B. Moore, das einen überwiegend anthropologischen Ansatz wählte. Wie der Titel andeutet, halten Saler und Ziegler die Geschichte von Roswell und der fliegenden Untertasse für einen Mythos. Der Begriff »Mythos« besitzt viele Definitionen oder Bedeutungen, weshalb es wichtig ist zu verstehen, wie Saler und Ziegler ihn definieren. Für sie ist Mythos im Kontext von Roswell eine »Geschichte, von der viele Menschen sagen, dass sie sie glauben: eine

Geschichte über ein Alien-Schiff, das abgestürzt ist.« Sie identifizieren den Mythos von Roswell als eine »Geschichte einer Volkserzählung … die in den Annalen unserer Gesellschaft nicht als Tatsache behandelt wird, aber von vielen ihrer Mitglieder erklärtermaßen als wahr geglaubt wird … und die von transzendentalen Fragen handelt.« Wie Saler und Ziegler feststellen, sind manche Mythen wie der von Roswell nicht herkömmlich religiös, aber »befassen sich mit transzendentalen Fragen hinsichtlich des menschlichen Befindens … die vielleicht am passendsten durch eine poetische Bildersprache ausgedrückt werden.« Der Mythos von Roswell versichert uns, dass wir im Universum nicht allein sind und dass das Leben einen Sinn hat. Dieser Aspekt des Mythos von Roswell erklärt, weshalb so viele Menschen ihn glauben wollen. Diese letztgenannte Versicherung wird durch den *Ancient-Aliens*-Mythos weiter verstärkt, dass außerirdische Besucher die menschliche Evolution und Geschichte seit tausenden von Jahren beeinflusst haben.[52]

Unter Zuhilfenahme des Konzepts des Roswell-Mythos als Volkserzählung analysieren Saler und Ziegler die Aussagen der Roswell-Zeugen. Sie betrachten diese und die Roswell-Autoren als Geschichtenerzähler oder Überlieferer von Traditionen. Die Zeugen geben ihre Geschichten mündlich weiter, stehen also in einer oralen Tradition. Die Roswell-Autoren sind literarische Erzähler, deren Aufgabe es ist, all die Roswell-Geschichten in einer logischen und kohärenten Erzählung in schriftlicher Form zusammenzufassen. Beide Typen von Überlieferern arbeiten mit einer Mischung aus psychologischen und ökonomischen Belohnungen. Die Belohnung der Zeugen ist üblicherweise psychologischer Art: Das heißt, sie erleben die Freude, ihre Geschichte aufmerksamen Zuhörern zu erzählen. Die Belohnungen der UFO-Autoren sind eher finanzieller Natur. Viele Menschen haben Geld damit verdient, über UFOs, einschließlich des Mythos von Roswell, zu schreiben und Buchhonorare sowie die Bezahlung für Radio- und Fernsehauftritte einzustreichen. Manche UFO-Autoren haben daraus einen Beruf gemacht, der gelegentlich sogar äußerst lukrativ war. Das Problem ist hier, dass die Zeugen eine natürliche Neigung besitzen, ihre Geschichten auszuschmücken. Das trifft vor allem zu, wenn die Zeugen von Ereignissen berichten, die 30 oder mehr Jahre in der Vergangenheit liegen. Wenn die Erinnerung unvollständig ist, tendieren die Zeugen dazu, die

Lücken auszufüllen. Außerdem gibt es die Neigung, eine Geschichte interessanter zu machen, damit sie mehr dankbare Zuhörer anzieht. Sie könnte in diesem Fall auch zu einem Zeitungs-, Radio- oder Fernseh-interview führen, was eine bezahlte Reise oder ein Honorar bedeuten könnte. Je sensationeller die Darstellungen der literarischen Über-lieferer werden, umso mehr Aufmerksamkeit erregen sie, was mehr Fernsehauftritte oder höhere Buchverkaufszahlen bedeutet. Einige dieser Ausschmückungen können durchaus unbewusst sein, in man-chen Fällen sind sie aber tatsächlich bewusste Täuschungen. Beispiele für diese Arten von Ausschmückungen werden anhand der Fälle von Glenn Dennis, Frank Kaufman, Gerald F. Anderson und Jim Ragsdale genauer untersucht. Der Mythos von Roswell fungiert derweil sowohl als Volkserzählung als auch als Mythos. Er gibt dem Publikum das, was es sich wünscht: Seinen Platz im Universum zu kennen, zu wissen, dass die eigene Existenz einen Sinn und Zweck hat, und unterhalten zu werden. Die empirische Wahrheit über den Mythos von Roswell ist für diejenigen, die daran glauben wollen, keine wichtige Überlegung.[53]

*UFO Crash at Roswell* enthält außerdem ein Kapitel von Charles B. Moore, »The Early New York University Balloon Flights«, sowie zwei Anhänge. Moore war 1947 auf dem Alamogordo Army Air Field für die Ballons des Project Mogul zuständig. Er glaubt, dass es einer seiner Ballons war, der 1947 auf Mack Brazels Ranch abgestürzt ist und damit die Grundlage für das erste Auftauchen des Mythos von Roswell in den Jahren 1978-80 schuf. Moore liefert einige faszinierende Indizienbe-weise für seine Behauptung – es sei denn, man ist ein Ufologe, der alle Beweise, die den Mythos von Roswell widerlegen könnten, von vorn-herein als eine weitere Regierungsvertuschung ablehnt.

Weitere Enthüllungsbücher erschienen 1997. Der hartnäckige Phi-lip J. Klass brachte *The Real Roswell Crashed-saucer Coverup* heraus, das die beharrliche Anschuldigung der Ufologen, die Regierung würde alles vertuschen, auf den Kopf stellte. Er demonstrierte immer und immer wieder, wie Ufologen einschlägige Fakten und Beweise weglassen, die den Mythos von Roswell schwächen oder gar zerstören würden. Darü-ber hinaus greifen sie immer wieder auf Roswell-Geschichten zurück, die bereits gründlich widerlegt wurden. Im selben Jahr veröffentlichte ein anderer UFO-Skeptiker, Kal. K. Korff, ein ganz ähnliches Buch:

*The Roswell UFO Crash: What They Don't Want You to Know.* Eine aktualisierte Version wurde im Jahre 2000 von Dell als Paperback herausgebracht. Es enthielt eine umfassende Kritik von Corsos *The Day after Roswell.*[54]

2001 dann schob der abtrünnige Ufologe Karl T. Pflock seinem *Roswell in Perspective* mit *Roswell: Inconvenient Facts and the Will to Believe* eine noch gründlichere Entlarvung der Roswell-Beweise hinterher. Im darauffolgenden Jahr veröffentlichte er eine ulkige Geschichte der UFO-Bewegung und seiner Rolle darin: *Shockingly Close to the Truth! Confessions of a Grave-robbing Ufologist.* Koautor war James W. Moseley und auch hier kommt wieder ein hohes Maß an Skepsis zum Ausdruck, ob der Roswell-Absturz überhaupt jemals stattgefunden habe.[55]

Man muss nicht erwähnen, dass alle drei skeptischen Autoren Ziel des Spottes der UFO-Gläubigen und Anhänger des Roswell-Mythos waren und sind. Klass wurde wegen angeblicher Entstellungen und Täuschungen in seiner eigenen Beweisführung abfällig als »Pseudoskeptiker« bezeichnet. Und Korff hat sogar einen Blog inspiriert: »Kalvin Korff is an idiot.«[56] Pflock nimmt eine unsichere Position ein. Er glaubte, dass UFOs Außerirdische seien, die die Erde besuchten. Und es gab auch einmal eine Zeit, in der er den Mythos von Roswell für ein wahres Ereignis gehalten hatte. Eine gründliche Untersuchung der Beweise änderte jedoch seine Meinung. Hauptursache war die bröckelnde und schließlich in sich zusammenfallende Glaubwürdigkeit von Glenn Dennis. Aus diesem Grund wird er in einigen Bereichen der UFO-Bewegung respektiert, in anderen, darunter den Anhängern des Roswell-Mythos, dagegen nicht.

Die Entdeckung und das Auftauchen einer wachsenden Anzahl von angeblichen Augenzeugen einer Vertuschungsaktion war der wichtigste Grund dafür, dass der Roswell-Zwischenfall von einem vergessenen Fall von Fehlkommunikation zu einem Mythos wurde, der einen Eckpfeiler der UFO-Bewegung darstellt. Der Ufologe Stanton Friedman war an der vordersten Front dieses Prozesses, der dem Mythos von Roswell anscheinend Glaubwürdigkeit verliehen hat. Er ging bei der Suche nach Roswell-Zeugen voran. Als während der 1980er Jahre immer mehr Zeugen auftauchten, wetteiferten sie darum, die faszinierendste und telegenste Geschichte zu präsentieren, um im Fernsehen interviewt zu werden. Bei all diesen Zeugenaussagen tauchten schon bald Widersprüche und Unvereinbarkeiten zwischen den Berichten der Augenzeugen und sogar innerhalb der Berichte auf, die einzelne Personen zu verschiedenen Zeiten abgaben. Dinge wurden als Fakten dargestellt, die mit den Zeiten und Orten kollidierten, von denen man in den öffentlichen Aufzeichnungen lesen konnte. Das Ergebnis war, dass Skeptiker wie Klass, Korff, Pflock und andere sich auf die Fehler in den Geschichten der Augenzeugen stürzten.

Einer der Zeugenberichte, der eine tiefgründige Untersuchung über sich ergehen lassen musste, war von Gerald F. Anderson. Nachdem er 1989 und 1990 die *Unsolved-Mysteries*-Folgen angeschaut hatte, in denen es um Roswell ging, meldete er sich mit der Behauptung, dass er und seine Familie die Hochebene von San Augustin besucht hatten, als dort der angebliche UFO-Absturz passierte. Sie sahen das abgestürzte Raumschiff, tote Außerirdische, einen lebenden Außerirdischen, Grady Barnett und die Gruppe der Archäologen. Es war eine erstaunliche Bestätigung von Friedmans Bericht des Absturzes der fliegenden Untertasse von Roswell. Nun war Anderson zu dieser Zeit erst fünf Jahre alt und der Rest seiner Familie war tot und konnte daher seine Geschichte nicht bestätigen (oder abstreiten). Um Andersons Geschichte zu unterstützen, schickte seine angebliche Cousine Vallejean Anderson, eine katholische Nonne, Stanton Friedman mehrere Seiten von 1947 aus dem Tagebuch, das Andersons Onkel Ted geführt haben soll. Auf diesen Seiten diskutierte dieser den Absturz. Leider gab es die Tinte auf den angeblichen Tagebuchseiten vor 1972 noch gar nicht. Gerald Anderson antwortete darauf, dass die Seiten nicht aus dem originalen Tagebuch stammten, sondern von seinem Onkel Ted abgeschrieben worden waren. Auch hier erhob die Chronologie ihr hässliches, entlarvendes Haupt: Onkel Ted war 1965 gestorben. Ein anderes Problem bestand darin, dass Anderson vor seiner Wortmeldung von 1990 noch nie jemandem von seiner UFO-Begegnung erzählt hatte. Diese Zurückhaltung schloss seine Exfrau und seinen Arbeitgeber, den Sheriff von Taney County, Missouri, ein.[57]

Glenn Dennis ist ein viel wichtigerer Zeuge für die Ereignisse von Roswell. 1947 war er, der nun zu den Besitzern des International UFO Museum gehört, Anfang 20 und arbeitete als Bestattungstechniker im

Ballard Funeral Home in Roswell. Ende der 1980er Jahre hörte Walter Haut, der Verfasser der Pressemitteilung über die fliegende Untertasse von Roswell und einer der Einwohner von Roswell, von Dennis' UFO-Geschichte. Er schlug Friedman vor, mit Dennis zu reden, was Anfang August 1989 dann auch geschah. Dennis behauptete, dass er zum Zeitpunkt des Roswell-Absturzes den Leichenwagen von Ballard benutzt hätte, um einen verwundeten Soldaten zum Hospital des Roswell Army Air Field zu transportieren. Auf der Basis beobachtete er Rettungswagen voller Wrackteile und umhereilende Militärpolizei. Im Hospital traf er eine ihm bekannte Krankenschwester, die ihn fragte, was er dort mache. Sie warnte ihn, dass er sich in Lebensgefahr bringen würde. An dieser Stelle griff die Militärpolizei ein, verwies ihn des Hospitals und des Stützpunkts und folgte ihm sogar bis zum Bestattungsinstitut. Später traf er sich mit der Krankenschwester zum Essen und auf ein paar Drinks im Offiziersclub der Basis. Dort erzählte sie ihm von zwei Ärzten, die ihr befohlen hatten, bei der Autopsie eines Außerirdischen zu assistieren. Sie zeichnete ein Bild des Aliens und verpflichtete ihn zum Schweigen. Kurz danach wurde sie von Roswell nach England versetzt. Als er versuchte, ihr zu schreiben, kam der Brief mit dem Vermerk »verstorben« zurück. Später erfuhr er, dass sie bei einem Flugzeugunglück verstorben sei.

Im Laufe der Zeit veränderte Dennis seine Geschichte, fügte einige Details hinzu, während er andere wegließ. Anfangs behauptete er, dass die Zeichnungen der Krankenschwester verschwunden seien. Später gab er zu, er hätte die Bilder den UFO-Forschern Kevin Randle und Donald Schmitt gegeben, damit diese sie für ihr Buch *UFO Crash at Roswell* verwenden konnten. Alle angeblichen Bemühungen von Randle und Schmitt, die Krankenschwester zu finden, schlugen fehl. Tatsächlich behaupteten sie, dass keine Informationen über irgendwelche Krankenschwestern zu finden seien, die in Roswell gedient hätten. Dieser Umstand erhöhte nur den Verdacht einer Regierungsvertuschung, der den Roswell-Zwischenfall umgab. Dennis fügte die Behauptung hinzu, dass die Krankenschwester Nonne geworden und dann gestorben sei. Außerdem erklärte er, sie hätte drei tote Außerirdische gesehen. All diese pikanten Einzelheiten katapultierten Dennis in den Status eines Starzeugen für Dokumentationen, Fernseh- und

Radioauftritte sowie Interviews über Roswell. 1994 erklärte er, er hätte einen »blendenden Blitz des Erinnerns« erlebt. Plötzlich erinnerte er sich, dass er am 7. Juli einen Anruf vom Stützpunkt in Roswell erhalten habe, in dem man sich nach Kindersärgen erkundigt hätte, was wiederum sein Lunch-Date mit der Krankenschwester auf den 8. Juli legte.

Das Problem für Dennis bestand darin, dass immer mehr Fakten zu überprüfen waren, je mehr Details er hinzufügte. 1995 bot der freiberufliche Autor Paul McCarthy dem Magazin *Omni* einen wohlwollenden Artikel über Roswell an. *Omni* war interessiert, bestand aber darauf, dass er die Behauptungen über die vermissten Krankenschwestern nachprüfte. McCarthy befürchtete, dass seine Suche ergebnislos bleiben würde, da Randle und Schmitt schon erklärt hatten, dass sie mehrere Jahre umsonst gesucht hatten. Stattdessen schaffte es McCarthy, die Krankenschwestern schon nach drei Tagen aufzutreiben, indem er telefonisch in den entsprechenden Archiven der Aufzeichnungen anfragte. Er informierte daraufhin Randle und Schmitt, dass er die Krankenschwestern gefunden hatte. Randle war unangenehm berührt, während Schmitt sich rar machte, nicht auf Anrufe antwortete und McCarthy an wenig hilfsbereite Assistenten verwies. In dem Artikel, der darauffolgte, »The Missing Nurses of Roswell«, erklärte McCarthy, dass die Beweise von Randle und Schmitt entweder unzureichend oder erfunden waren. Er schrieb ganz unverblümt: »Sie sind mit heruntergelassenen Hosen erwischt worden.« Diese peinliche Enthüllung erzeugte einen Riss in der Autorenpartnerschaft von Randle und Schmitt, die daran schließlich zerbrechen würde, wie wir später noch diskutieren.[58]

Die Enthüllungen über die verschwundenen Krankenschwestern von Roswell, die gar nicht verschwunden waren, lenkte die Aufmerksamkeit wieder zurück auf die Krankenschwesterngeschichte von Glenn Dennis. Er hatte sie während eines Interviews am 5. August 1980 im Vertrauen gegenüber Stanton Friedman namentlich erwähnt. Später gab er Randle und Schmitt ihren Namen, und dann auch noch Karl T. Pflock. Der Name der Krankenschwester lautete Naomi Self oder später Naomi Maria Selff. Allerdings taucht keine Krankenschwester namens Self oder Selff in den Personalakten des Militärs auf. Die noch lebenden Krankenschwestern von Roswell konnten sich auch nicht an sie, an Dennis oder an irgendein Aufhebens im Jahre 1947 wegen Außerirdischer im Hospital erinnern. Als man weiter in ihn drang, musste Dennis zugeben, dass er den wirklichen Namen niemandem verraten hatte, da er ihr versprochen hatte, ihre Identität bis zu ihrem Tod geheim zu halten. Da er nicht wusste, ob sie noch lebte, war er verpflichtet, sein Wort zu halten und bot in diesem Zuge ein großartiges Beispiel für einen Catch-22. Es gab in Dennis' Geschichte noch weitere Ausflüchte und Veränderungen. Insgesamt wuchsen bei Randle und Schmitt, seinen früheren Unterstützern, ernsthafte Zweifel über Dennis' Aufrichtigkeit. Natürlich gaben Klass und Korff von vornherein nie viel auf seine Geschichte. Ein weiterer Augenzeugenbeitrag war maßgeblich diskreditiert worden.[59]

Frank J. Kaufman ist ein weiterer wichtiger Zeuge, dessen Aussage den Mythos von Roswell unterstützt. Sein erster Auftritt als Zeuge erfolgte 1991 im ersten Buch von Randle und Schmitt, *UFO Crash at Roswell*. Dort bot er nur eine Aussage vom Hörensagen über den Absturz von Roswell. Im zweiten Buch von Randle und Schmitt, *The Truth about Roswell*, bekam er das Pseudonym Steve McKenzie und behauptete, gesehen zu haben, wie ein lebender Außerirdischer in das Hospital des Stützpunktes von Roswell gebracht wurde. Darüber hinaus behauptete er, im White-Sands-Stützpunkt UFOs auf dem Radar verfolgt zu haben, und bestätigte, dass Anrufe zum Ballard Funeral Home erfolgt waren, die scheinbar Dennis' Bericht bestätigten, obwohl einige Einzelheiten der Geschichten der beiden Männer einander widersprachen. Kaufman sagte außerdem, er sei Teil des neunköpfigen Bergungsteams gewesen, das zum Ort des Absturzes der fliegenden Untertasse geschickt worden sei. All das ist mehr als ein bisschen seltsam, da Kaufman als Zivilist auf dem Roswell-Stützpunkt gearbeitet hatte. Er lehnte es außerdem ab, sein Tagebuch und andere Dokumente, die seine Aussagen bekräftigen könnten, forensisch untersuchen zu lassen. Es waren ein Haufen Geschichten, die nur ein wahrer Gläubiger für bare Münze nehmen würde. Klass, Korff und Pflock hingegen bissen nicht an.[60]

Jim Ragsdale war ein anderer Zeuge, den Randle und Schmitt entdeckten und dann am 26. Januar 1993 interviewten. Laut Ragsdale parkten er und seine Freundin Trudy Truelove Anfang Juli nördlich von Roswell an einer Straße. Während sie sich miteinander vergnügten, gab es nahebei ein lautes Geräusch, was sie veranlasste, die Stelle zu verlassen. Am nächsten Morgen kehrten sie jedoch zurück und fanden das Wrack eines Raumschiffes sowie mehrere tote Außerirdische. Kurz darauf traf ein militärischer Bergungstrupp ein, woraufhin das Paar erneut wegfuhr. Diese Absturzstelle befand sich etwa 35 Meilen nördlich von Roswell. Als Ragsdale 1993 mit seiner Aussage auftauchte, war Trudy Truelove bereits verstorben und konnte seinen Bericht nicht bestätigen. Er konnte sich zwar nicht an das genaue Datum des Absturzes erinnern, war sich aber sicher, dass es Wochenende des 4. Juli gewesen war. 1947 fiel der 4. Juli auf einen Freitag. Ragsdales rechtzeitiges Auftauchen unterstützte Glenn Dennis' Aussage. Es führte außerdem eine neue Absturzstelle viele Meilen östlich der Originalstelle auf Mack Brazels Ranch ein. Diese neue Information erlaubte es Randle zu erklären, dass das Geschehen an der Ragsdale-Absturzstelle tatsächlich der Absturz einer fliegenden Untertasse gewesen sei, während an der Brazel-Absturzstelle einfach nur die Überreste eines Wetterballons oder eines Ballons von Project Mogul niedergegangen seien.[61]

Wie bei den anderen Zeugen begann auch Ragsdales Geschichte sich zu verändern und auszuweiten. Am 16. Oktober 1994 kündigte Randle bei einem UFO-Treffen in Pensacola an, dass Ragsdale seine Geschichte beträchtlich geändert hätte. In der neuen Version gab Ragsdale als Ort des Absturzes auf einmal eine Stelle 55 Meilen westlich von Roswell an. Eine andere neue Einzelheit war seine Behauptung, dass er versucht hätte, einem der toten Außerirdischen den Helm abzunehmen und seine schwarzen Augen gesehen hätte. Außerdem beschrieb er das Aussehen der Aliens etwas anders als in früheren Berichten. Des Weiteren erklärte Ragsdale, dass er und Truelove einige Säcke voller Trümmerteile von dem Wrack entfernt hätten, diese aber unerklärlicherweise im Laufe der Jahre verlorengegangen seien. Rasdales sich verändernder Bericht veranlasste Randle zu der Anschuldigung, er würde seine Geschichte anders erzählen, weil er eine finanzielle Partnerschaft mit den Verantwortlichen des International UFO Museum eingegangen sei, die am 10. September vereinbart worden wäre. In diesem Vertrag würde der neue Absturzort »The Jim Ragsdale Impact Site« genannt werden und Ragsdale würde 25 Prozent der Einnahmen aus der Werbung für diesen Ort erhalten. Angeblich sollte es Touren zu dem Ort und Eintrittsgelder geben. Ferner sollten im Souvenirladen des Museums eine

Broschüre, »The Jim Ragsdale Story«, ein Video und T-Shirts verkauft werden. Max Littell, Walter Haut und Glenn Dennis hatten Anfang 1994 versucht, das Land zu kaufen, auf dem die erste Ragsdale-Absturzstelle zu finden war. Sein Besitzer Hub Corn hatte es aber abgelehnt zu verkaufen. Er würde es Touristen später gegen eine Gebühr von 15 Dollar erlauben, die ursprüngliche Absturzstelle zu besuchen. An diesem Punkt verlor Randle das Vertrauen in den Wahrheitsgehalt von Ragsdales Behauptungen.[62]

Das Jahr 1995 war ein schlechtes Jahr für Donald R. Schmitt, einen der führenden Ufologen, die den Roswell-Absturz untersucht hatten, und Koautor von Kevin D. Randle an den Büchern *UFO Crash at Roswell* (1991) und *The Truth about the UFO Crash at Roswell* (1994). Schmitts Berufung zum Ufologen begann mit seinem Interesse an Regierungsvertuschungen im Zuge des Kennedy-Attentats. Von dort kam er zu UFOs und den damit verbundenen Vertuschungsaktionen. Dieses Interesse führte zu seiner Mitarbeit am Center for UFO Studies, bei dessen Gründung im Jahre 1973 J. Allen Hynek mitgewirkt hatte.[63] Schmitt hatte angeblich mit Hynek zusammengearbeitet, aber anscheinend nicht genug, um eine Erwähnung in dessen jüngster Biografie verdient zu haben.[64] Als 1980 *The Roswell Incident* erschien und die Aussicht auf noch weitere Augenzeugenberichte bestand, war das Interesse von CUFOS geweckt. Sie schickten Schmitt 1988 zu einer Untersuchung und er bat Randle, ihn zu begleiten. Ihre eigenen Bücher über Roswell waren schließlich die Früchte dieser Zusammenarbeit. Beide Bücher verkauften sich gut und erschienen auch in großer Auflage als Paperbacks. UFO-Skeptiker fanden die Bücher hingegen nicht überzeugend, da sie auf so vielen problematischen und vagen Zeugenaussagen beruhten. Auch einigen Ufologen-Kollegen missfielen diese Bücher, da die Erzählung von Randle und Schmitt mit ihrer eigenen Version des Mythos von Roswell kollidierte.[65]

Der Erfolg lenkte auch die Aufmerksamkeit von Journalisten auf Randle und Schmitt, was sich zumindest für Schmitt als zweischneidiges Schwert erweisen sollte. Im Juni 1993 schrieb die freiberufliche Autorin Gillian Sender für den *Shepherd Express*, eine Wochenzeitung aus Milwaukee, einen sehr schmeichelhaften Artikel über Schmitt. Es war eine Art Junge-von-hier-hat-es-geschafft-Geschichte, da Schmitt in Hubertus lebte, einer Kleinstadt nahe Milwaukee. Etwa zu der Zeit, als *The Truth about the UFO Crash at Roswell* herauskam, entschied Sender, für das monatlich erscheinende *Milwaukee Magazine* einen zweiten Artikel über Schmitt zu schreiben. Der Artikel »Out of this World« erschien in der Februar-Ausgabe 1995. Bei der Recherche für die Geschichte entdeckte Sender einige verstörende Fakten. 1990 hatte Schmitt behauptet, einen Bachelor-Abschluss am Concordia College und einen Master-Abschluss an der University of Wisconsin in Milwaukee erworben zu haben. Außerdem hatte er erklärt, die Marquette University besucht zu haben und am Concordia College an einem PhD in Strafrechtspflege zu arbeiten. Unterlagen zeigten, dass diese Behauptungen über seine Abschlüsse und die Ausbildung falsch waren. Das Concordia College bot nicht einmal einen PhD in Strafrechtspflege an. Nachdem sie die Bücher von Randle und Schmitt untersucht hatte, stellte Sender fest, dass das Belegmaterial vage war und sich darauf verließ, dass die Leser auf die Gewissenhaftigkeit und Zuverlässigkeit der beiden Autoren vertrauten. Als er gebeten wurde, weitere Informationen über seine Belege zu liefern, verweigerte Schmitt telefonische Rückrufe. Es wurde klar, dass es den Recherchen von Schmitt an Integrität mangelte. Randle war anfangs schnell bereit, Schmitt zu verteidigen. Die nächste Ausgabe des *Milwaukee Magazine* enthielt jedoch noch mehr schlechte Nachrichten. Es veröffentlichte einen anonymen Brief, der besagte, dass Schmitt als Briefträger in Hartford, Wisconsin, arbeitete. Das allein wäre noch keine großartige Enthüllung gewesen. Viele Ufologen hatten normale Jobs, um ihre Rechnungen bezahlen zu können, und Briefträger ist ein ehrenwerter Beruf. Das Problem lag in der Tatsache, dass Schmitt behauptet hatte, Illustrator im medizinischen Bereich zu sein, aber kein Beweis für diese berufliche Laufbahn zu finden war. Er hatte außerdem angegeben, verdeckt für die Drug Enforcement Administration sowie andere geheime Operationen gearbeitet zu haben, was seine Glaubwürdigkeit unter den Ufologen stärkte. Darauf angesprochen, leugnete er, Postmann zu sein. Nachfolgende Enthüllungen bestätigten allerdings, dass er tatsächlich bei der Post arbeitete, sehr zu Randles Unbehagen. An dieser Stelle wies Randle Schmitt zurück. Kurz darauf trat Schmitt von seinem Posten als Leiter der Sonderuntersuchungen für CUFOS zurück. Unverfroren verbreitete er das Gerücht, dass Randle in Wirklichkeit für die Regierung arbeitete, um die Wahrheit über Roswell zu unterdrücken: eine verbreitete Taktik unter verzweifelten Ufologen.[66]

Der Ärger für Schmitt war noch nicht vorüber. Die Enthüllungen von Glenn Dennis' betrügerischen Behauptungen über Roswell und die verschwundenen Krankenschwestern wurden publik. Paul McCarthys Artikel »The Missing Nurses of Roswell« in der Herbst-Ausgabe 1995 von *Omni* deckten auf, dass Schmitts Recherchetechniken im besten Fall schlampig und ungeschickt und wahrscheinlich auch hinterlistig waren. Das Erscheinen des *Omni*-Artikels veranlasste Randle, am 10. September 1995 einen offenen »To Whom It May Concern«-Brief an die Ufologen-Gemeinschaft zu schreiben. Randle distanzierte sich in klaren Worten von Schmitt. Er erklärte: »Lassen Sie mich darauf hinweisen, dass ich nichts von dem glaube, was Schmitt sagt, und das sollten Sie auch nicht ... Ich bin mir nicht sicher, ob er die Wahrheit versteht.« Natürlich hingen nicht alle Probleme mit der Stichhaltigkeit der beiden Bücher von Randle und Schmitt mit Schmitts betrügerischen Recherchen oder den wachsenden Problemen mit den Zeugenaussagen zusammen. Kaum zwei Wochen nach Randles offenem Brief verspottete Robert Todd, ein weiterer UFO-Skeptiker, Randles Versuch, alles auf Schmitt abzuwälzen, am 22. September 1995 in einem Online-Essay: »Randle Dumps – And Dumps – on – Schmitt«. Damit endete eine ufologische Partnerschaft und es begannen Randles wachsende Zweifel am Mythos von Roswell. Schmitt dagegen ist schamlos und unverfroren aus der Sache hervorgegangen und veröffentlicht weiterhin Bücher, nun mit einem neuen Koautor namens Thomas Carey.[67]

Immer noch erscheinen Roswell-Dokumentationen, die viel Sensationelles und wenige zuverlässige Beweise zeigen. Eine Ausnahme war die Fernsehserie *History's Mysteries*, die 1999 die Folge »Roswell: Secrets Unveiled« ausstrahlte. Die Serie nutzte ein Format, in dem rivalisierende Interpretationen eines Mysteriums die Chance bekamen, den Zuschauern ihre Sicht der Dinge zu präsentieren. In »Roswell: Secrets Unveiled« waren es die Ufologen, die darauf bestanden, dass die Regierung den Absturz einer fliegenden Untertasse mit toten Außerirdischen vertuscht hatte, gegen Skeptiker, die erklärten, dass ein Ballon des Project Mogul abgestürzt sei. Trotz der gründlichen Widerlegung wurde

Glenn Dennis' Geschichte von der Krankenschwester Naomi Self und der Alien-Autopsie als Tatsache dargestellt. Als Antwort darauf gaben die Skeptiker an, dass Dennis' Geschichte eine Konfabulation war, die entstand, nachdem ein Militärflieger in der Gegend von Roswell verunglückt war. Es wurde nichts über Dennis' veränderliche Versionen der Geschichte gesagt oder darüber, dass das Problem der verschwundenen Krankenschwester aufgelöst worden war. Die Dokumentation schloss mit einem skeptischen Unterton. Michael Shermer, der Herausgeber der Zeitschrift *Skeptic*, ist zu dem Schluss gekommen, dass der Mythos von Roswell »niemals abgeschlossen werden wird, da das Mysterium faszinierender ist als die Lösung«. Er erwähnte außerdem, dass es ein finanzielles Motiv gibt, den Mythos am Leben zu erhalten. Die Stadt Roswell profitiert beträchtlich vom Tourismus, den der Mythos generiert. Shermer betrachtet Roswell als Beispiel für eine Massenhysterie und urbane Legende, die unter den Top Ten der Mythen der zweiten Hälfte des 20. Jahrhunderts rangiert. Wenn man es genau nimmt, steht es auch im 21. Jahrhundert ganz oben.[68]

Michael Shermer und die Leute von *Skeptic* setzen weiter auf kritisches Denken, wenn es um das UFO-Phänomen und den Mythos von Roswell geht. Die erste Ausgabe von *Skeptic* behandelte UFOs und enthielt einen schonungslosen Essay von B. D. »Duke« Gildenberg, der auf seine Erfahrungen bei der Zusammenarbeit mit Charles Moore am Project Mogul zurückgriff. Er erklärte, dass der echte Roswell-Absturz nur ein Mogul-Ballon war und keine fliegende Untertasse von Außerirdischen. Dann diskutierte er das Entstehen des Mythos von Roswell ab Ende der 1970er Jahre bis zu den ersten Jahren des 21. Jahrhunderts. Nach der Entdeckung von Jesse Marcel in den späten 1970er Jahren begannen der Ufologe Stanton Friedman und andere nach immer weiteren Zeugen zu fahnden. Es wurde jedoch von dem Skeptiker Kal Korff darauf hingewiesen, dass Jesse Marcel niemals eine außerirdische Erklärung für den Roswell-Absturz in Betracht gezogen hatte, bis Ufologen in Interviews mit ihm darauf zu sprechen kamen. Von diesem Punkt an wurden die Zeugenaussagen immer wilder und verrückter. Besondere Aufmerksamkeit wandte Gildenberg den Fehlern in der Aussage von Glenn Dennis zu. Gleichzeitig wies er auf die sehr offensichtlichen Unklarheiten hin, die auftreten, wenn ältere Informanten nach Ereignissen gefragt werden, die 40 oder noch mehr Jahre zurück liegen. Er wiederholte das, was Philip Klass bereits aufgedeckt hatte, dass nämlich Ufologen selbst Vertuschungen vornehmen, wenn sie Beweise zurückhalten, die dem Mythos von Roswell zuwiderlaufen. Unbequeme Fakten dürfen einer guten Story nicht in die Quere kommen. Am aufschlussreichsten ist die Tatsache, dass Gildenberg etwa 55 Jahre nach dem Absturz von Roswell schrieb. In der Zeit, die seither vergangen war, hat kein Fetzen angeblich zuverlässiger Zeugenaussagen einer kritischen Überprüfung standgehalten und es wurden auch keine physischen Beweise eines UFOs gefunden. Noch bemerkenswerter ist, dass kein physischer Beweis geborgen wurde, obwohl es angeblich mehrere Abstürze fliegender Untertassen von Außerirdischen gegeben haben soll, die fortschrittlich genug waren, um erfolgreiche interstellare Reisen zu unternehmen. Dieser Punkt wurde von vielen Skeptikern vorgebracht, die UFO-Abstürze untersucht haben. Gildenberg kommt zu dem Schluss:»Roswell ist die berühmteste, am umfassendsten untersuchte und am gründlichsten widerlegte UFO-Behauptung. Die Ufologen sollten dies nun endlich zugeben und weiterziehen.«[69]

### Roswell bleibt, Dude

Natürlich zieht der Mythos von Roswell nicht weiter. Mitte bis Ende der 1990er Jahre mag der Höhepunkt des Mythos gewesen sein, doch er ist seither eine ausgesprochen gesunde Komponente der Populärkultur und der UFO-Bewegung geblieben. Roswell wird weiterhin von vielen UFO-Touristen besucht und auch das International UFO Museum hat eine Menge Gäste. Die Science-Fiction-Kultur in Form von Zeitschriftenstorys, Büchern, Filmen und Fernsehserien ist von Anfang an ein Verbündeter der UFO-Bewegung gewesen.[70] H. G. Wells' Klassiker *Der Krieg der Welten* erschien 1897, 50 Jahre vor dem Roswell-Zwischenfall, als Fortsetzungsgeschichte in einem Magazin und ein Jahr später als gedrucktes Buch. Dem Publikum wurde damit nicht nur die Vorstellung eines außerirdischen Raumschiffs nahegebracht, das die Erde besucht, sondern auch das Konzept einer Invasion durch Aliens. Die Menschen fanden das Konzept offensichtlich faszinierend und glaubwürdig, sodass Orson Welles' Hörspielfassung des Romans zum

Zeitpunkt der Ausstrahlung im Jahre 1938 eine riesige Panik auslöste. Der Beginn der UFO-Bewegung 1947 zog schnell Filme mit fliegenden Untertassen nach sich – manche wurden zu Klassikern, andere sind zu Recht vergessen. Zwei der Klassiker – *Das Ding aus einer anderen Welt* (1951) und *Der Tag, an dem die Erde stillstand* (1951) – beruhten auf Science-Fiction-Geschichten: einem Kurzroman, »Who Goes There?« (unter verschiedenen Titeln auf Deutsch erschienen, u. a. »Wer da?«, »Wer geht dort?« und »Das Ding aus einer anderen Welt«), von John W. Campbell aus dem Jahre 1938 und einer Kurzgeschichte, »Farewell to the Master« (dt. »Abschied vom Herrn«), von Harry Bates von 1940. Beide Geschichten sind vor Entstehung der UFO-Bewegung geschrieben worden und zeigen, dass die Vorstellung von Außerirdischen, die die Erde besuchen, auch vor 1947 durchaus schon denkbar war.[71]

Science-Fiction machte sich den Mythos von Roswell schnell zu eigen. Die beliebte Fernsehserie *Akte X – Die unheimlichen Fälle des FBI* zeigte verschiedene Aspekte und Spekulationen des UFO-Phänomens, von Entführungen über die Verstümmelung von Vieh bis zur Infiltration durch Außerirdische. Manche Episoden enthielten – mal flüchtige, mal ausführliche – Referenzen auf Roswell. Der Fernsehfilm *Roswell*, der 1994 auf Showtime gezeigt wurde, erhöhte den Bekanntheitsgrad des Namens Roswell, genau wie der sehr erfolgreiche Film *Independence Day* (1996). Stanton Friedman erkannte bereitwillig an, welche wichtige Rolle *Akte X* und *Independence Day* dabei gespielt hatten, den Mythos von Roswell in den Mainstream zu rücken.[72] Fernsehdokumentationen über UFOs brachten Roswell regelmäßig zurück in den Blickpunkt der Öffentlichkeit. Auf dem History Channel lief von 2004 bis 2007 die Serie *UFO Files*, von deren 41 Folgen sich allein zehn mit Roswell befassten oder den Namen Roswell im Titel trugen, wie »Chinese Roswell« oder »Brazil's Roswell«. Seit 1998 gibt es die Jugendbuchserie *Roswell High* – zwei überlebende Außerirdische werden von Menschen adoptiert und erleben die sehr fremdartige Welt einer amerikanischen Highschool. Die Bücher wurden schon recht bald zu einer Fernsehserie namens *Roswell* adaptiert. Die ersten zwei Staffeln der Serie wurden auf The WB ausgestrahlt, die dritte dann auf UPN. 2019 wurde die Serie vom Sender CW als *Roswell, New Mexico* neu aufgelegt. Die Figuren aus *Roswell* sind nun in ihren Zwanzigern oder Dreißigern. Das scheint zu funktionieren, da im Januar 2020 noch eine zweite und dritte Staffel beauftragt wurden.

Eine noch stärkere Unterstützung für den Mythos von Roswell und die UFO-Bewegung im Allgemeinen bietet die angebliche Dokumentarserie *Ancient Aliens*. Sie hatte am 8. März 2009 auf dem History Channel Premiere. Die erste Episode wurde als Special- oder Pilotfolge bezeichnet. Was auch immer es war, *Ancient Aliens* traf augenscheinlich den Nerv der Zeit und der History Channel bestellte eine ganze Staffel mit fünf Folgen zu jeweils 90 Minuten. Nach der ersten Staffel wurden einzelne Folgen auf 45 Minuten gekürzt, während die Anzahl der Folgen pro Staffel auf acht bis 15 erhöht wurde. Die 15. Staffel der Sendung startete Anfang 2020. Der Roswell-Absturz wird hin und wieder noch erwähnt und am 20. Februar 2020 wurde eine Folge namens »Relics of Roswell« gesendet.

2011 erschien mit der Veröffentlichung von Annie Jacobsens *Area 51: An Uncensored History of America's Top Secret Military Base* eine neue und einzigartige Version des Mythos von Roswell.[73] Jacobsen, eine Enthüllungsjournalistin, erklärt, dass es bei Roswell im Juli 1947 zwei Abstürze fliegender Untertassen gab, diese aber nicht außerirdischen Ursprungs waren. Wie bereits erwähnt wurde, nahm man 1947 im Allgemeinen an, dass fliegende Untertassen oder UFOs entweder geheime amerikanische oder geheime sowjetische experimentelle Fluggeräte waren. Laut Jacobsen kamen die abgestürzten fliegenden Untertassen von Roswell aus Russland. Wie das möglich gewesen sein soll, ist unklar, da 1947 kein bekanntes Flugzeug in der Lage war, den langen Flug von der Sowjetunion bis in die USA und zurück (oder umgekehrt) zu schaffen. Jacobsen behauptet, die fliegenden Untertassen oder Flugscheiben waren entweder erbeutete Nazi-Wunderwaffen oder russische Kopien auf der Grundlage der Erfindungen und Entwürfe der Brüder Walter und Reimar Horten, beides deutsche Flugzeugentwickler. Weder das amerikanische noch das sowjetische Militär schaffte es, die Gebrüder Horten zu fangen. Die Russen beschlagnahmten schließlich die Forschungsunterlagen und Prototypen der Hortens. Der teuflisch gerissene Stalin beschloss, seine Untertassen-Flugtechnik einzusetzen, um in den USA eine Panik auszulösen. Er wollte ähnliche Unruhe stiften wie Orson Welles 1938 mit seinem Radiohörspiel *Der Krieg der Welten*.

Tatsächlich hoffte er, dass die ganze Nation erfasst werden würde, und zwar mit einer solchen Intensität, dass die US-Luftabwehr nicht mehr einsatzfähig wäre. Um den Schock zu verstärken, würden die fliegenden Untertassen groteske »außerirdische« Passagiere mit sich führen.

Als der Zweite Weltkrieg zu Ende ging, suchte der diabolische Nazi-Arzt Dr. Josef Mengele aus Auschwitz nach einer Möglichkeit, unbeschadet und hoffentlich wohlhabend aus dem ganzen Debakel herauszukommen. Er kontaktierte Stalin wegen der Möglichkeit, seine Menschenexperimente in der Sowjetunion fortzusetzen. Besonders Mengeles Experimente, bei denen deformierte Kinder geschaffen wurden, weckten Stalins Aufmerksamkeit. Diese Experimente hatten Opfer mit übergroßen Köpfen und großen Augen auf kleinen, verkrüppelten Körpern erzeugt; mit anderen Worten, die experimentellen Wesen sahen fast so aus wie die klassischen grauen Aliens. Die vorgeschlagene Partnerschaft zwischen Stalin und Mengele kam nicht zustande, aber Stalin bekam seine Aliens. 1947 wurden die bemitleidenswerten Kinder in zwei fliegende Untertassen gesetzt und in die USA geflogen. Dort stürzten sie in der Nähe von Roswell, New Mexico, ab. Der Plan hatte eigentlich vorgesehen, die Untertassen zu landen, nicht abstürzen zu lassen, damit die »Aliens« aussteigen und die Amerikaner in Angst und Schrecken versetzen konnten. Hysterische falsche Sichtungen von fliegenden Untertassen und Anrufe an die Behörden von zehntausenden panischen Amerikanern würden die Reaktionsfähigkeiten der Luftabwehrsysteme lähmen. Stattdessen dementierte das US-Militär sofort die ersten Zeitungsberichte über fliegende Untertassen und setzte seine Geschichte von den Wetterballons dagegen. Jede potenzielle öffentliche Aufregung wurde unterdrückt. Die toten Körper der deformierten Kinder und die Wracks der fliegenden Untertassen wurden heimlich auf den Wright-Patterson-Stützpunkt in Akron, Ohio, gebracht. Vier Jahre später wurde alles in die Area 51 transportiert. Das US-Militär war sich sehr wohl bewusst, dass die fliegenden Untertassen sowjetische Gerätschaften waren, dass es russische Bezeichnungen auf ihnen gab und die deformierten Kinder keine Außerirdischen waren. Weshalb hatten nun aber Präsident Truman und das Militär den infamen Einsatz der deformierten Kinder nicht vor der Welt enthüllt? Laut Jacobsen lag das daran, dass die Atomic Energy Commission der USA selbst an ähnlichen illegalen und unmenschlichen Experimenten an Menschen beteiligt war, und das tatsächlich bis in die 1980er Jahre.

Was präsentiert Jacobsen als Beweis für ihre Version der angeblichen Abstürze von fliegenden Untertassen bei Roswell? Ihr Bericht beruht auf Interviews mit einem schon lange im Ruhestand befindlichen Techniker, der für die Firma EG&G Special Projects Group gearbeitet hatte, die als Auftragnehmer der Regierung in Area 51 tätig war. Der Techniker wird von Jacobsen nicht namentlich genannt. Angeblich hatte er ihr gesagt, dass er nur einen kleinen Teil der seltsamen und schrecklichen Geheimnisse von Area 51 enthüllt hatte. In welchem Ausmaß Jacobsen sich beim Abfassen ihres Buches auf anonyme Informanten verließ, bleibt vage, aber es ist ganz eindeutig mehr als eine Person.

Es gibt verschiedene Aspekte von Jacobsens Darstellung des Roswell-Zwischenfalls, die unsere Gutgläubigkeit beanspruchen. Erstens mussten offenkundig eine Menge Menschen an der Vertuschungsaktion zu dieser Zeit und in den nachfolgenden Jahren beteiligt sein. Trotzdem verriet nur dieser eine anonyme Techniker ein paar kleine Dinge über die Schrecken von Area 51. Vertuschungen und Verschwörungen sind eigentlich nicht so erfolgreich beim Wahren ihrer Geheimnisse. Zweitens, falls Stalin tatsächlich fliegende Untertassen der Nazis mit solch einer bemerkenswerten Reichweite besessen hätte, fragt man sich, wieso diese militärische Technologie nicht schon viel früher ausgenutzt worden war. Jacobsen sagt aus, dass die Menschen, die die Wracks der fliegenden Untertassen untersuchten, besonders fasziniert von den Antriebssystemen waren. Das US-Militär und seine Rüstungszulieferer konnten anscheinend diese Technologie nie meistern oder in unsere Flugzeuge integrieren. Schafften sie es nicht, sie zu replizieren oder zu analysieren und nachzubauen? Das scheint unwahrscheinlich, da die Deutschen sie erfunden hatten und die Russen angeblich in der Lage waren, die fliegenden Untertassen einzusetzen. Das technische Wissen der Amerikaner war wenigstens so gut wie das der Sowjets. Kein Zweifel, Stalin hatte keine fliegenden Untertassen besessen, die er nach Roswell hätte schicken können. Jacobsens Bericht ist von etablierten Wissenschaftlern und Forschern sowie ehemaligen Mitarbeitern in Area 51 umfassend widerlegt worden. Es wurde vermutet, dass ihr anonymer Informant sich vielleicht einen Scherz erlaubt und ihre Gier nach einer sensationellen Geschichte ausgenutzt hat. Ihre Geschichte zeigt jedoch, dass es auch 64 Jahre nach dem Zwischenfall möglich ist, ein weiteres Steinchen in das Mythengebäude von Roswell einzubauen.[74]

Anfang 2019 strahlte der History Channel eine neue historische Dramaserie aus: *Project Blue Book*. Hauptfigur ist die echte historische Person J. Allen Hynek. Sein Partner bei den Ermittlungen ist Captain Michael Quinn, der lose auf dem ersten Direktor von Project Blue Book, Captain Edward J. Ruppelt, beruht. In jeder Folge wird ein UFO-Zwischenfall aus den späten 1940er und frühen 1950er Jahren dramatisiert und es wird zumindest angedeutet, dass ein außerirdisches Fluggerät beteiligt war. Die Episoden sind, wie wir wissen, voller sachlicher Ungenauigkeiten und unbegründeter Spekulationen. Hynel wird fast von Anfang an als UFO-Gläubiger dargestellt. Dabei stand er bis Mitte oder Ende der 1960er Jahre der UFO-Bewegung skeptisch gegenüber. Die erste Staffel ließ Roswell aus, dafür gab es im Januar 2020 in der zweiten Staffel eine zweiteilige Folge, die vom Mythos von Roswell handelte. Sie spielt kurz nach dem UFO-Vorfall vom 20. Januar 1952 über Washington, DC. Die Ermittler von Project Blue Book werden nach Roswell geschickt, um die immer noch nachklingende Geschichte eines Untertassenabsturzes endgültig aufzuklären. Selbstverständlich möchte das Militär die Wahrheit vertuschen. In der Handlung tauchen Figuren auf, die auf Mack Brazel sowie den gründlich entlarvten Glenn Dennis und Jim Ragsdale beruhen. Natürlich präsentieren diese beiden Sendungen ein vollkommen fiktives Ereignis als real und verschaffen darüber hinaus dem Roswell-Tourismus eine wunderbar kostenlose Werbung.

Wo steht also nun der Mythos von Roswell mehr als 70 Jahre nach dem Ereignis und 40 Jahre nach Entstehung des Mythos? Einer seiner größten ursprünglichen Verfechter, Kevin D. Randle, ist durch die gründliche Zerstörung der wichtigsten Augenzeugenberichte über den Roswell-Absturz erschüttert und desillusioniert. Die Enthüllungen über die schlampigen und vermutlich betrügerischen Recherchen seines vertrauten Koautors Donald R. Schmitt haben Randles Nöte und Zweifel noch verstärkt. Genau wie Karl Pflock glaubt er weiterhin an UFOs und schreibt über sie, aber sein Vertrauen in die Authentizität des Absturzes einer fliegenden Untertasse in Roswell ist gründlich zerstört worden. 2016 bekannte Randle etwas mehrdeutig:

Ich stelle fest, dass ich zu denen neige, die das Außerirdische ablehnen. Es gab eine Zeit, in der ich sicher [über die Wahrheit des Untertassenabsturzes von Roswell] war, aber das war, als wir noch handfeste Zeugenaussagen hatten, von denen nun viele gründlich diskreditiert wurden. Ich habe Hoffnung, dass wir eine Antwort finden werden und sie könnte außerirdisch sein, aber in der heutigen Welt können wir sie einfach nicht bieten.[75]

Der unverfrorene und reuelose Donald R. Schmitt hat seit den Enthüllungen über seine falschen Behauptungen hinsichtlich der Recherchen, die er durchgeführt (oder eigentlich nicht durchgeführt) hat, neun weitere Bücher über Roswell und Area 51 geschrieben. Bei sieben dieser Bücher war sein Koautor Thomas Carey, ein anderer Ufologe. In *Coverup at Roswell* (2017) versucht er, die Behauptung wieder zum Leben zu erwecken, dass das Memo, das General Roger Ramey in Fotos von der Pressekonferenz am 8. Juli 1947 hochhält, Beweise für eine Vertuschung liefern. Angeblich beweist eine digitale Vergrößerung des Textes auf dem Memo in Rameys Hand, dass es Bemühungen gab, die Wahrheit über den Absturz zu unterdrücken. Leider sind Schmitts Beweise für eine Vertuschung nicht überzeugend, da die fotografischen Abbildungen des Memos keinen lesbaren Text liefern. Die Interpretationen des Memos in den Fotos sind daher nur Wunschdenken.[76]

Schmitts Bücher sind jedoch nicht die einzigen, sondern es erscheinen immer wieder neue Roswell-Bücher. 2017 veröffentlichte Steven M. Greer *Unacknowledged: An Exposé of the World's Greatest Secret* mit einer begleitenden Dokumentation. Das Buch behauptete, dass 1947 drei außerirdische Raumschiffe in der Nähe des Roswell Army Air Field abgeschossen worden wären. Es folgten weitere Alien-Begegnungen und erwartungsgemäß sei alles von den verschiedenen Regierungen vertuscht worden.[77] Diana W. Pasulkas *American Cosmic: UFOs, Religion, Technology* (2019) wurde von einer Religionswissenschaftlerin geschrieben und bei einem renommierten Verlag veröffentlicht. Das Buch räumt einer Diskussion von Roswell einen beträchtlichen Raum ein und bietet sogar eine Darstellung der Feldforschung, die sie dort durchgeführt hat. Falls diese Informationen nun Hoffnungen bei Ihnen, den Lesern, wecken sollten, richten Sie sich auf eine Enttäuschung ein. Ja, Pasulka besuchte Roswell in Begleitung zweier Wissenschaftler, die anonym bleiben wollen. Sie gehören zu dem sogenannten »unbekannten Kollegium« von Wissenschaftlern, die an UFOs und die in diesem Zusammenhang auftretenden außerordentlichen oder übernatürlichen Phänomene glauben. Mitglieder des unsichtbaren Kollegiums behalten ihre Überzeugungen für sich, um Spott und berufliche Ausgrenzung zu vermeiden. Pasulka nennt also ihre Begleiter »James« und »Tyler« und versichert ihren Lesern wiederholt, dass diese Männer erstaunliche Genies seien. Tyler ist ihr Führer in Roswell. Nachdem er Pasulka und James die Augen verbunden hat, bringt er sie an den Ort eines UFO-Absturzes, jedoch nicht den des Roswell-Ereignisses. Die US-Regierung hatte dieses spezielle Raumschiff geborgen und alle Trümmerteile beseitigt. Für den Fall, dass etwas übersehen worden war, hatte man den Bereich mit Blechdosen übersät, um Menschen zu verwirren, die mit Metalldetektoren unterwegs waren. Tyler hatte seine Begleiter jedoch mit speziellen Metalldetektoren ausgestattet. Innerhalb weniger Stunden entdeckte James ein Artefakt von dem Absturz. Sowohl James als auch Tyler identifizieren es als außerweltlich, ohne irgendwelche wissenschaftlichen Tests durchgeführt zu haben. Erinnern Sie sich, diese Typen sind Genies. Zurück in der Zivilisation behalten James und Tyler das Artefakt und untersuchen es, teilen es aber nicht mit anderen Gelehrten. Ein Leser von *American Cosmic* wird also einfach nur gebeten, verschiedene Dinge in gutem Glauben zu akzeptieren. Erstens: Obwohl außerirdische Raumschiffe die Technologie besitzen, interstellare Reisen zu bewältigen, scheinen sie häufig abzustürzen. (Bloß gut, dass das Raumschiff Enterprise besser konstruiert war und auch besser gesteuert wurde.) Zweitens: Eine der Regierung bekannte und von ihr geräumte Absturzstelle konnte trotzdem für über 70 Jahre ein Geheimnis bleiben. Drittens: Obwohl die Regierung die Stelle hatte säubern und all diese Blechdosen verstreuen lassen, konnte James Artefakte von dem Absturz finden. Es ist fast so, als hätte eine unbekannte Kraft oder Entität das Artefakt dort platziert, um James eine Freude zu machen.

Unter dem guten Namen der Oxford University Press hat Pasulka einen Stil der Augenzeugenberichte wiederbelebt, der von Ufologen in den 1980er und 1990er Jahren benutzt wurde, um den Mythos von Roswell zu erschaffen. Sie ist damit nicht allein, wie eine Arbeit des Essayisten James Gallant zeigt. Wissenschaftler und Skeptiker haben immer akzeptiert, dass es Anomalien gibt, die zu diesem Zeitpunkt nicht durch Wissenschaft zu erklären sind. Irgendwann jedoch werden diese Anomalien empirisch und rational erklärt werden können. Der neue Stil des Erklärens von UFOs vermeidet es zu behaupten, dass es physische Alien-Fluggeräte seien, die wissenschaftlich getestet werden könnten. Stattdessen werden UFOs als Anomalien oder Manifestationen beurteilt, die von interdimensionalen Besuchern oder Zeitreisen verursacht werden. Solche außergewöhnlichen oder übernatürlichen Erklärungen von Anomalien haben den Vorteil, dass sie nicht falsifizierbar sind, da sie keinen wissenschaftlichen Tests unterzogen werden können. Pasulka und andere gleichgesinnte Menschen sagen, dass diese Anomalien im Prinzip einfach in gutem Glauben akzeptiert werden sollen. Mit einem solchen kultischen Milieu in der Hinterhand wundert es nicht, dass der Mythos von Roswell einfach nicht totzukriegen ist.[78]

Warum sollte Roswell überhaupt untergehen – oder die UFO-Bewegung insgesamt? Sie sind nur harmlose Spinnereien der Populärkultur. Ganz abgesehen davon finden viele Menschen es beruhigend, zu glauben, dass wir im Universum nicht allein sind, und haben die UFO-Überzeugungen sogar zu einer Religion gemacht. Die Menschen schauen sich *Ancient Aliens* an, weil es unterhaltsam ist. Skeptiker können sich darüber lustig machen, wenn sie sich die intellektuellen Verrenkungen anschauen, mit denen die Sprecher versuchen, wissenschaftlich und historisch absurde Hypothesen über die Vergangenheit glaubhaft zu machen. Ein Besuch im International UFO Museum ist ein ähnliches und gleichermaßen lustiges Erlebnis. Die Exponate bieten Informationen über den Mythos von Roswell in einem Museumsumfeld. Und zufälligerweise sind diese Informationen vollkommen gezielt platziert. Sei es, wie es sei – wie schlimm ist es wirklich, wenn manche Menschen an kleine graue Männchen glauben, die die Erde besuchen? Das ist so, als würde man fragen, welcher Schaden uns entsteht, wenn manche Menschen glauben, dass die Erde flach sei. Wenn Sie sich die

Lage aus diesem Blickwinkel heraus anschauen, dann sind die UFO-Bewegung und der Mythos von Roswell größtenteils harmlos.

Das Problem besteht darin, dass der Mythos von Roswell und die anderen UFO-Überzeugungen in die Kategorie dessen fallen, was der Politikwissenschaftler Thomas Milan Konda als Verschwörung durch Vertuschung bezeichnet. Solch eine Verschwörung lockt in einem zweistufigen Prozess neue Gläubige an. Erstens gibt es einige Menschen, die von ihrer Veranlagung her geneigt sind zu glauben, dass die offizielle Erklärung eines Ereignisses oder Phänomens immer eine Vertuschungsaktion sei. Zweitens fühlen sich solche Menschen dann zu einer weithin geglaubten Verschwörungstheorie hingezogen. Im Fall des Mythos von Roswell lehnten sie also die Erklärung mit dem abgestürzten Ballon ab und hielten sich an die Vertuschung eines oder mehrerer Abstürze von fliegenden Untertassen.[79] Wenn es um Roswell geht, besteht kein Zweifel, dass es eine Vertuschung gegeben hat. Tatsächlich hat man sogar die Wahl zwischen zwei Vertuschungsaktionen: Es war entweder der Absturz eines Ballons oder der einer fliegenden Untertasse. Die US-Regierung hat das erste schon lange zugegeben, während es für das zweite praktisch keinen Beweis gibt. Doch es spielt keine Rolle, im Denken der Verschwörungstheoretiker ist der Mangel an Beweisen ganz einfach ein noch größerer Beweis für eine Vertuschung durch diejenigen, die an der Macht sind.

Die UFO-Bewegung und ihre Untergruppe – der Mythos von Roswell – sind Phänomene, die man auf der ganzen Welt finden kann, vor allem in relativ toleranten Demokratien westlicher Machart, wie den Vereinigten Staaten von Amerika und Großbritannien. Der Politikwissenschaftler Michael Barkun hat darauf hingewiesen, dass das Maß an UFO-Glauben in der Öffentlichkeit über die letzten 70 Jahre recht stabil gewesen ist. Wichtiger noch, das Maß an Glauben ist »außerordentlich hoch« und geht in den USA in den »zweistelligen Millionenbereich an Gläubigen«. Die Intensität, mit der Menschen an UFO-Überzeugungen festhalten, variiert ganz beträchtlich von leichtem Interesse zu fanatischer Hingabe.[80] Das Meinungsforschungsinstitut Gallup führte im Juni 2019 eine Umfrage zum Thema UFOs durch. Dabei wurde festgestellt, dass 68 Prozent der Amerikaner glauben, die US-Regierung wisse »mehr über UFOs, als sie uns sage«, was weniger ist als die 71

Prozent, die sich bei der letzten Gallup-Umfrage im Jahre 1996 ergeben hatten. Gallup beschloss, wegen aktueller Nachrichtenmeldungen über die Freigabe von UFO-Videos durch das Militär sowie der wachsenden Storm-Area-51-Bewegung eine neue Umfrage durchzuführen. Bei dieser zweiten Umfrage im August 2019 wurden die Menschen gefragt, ob sie glaubten, dass UFOs außerirdische Raumschiffe seien. Insgesamt 33 Prozent der Befragten antworteten mit Ja. In Bezug auf ihre allgemeine Popularität ist die UFO-Bewegung kaum eine Randbewegung.[81]

In der Anfangszeit ihres Bestehens war die UFO-Bewegung in den USA größtenteils unpolitisch. Sie wollte nur, dass die Regierung die Wahrheit über UFOs sagte, oder zumindest das, was die Ufologen für die Wahrheit hielten. Das änderte sich Ende der 1980er Jahre. Manche UFO-Gläubige brachten die Verschwörung der Neuen Weltordnung mit ins Spiel. Für manche Ufologen log die Regierung nicht nur über UFOs und Roswell, sondern praktisch über alles. Schlimmer noch, sie glaubten, dass eine geheime Elite in der Regierung mit den außerirdischen Besuchern unter einer Decke steckte, um die menschliche Rasse zu versklaven oder durch eine hybride Rasse aus Alien-Menschen zu ersetzen. Die Weltregierung wäre das letztendliche Ergebnis. Mit anderen Worten, die Alien-Verschwörungsgeschichten aus *Akte X* wären Wirklichkeit und keine Fiktion! Offensichtlich akzeptierte nur ein kleiner Teil der UFO-Bewegung die hybridisierte UFO-Verschwörungstheorie, doch zu denen, die es taten, gehörten der bis dahin anerkannte Historiker der UFO-Bewegung David Michael Jacobs und der anscheinend paranoide Verschwörungstheoretiker Milton William Cooper.[82] Cooper wechselte später zur Version der UFO/Neue-Weltordnung-Verschwörungstheorie des früheren Scientologen Jim Keith. In *Saucers of the Illuminati* (1999) behauptete Keith, dass UFOs keine Raumschiffe von anderen Planeten seien. Stattdessen handele es sich um Produkte der Illuminaten-Magie, mit denen die Aufmerksamkeit der Öffentlichkeit von der Neue-Weltordnung-Verschwörung der Illuminaten abgelenkt werden solle.[83]

Mit ihren Millionen von Anhängern war die UFO-Bewegung immer ein quasi-etablierter Teil der Populärkultur. Ihre vielen Bücher wurden in angesehenen Verlagen veröffentlicht, sie fand häufig Erwähnung in Zeitungen, Zeitschriften und Fernsehdokumentationen und wurde Stoff von Science-Fiction-Romanen, Fernsehsendungen und Kinofilmen. Die Neue-Weltordnung-Verschwörung gewann nie so viel Aufmerksamkeit. Dabei stellte sie im Vergleich zur UFO-Bewegung eine viel verrufenere Form stigmatisierten Wissens dar.

Als es zur Überschneidung zwischen den UFO-Überzeugungen und den Neue-Weltordnung-Überzeugungen kam, entstand eine Brücke, über die die Verschwörungsgläubigen der Neuen Weltordnung ein höheres Profil in der Populärkultur und den Medien erreichen konnten. Diese Entwicklung vertiefte wiederum das Misstrauen vieler Menschen gegenüber allem, was die Regierung tat oder sagte, nicht nur in Bezug auf UFOs. Die UFO-Bewegung und die Neue-Weltordnung-Verschwörungstheoretiker haben das Misstrauen in die US-Regierung sicherlich nicht erschaffen. Sie haben aber dazu beigetragen. In normalen Zeiten sind solche Überzeugungen einfach ein Hintergrundrauschen im Leben der Nation. Während einer Krise werden sie jedoch zu einem Hindernis und einer Gefahr. Schauen Sie sich einfach die Leugnungen der Ernsthaftigkeit der Corona-Pandemie im Jahre 2020 und die Unmenge an Verschwörungstheorien an, die behaupteten, dass die Pandemie eine Täuschung sei.[84] Haben Sie Mitleid mit einer Nation, wenn eine bedeutende Minderheit ihrer Bürger glaubt, dass ihre eigene demokratisch gewählte Regierung und ihre freie Presse und Medien lügnerisch und heimtückisch sind, und es vorzieht in einer alternativen Realität zu leben, in der Tatsachen keine Rolle spielen.

# Epilog

*Die teuerste aller Torheiten ist, leidenschaftlich an etwas zu glauben,
das offensichtlich nicht wahr ist. Es ist die wichtigste Beschäftigung
der Menschheit.*

H. L. Mencken [1]

Moderne Mythen, Pseudohistorie, Pseudowissenschaft und Verschwörungstheorien, die Wissensmüll produzieren, sind tief in der menschlichen Geschichte verankert. Die vorangegangenen Kapitel haben das in
unterschiedlichen Szenarien dargestellt. Wissensmüll ist außerordentlich beständig. Sein Einfluss steigt und fällt, verschwindet aber niemals
ganz. Das kultische Milieu erlaubt es dem Wissensmüll allerdings, sich
zu erneuern und neue Formen anzunehmen. In unserem Zeitalter der
Informationstechnik ist die Möglichkeit entstanden, diese Technik in
eine Quelle für Fehl- und Falschinformationen zu verwandeln. Manche
Menschen und Gruppen haben diese Möglichkeit voller Enthusiasmus
ergriffen.

Das herausragendste Beispiel für Wissensmüll in jüngster Zeit ist das
QAnon-Phänomen. Q, der anonyme Prophet der QAnon-Bewegung
tauchte zum ersten Mal am 28. Oktober 2017 auf dem 4chan-Message-
Board auf. Es sieht so aus, als sei Qs erstes Posting eine Antwort auf
einen typisch kryptischen Kommentar gewesen, den Donald Trump in
einem Interview am 5. Oktober über einen kommenden Sturm abge-
geben hatte. Er lehnte es ab, was auch typisch war, näher darauf einzugehen, aber er sprach definitiv nicht vom Wetter. In seinem Posting
sagte Q vorher, dass Hillary Clinton am 30. Oktober verhaftet werden
würde, und dass dieses Ereignis von riesigen Ausschreitungen begleitet
werden würde. Um dieses und nachfolgende Posting plausibler erscheinen zu lassen, implizierte Q, dass er irgendwie in Geheimdienstarbeit

involviert oder ein Militärangehöriger sei, der Zugang zu sehr heiklen Informationen hätte. Qs' Vorhersage trat nicht ein, dennoch machte er in seinen Postings weitere Vorhersagen oder gab Erklärungen, die von ihren Lesern als Qdrops bezeichnet wurden. Es gibt tausende von ihnen. Q ist seither zu 8kun weitergezogen, und es sieht nicht aus, als würde er mit dem Posten aufhören. Im Gegenteil, sie haben sich auf zahlreichen Social-Media-Sites ausgebreitet. Verschiedene Verschwörungstheoretiker im Internet begannen damit, Q bekanntzumachen, nachdem seine ersten Postings aufgetaucht waren und er eine rapide wachsende Anhängerschaft gewann. Dieses Phänomen wurde als QAnon bekannt, eine Kombination aus Q und anonym.[2]

Vorhersage folgte auf Vorhersage, und Vorhersage auf Vorhersage trat nicht ein. Diese Fehlschläge hatten jedoch keine Auswirkungen auf die Glaubwürdigkeit und Popularität von Q. Seine Postings vermitteln ihren Lesern das Gefühl, ein besonderes Wissen zu besitzen. Sie implizieren, dass eine große Veränderung bevorsteht, obwohl die Details vage sind oder nicht existieren. Leser von Qs Postings werden ermuntert, »die Show zu genießen« und »dem Plan zu vertrauen«. Ihnen wird versichert: »Nichts kann das aufhalten, was kommt.« Q und QAnon sind Pro-Trump, was das Phänomen für ihn und seine eifrigeren Unterstützer attraktiv macht. QAnon vertritt eine Weltsicht des Deep State und der globalen Verschwörung, versichert seinen Lesern jedoch, dass diese finsteren Mächte schließlich besiegt werden, weil Trump die Dinge unter Kontrolle hat. Am Ende wird es so sein, wie QAnon in einem Posting erklärt hatte: »GOD WINS« – Gott gewinnt. Postings von QAnon enthalten viele religiöse Referenzen christlicher Natur, obwohl Verweise auf die Lehren Christi und die Botschaft des Evangeliums größtenteils fehlen. Diese religiöse Rhetorik erhöht die Anziehungskraft von QAnon für bestimmte Evangelikale Christen. Auch Fox News hatte einen Anteil daran, QAnon in ein für das Publikum günstiges Licht zu rücken. Allerdings begannen Social-Media-Unternehmen im Jahre 2020, hart gegen Websites vorzugehen, die offenkundig Falschinformationen verbreiteten.[3] Zu einem großen Teil war es allerdings zu spät; der gesellschaftliche Schaden war angerichtet.

Die QAnon-Bewegung lehnt genau wie Trump traditionell legitime Quellen für Nachrichten und Informationen als grundsätzlich falsch oder gefälscht ab. Q ermahnt seine Leser, »ihre eigenen Recherchen durchzuführen«, was im Allgemeinen kein schlechter Ratschlag ist. Leider beschränken Anhänger von QAnon ihre Recherche auf undokumentierte Facebook-Materialien, die mit sachlichen Fehlern und Falschheiten gespickt sind. Ungeachtet der Tatsache, dass Qs Vorhersagen nicht eintreffen, leugnen seine Anhänger, dass dies wirklich der Fall ist. Sie stellen wilde Behauptungen auf. Eine dieser Behauptungen besagt, dass John F. Kennedy Jr., der 1999 bei einem Flugzeugabsturz ums Leben gekommen ist, in Wirklichkeit umgebracht wurde. Eine damit verwandte Behauptung lautet, dass er noch lebt, Trump-Unterstützer ist und sogar Q sein könnte. Manche behaupten sogar, Trump wäre Q. Wenn sie gefragt werden, welche Beweise vorliegen, um diese wüsten Behauptungen zu glauben, stört es sie nicht, dass es keine gibt. Warum sollte es sie stören, wenn sie schon so unbekümmert die Tatsache ignorieren, dass die Behauptungen einander widersprechen? Stattdessen antworten sie: »Gibt es Beweise, dass man es nicht glauben sollte?« Mit anderen Worten, sie sehen sich nicht in der Pflicht, Beweise vorzulegen, dass irgendwelche ihrer lächerlichen Behauptungen wahr oder zumindest logisch konsistent sind. Stattdessen wird es den Skeptikern aufgebürdet, einen Negativbeweis zu liefern.

Und dann gibt es da noch die schlimmste Verschwörungstheorie von allen: Die Elite des Deep State plant nicht nur, ihre Herrschaft über die Menschheit beizubehalten oder zu verstärken, sondern sie sind auch noch räuberische Pädophile. Diese widerwärtige Elite aus reichen, politisch mächtigen und liberalen Hollywood-Typen steckt hinter der Entführung und dem sexuellen Missbrauch von Kindern. Was noch grässlicher ist: Diese finstere Elite gewinnt die Substanz Adrenochrom aus den Körpern der Kinder. Augenscheinlich erlaubt es der Konsum von Adrenochrom dieser verkommenen kannibalistischen/vampirischen Elite, ihr jugendliches Erscheinungsbild zu behalten. Hat Q möglicherweise *Jupiter Ascending* geschaut? Das Problem besteht darin, dass manche Menschen diesen kategorischen Unsinn ernst nehmen. Diese Situation kann zu einer tödlichen Katastrophe führen. Ein lehrreiches Beispiel ist die Beinahekatastrophe der Pizzagate-Verschwörung. Am 4. Dezember 2016 versuchte ein traurigerweise getäuschter und schwer bewaffneter Konservativer aus North Carolina, entführte Kinder zu retten, die angeblich in der beliebten Pizzeria Comet Ping Pong in Washington, DC, gefangen gehalten wurden. Wie sich herausstellte, gab es dort keine gefangenen Kinder. Obwohl Schüsse fielen, wurde glücklicherweise niemand getötet und die Falschmeldung von dem Kinder-Sexring wurde entlarvt und diskreditiert – das hielt jedoch nicht lange an. 2020 griff QAnon die Idee eines Pädophilenrings wieder auf, die viral durch die Welt geisterte und noch nicht wieder verschwunden ist. Unterstützung für QAnon innerhalb der Evangelikalen Christlichen Bewegung ist für diesen Bereich der amerikanischen Gesellschaft zu einem Problem geworden. Viele betrachten QAnon als ein echt christliches Phänomen, viele andere sehen ihn dagegen sowohl theologisch als auch moralisch als Antithese zur christlichen Lehre. Insbesondere lässt es die evangelikale Rechte schlecht aussehen, vor allem für die Jugend dieser Kirchen, die von der Scheinheiligkeit abgestoßen werden.[4]

Ein kurzer Blick auf die 4chan- und 8kun-Message-Boards reicht, um zu erkennen, dass sie eine Menge ziemlich schlüpfriges und perverses Material enthalten. Andere Dinge auf diesen Boards sind nicht zu entziffern und unverständlich, es sei denn, der Leser ist eingeweiht. Trotz des irrationalen, anstößigen und lügnerischen Wesens von QAnon – oder vielleicht gerade deswegen – zieht QAnon weiterhin die Aufmerksamkeit von Menschen wie Sean Hannity von Fox News und Alex Jones von InfoWars auf sich. Ungefähr 35 frühere oder aktuelle Kandidaten für den United States Congress haben sich für QAnon eingesetzt. Eine von diesen ist Laura Loomer, die unterlegene Kongresskandidatin für Florida. Sie ist eine unverfrorene Islamhasserin ohne alle Hemmungen. Sie wurde aus allen großen Social-Media-Kanälen sowie aus verschiedenen Unternehmen ausgesperrt. Ein ziemlich fanatischer Auftritt bei Alex Jones' InfoWars bietet einen vielsagenden Einblick in Loomers Persönlichkeit. Ihre Sorgen kreisten darum, dass das Sperren ihrer haltlosen Verschwörungstheorien und ihrer Agitation ihr Einkommen beeinträchtigt. Ein anderes Beispiel ist die aufstrebende Politikerin Jo Rae Perkins, die 2020 in Oregon erfolglos für den US-Senat kandidierte. Sie ist gegen das Tragen von Masken, die das Ausbreiten von COVID-19 verhindern sollen. Ihr Widerstand gegen die Masken scheint zum Teil aus ihrem Glauben herzurühren, dass die Pandemie ein großer Schwindel sei, dessen Ziel darin besteht, Donald Trump zu stürzen. Augenscheinlich ist es ihr nie in den Sinn gekommen, dass COVID-19 ein weltweites Phänomen ist, was es zu einem Schwindel riesenhaften Ausmaßes machen würde. Als QAnon-Unterstützerin ist sie eine Verfechterin von Qs Maxime »Führe deine eigenen Recherchen durch«. Leider besteht ihre Informationsquelle aus QAnon-Materialien. In dieser Denkschule wird alles auf dem fundamentalen Glauben evaluiert, dass kannibalistische pädophile Elitefiguren sich in einem geheimen, aber epischen Kampf mit Trump und dem Militärgeheimdienst befinden, die ihre widerwärtigen Machenschaften aufdecken und sie für ihre Verbrechen festnehmen wollen. Sie behauptet, viel zu lesen, doch wenn alles, was sie liest, von QAnon zusammengestellt wird, dann sind alle Schlüsse, die sie zieht, hochgradig zweifelhaft. Perkins glaubt fest an Qs Vorhersagen. Als sie gefragt wurde, wie sie erklärt, dass die Verhaftung von Hillary Clinton nicht stattgefunden hat, antwortete sie mit einer Frage: »Wissen Sie, ohne jeden Zweifel, sind Sie zu 100 Prozent sicher, dass sie niemals verhaftet wurde?« Das ist eine Verschleierung, die sowohl hinterlistig als auch dämlich ist. Es liegt an Q und Perkins, Beweise zu liefern, dass eine solche haarsträubende Behauptung tatsächlich wahr ist. Das ist gemeint, wenn man sagt, dass die Hölle die Abwesenheit von Vernunft ist.[5]

Auch wenn Perkins und die meisten der QAnon-Kandidaten ihre Wahlen nicht gewinnen konnten – zwei schafften es. Die beiden erfolgreichen Kandidaten waren Lauren Boebert und Marjorie Taylor Greene, beide Republikanerinnen. Boebert gewann im dritten Kongressdistrikt von Colorado, der sich über einen großen Teil der westlichen Hälfte des Staates erstreckt. Er liegt tief in den Rocky Mountains und ist nur spärlich besiedelt. Boebert und ihrem Mann gehört der Shooters Grill in Rifle, Colorado, wo sie die Kellnerinnen ermutigt, offen Waffen zu tragen. Vermutlich hält diese Praxis die Kunden davon ab, sich unnötig über die Qualität der Bedienung zu beschweren, aber ansonsten ist nur schwer vorstellbar, welchem guten Zweck damit gedient werden soll. Erwartungsgemäß widersetzte sich Boebert während der COVID-19-Pandemie den Lockdown-Regeln für Restaurants. Ihre Weigerung war nicht der erste Zusammenstoß mit dem Gesetz. Auch Marjorie Taylor Greene, die das Bauunternehmen ihres Vaters geerbt hat, trägt eine Waffe und ist eine offene Verfechterin der QAnon-Verschwörungstheorie und anderer rechtsgerichteter Ansichten. Kurz nach ihrer jeweiligen Wahl in das Repräsentantenhaus erkundigten sie sich, ob sie im Capitol Waffen tragen dürften. Warum sie gefragt haben, ist unklar, da das Tragen von Waffen immer erlaubt war. Sie planen hoffentlich keine Konfrontation mit Alexandria Ocasio-Cortez und dem Rest der progressiven Truppe. Auf jeden Fall kann man sich sicher sein, dass sie eine Menge Aufmerksamkeit erhaschen werden, solange sie im Amt sind.[6]

Nachdem Boebert und Greene als Mitglieder des Repräsentantenhauses vereidigt worden waren, machten sie weiter Schlagzeilen. Boebert stellte großspurig ihre Waffen zur Schau und nahm demonstrativ eine rot-weiß-blaue Pistole von einer Biker-Gang entgegen. Bedrohlicher war allerdings ein Bericht, wonach Boebert eine oder mehrere Rundgänge durch das Kapitol der Vereinigten Staaten veranstaltet hatte. Diese Rundgänge fanden einige Tage vor dem 6. Januar 2021 statt, an dem ein aufrührerischer Mob das Kapitol erstürmte und die Mitglieder des Kongresses zwang, sich in Sicherheit zu bringen. Es wurde gemutmaßt, dass in der Besuchergruppe bei dem Rundgang auch Menschen waren, die an dem Aufruhr teilgenommen haben. Manche haben sogar angenommen, dass der Rundgang eine Aufklärungsmission für die Eindringlinge war. Boebert wies alle Anschuldigungen zurück und behauptete, sie hätte nur einige Verwandte herumgeführt. Sie hatte ihren Sitz nur sehr knapp mit 51 Prozent der Stimmen gewonnen und es wurde vorhergesagt, dass ihre QAnon-Ideologie möglicherweise bei ihren Wählern auf Dauer nicht gut ankommen werde. Wie auch immer das Ganze ausgehen wird, Boeberts Eskapaden wurden schnell von denen ihrer Abgeordnetenkollegin und QAnon-Anhängerin Marjorie Taylor Greene während und nach den Ereignissen des 6. Januar übertroffen.[7]

Marjorie Taylor Greene, die ganz unverhohlen Verschwörungstheorien, vor allem in der Art von QAnon, unterstützt, machte sich einen Namen als möglicherweise umstrittenste neue Kongressabgeordnete in der Geschichte des Repräsentantenhauses. Als fanatische Trump-Anhängerin behauptet sie, dass eigentlich er die Präsidentschaftswahlen 2020 gewonnen hätte. Außerdem unterstützt sie die üblichen Positionen der Republikaner zu Waffenrechten und Abtreibung. In den vergangenen Jahren hat sie einige ungewöhnliche, extremistische Positionen vertreten. So hatte sie behauptet, dass die Terroranschläge vom 11. September ein Täuschungsmanöver gewesen seien, genau wie die Schießereien an den Schulen von Sandy Hook und Parkland. Zwei Jahre vor ihrer Wahl rief sie zu Gewalt gegen verschiedene bekannte demokratische Politiker auf, etwa zu Attentaten und Hinrichtungen wegen Verrats. Abgesehen davon, dass sie antimuslimische Ansichten vertritt und Impfgegnerin ist, sprach sie sich während der COVID-19-Pandemie vehement gegen das Tragen von Schutzmasken und Lockdowns aus. Vor dem Auftauchen von QAnon glaubte sie an den Pizzagate-Pädophilie-Ring und brachte Einwanderer mit der Verschwörungstheorie über den Völkermord an Weißen in Verbindung. Laut dieser Theorie gehört Einwanderung zu einem Komplott, das die weiße Bevölkerung Europas und Nordamerikas zum Aussterben bringen soll. In jüngster Zeit behauptete sie, dass Weltraumlaser, die von jüdischen Bankern betrieben werden, verantwortlich für die katastrophalen Feuer in Kalifornien seien. Diese Behauptung wirft die Frage auf, wer die Buschbrände in Australien verursacht hat. Waren es Kängurus, die sich mit grauen Aliens verbündet haben, oder Koalas, die mit den Nordkoreanern zusammenarbeiten?[8]

Zusätzlich zu all diesen Überzeugungen, vor allem der QAnon-Art, gibt sie an, standhafte evangelikale Christin zu sein, was darauf hindeutet, dass ihr Priester nicht besonders versiert in den biblischen Warnungen vor falschen Lehrern und Antichristen war. Sie und Lauren Boebert sind Indikatoren für die Gefahren und den Verfall, die eine demokratische Gesellschaft bedrohen, wenn haltlose Verschwörungstheorien zur Normalität werden. Am 6. Januar 2021 manifestierte sich diese potenzielle Gefahr auf ausgesprochen konkrete Weise, als Pro-Trump-Aufrührer das Kapitol stürmten. Während die Aufrührer durch das Gebäude marodierten, versteckten sich die Mitglieder des Repräsentantenhauses. Greene saß bei einer Gruppe von Republikanern, die sich weigerten, Masken zu tragen, um sich vor der Ausbreitung von COVID-19 zu schützen. Diese zweifelhafte Handlung verblasste jedoch, als aktuelle und frühere Aktionen von Greene in den politischen Nachrichten auftauchten.[9]

Als immer mehr verstörende Informationen über Greenes Ansichten ans Licht kamen, begannen die Rufe nach ihrer Entlassung
aus dem Repräsentantenhaus. Dies erfordert eine Zweidrittelmehrheit
seiner Mitglieder. Dann wurde angekündigt, dass sie den wichtigen Fi-
nanz- und Bildungsausschüssen zugewiesen wurde. Daraufhin gab es
Aufforderungen, sie aus beiden Ausschüssen zu entfernen. Dazu ist nur
eine einfache Mehrheit im Repräsentantenhaus erforderlich. Allerdings
wagten nur wenige Republikaner, sie offen zu kritisieren. Am 3. Februar
berief der Minderheitenführer des Hauses, Kevin McCarthy, eine ge-
schlossene Fraktionssitzung der Republikaner ein. Einer der Gründe
für die Versammlung war es, eine Lösung für die Greene-Kontroverse
zu finden. Auf der Sitzung entschuldigte sich Greene für ihr Verhalten
und erhielt von einigen der Anwesenden stehenden Applaus. Andere im
Raum fragten, wie viel die Entschuldigung tatsächlich wert sei. McCarthy lehnte es am Ende ab, sie ihrer Ausschussmitgliedschaften zu ent-
heben. Dieses Handeln oder Nichthandeln ebnete der demokratischen
Mehrheit den Weg zu einer Abstimmung, um sie aus beiden Ausschüssen zu entfernen. Die Abstimmung am 4. Februar endete mit 230 zu
199 Stimmen, wobei 11 Republikaner den Demokraten zustimmten. In
den darauffolgenden Tagen zeigte sich Greene weder gedemütigt noch
reuevoll. Jeder, der glaubt, dass Greene in Vergessenheit geraten würde,
wird vermutlich enttäuscht werden. Sie ist die Personifizierung der in
den Mainstream gerutschten Verschwörungskultur.[10]

Wähler der republikanischen Partei und von Donald Trump haben
der QAnon-Bewegung in die Mitte der amerikanischen Politik verhol-
fen. Genau wie Trump haben einige republikanische Politiker sich QA-
non sowie andere rechtsgerichtete Überzeugungen und an den Haaren
herbeigezogene Verschwörungstheorien zu eigen gemacht, weil ihnen
dies eine zuverlässige Basis aus begeisterten Unterstützern beschert.
Die Kehrseite der Medaille ist, dass diese Entscheidung den Politikern
zwar hilft, gewählt zu werden, sie aber ihre Fähigkeit zu regieren behindert, da sie die Zusammenarbeit zwischen den beiden Parteien und die
Kompromissfindung deutlich erschwert. Es wurde außerdem glaubhaft
festgestellt, dass QAnon einer der Gründe für die Ungenauigkeit der
Umfragen vor den Wahlen von 2020 war. QAnon-Anhänger neigten

dazu, das Beantworten von Umfragen zu umgehen und waren möglicherweise auch nie ganz ehrlich, wenn sie doch geantwortet haben.[11]

Auch anerkannte Organisationen wurden von QAnon angegriffen. Save the Children und andere Gruppen, die den Menschenhandel bekämpfen, mussten erleben, dass QAnon-Unterstützer ihre Namen verwenden oder QAnon-Themen auf ihren Websites und Social-Media-Seiten unterbringen. Der gute Name dieser humanitären Organisationen wird ausgenutzt, um die QAnon-Behauptungen zu legitimieren, dass eine geheime Elite verschwundene und entführte Kinder isst, um jung zu bleiben. Solche geschmacklosen Aktionen zwingen diese seriösen Organisationen, Zeit und Ressourcen damit zu verschwenden, um die beleidigenden QAnon-Materialien zu entlarven und zu entfernen. Das ist eine schlaue, wenn auch hinterhältige Strategie vonseiten QAnons, um sich selbst unter dem Deckmantel einer respektablen und unangreifbaren Sache zu verstecken. Solche Aktionen schaden den humanitären Gruppen, weil sie ihre überparteiliche Position verschleiern und ihre breite Unterstützung bedrohen, indem sie ihren Ruf beschmutzen.[12]

Auch wenn die QAnon-Bewegung durch Donald Trumps Niederlage in den Präsidentschaftswahlen 2020 anfangs entmutigt wurde, wurde jede kognitive Dissonanz unter den wahren Gläubigen schnell durch haltlose Verschwörungstheorien darüber geschwächt, dass Trump die Wahl gestohlen worden sei. QAnon-Anhänger haben eine bedeutende, wenn auch nicht unbedingt effektive oder rationale Rolle bei Trumps Bemühungen gespielt, das Wahlergebnis umzustoßen. Sidney Powell, der ehemalige Anwalt des Trump-Teams, war ein prominentes Beispiel für einen QAnon-Anhänger. Gleichzeitig hat QAnon dabei geholfen, den Krieg innerhalb der Republikanischen Partei anzuheizen, ob die Ergebnisse der Wahl von 2020 anerkannt oder besser die Anstrengungen von Trump, QAnon und anderen Rechten unterstützt werden sollten, die Wahlergebnisse zu verwerfen.

Am 6. Januar 2021 fruchteten schließlich die Jahre unbegründeter Verschwörungstheorien und Monate haltloser Behauptungen durch Trump und andere, dass er die Wahl nur verlieren könne, wenn sie gegen ihn manipuliert worden sei, oder, falls er sie verloren hätte, sie ihm gestohlen worden sei, weil er eigentlich haushoch gewonnen hätte.

An dem Tag, an dem der Kongress zusammentrat, um die Ergebnisse des Wahlmännerkollegiums zu bestätigen, versammelten sich zwischen 8.000 und 20.000 Trump-Unterstützer in der Nähe des Kapitols. Viele von ihnen waren mit der Absicht gekommen, den Kongress an der Bestätigung des Wahlergebnisses von 2020 zu hindern. Trump sprach zu seinen Anhängern und stachelte sie an, genau wie sein persönlicher Anwalt Rudy Giuliani und der Kongressabgeordnete für Alabama Mo Brooks. Das amerikanische Volk und die Welt sahen live im Fernsehen, wie tausende von Trump-Unterstützern das Kapitol stürmten und die zahlenmäßig stark unterlegenen Sicherheitskräfte des Kapitols überwältigten. Senatoren und Abgeordnete wurden in Sicherheit gebracht, während mindestens 800 Aufrührer durch das Kapitol wüteten, Dinge stahlen und demolierten und weiterhin die Sicherheitskräfte attackierten. Außerdem riefen sie dazu auf, Vizepräsident Mike Pence aufzuhängen, weil er nicht Trumps Versuch unterstützte, die Wahl umzustoßen. Die Schändung des Kapitols hielt mehrere Stunden lang an, bis weitere Einheiten der Polizei und der Nationalgarde eintrafen. Am selben Abend trat der erschütterte, aber ungebrochene Kongress wieder zusammen und beendete die Aufgabe, die Stimmen des Wahlmännerkollegiums anzuerkennen. Auch wenn es unglaublich ist, stimmten einige republikanische Senatoren und Abgeordnete gegen die Anerkennung der Stimmen einiger Staaten. Allerdings waren sie in der Minderheit. Der aufrührerische Mob hatte es nicht geschafft, die Wahl 2020 umzustoßen und Trump als Präsident zu behalten.[13]

Der Sturm auf das Kapitol hat die demokratische Republik der Vereinigten Staaten von Amerika bis in ihren Kern erschüttert, aber sie hat es überlebt. Es war allerdings ein weiterer Weckruf für Amerikaner und alle anderen Nationen mit demokratisch gewählten Regierungen bezüglich der Gefahren, die durch Verschwörungstheorien, rechten Extremismus, weiße Suprematisten und Antisemiten drohen. Die Gefahr wurde durch die Leichtigkeit vergrößert, mit der sich falsche und hasserfüllte Ideen durch das Internet und die sozialen Medien verbreiten konnten. Ein besiegter Präsident, der verzweifelt an seinem Amt festhalten wollte, benutzte die sozialen Medien, um die großen Lügen zu verbreiten, dass er eigentlich die Wahl gewonnen hatte und ihm der

Sieg gestohlen worden war. Es war eine gegenstandslose Verschwörungstheorie ohne irgendwelche glaubwürdigen Beweise.[14] Der Sturm auf das Kapitol wird umfassend untersucht und fast jeder Tag bringt neue Enthüllungen. Laufend werden neue Randalierer festgenommen. Diese Untersuchungen werden zweifellos weitergehen, und zwar nicht nur über Monate, sondern über Jahre. Wissenschaftler werden Bücher schreiben, die dieses Ereignis beschreiben und analysieren. Im Nachklang des Aufruhrs sind neue Verschwörungstheorien entstanden. Manche haben behauptet, dass es die linksgerichtete antifaschistische Bewegung Antifa gewesen sei, ein Dauerziel der rechtsgerichteten Ablenkungen, die tatsächlich hinter dem Angriff auf das Kapitol stecke. FBI-Ermittlungen haben jedoch gezeigt, dass es keinen Beweis auf eine Beteiligung der Antifa gebe. Darüber hinaus wurde darauf hingewiesen, dass eine Antifa-Verwicklung eine irrationale Aktion gegen ihre eigenen politischen Interessen gewesen wäre. Warum sollten sie zu einer Erstürmung des Kapitols anstiften, um den Kongress daran zu hindern, die Wahl ihres bevorzugten Kandidaten zu bestätigen, um einen Präsidenten im Amt zu halten, den sie verabscheuen? Eine andere Behauptung war, dass der Aufruhr ein weiteres Ablenkungsmanöver der Linken war, um Trump zu diskreditieren. Auch hierfür gibt es keinerlei Beweise. Außerdem würde sich die Frage stellen, welches Ziel dieses Ablenkungsmanöver hätte haben sollen. Trump war besiegt, was sonst wollte man erreichen? Es würde auch bedeuten, dass Trump, Giuliani und andere, die vor der Menge gesprochen haben, an diesem Ablenkungsmanöver teilgenommen hätten. Tatsächlich führte die Empörung über Trumps zweifelhafte und skrupellose Handlungen in den Wochen vor dem und am 6. Januar, dem Tag des Aufruhrs, dazu, dass das Repräsentantenhaus ihn wegen der Anstiftung zum Aufruhr seines Amtes enthob. Die Abstimmung zur Amtsenthebung fand am 13. Januar statt. Dies war eine noch nie dagewesene zweite Amtsenthebung eines US-Präsidenten. Einen Monat später, am 13. Februar, wurde er durch das Senatsverfahren freigesprochen. Diejenigen, die für eine Verurteilung Trumps gestimmt hatten, erreichten nicht die erforderliche Zweidrittelmehrheit von 57 zu 43 Stimmen. Zu viele andere Menschen stimmten für den Freispruch und lehnten es daher ab, das Gesetz und die Verfassung zu unterstützen. Ein unverfrorener Trump ist daher immer noch dabei, seine haltlosen Verschwörungstheorien zu verbreiten.[15]

Zwei Wochen später wurde am 20. Januar Joe Biden in das Amt des Präsidenten der Vereinigten Staaten von Amerika eingeführt. Die Zeremonien fanden fast ohne Zwischenfall statt, da die Sicherheitsmaßnahmen mithilfe tausender Nationalgardisten deutlich verschärft wurden. Es war außerdem ein Ereignis, das tausende von QAnon-Anhängern traumatisiert hat. Entsprechend der QAnon-Weltsicht war Trump ihr Erlöser und würde schließlich mithilfe des militärischen Geheimdienstes über die pädophile Elite triumphieren. Diese Überzeugung hat sich nach der Präsidentschaftswahl 2020 noch intensiviert. Trump und seine Gefolgsleute beanspruchten einen erdrutschartigen Sieg für sich, doch eine riesige Verschwörung hat ihnen die Wahl gestohlen. Diese schattenhafte Verschwörung wurde nach dem mythologischen Meerungeheuer als »Kraken« bezeichnet. Da Trump jedoch angeblich alles unter Kontrolle hatte, erwarteten die QAnon-Gläubigen von ihm, den Sturm loszutreten, mit dem er und seine Unterstützer zurückschlagen würden. Massenverhaftungen und sogar Hinrichtungen würden folgen und Trump würde Präsident bleiben. Augenscheinlich haben die Joint Chiefs of Staff, also der vereinigte Generalstab, das Memo nicht erhalten. Der Tag der Amtseinführung kam, Biden wurde als Präsident vereidigt und Trump bockte und schmollte und trollte sich aus Washington.[16]

Es ist unfassbar, aber viele Menschen glaubten die Prophezeiung von Q, dass Trump triumphieren würde. Als es nicht dazu kam, wurde die Weltsicht vieler QAnon-Unterstützer in ihrem Kern erschüttert. Kommentatoren spekulierten zunächst, dass QAnon kurz vor dem Zusammenbruch stünde. Verschiedene QAnon-Anhänger ruderten öffentlich zurück und gaben reuevoll zu, dass sie naiv und dumm waren, getäuscht worden seien, es ihnen peinlich sei und sie alles bedauerten. Trotz der ernsten kognitiven Dissonanz tauchten jedoch schnell neue Prophezeiungen auf, die es den QAnon-Überzeugungen erlaubten, weiterzubestehen. Im Grunde genommen ist es eine Wiederholung des Scheiterns und des Wiederauflebens der kultischen Prophezeiung, die Leon Festinger 1956 in seiner Studie *When Prophecy Fails* beschrieb. Genau wie Mrs. Keech und einige Mitglieder ihrer Seeker-Gruppe in

Oak Park, Illinois, sich eine Erklärung zurechtlegten, die es ihnen auch nach dem nichteingetretenen Ende der Welt erlaubte, weiterzumachen, tat dies auch QAnon. Im Fall von QAnon verschoben sie einfach den Termin von Trumps triumphalem Comeback auf den 4. März. Und wenn dies nicht eintritt, wird einfach eine neue Prophezeiung erscheinen und dann wieder eine und wieder eine. QAnons Prophezeiungen sind seit ihrem ersten Auftauchen im Jahre 2017 noch nie eingetreten, aber das hat seine treuen Anhänger nicht gestört. Sie ziehen eine perfekte Fantasie einer unvollkommenen Realität vor.[17]

Das zeichnete kein besonders schönes Bild für die Vereinigten Staaten von Amerika oder die Mitglieder der traditionellen und wahren Republikanischen Partei. Schlimmer noch ist, dass QAnon kein ausschließlich amerikanisches Phänomen darstellt. Es hat Anhänger in Großbritannien, Deutschland und anderen europäischen Staaten gewonnen. Social-Media-Kanäle wie Facebook und Twitter begannen Mitte 2020, gegen die Veröffentlichung offenkundig falscher Materialien vorzugehen. Es war jedoch zu spät. Zu diesem Zeitpunkt war die Büchse der Pandora bereits geöffnet worden und hatte ihr Gift aus Falschheiten und Verblendung freigesetzt – mit vorhersehbaren Resultaten.[18]

Der Historiker Norman Cohn hat festgestellt, dass Gesellschaften, die eine schnelle und tiefgreifende Veränderung erfahren, oft bösartigen Formen des Wissensmülls und der Verschwörungstheorien zum Opfer fallen. Die Menschen fürchten die riesigen Verschiebungen und Veränderungen, die ihre Gesellschaften beunruhigen. Diese ungesunde Reaktion ist der Versuch, das Alte und Vertraute zu bewahren und die bedrohliche Veränderung abzuwehren.[19] In den ersten Jahrzehnten des 21. Jahrhunderts durchläuft ein Großteil der entwickelten Welt aufgrund der Globalisierung heftige Veränderungen und Verwerfungen. Daher kommt die Faszination für fragwürdige Verschwörungstheorien und irre Fantasien. Man hofft, dass die Menschen, die Q und anderen Propheten trügerischer Fantasien hinterherlaufen, bald merken, dass Wissensmüll und Verschwörungstheorien nicht das richtige für sie sind. Andererseits bringt das kultische Milieu vielleicht aber auch eine neue Form des Wissensmülls hervor, die QAnon durch etwas weniger Schädliches ersetzt. Oder wird es etwas noch Hässlicheres und Krankhafteres sein?

# Quellenangaben

## EINFÜHRUNG

1   J. M. Roberts, *The Mythology of the Secret Societies* [1972] (London, 2008), S. 15.
2   Saul Bellow, *To Jerusalem and Back: A Personal Account* (New York, 1976), S. 127.
3   Daniel Pipes, *Conspiracy: How the Paranoid Style Flourishes and Where It Comes From* (New York, 1997), S. 11-12, 23 und 118-119; Alex Johnson, »Lynson LaRouche, Bizarre Political Theorist and Perennial Presidential Candidate, dies at 96«, www.nbcnews.com, 13. Februar 2019; Jesse Walker, »Lyndon La Rouche: The Conspiracists Who Earned a Following«, *Politico*, www.politico.com, 29. Dezember 2019, und »Views of Lyndon LaRouche and the LaRouche Movement«, en.wikipedia.org, abgerufen am 5. Oktober 2020, siehe den Abschnitt »The ›British‹ Conspiracy«.
4   David Icke, *The Biggest Secret* (Derby, 1999), passim. David G. Robertson, *UFOs, Conspiracy Theories and the New Age: Millennial Conspiracism* (London, 2017); Kapitel 5, »»Problem-Reaction-Solution‹: David Icke and the Reptilian Hypothesis«, enthält eine gute, kurzgefasste Biografie von Icke sowie eine ausgezeichnete Zusammenfassung seiner Ideen, genau wie Michael Barkun, *A Culture of Conspiracy: Apocalyptic Visions in Contemporary America*, 2nd edn (Berkeley, CA, 2013), S. 69 und 104-10. Siehe auch Tyson Lewis und Richard Kahn, »The Reptoid Hypothesis: Utopian and Dystopian Representational Motifs in David Icke's Alien Conspiracy Theory«, *Utopian Studies*, XVI/1 (2005), S. 45-74; David G. Robertson, »David Icke's Reptilian Thesis and the Development of New Age Theodicy«, *International Journal for the Study of New Religions*, V/1 (2013), S. 27-47, und Marcus Lowth, »What Should We Make of Claims of Shapeshifting Reptilian Aliens Ruling the Earth?«, *UFO Insight*, www.ufoinsight.com, 16. Oktober 2016, aktualisiert am 18. Juli 2020.
5   Ambrose Evans-Pritchard, »US Cult Is Source of Theories«, *Electronic Telegraph*, www.telegraph.co.uk, 3. Dezember 1996; Icke, *Biggest Secret*, S. 32, 407 und 411-469, und Marcus Lowth, »The Death of Diana

– Accident? Assassination? Or Ritual Sacrifice?« *UFO Insight*, www.
ufoinsight.com, 16. Oktober 2016, aktualisiert am 17. Juli 2020.

6  Robertson, »David Icke's Reptilian Thesis«, S. 35.

7  Ebenda, S. 36-37; Robertson, *UFOs, Conspiracy Theories*, S. 156-157, und
Barkun, *Culture of Conspiracy*, S. 107.

8  Barkun, *Culture of Conspiracy*, S. 183-192.

9  Ebenda, S. 184-185; Jim Geraghty, »Obama Could Debunk Some
Rumors by Releasing His Birth Certificate«, *National Review*, www.
nationalreview.com, 9. Juni 2008; Jim Geraghty, »A Few Other
Possibilities on Barack Obama's Birth Certificate«, *National Review*,
www.nationalreview.com, 10. Juni 2008; und Jim Geraghty, »Obama's
Certification of Live Birth Found and Posted at Daily Kos«, *National
Review*, www.nationalreview.com, 12. Juni 2008.

10  Barkun, *Culture of Conspiracy*, S. 184-185; Robert Farley, »Was Hillary
Clinton the Original ›Birther‹?«, www.factcheck.com, 2. Juli 2015; und
Ben Smith und Byron, »Birtherism: Where It All Began«, *Politico*, www.
politico.com, 22. April 2011, aktualisiert am 24. April 2011.

11  Chuck Todd, *The Stranger: Barack Obama in the White House* (New York,
2014), S. 254, und Michael D'Antonio, *Never Enough: Donald Trump and
the Pursuit of Success* (New York, 2015), S. 284-288 und 330.

12  Todd, *Stranger*, S. 254, und Jerome R. Corsi, *Where's the Birth Certificate?
The Case That Barack Obama Is Not Eligible to be President* (Washington,
DC, 2011), das ein Bestseller war, auch wenn man sich fragen muss, wie
viele Käufer das Buch tatsächlich gelesen haben. Es ist ein Beispiel von
»Tod durch Fußnoten«-Gelehrsamkeit. Der Leser wird unter einer Flut
von Beweisen erschlagen, die schwer auf ihre Glaubwürdigkeit und/oder
Relevanz hin zu überprüfen sind.

13  Todd, *Stranger*, S. 253-254; D'Antonio, *Never Enough*, S. 284, 290, 325 und
330; Mark Sumner, »Newsweek Claims Birtherism Article about Kamala
Harris Isn't about Race – It's Absolutely about Race«, www.dailykos.
com, 13. August 2020; und »Trump Stokes ›Birther‹ Conspiracy Theory
about Kamala Harris«, www.bbc.com, 14. August 2020. Die letzten beiden
Artikel sind nur eine kleine Auswahl der Berichte, die den Birtherism
im Zusammenhang mit Kamala Harris diskutieren und verspotten. Ich
habe den BBC-Bericht ausgewählt, weil diese Quelle nicht zu den US-
amerikanischen Mainstream-Medien gehört.

14  Ryan Prior, »Meet the Guy behind the ›Area 51‹ Page: He's Terrified of
What He's Created«, www.cnn.com, 18. Juli 2019; David Montero, »Storm
Area 51 Creator: I sparked a Movement While I Was Bored at 2 a. m.«,
*Los Angeles Times*, www.latimes.com, 12. September 2019; »Storm Area
51«, en.wikipedia.org, abgerufen am 5. Oktober 2020 (dies ist ein sehr gut
recherchierter Artikel); und Sophie Lewis, »Oklahoma Animal Shelter

Encourages Area 51 Fans to ›Storm Our Shelter‹«, www.cbsnews.com, 20. Juli 2019.

15 E. J. Dickson, »Coronavirus is Spreading – And So Are the Hoaxes and Conspiracy Theories Around It«, *Rolling Stone*, www.rollingstone.com, 18. März 2020; Max Fisher, »Why Coronavirus Conspiracy Theories Flourish. And Why It Matters«, www.nytimes.com, 8. April 2020; Katherine Schaeffer, »A Look at the Americans Who Believed There Is Some Truth to the Conspiracy Theory that COVID-19 Was Planned«, *Pew Research Center, Facts and News in the Numbers*, www.pewresearch. org, 20. Juli 2020; und Megan Marples, »Pandemic Denial: Why Some People Can't Accept Covid-19's Realities«, www.cnn.com, 16. August 2020.

16 West Palm Beach County Commissioners Meeting, 23. Juni 2002, unter www.bing.com/videos. Die Kommentare über das Nichttragen von Unterwäsche beginnen bei 2 Stunden und 30 Minuten. Die Kommentare der Frau im roten T-Shirt kommen nach 1 Stunde und 24 Minuten. Es gibt zahlreiche kürzere Videos mit Auszügen aus diesen Kommentaren. Das Interview der lokalen Fernsehstation wptv mit der Frau im roten T-Shirt finden Sie bei www.wptv.com. Es gibt ein kurzes Video mit Interviews mit Maskenverweigerern, die nach der Versammlung geführt wurden, weiter unten auf der Seite. Das Interview mit der Frau im roten T-Shirt beginnt bei 8:08 Minuten, mit den Kommentaren über die Neue Weltordnung bei 8:36 und den Kommentaren über den Plan der Regierung, mehr als 95 Prozent der Bevölkerung zu töten, bei 9:58.

17 Caroline Warnock, »America's Frontline Doctors Summit covid-19 Video Called ›False Information‹, www.heavy.com, 28. Juli 2020; Caroline Warnock, »Watch: Dr. Stella Immanuel covid-19 Hydroxychloroquine ›Cure‹ Video«, www.heavy.com, 29. Juli 2020; und Will Sommer, »Trump's New Favorite COVID Doctor Believes in Alien DNA, Demon Sperm, and Hydroxychloroquine«, www.thedailybeast.com, 28 Juli 2020.

18 Mark Potok, »Carnage in Charleston«, *Intelligence Report* des Southern Poverty Law Center, www.splcenter.org, 27. Oktober 2015; Joel A. Brown, »Dylann Roof, the Radicalization of the Alt-Right, and Ritualized Racial Violence«, *Sightings* der Divinity School der University of Chicago, www. divinity.uchicago.edu, 12. Januar 2017; und J. M. Berger, »How Terrorists Recruit Online (and How to Stop it)«, *Brookings* (9. November 2015), abgerufen am 17. März 2021.

19 W. E. B. Dubois, »The Propaganda of History« [1935], in *Writings* (New York, 1986), S. 1029.

20 Mark Twain, *Die Arglosen im Ausland* (Aufbau-Verlag, Berlin, 1980, dt. von Ana Maria Brock).

KAPITEL 1

1   Charles Fort, *Das Buch der Verdammten* (Zweitausendeins, Frankfurt/
Main, 1995).
2   Nicoli Nattrass, »Understanding the Origins and Prevalence of AIDS
Conspiracy Beliefs in the United States and South Africa«, *Sociology of
Health and Illness*, XXXV/1 (2013), S. 113-129; Jesselyn Cook, »A Toxic
›Infodemic‹: The Viral Spread of COVID-19 Conspiracy Theories«, www.
huffpost.com, 8. April 2020; und Ben Collins, »What are we doing this
for?‹: Doctors Are Fed Up with Conspiracies Ravaging ERS«, www.
nbcnews.com, 6. Mai 2020. Diese Referenzen sind nur eine kleine
Auswahl. Natürlich gelten sie in bestimmten Kreisen als Fake News.
3   Susan Jacoby, *The Age of American Unreason* (New York, 2008), S. 210-241.
4   Glyn Daniel, *Myth or Legend?* (New York, 1968), S. 14-15.
5   Robert Segal, *Myth: A Very Short Introduction* (New York, 2015), S. 3-5.
6   Eric Kurlander, *Hitler's Monsters: A Supernatural History of the Third Reich*
(New Haven, CT, und London, 2017), S. xiv-xv.
7   David Aaronovitch, *Voodoo Histories: The Role of Conspiracy Theory in
Shaping Modern History* (New York, 2010), S. 6.
8   Kathryn S. Olmsted, *Real Enemies: Conspiracy Theories and American
Democracy, World War I to 9/11* (Oxford, 2009), S. 3-5 und 236-238.
9   Michael Barkun, *A Culture of Conspiracy: Apocalyptic Visions of
Contemporary America*, 2. Aufl. (Berkeley, CA, 2013), S. 6-7; Thomas Milan
Konda, *Conspiracies of Conspiracies: How Delusions Have Overrun America*
(Chicago, IL, 2019), S. 6; Massimo Pigliucci, *Nonsense on Stilts: How to
Tell Science from Bunk*, 2. Aufl. (Chicago, IL, 2018), S. 2-3 und 14-15; und
Anna Merlan, *Republic of Lies: American Conspiracy Theorists and their
Surprising Rise to Power* (New York, 2019), S. 14.
10  Olmsted, *Real Enemies*, S. 6.
11  Milton William Cooper, *Behold a Pale Horse* (Sedona, AZ, 1991).
12  Michael Shermer, *The Believing Brain: From Ghosts and Gods to Politics and
Conspiracies – How We Construct Beliefs and Reinforce Them as Truths* (New
York, 2011), S. 208-209 und 225; »Too Many Minions Spoil the Plot«,
www.ox.ac.uk, 26. Januar 2016; und D. R. Grimes, »On the Viability
of Conspiratorial Beliefs«, PLOS ONE, XI/1 (2016): e0147905, www.
journals.plos.org.
13  Shermer, *Believing Brain*, S. 208-209 und 225.
14  Barkun, *Culture of Conspiracy*, S. 3-4, und Aaronovitch, *Voodoo Histories*, S.
354-355.
15  Barkun, *Culture of Conspiracy*, S. 5-6, und Olmsted, *Real Enemies*, S. 192-
193 und 200.
16  Barkun, *Culture of Conspiracy*, S. 18-23.

17 Richard Hofstadter, »The Paranoid Style in American Politics« [1964], in *Richard Hofstadter*, Hrsg. Sean Wilentz, Library of America, Bd. CCCXXX (New York, 2020), S. 532-533.

18 Barkun, *Culture of Conspiracy*, S. 6-7.

19 Ebd., S. 26-27.

20 James Webb, *Die Flucht vor der Vernunft: Politik, Kultur und Okkultismus im 19. Jahrhundert* (Marix, Wiesbaden, 2009), S. 309; Die Hervorhebung im Zitat ist von Webb, und ebd., S. 309-379 passim, für einen historischen Überblick über dieses verworfene Wissen, und Barkun, *Culture of Conspiracy*, S. 23-4. Siehe auch James Webb, *Das Zeitalter des Irrationalen: Politik, Kultur und Okkultismus im 20. Jahrhundert* (Marix, Wiesbaden, 2008).

21 Barkun, *Culture of Conspiracy*, S. 27-29.

22 Colin Campbell, »The Cult, the Cultic Milieu and Secularization«, in *A Sociological Yearbook of Religion in Britain: 5*, Hrsg. Michael Hill (London, 1972), S. 119-136. Meine Diskussion des kultischen Milieus basiert auf diesem Artikel. Er wurde erneut abgedruckt in Jeffrey S. Kaplan und Heléne Lööw, Hrsg, *The Cultic Milieu: Oppositional Subcultures in the Age of Globalization* (Walnut Creek, CA, 2002) und enthält weitere Essays, die das Konzept des kultischen Milieus diskutieren.

23 Colin Campbell, »The Cultic Milieu Revisited« (2012), S. 18-37 passim, www.researchgate.net, abgerufen am 5. Oktober 2020.

24 Für die Reaktion gegen Aufklärung und Entzauberung siehe John V. Fleming, *The Dark Side of the Enlightenment: Wizards, Alchemists and Spiritual Seekers in the Age of Reason* (New York, 2013); Paul Kléber Monod, *Solomon's Secret Arts: The Occult in the Age of Enlightenment* (New Haven, CT, und London, 2013); Theodore Ziolkowski, *Lure of the Arcane: The Literature of Cult and Conspiracy* (Baltimore, MD, 2013); Alex Owen, *The Place of Enchantment: British Occultism and the Culture of the Modern* (Chicago, IL, 2004); und Corinna Treitel, *A Science for the Soul: Occultism and the Genesis of the German Modern* (Baltimore, MD, 2004).

25 Barkun, *Culture of Conspiracy*, S. 25-26.

26 Roger M. McCoy, *Ending in Ice: The Revolutionary Idea and Tragic Expedition of Alfred Wegener* (Princeton, NJ, 2006) ist eine gute Darstellung des Lebens Wegeners und der Geschichte der Theorien der Kontinentalverschiebung und der Plattentektonik. Sie zeigt nicht nur, wie Fortschritte bei wissenschaftlichen Tests und Instrumenten dazu beitrugen, zu beweisen, dass Wegener auf dem richtigen Weg gewesen war, dieselben Fortschritte bewiesen auch, dass Charles Hapgoods Theorien über Erdkrusten- und Polverschiebung falsch waren.

27 Eine bemerkenswerte Ausnahme von der Festungsmentalität gibt es im Bereich der alternativen Ägyptologie. Während der 1990er Jahre

wurde diese durch eine Gruppe von Gelehrten dominiert, zu denen Graham Hancock und Robert Bauval gehörten. Kritisiert wurden sie stichhaltig durch Lynn Picknett und Clive Prince, *The Stargate Conspiracy: Revealing the Truth Behind Extraterrestrial Contact, Military Intelligence and the Mysteries of Ancient Egypt* (New York, 1999), und Ian Lawton und Chris Ogilvie-Herald, *Giza: The Truth – The People, Politics and History Behind the World's Most Famous Archaeological Site* (London, 1999). Einen Überblick über dieses Geschehnis finden Sie in Ronald H. Fritze, *Egyptomania: A History of Fascination, Obsession and Fantasy* (London, 2016), S. 297-299.

28 Ronald H. Fritze, *Invented Knowledge: False History, Fake Science and Pseudo-Religions* (London, 2009), S. 34-39.

29 Tom Nichols, *The Death of Expertise: The Campaign against Established Knowledge and Why It Matters* (New York, 2017), und Michiko Kakutani, *The Death of Truth: Notes on Falsehood in the Age of Trump* (New York, 2019). Siehe auch Merlan, *Republic of Lies*.

30 Garrett G. Fagan, »Diagnosing Archaeology«, in *Archaeological Fantasies: How Pseudoarchaeology Misrepresents the Past and Misleads the Public*, Hrsg. Garrett G. Fagan (London, 2006), S. 36-37.

31 Shermer, *Believing Brain*, S. 212-213, 327 und 338-343; Pigliucci, *Nonsense on Stilts*, S. 93; und Donald R. Prothero und Timothy D. Callahan, UFOs, Chemtrails, und Aliens (Bloomington, IN, 2017), S. 401.

32 David Hume, *An Enquiry Concerning Human Understanding*, in *Locke, Berkeley, Hume*, Great Books of the Western World, Vol. XXXV (Chicago, IL, 1952), S. 489b (die dt. Übersetzung *Untersuchung in Betreff des menschlichen Verstandes* ist bei www.zeno.org zu finden), und Prothero und Callahan, *UFOs*, S. 401-402.

33 Edward Bulwer-Lytton, *The Coming Race* [1871], Hrsg. David Seed (Middletown, CT, 2005) (dt. u. a. *Das kommende Geschlecht*, Suhrkamp, 1999); Barkun, *Culture of Conspiracy*, S. 29-33; »Vril« und »Vril Society«, in John Michael Greer, *The Element Encyclopedia of Secret Societies and Hidden History* (New York, 2006); und Nicholas Goodrick-Clarke, *Black Sun: Aryan Cults, Esoteric Nazism and the Politics of Identity* (New York, 2003), S. 112-113, 164-168 und 294-295.

## KAPITEL 2

1 H. L. Mencken, »Homo Neanderthalensis«, *Baltimore Evening Sun*, 29. Juni 1925. Internet Archive, Komplette Aufzeichnung des Scopes-Prozesses, www.archive.org, abgerufen am 5. Oktober 2020.

2   James Webb, *Die Flucht vor der Vernunft: Politik, Kultur und Okkultismus im 19. Jahrhundert* (Marix, Wiesbaden, 2009), S. 53.

3   Michael Shermer, *The Believing Brain: From Ghosts and Gods to Politics and Conspiracies – How We Construct Beliefs and Reinforce Them as Truths* (New York, 2011), S. 5.

4   Robert Todd Carroll, »Ley Lines«, in *The Skeptics Dictionary: A Collection of Strange Beliefs, Amusing Deceptions, and Dangerous Delusions* (Hoboken, NJ, 2003), und »Ley Lines«, en.wikipedia.org, abgerufen am 5. Oktober 2020, bzw. »Ley-Linie«, de.wikipedia.org, abgerufen am 16. Dezember 2021.

5   Michael D. Gordin, *The Pseudoscience Wars: Immanuel Velikovsky and the Birth of the Modern Fringe* (Chicago, IL, 2013) ist ein ausführlicher Bericht über die Kontroversen rund um Velikovsky. Eine kürzer gefasste Darstellung finden Sie in Ronald H. Fritze, *Invented Knowledge: False History, Fake Science and Pseudo-Religions* (London, 2009), S. 169-193.

6   Anna Merlan, *Republic of Spies: American Conspiracy Theorists and their Surprising Rise to Power* (New York, 2019), S. 24-25; Rob Brotherton, *Suspicious Minds: Why We Believe Conspiracy Theories* (New York, 2015), S. 224-239; Michael Shermer, *Believing Brain*, S. 257 und 259-276.

7   Brotherton, *Suspicious Minds*, S. 224-226, und Shermer, *Believing Brain*, S. 258-276.

8   »Cognitive Dissonance«, unter www.psychologytoday.com, liefert einen kurzen Überblick über das Konzept, abgerufen am 17. März 2021; Leon Festinger, Henry W. Riecken und Stanley Schachter, *When Prophecy Fails: A Social and Psychological Study of a Modern Group that Predicted the Destruction of the World* [1956] (Mansfield Centre, CT, 2009).

9   Jesselyn Cook, »A Toxic ›Infodemic‹: The Viral Spread of COVID-19 Conspiracy Theories«, www.huffpost.com, 7. April 2020; »Why Coronavirus Conspiracy Theories Flourish. And Why It Matters«, New York Times, www.psychologicalscience.org, 17. April 2020; Ben Collins, »Coronavirus Conspiracy Theories Are Frustrating ER Doctors«, www.nbcnews.com, 6. Mai 2020; Jesselyn Cook, »How Coronavirus Turbocharged QAnon Conspiracy Theories«, www.huffpost.co.uk, 29. April 2020; und Jesselyn Cook, »QAnon's Coronavirus Fueled Boom Is a Warning of What's to Come«, www.huffpost.co.uk, 29. April 2020. Diese Artikel sind nur eine kleine Auswahl der Berichte in den Medien.

10  Allison He, »The Dunning-Kruger Effect: Why Incompetence Begets Confidence«, www.nytimes.com, 7. Mai 2020; Bobby Azarian, »The Dunning-Kruger Effect May Help Explain Trump's Support: A New Study Suggests Some People Grossly Overestimate their Political Knowledge«, www.psychologytoday.com, 22. August 2018; »The Dunning-Kruger Effect«, www.psychologytoday.com, abgerufen am 5. Oktober

2020; und Ian G. Anson, »Partisanship, Political Knowledge, and the Dunning-Kruger Effect«, *Political Psychology*, XXXIX/5 (Oktober 2018), S. 1172-1192.

11 »Narcissism« in *Find a Therapist*, www.psychologytoday.com, abgerufen am 5. Oktober 2020; »Narcissistic Personality Disorder«, www.mayoclinic. org, abgerufen am 5. Oktober 2020; und »Narcissism«, en.wikipedia.org, abgerufen am 5. Oktober 2020, bzw. »Narzissmus«, de.wikipedia.org, abgerufen am 17. Dezember 2021, bieten einen umfassenden Überblick über das Thema.

12 Danielle Levesque, »Narcissism and Low Self-Esteem Predict Conspiracy Beliefs« bei Mental Health, www.psypost.org, abgerufen am 5. Oktober 2020; Ryan O'Hare, »Believe in Conspiracy Theories: You're Probably a Narcissist; People Who Doubt the Moon Landings Are More Likely to Be Selfish and Attention-Seeking«, www.dailymail. co.uk, 8. März 2016; John M. Grohol, »The Psychology of Conspiracy Theories: Why do People Believe Them?«, www.psychcentral.com, 5. Oktober 2017; Viren Swami et al., »Conspiracist Ideation in Britain and Austria: Evidence of a Monological Belief System and Associations between Individual Psychological Differences and Real-World and Fictitious Conspiracy Theories«, *British Journal of Psychology*, CII/3 (August 2011), S. 443-463; Aleksandra Cichocka, Marta Marchlewska und Agnieszka Golec de Zavala, »Does Self-Love or Self-Hate Predict Conspiracy Beliefs? Narcissism, Self-Esteem, and the Endorsement of Conspiracy Theories«, *Social Psychological and Personality Science*, www.researchgate.net, November 2015; Agnieszka Golec de Zavala und Christopher M. Federico, »Collective Narcissism and the Growth of Conspiracy Thinking over the Course of the 2016 United States Presidential Election: A Longitudinal Analysis«, *European Journal of Social Psychology*, XLVIII/7 (Dezember 2018), S. 1011-1018; Evita March und Jordan Springer, »Belief in Conspiracy Theories: The Predictive Role of Schizotypy, Machiavellianism, and Primary Psychopathy«, *PLOS ONE*, XIV/12 (Dezember 2019), S. 1-10; und Anthony Lantian et al., »›I Know Things They Don't Know!‹: The Role of Need for Uniqueness in Belief in Conspiracy Theories«, *Social Psychology*, XLVIII (2017), S. 160-173.

13 Brotherton, *Suspicious Minds*, S. 109-112, und Shermer, *Believing Brain*, S. 77-84. Eine kurze Beschreibung des Konzepts der Kontrollüberzeugung finden Sie in Richard B. Joelson, »Locus of Control: How Do We Determine our Successes and Failures?«, www.psychologytoday. com, 2. August 2017. Für eine ausführlichere Erklärung siehe »Locus of Control«, en.wikipedia.org, abgerufen am 5. Oktober 2020, bzw. »Kontrollüberzeugung«, de.wikipedia.org, abgerufen am 17. Dezember 2021.

14  Jan-Willem van Prooijen und Michele Acker, »The Influence of Control on Belief in Conspiracy Theories: Conceptual and Applied Extensions«, *Applied Cognitive Psychology*, XXIX (2015), S. 753-761; Jan-Willem van Prooijen und Karen M. Douglas, »Conspiracy Theories as Part of History: The Role of Societal Crisis Situations«, *Memory Studies*, X/3 (2017), S. 323-333; Ilan Shrira, »Paranoia and the Roots of Conspiracy Theories«, www. psychologytoday.com, 11. September 2008; James Lake, »Locus of Control and COVID-19«, www.psychologytoday.com, 5. April 2020; »Conspiracy Beliefs Linked with Search for Certainty and Social Connection«, www. psychologicalscience.org, 2. August 2018; und 'Psychological Science and COVID-19: Conspiracy Theories«, www.psychologicalscience.org, 27. Mai 2020.

15  Francis Wheen, *How Mumbo Jumbo Conquered the World: A Short History of Modern Delusions* (London, 2004), S. 193; David Aaronovitch, *Voodoo Histories: The Role of the Conspiracy Theory in Shaping Modern History* (New York, 2010), S. 240, und Merlan, *Republic of Lies*, S. 9.

16  Aaronovitch, *Voodoo Histories*, S. 238.

17  David Ludden, »Why Do People Believe in Conspiracy Theories?«, www. psychologytoday.com, 6. Januar 2018.

18  Aaronovitch, *Voodoo Histories*, S. 238-239.

19  Andrew Hartman, *A War for the Soul of America: A History of the Culture Wars* (Chicago, IL, 2015) bietet einen ausgezeichneten Überblick.

20  Aaronovitch, *Voodoo Histories*, S. 346 und 349, und Wheen, Mumbo Jumbo, S. 115. Sowohl Aaronovitchs als auch Wheens Zitate wurden im Kontext ihrer jeweiligen Kritik an Jodi Deans postmoderner Studie der amerikanischen UFO-Bewegung, *Aliens in America: Conspiracy Cultures from Outerspace to Cyberspace* (Ithaca, NY, 1998), geschrieben. Ihre Einschätzungen treffen genau ins Schwarze. Eine Darstellung von Martin Bernal und seiner Black-Athena-Kontroverse, siehe Fritze, *Invented Knowledge*, S. 221-255.

21  Aaronovitch, *Voodoo Histories*, S. 348. Siehe Tom Nichols, *The Death of Expertise: The Campaign against Established Knowledge and Why It Matters* (New York, 2017), für eine ausführliche Analyse des Problems.

22  Kathryn S. Olmsted, *Real Enemies: Conspiracy Theories and American Democracy, World War I to 9/11* (Oxford, 2009), S. 234-235 und 238-239.

23  Jenny Rice, *Awful Archives: Conspiracy Theory, Rhetoric, and Acts of Evidence* (Columbus, OH, 2020), S. 173-179, und Merlan, *Republic of Lies*, S. 245-246, diskutieren Studien, die zeigen, wie schwierig es ist, die Meinungen von Verschwörungstheoretikern zu ändern.

24  Josephine Harvey, »Leaked Video Shows Alex Jones Ranting That He's So ›F**king‹ Sick of Trump«, huffpost.com, 3. Februar 2021.

25  Herbert V. Prochnow und Herbert V. Prochnow Jr., *A Treasury of Humorous Quotations for Speakers, Writers, and Home Reference* (New York, 1969), S. 295.

26  Craig A. Anderson, »Belief Perseverance«, in Encyclopedia of Social Psychology, Hrsg. F. F. Baumeister et al. (Thousand Oaks, CA, 2007), S. 109-110; Craig Silverman, »The Backfire Effect: More on the Press's Inability to Debunk Bad Information«, Columbia Journalism Review, www.archives.cjr.org, 17. Juni 2011; und Cari Romm, »Vaccine Myth-Busting Can Backfire«, The Atlantic, www.theatlantic.com, 12. Dezember 2014. Ich möchte meiner Kollegin Dr. Susan Owen vom Psychology Department für den Vorschlag danken, einen genaueren Blick auf »Belief Perseverance« zu werfen.

27  Merlan, *Republic of Lies*, S. 116.

28  Ebenda, S. 244-247.

29  Euripides, *Helena*, www.projekt-gutenberg.org.

KAPITEL 3

1  William H. Stiebing, Jr., *Ancient Near Eastern History and Culture*, 2. Aufl. (New York, 2009), S. 234-238; für einen Überblick über die Assyrer siehe Karen Radner, *Ancient Assyria: A Very Short Introduction* (Oxford, 2015).

2  Stiebing, *Ancient Near Eastern History*, S. 275-276, und Mark Van De Mieroop, *A History of the Ancient Near East ca. 3000-323 BC*, 2. Aufl. (Oxford, 2007), S. 248.

3  Van De Mieroop, *Ancient Near East*, S. 251; A. K. Grayson, »Assyria: Tiglath-Pileser III to Sargon II (744-705 BC)«, in *The Cambridge Ancient History*, 2. Aufl., Vol. III, Pt 2: *The Assyrian and Babylonian Empires and Other States of the Near East from the Eighth to the Sixth Centuries BC*, Hrsg. J. Boardman et al. (Cambridge, 1992), S. 77-78; und T. C. Mitchell, »Israel and Judah from the Coming of Assyrian Domination until the Fall of Samaria and the Struggle for Independence in Judah (c. 750-700 BC)«, in: *The Cambridge Ancient History*, Vol. III, Pt. 2, S. 323-327 und 334-337.

4  Mitchell, »Israel and Judah«, S. 337-339, und Grayson, »Assyria«, S. 85-86.

5  Eric H. Cline, *From Eden to Exile: Unraveling Mysteries of the Bible* (Washington, DC, 2007), S. 158-165; Israel Finkelstein und Neil Asher Silberman, *The Bible Unearthed: Archaeology's New Vision of Ancient Israel and the Origins of its Sacred Texts* (New York, 2002), S. 214-225; Van De Mieroop, *Ancient Near East*, S. 251; Grayson, »Assyria«, S. 85-86; Mitchell, »Israel and Judah«, S. 339 und 341; und Zvi Ben-Dor Benite, *The Ten Lost Tribes: A World History* (Oxford, 2009), S. 32-35. Ben-Dor

Benite ist besonders nachdrücklich dahingehend, dass Sargon II.,
nicht Salmanassar, Samaria erobert hat, obwohl die Archäologen und
Historiker übereinstimmend etwas anderes sagen.

6  Van De Mieroop, *Ancient Near East*, S. 232-233; Cline, *Eden to Exile*,
S. 171-172; Mitchell, »Israel and Judah«, S. 326; und Finkelstein und
Silberman, *Bible Unearthed*, S. 217-222. Schon weit zuvor diskutierte
Allen H. Godbey in *The Lost Tribes a Myth: Suggestions towards Rewriting
Hebrew History* (Durham, NC, 1930) die Frage, wie begrenzt die
Deportation der zehn verlorenen Stämme tatsächlich war.

7  Stiebing, *Ancient Near Eastern History*, S. 304-309.

8  Ebd., S. 335-340.

9  Überblicksdarstellungen finden Sie unter den Stichworten »Apocalypse
and Apocalypticism«, »Eschatology«, »Messiah« und »Messianic
Movements in Judaism« in *The Anchor Bible Dictionary*, Hrsg. David
Noel Freedman, 6 Bd. (New York, 1992), sowie unter den Stichworten
»Apocalypse«, »Eschatology« und »Messiah« in *The Oxford Dictionary of
the Jewish Religion*, Hrsg. R. J. Zwi Werblowsky und Geoffrey Wigoder
(Oxford, 1997).

10 A. Neubauer, »Where are the Ten Tribes?: I. Bible, Talmud and Midrashic
Literature«, *Jewish Quarterly Review*, I/1 (Oktober 1888), S. 14-28,
untersucht die biblischen Schriften und Texte aus der Ära des zweiten
Tempels, die nichts darüber erkennen lassen, dass die zehn Stämme
verloren seien; Flavius Josephus, *Jüdische Altertümer*, Buch 12, Kap. 2
(dt. Volltext in der Übersetzung von Heinrich Clementz, zu finden
unter http://de.wikisource.org), und »Septuagint«, in *The Anchor Bible
Dictionary*.

11 Flavius Josephus, *Jüdische Altertümer*, Buch 11, Kap. 5. Josephus verortete
die zehn Stämme also im Prinzip immer noch dort, wo sie Assyrer sie
laut den Berichten aus dem Alten Testament angesiedelt hatten.

12 Josephus. Für den samaritanischen Propheten siehe *Jüdische Altertümer*,
Bücher 18 und 19; für Theudas, ebd., Buch 20; für den ägyptischen
Propheten, ebd., und Flavius Josephus, *Geschichte des jüdischen Krieges* (dt.
Volltext in der Übersetzung von Philip Kohout, zu finden unter http://
de.wikisource.org); und für Schimeon bar Giora ebd.

13 Emil Schürer, *Geschichte des jüdischen Volkes im Zeitalter Jesu Christi*
(1901-1902); Eusebius, *Kirchengeschichte* (Kösel, München, 1981); Yohanan
Aharoni und Michael Avi-Yonah, *The Macmillan Bible Atlas* (New York,
1968), S. 164-165; Richard Marks, *The Image of Bar Kokhba in Traditional
Jewish Literature: False Messiah and National Hero* (University Park,
PA, 1994); Peter Schäfer, Hrsg., *The Bar Kokhba War Reconsidered: New
Perspectives on the Second Jewish Revolt against Rome* (Tübingen, 2003);

und Yigael Yadin, *Bar-Kokhba: The Rediscovery of the Legendary Hero of the Second Jewish Revolt against Rome* (New York, 1971).

14    Louis Ginzberg, *The Legends of the Jews*, 6 Bd. [1913] (Baltimore, MD, 1998), Bd. IV, S. 317, Bd. V, S. 111, und Bd. VI, S. 407-409; Josephus, *Jüdischer Krieg*; Plinius, *Naturalis historia*, Buch 31, Kap. 14.

15    Ginzberg, *Legends of the Jews*, Bd. VI, S. 407-409; »Sambatyon«, in *Oxford Dictionary of the Jewish Religion*; und Neubauer, »Where are the Ten Tribes?«, S. 20.

16    Francis Soyer, *Antisemitic Conspiracy Theories in the Early Modern Iberian World: Narratives of Fear and Hatred* (London, 2019).

17    Elkan Nathan Adler, Hrsg., *Jewish Travellers in the Middle Ages: 19 Firsthand Accounts* [1930] (New York, 1987), S. 6-15.

18    Ebd., S. 15-21; A. Neubauer, »Where are the Ten Tribes?: II. Eldad the Danite«, *Jewish Quarterly Review*, I/2 (Januar 1889), S. 95-114; und Pamela Barmash, »At the Nexus of History and Memory: The Ten Lost Tribes«, *AJS Review*, XXIX/2 (2005), S. 207 und 232-236.

19    Adler, *Jewish Travellers*, S. 5 und 31-32; Neubauer, »Where are the Ten Tribes?: II«, S. 98, 106 und 108-110; David J. Wasserstein, »Eldad ha-Dani and Prester John«, in *Prester John, the Mongols and the Ten Lost Tribes*, Hrsg. Charles F. Beckingham und Bernard Hamilton (Aldershot, 1996), S. 213-236; Tudor Parfitt, *The Lost Tribes of Israel: The History of a Myth* (London, 2003), S. 9-11; und Ben-Dor Benite, *The Ten Lost Tribes*, S. 90-92.

20    Adler, *Jewish Travellers*, S. 52-54, 153 und 238; A. Neubauer, »Where are the Ten Tribes?: III. Early Translators of the Bible and Commentators«, *Jewish Quarterly Review*, I/3 (April 1889), S. 188-192 und 195-196; Parfitt, *Lost Tribes*, S. 11-12; und David Kaufmann, »A Rumour about the Ten Tribes in Pope Martin V's Time«, *Jewish Quarterly Review*, IV/3 (April 1892), S. 503-506.

21    Adler, *Jewish Travellers*, S. 251-328; »David Reuveni« und »Shelomoh Molkho« in *Oxford Dictionary of the Jewish Religion*; Moti Benmelech, »History, Politics and Messianism: David Ha-Reuveni's Origin and Mission«, *AJS Review*, XXXV/1 (April 2011, S. 35-41; Bailey W. Diffie und George D. Winius, *Foundations of the Portuguese Empire, 1414-1580* (Minneapolis, MN, 1977), S. 263-268; Parfitt, *Lost Tribes*, S. 231-233; Ben-Dor Benite, *Ten Lost Tribes*, S. 115-129; und Andrew Colin Gow, *The Red Jews: Antisemitism in an Apocalyptic Age, 1200-1600* (Leiden, 1995), S. 144-148.

22    A. Neubauer, »Where are the Ten Tribes?: IV. Concluded«, *Jewish Quarterly Review*, I/4 (Juli 1889), S. 408-423; A. Z. Aescoly, »David Reubeni in the Light of History«, *Jewish Quarterly Review*, XXVIII/1

(Juli 1937), S. 3-20 passim; Benmelech, »David Ha-Reuveni's Origin and Mission«, S. 58.

23 Aescoly, »David Reubeni in the Light of History«, S. 35, und Benmelech, »David Ha-Reuveni's Origin and Mission«, S. 35-36.

24 Benmelech, »David Ha-Reuveni's Origin and Mission«, S. 49-53 und 60; Aescoly, »David Reubeni in the Light of History«, S. 36; Parfitt, *Lost Tribes*, S. 231-232; und »Avraham ben Eliezer Ha-Levi«, *in Oxford Dictionary of the Jewish Religion*.

25 W. Bousset, *The Antichrist Legend: A Chapter in Christian and Jewish Folklore* [1899] (Atlanta, GA, 1999), S. 215-217, und Römer 11:26-27.

26 Andrew Runni Anderson, *Alexander's Gate, Gog and Magog and the Inclosed Nations* (Cambridge, MA, 1932), S. 44-51 und 63-72; Norman Cohn, *The Pursuit of the Millennium: Revolutionary Millenarians and Mystical Anarchists of the Middle Ages* [1957] (New York, 1970), S. 28-29 und 77-79; und Gow, *The Red Jews*, S. 23, 25, 37, 42-45 und 99.

27 Heiko Oberman, »The Stubborn Jews: Timing the Escalation of Antisemitism in Late Medieval Europe«, in *The Impact of the Reformation* (Grand Rapids, MI, 1994), S. 127 und 132-134; Hans Eberhard Mayer, *Die Geschichte der Kreuzzüge*, 10. Aufl. (Kohlhammer, Stuttgart, 2005); Steven Runciman, *Geschichte der Kreuzzüge*, 3. Auflage der einbändigen Ausgabe (dtv, München, 2005), 2. Buch, Kap. 3; und Robert Bonfil, »Aliens Within: The Jews and Antijudaism«, in: *Handbook of European History, 1400–1600: Late Middle Ages, Renaissance and Reformation*, Hrsg. Thomas A. Brady, Heiko A. Oberman und James D. Tracy, 2 Bd. (Grand Rapids, MI, 1994), Bd. I, S. 263-276.

28 Für einen Überblick über das Konzept des Priesterkönigs Johannes siehe »Prester John and his Kingdom«, in: Ronald H. Fritze, *Travel Legend and Lore: An Encyclopedia* (Santa Barbara, CA, 1998), S. 291-297 (weitere Werke über den Priesterkönig Johannes sind in der begleitenden Bibliografie des Eintrags aufgeführt); Matthew Paris, *English History: From the Year 1235 to 1273*, 3 Bd. (London, 1889), Bd. I, S. 131-132, 312-314 und 356-358; Antonia Gransden, »Matthew Paris«, in *Great Historians from Antiquity to 1800*, Hrsg. Lucian Boia (New York, 1989), S. 119-121, enthält eine Kurzbiografie von Paris; *The Travels of Sir John Mandeville*, Übers. und Einf. C.W.R.D. Moseley (Harmondsworth, 1983), S. 165-166; und Gow, *Red Jews*, vor allem Kap. 4, »The Red Jews in their Native Habitat«.

29 Gow, *Red Jews*, S. 2-3, 65, 177 und 180-181; Oberman, »Stubborn Jews«, S. 130-133 und 136-140; Bonfil, »Aliens Within«, Bd. I, S. 263-271.

30 Gow, *Red Jews*, S. 80, 143-150, 155-159 und 172, und »Eschatology«, in *Dictionary of Luther and the Lutheran Traditions*, Hrsg. Timothy J. Wengert (Grand Rapids, MI, 2017), S. 230-231.

31  Francesca Lardicci, Hrsg., *A Synoptic Edition of the Log of Columbus's First Voyage* (Turnhout, 1999), S. 195 und 199.

32  Lee Eldridge Huddleston, *Origins of the American Indians: European Concepts, 1492-1729* (Austin, TX, 1967), S. 4 und 33.

33  Ebd., S. 34-35.

34  Diego Durán, *History of the Indies of New Spain*, übers. und hrsg. Doris Heyden (Norman, OK, 1994), S. 4-5.

35  Huddleston, *Origins*, S. 33-47.

36  José de Acosta, *Natural and Moral History of the Indies*, Hrsg. Jane E. Mangan et al. (Durham, NC, 2002), S. 70; Bernabé Cobo, *History of the Inca Empire* (Austin, TX, 1979), S. 48-53.

37  Richard Popkin, »Jewish-Christian Relations in the Sixteenth and Seventeenth Centuries: The Conception of the Messiah«, *Jewish History*, VI/1-2 (1992), S. 163-177 passim; Christopher Hill, »Till the Conversion of the Jews«, in *Millenarianism and Messianism in English Literature and Thought, 1650-1800*, Hrsg. Richard H. Popkin (Leiden, 1988), S. 13-17.

38  Popkin, »Jewish-Christian Relations«, passim; Gershom Scholem, *Sabbatai Sevi: The Mystical Messiah, 1626-1676* (Princeton, NJ, 1975, ursprünglich 1957 in Hebräisch veröffentlicht), S. 1-102.

39  Ernestine G. E. Van Der Wall, »Petrus Serrarius and Menasseh Ben Israel: Christian Millenarianism and Jewish Messianism in Seventeenth-Century Amsterdam«, in *Menasseh Ben Israel and His World*, Hrsg. Yosef Kaplan, Henry Mélchoulan und Richard H. Popkin (Leiden, 1989), S. 162-190; Hill, »Till the Conversion of the Jews«, S. 14.

40  Menasseh ben Israel, »The Relation of Antonio Montezinos« in: *The Hope of Israel*, Hrsg. und Einf. Henry Méchoulan und Gérard Nahon [1987] (Liverpool, 2004), S. 105-106; George Weiner, »America's Jewish Braves«, *Mankind*, IX/9 (Oktober 1974), S. 58-59; und Ronnie Perelis, »›These Indians Are Jews!‹ Lost Tribes, Crypto-Jews and Jewish Self-Fashioning in Antonio de Montezinos's Relación of 1644«, in *Atlantic Diasporas: Jews, Conversos and Crypto-Jews in the Age of Mercantilism, 1500-1800* (Baltimore, MD, 2009), S. 195-211.

41  Ben Israel, »Relation of Montezinos«, S. 106-111.

42  Richard W. Cogley, »The Ancestry of the American Indians: Thomas Thorowgood's Iewes in America (1650) and Jews in America (1660)«, *English Literary Renaissance*, XXXIV/2 (März 2005), S. 304-309; Richard W. Cogley, »John Eliot and the Origins of the American Indians«, *Early American Literature*, XXI (1986-87), S. 215-216; Thomas Thorowgood, *Iewes in America; or, Probabilities that the Americans are of that Race* (London, 1650), sig. D4 und S. 5-6; und Thomas Thorowgood, *Jews in America; or, Probabilities, that those Indians are Judaical, made more probable by some Additionals to the former Conjectures* (London, 1660), S. 26-27.

43 Cogley, »Ancestry of American Indians«, S. 308-310; Edward Winslow, »The Glorious Progress of the Gospel amongst the Indians in New England …«, in: *The Eliot Tracts: With Letters from John Eliot to Thomas Thorowgood and Richard Baxter*, Hrsg. und Einf. Michael P. Clark (Westport, CT, 2003), S. 144-167; Albert M. Hyamson, »The Lost Tribes and the Influence of the Search for Them on the Return of the Jews to England«, *Jewish Quarterly Review*, XV/4 ( Juli 1903), S. 660-664; und Michael Hoberman, *New Israel/New England: Jews and Puritans in Early America* (Amherst, MA, 2011), S. 14-16.

44 Ben Israel, *Hope of Israel*, S. 88-89, 101, 112, 144-145, 159 und 161-164.

45 Méchoulan, »Introduction«, in Ben Israel, *Hope of Israel*, S. 56-60; David S. Katz, *Philo-Semitism and the Readmission of the Jews to England, 1603-1655* (Oxford, 1982), S. 158-231 passim; und Huddleston, *Origins*, S. 131-134.

46 Cogley, »John Eliot and the Origins«, S. 216-217; John Eliot, »The Learned Conjectures of Reverend Mr. John Eliot touching the Americans, of new and notable consideration, written to Mr. Thorowgood«, in: *The Eliot Tracts*, S. 416-422.

47 Hamon L'Estrange, »To the Reader«, in *Americans no Iewes; or, Improbabilities that the Americans are of that race* (London, 1652), Abschnitt ohne Seitenzahlen und S. 12 (Edward Brerewood war der Autor von *Enquiries Touching the Diversities of Languages and Religions* [London, 1614], das ebenfalls die Tataren-Herkunftstheorie der amerikanischen Ureinwohner vertrat); Hyamson, »The Lost Tribes«, S. 665-668; und Richard Cogley, »›Some Other Kinde of Being and Condition‹: The Controversy in Mid-Seventeenth-Century England over the Peopling of Ancient America«, *Journal of the History of Ideas*, LXVIII/1 ( Januar 2007), S. 35-56.

48 Scholem, *Sabbatai Sevi*, S. 88-93.

49 Ebd., S. 8-21 und 417-433.

50 Ebd., S. 103-325 passim. Für Scholems Diagnose der manisch-depressiven Psychose siehe S. 126-134.

51 Brandon Marriot, »Who Sacked Mecca? The Life of a Rumour (1665-1666)«, Kap. 3 aus *Transnational Networks and Cross-Religious Exchange in the Seventeenth-Century Mediterranean and Atlantic Worlds: Sabbatai Sevi and the Lost Tribes of Israel*, und Scholem, *Sabbatai Sevi*, S. 288-289, 332-354, 549, 555, 557-558, 649, 657.

52 Scholem, *Sabbatai Sevi*, S. 433-460 und 668-686; Samuel Pepys, *The Concise Pepys* (Ware, 1997), S. 379; und »Dönmeh«, in *Oxford Dictionary of the Jewish Religion*.

53 John Ogilby, *America: Being an Accurate Description of the New World* (London, 1670 [eigentlich 1671], S. 27-29 und 39-43; »A Letter from William Penn … to the Committee of the Free Society of Traders …

in London containing a general description of the said Province ...«
(1683), in: William Penn, *The Selected Works of William Penn*, 3 Bd., 4. Aufl.
(London, 1825), Bd. III, S. 232-233; Gabriel Thomas, *An Historical and
Geographical Account of the Province and Country of Pensilvania; and of
West-New-Jersey in America* (London, 1698), S. 1-2; und Daniel Gookin,
*Historical Collections of the Indians in New England* (Boston, MA, 1792), S.
4-7.

54 James Adair, *The History of the American Indians*, Hrsg. und Einf. Kathryn
E. Holland Braund (Tuscaloosa, AL, 2005); Thomas Jefferson, *Writings*
(New York, 1984), S. 1261-1262, Brief von Thomas Jefferson an John
Adams, 11. Juni 1812; Charles Hudson, »James Adair as Anthropologist«,
*Ethnohistory*, XXIV/4 (Herbst 1977), S. 311-328; und Richard H. Popkin,
»The Rise and Fall of the Jewish Indian Theory«, in *Menasseh Ben Israel
and His World*, S. 71-72.

55 Kathryn E. Holland Braund, »James Adair: His Life and History«, in
Adair, *History of the American Indians*, S. 38-39 und 51; Elias Boudinot,
*Star in the West* (Trenton, NJ, 1816), S. III, VI, 26-27 und 74; Popkin,
»Jewish Indian Theory«, S. 73; und Ronald Fritze, »Hebrews in Ancient
America«, in *Legend and Lore of the Americas before 1492* (Santa Barbara,
CA, 1993), S. 116; Ethan Smith, *View of the Hebrews; or, The Tribes of
Israel in America*, 2. Aufl. (Poultney, NJ, 1825), Dan Vogel, *Indian Origins
and the Book of Mormon: Religious Solutions from Columbus to Joseph
Smith* (Salt Lake City, UT, 1986), S. 98-99, n. 90; Robert Silverberg, *The
Mound Builders of Ancient America: The Archaeology of a Myth* (Greenwich,
CT, 1968), S. 94; »View of the Hebrews«, Wikipedia, en.wikipedia.org,
abgerufen am 18. März 2021; und *Travels and Adventures of the Rev. Joseph
Wolff*, d.d., ll.d. (London, 1861), S. 518.

56 Popkin, »Jewish Indian Theory«, S. 73-76, und Silverberg, *The Mound
Builders of Ancient America*, S. 6-7 und 57-58.

57 Joseph Wolff, *Researches and Missionary Labours among the Jews,
Mohammedans and Other Sects*, 2. Aufl. (London, 1835), S. 2, 49, 159, 164,
168-169, 194-196, 423-425 und 529, und *Travels and Adventures of the Rev.
Joseph Wolff* (1860), S. 290, 295, 328-335, 355-358 und 364-365.

58 David und Charles Livingstone, *Narrative of an Expedition to the Zambesi
and its Tributaries ... 1858-1864* (New York, 1866), S. 83-84, und J.P.R.
Wallis, Hrsg., *The Zambezi Expedition of David Livingstone, 1858-1863*
(London, 1956), S. 135-136.

59 Edgar Rice Burroughs, *Tarzan and the Lost Empire* [1929] (New York,
undatiert.), S. 8, und *Tarzan and the City of God* (New York, 1933), S. 12.

60 Godbey, *The Lost Tribes a Myth*, S. 4 und 7.

61 John Sadler, *Rights of the Kingdom; or, Customs of our Ancestours* (London,
1649); Gerard Winstanley, »A Declaration to the Powers of England

»The True Levellers Standard Advanced«, in *The Complete Works of Gerard Winstanley*, Hrsg. Thomas N. Corns, Ann Hughes und David Loewenstein, 2 Bd. (Oxford, 2009), Bd. II, S. 1-31; Claire Jowitt, »Radical Identities? Native Americans, Jews and the English Commonwealth«, *Seventeenth Century*, X/1 (Frühjahr 1995), S. 104-105; Amy H. Sturgis, »Prophecies and Politics: Millenarians, Rabbis and the Jewish Indian Theory«, *Seventeenth Century*, XIV/1 (Frühjahr 1999), S. 16-17; und Ronald H. Fritze, *Invented Knowledge: False History, Fake Science and Pseudo-Religions* (London, 2009), S. 11.

62 Fritze, *Invented Knowledge*, S. 111-113; für ausführlichere biografische Informationen zu Brothers, siehe Cecil Roth, *The Nephew of the Almighty: An Experimental Account of the Life and Aftermath of Richard Brothers*, r.n. (London, 1933), und Deborah Madden, *The Paddington Prophet: Richard Brothers's Journey to Jerusalem* (Manchester, 2010).

63 Dieser Absatz und die folgenden Absätze, in denen Anglo-Israelismus und die Christian-Identity-Bewegung diskutiert werden, sind eine Zusammenfassung von Fritze, *Invented Knowledge*, S. 113-134.

64 Neubauer, »Where are the Ten Tribes?: IV.«, S. 423; Elliott Horowitz, »A Jew of the Old Type: Neubauer as Cataloguer, Critic and Necrologist«, *Jewish Quarterly Review*, C/4 (Herbst 2010), S. 649-656; und F. W. Phillips, *Proofs for the Welsh that the British are the Lost Tribes of Israel: The Abrahamic Covenant* (Bangor, 1880).

65 Zusätzlich zu dem Material in Fritze, *Invented Knowledge*, S. 113-134, siehe auch Nicholas Goodrick-Clarke, *Black Sun: Aryan Cults, Esoteric Nazism and the Politics of Identity* (New York, 2002), S. 235-236.

66 Parfitt, *Lost Tribes*, S. 123-131, 168-173, 176-192, 207-212 und 222-225; Tudor Parfitt, *Black Jews in Africa and the Americas* (Cambridge, MA, 2013), S. 53-55, 129-132 und 149-169; und Edith Bruder, *The Black Jews of Africa: History, Religion, Identity* (Oxford, 2008), S. 118-123, 130-132 und 153-158.

KAPITEL 4

1 Umberto Eco, »Foreword«, in: Barbara Frale, *The Templars: The Secret History Revealed* (New York, 2004), S. XII-XIII.

2 Nesta H. Webster, *Secret Societies and Subversive Movements* [1924] (Escondido, CA, 2000), S. XI.

3 Malcolm Barber, *The New Knighthood: A History of the Order of the Temple* (Cambridge, 1995), S. 314; Malcolm Barber, *The Trial of the Templars* (London, 2003), S. 283-285; Frale, *The Templars*, S. 196-198; und Michael Haag, *The Templars: The History and the Myth* (New York, 2009), S. 236-237.

4 Barber, *New Knighthood*, S. 314-320, und Haag, *The Templars*, S. 260-267. Für sensationslüsternere Betrachtungsweisen siehe S. J. Hodge, *Secrets of the Knights Templar: The Hidden History of the World's Most Powerful Order* (New York, 2013), S. 175-176, und besonders Graeme Davis, *Knights Templar: A Secret History* (Oxford, 2013), S. 34-36. Beide Bücher sind umfassend illustriert, wobei einige der Illustrationen in Davis' Buch ausgesprochen fantasievoll sind. Es gibt eine englische Übersetzung von Gassicourt, *The Tomb of James Molai; or, the Secret of the Conspirators* (Boston, MA, 1797). Der Übersetzer war ein namenloser »Gentleman aus Boston«.

5 John V. Fleming, *The Dark Side of the Enlightenment: Wizards, Alchemists and Spiritual Seekers in the Age of Reason* (New York, 2013), S. 108-109; Theodore Ziolkowski, *Lure of the Arcane: The Literature of Cult and Conspiracy* (Baltimore, MD, 2013), S. 5-6; und Paul Kléber, *Solomon's Secret Art: The Occult in the Age of Enlightenment* (New Haven, CT, und London, 2013), S. 227.

6 R. E. Witt, *Isis in the Ancient World* (Baltimore, 1971), passim; Apuleius, *Der Goldene Esel* (dt. von August Rode, 1920, zu finden bei Projekt Gutenberg, www.projekt-gutenberg.org), »Elftes Buch«; Ivor J. Davidson, *A Public Faith: From Constantine to the Medieval World, a.d. 312-600* (Grand Rapids, MI, 2005), S. 250 und 262; Eric Hornung, *Secret Lore of Egypt: Its Impact on the West* (Ithaca, NY, 2001), S. 14.

7 Ronald H. Fritze, *Egyptomania: A History of Fascination, Obsession and Fantasy* (London, 2016), S. 102 und 104-106.

8 Ziolkowski, *Lure of the Arcane*, S. 6.

9 Ebd., S. 5-6, und David V. Barrett, *A Brief History of Secret Societies* (London, 2007), S. XXI, 1 und 71.

10 Ziolkowski, *Lure of the Arcane*, S. 8.

11 David Underdown, *Royalist Conspiracy in England, 1649-1660* [1960] (Hamden, CT, 1971).

12 Caroline Hibbard, *Charles I and the Popish Plot* (Chapel Hill, NC, 1983), und John Kenyon, *The Popish Plot* [1972] (Harmondsworth, 1974).

13 Christopher McIntosh, *Rosicrucians: The History, Mythology, and Rituals of an Esoteric Order* (San Francisco, CA, 1997), S. 7, und Fritze, *Egyptomania*, S. 133. Für die Stellung der okkulten Wissenschaften in der Renaissance und der frühneuzeitlichen Gelehrsamkeit siehe Wayne Shumaker, *The Occult Sciences in the Renaissance: A Study of Intellectual Patterns* (Berkeley, CA, 1972); Allen G. Debus, *Man and Nature in the Renaissance* (New York, 2004); und Anthony Aveni, *Behind the Crystal Ball: Magic, Science and the Occult from Antiquity through the New Age* (Boulder, CO, 2002).

14 Frances A. Yates, *The Rosicrucian Enlightenment* [1972] (New York, 1996), S. 41 und 235.

15 Dieser und der folgende Absatz basieren auf ebd. Für die Geschichte des Rosenkreuzertums nach dem frühen 17. Jahrhundert siehe Arthur Edward Waite, *The Brotherhood of the Rosy Cross* [1924] (New York, 1993).

16 Allen G. Debus, *Man and Nature in the Renaissance* (Cambridge, 1978), S. 11-12.

17 Ziolkowski, *Lure of the Arcane*, S. 61.

18 McIntosh, *Rosicrucians*, S. 17-18.

19 Yates, *Rosicrucian Enlightenment*, für ihre Übersetzung der *Fama* siehe S. 242 und 250.

20 Barrett, *Secret Societies*, S. 91 und 93-94; Fleming, *Dark Side of the Enlightenment*, S. 117-118 und 129-130; McIntosh, *Rosicrucians*, S. XIX, 21, 27, 29 und 31; und Ziolkowski, *Lure of the Arcane*, S. 47, 49-52, 55 und 60.

21 Barrett, *Secret Societies*, S. 94.

22 McIntosh, *Rosicrucians*, S. 32-34 und 51.

23 Barrett, *Secret Societies*, S. 95; Fleming, *Dark Side of the Enlightenment*, S. 62; Monod, *Solomon's Secret Arts*, S. 38-39; McIntosh, *Rosicrucians*, S. 40-42 und 44; und Yates, *Rosicrucian Enlightenment*, S. 179-180.

24 Jasper Ridley, *The Freemasons: A History of the World's Most Powerful Secret Society* (New York, 2001), S. 17-18 und 22-23; Jay Kinney, *The Masonic Myth: Unlocking the Truth About the Symbols, the Secret Rites and the History of Freemasonry* (New York, 2009), S. 18-25; McIntosh, *Rosicrucians*, S. 64; Barrett, *Secret Societies*, S. 109; und Ziolkowski, *Lure of the Arcane*, S. 66. Für eine ausführliche Darstellung der Anfänge der Freimaurerei siehe David Stevenson, *The Origins of Freemasonry: Scotland's Century, 1590-1710* (Cambridge, 2015).

25 Fleming, *Dark Side of the Enlightenment*, S. 144 und 163-164; Monod, *Solomon's Secret Arts*, S. 180; Ziolkowski, *Lure of the Arcane*, S. 65-66; Peter Partner, *The Knights Templar and their Myth* [1981] (Rochester, VT, 1990), S. 101-102; Kinney, *The Masonic Myth*; und Ridley, *The Freemasons*.

26 Albert Gallatin Mackey, *The History of Freemasonry: Its Legendary Origins* [1898] (Mineola, NY, 2008), ist ein Überblick über die meisten Ursprungslegenden der Freimaurer. Eine modernere Darstellung der legendären Ursprünge der Freimaurer finden Sie in Laurence Gardner, *The Shadow of Solomon: The Lost Secret of the Freemasons Revealed* (San Francisco, CA, 2007).

27 Fleming, *Dark Side of the Enlightenment*, S. 116-117; Haag, *Templars*, S. 270-272; Hodge, *Secrets of the Knights Templar*, S. 192-193; Davis, *Knights Templar*, S. 48-53, das eine aufwendig kolorierte Illustration enthält, die darstellt, wie Indianer eine Templer-Siedlung angreifen, in der gerade eine runde Templer-Kirche gebaut wird. Es gibt viele Bücher, die sich mit der vorgeblichen Erkundung und Besiedlung des amerikanischen Kontinents durch die Templer befassen, wie etwa Andrew Sinclairs *The*

*Sword and the Grail: Of the Grail and the Templars and a True Discovery of America* (New York, 1992), das eines der ersten Bücher neuerer Zeit zum Thema Templer in Amerika ist. Andere Beispiele sind Robert Lomas, *Turning the Templar Key: The Secret Legacy of the Knights Templar and the Origins of Freemasonry* (Beverly, MA, 2007); Ruggero Marino, *Christopher Columbus, the Last Templar* (Rochester, VT, 2005); und Tim Wallace-Murphy und Marilyn Hopkins, *Templars in America: From the Crusades to the New World* (New York, 2006).

28  Partner, *Knights Templar Myth*, S. 98, 103-106 und 108; Barrett, *Secret Societies*, S. 112 und 116; und J. M. Roberts, *The Mythology of the Secret Societies* [1972] (London, 2008), S. 109-110.

29  Partner, *Knights Templar Myth*, S. 110 und 112-113, und Roberts, *Mythology of the Secret Societies*, S. 15 und 114.

30  Barrett, *Secret Societies*, S. 113-115; Partner, *Knights Templar Myth*, S. 116-117, 121 und 130; Roberts, *Mythology of the Secret Societies*, S. 53 und 121; und McIntosh, *Rosicrucians*, S. 63 und 65.

31  Barrett, *Secret Societies*, S. XVIII; Monod, *Solomon's Secret Arts*, S. 303-304; und Roberts, *Mythology of the Secret Societies*, S. 100-104, 131, 159 und 179.

32  Jonathan I. Israel, *Democratic Enlightenment: Philosophy, Revolution and Human Rights, 1750-1790* (Oxford, 2012), S. 702, 748, 750-751 und 828-841; John Michael Greer, *The Element Encyclopedia of Secret Societies* (New York, 2006), S. 96-102; Barrett, *Secret Societies*, S. 100; Fleming, *Dark Side of the Enlightenment*, S. 62; Partner, *Knights Templar Myth*, S. 125; und Roberts, *Mythology of the Secret Societies*, S. 133.

33  Monod, *Solomon's Secret Arts*, S. 321; Robert, *Mythology of the Secret Societies*, S. 131, 136, 145-147, 149 und 188; Partner, *Knights Templar Myth*, S. 126-127; und Israel, *Democratic Enlightenment*, S. 702 und 828-841.

34  Darren M. McMahon, *Enemies of the Enlightenment: The French CounterEnlightenment and the Making of Modernity* (Oxford, 2012), S. 68-69 und 113; Graeme Garrard, *Counter-Enlightenment from the Eighteenth Century to the Present* (London, 2006), S. 36-42; und Edmund Burke an Abbé Barruel, 1. Mai 1797, in *The Correspondence of Edmund Burke*, Hrsg. R. B. McDowell (Cambridge und Chicago, IL, 1970), Bd. IX, S. 319-320.

35  Roberts, *Mythology of the Secret Societies*, S. 182-192.

36  Jean Flahaut, *Charles-Louis Cadet de Gassicourt, 1769-1821: Bâtard royal, pharmacien de l'Empereur* (Paris, 2001).

37  Charles-Louis Cadet de Gassicourt, *Tomb of James Molai* (Boston, MA, 1797), S. 5, 7, 11-14 und 17 (es ist in der englischen Übersetzung nur ein kleines Buch von 22 Seiten), und Partner, *Knights Templar Myth*, S. 130-132.

38  Roberts, *Mythology of the Secret Societies*, S. 199-201; McMahon, *Enemies of the Enlightenment*, S. 27-28 und 41-42; Garrard, »Counter-Enlightenment and Counter Revolution«, in *Counter-Enlightenment*, S. 42-48; und Amos Hofman, »The Origins of the Theory of the Philosophe Conspiracy«, *French History*, II (Juni 1998), S. 152-172.

39  Eine Ausgabe von Barruel in moderner Schrift und in einem Band mit 846 Seiten, siehe A. Barruel, *Illustrating the History of Jacobinism*, Einf. Stanley L. Jaki (Fraser, MI, 1995). Es wurde von Rear-View Books für die American Society on Economics and Society veröffentlicht. Keine dieser Einrichtungen hat eine Website. Jakis Einführung geht von einem sehr konservativen römisch-katholischen Standpunkt aus und nimmt Barruels Ausführungen ernst.

40  Roberts, *Mythology of the Secret Societies*, S. 199, und Partner, *Knights Templar Myth*, S. 131.

41  »John Robison«, in *Oxford Dictionary of National Biography*, 60 Bd. (Oxford, 2004).

42  John Robison, *Proofs of a Conspiracy against All the Religions and Governments of Europe, carried on in the Secret Meetings of Free Masons, Illuminati, and Reading Societies* (1797), S. 157-196. Informationen auf der letzten Seite des Buches deuten an, dass diese Version 2019 von CreateSpace veröffentlicht (einem Dienstleister für den Eigenverlag). Es gibt noch weitere CreateSpace-Reprints. Die John Birch Society brachte 1967 ein Reprint der *Proofs of Conspiracy* heraus, das heute noch über deren Website, www.jbs.org, vertrieben wird.

43  Stanley Jaki, »Introduction«, in: Barruel, *Memoirs*, S. XVII-XVIII, und Roberts, *Mythology of the Secret Societies*, S. 203-204.

44  Partner, *Knights Templar Myth*, S. 131 und 133; Roberts, *Mythology of the Secret Societies*, S. 203-204 und 217; und Amos Hofman, »Opinions, Illusion and the Illusion of Opinion: Barruel's Theory of Conspiracy«, *Eighteenth-Century Studies*, XXVII (Herbst 1993), S. 27-60, vor allem 59-60. Für eine freimaurerische Kritik siehe W. K. Firminger, »The Romances of Robison and Barruel«, *Ars Quatour Coronatum*, I (1940), S. 31-69.

45  Una Birch, *Secret Societies: Illuminati, Freemasons, and the French Revolution* [1911] (Lake Worth, FL, 2007); Webster, *Secret Societies and Subversive Movements*; »Nesta Helen Webster«, in *Oxford Dictionary of National Biography*. Der Reprint von Una Birchs Buch enthält einige kurze biografische Informationen. Ausführlichere Angaben zu Nesta Webster finden sich in Richard Griffiths, *Fellow Travellers of the Right: British Enthusiasts for Nazi Germany 1933-1939* [1980] (London, 2010); Richard M. Gilman, *Behind World Revolution: The Strange Career of Nesta H. Webster* (Ann Arbor, MI, 1982); Markku Ruotsila, »Mrs. Webster's

Religion: Conspiracist Extremism on the Christian Far Right«, *Patterns of Prejudice*, XXXIX/2 (2004), S. 109-126; und Martha F. Lee, »Nesta Webster: The Voice of Conspiracy«, *Journal of Women's History*, XVII/3 (2005), S. 81-104.

46 [Jakob Levi Bartholdy], *Memoirs of the Secret Societies of the South of Italy, particularly the Carbonari* (London, 1821).

47 Roberts, *Mythology of the Secret Societies*, S. 18-23, 262 und 314-360; Ziolkowski, *Lure of the Arcane*, S. 99-101; Richard Evans, *The Pursuit of Power: Europe 1815-1914* (New York, 2016), S. 27, 32, 37-39, 44-45, 75, 81-83, 173, 213, 266 und 271-272; und Elizabeth L. Eisenstein, *The First Professional Revolutionist: Filippo Michele Buonarroti, 1761-1837* (Cambridge, MA, 1959).

48 Evans, *Pursuit of Power*, S. 78; »Wilhelm Marr (1819-1904)«, https:// jewishvirtuallibrary.org, abgerufen am 19. März 2021. Eine online verfügbare Version von Marrs Buch findet sich unter https://www. gehove.de/antisem/texte/marr_sieg.pdf, abgerufen am 19. Januar 2022; und Moshe Zimmermann, *Wilhelm Marr: The Patriarch of Anti-Semitism* (Oxford, 1986).

49 Norman Cohn, *Warrant for Genocide: The Myth of the Jewish World Conspiracy and the Protocols of the Elders of Zion* [1967] (London, 1996), S. 26-28, 46 und 48, und Norman Cohn, *The Pursuit of the Millennium: Revolutionary Millenarians and Mystical Anarchists of the Middle Ages* [1957] (New York, 1970), S. 78-79 und 285.

50 Cohn, *Warrant*, S. 44-49, und Umberto Eco, *Serendipities* (New York, 1998), S. 13-16.

51 Cohn, *Warrant*, S. 113 und 116-118, und Walter Laqueur, »The Many Lives of ›The Protocols of the Elders of Zion‹«, *Mosiac: Advancing Jewish Thought* (4. Dezember 2017), ohne Seitenzählung, https:// mosaicmagazine.com. Dieser Essay ist eine gute Zusammenfassung des Status' der Forschung zu den »Protokollen«.

52 Laqueur, »Many Lives«, passim; Cesare G. de Michelis, *The Non-Existent Manuscript: A Study of the Protocols of the Sages of Zion* (1998, überarb. und erweiterte engl. Übers., Lincoln, NE, 2004); Michael Hagemeister, »The Protocols of the Elders of Zion: Between History and Fiction«, *New German Critique*, XXXV/103 (Winter 2008), S. 83–95; Michael Hagemeister, »Sergei Nilus and the Apocalyptical Reading of The Protocols of the Elders of Zion«, in *The Paranoid Apocalypse: A Hundred Year Retrospective on the Protocols of the Elders of Zion*, Hrsg. Richard Landers und Steven T. Katz (New York, 2012), S. 79-91; und Richard S. Levy, »Setting the Record Straight regarding The Protocols of the Elders of Zion: A Fool's Errand?«, *Nexus 2: Essays in German Jewish Studies* (Martlesham, 2013), S. 43-62.

53  Cohn, *Warrant*, S. 126, 132-134 und 139.

54  Ibid., S. 139-142.

55  Ibid., S. 139, 174 und 177-178; George L. Mosse, *The Crisis of German Ideology: Intellectual Origins of the Protocols of the Elders of Zion* (Lincoln, NE, 1995), S. 25-27. Binjamin W. Segel, *A Lie and a Libel: The History of the Protocols of the Elders of Zion*, übers. und hrsg. Richard S. Levy (Lincoln, NE, 1996), S. 24-27. Dieses Buch ist eine Übersetzung und Zusammenfassung eines Buches, das Segal 1924 in Deutschland herausgebracht hat und das eine detaillierte Chronologie der »Protokolle« sowie eine gründliche Einführung von Richard S. Levy enthält (Das deutsche Original von Binjamin W. Segel trägt den Titel *Die Protokolle der Weisen von Zion kritisch beleuchtet. Eine Erledigung*).

56  Lucien Wolf, *The Myth of the Jewish Menace in World Affairs* (New York, 1921), S. 9; Ziolkowski, *Lure of the Arcane*, S. 165; und Webster, *Secret Societies*, S. 408-414.

57  Herman Bernstein, *The History of a Lie: 'The Protocols of the Wise Men of Zion'* (New York, 1921).

58  Cohn, *Warrant*, S. 190-198, und Segel, *A Lie and a Libel*, S. 12-14 und 20-29.

59  Cohn, *Warrant*, S. 152-153, 155-162 und 187, und Ziolkowski, *Lure of the Arcane*, S. 164.

60  Zusammengefasst aus: Adolf Hitler, *Mein Kampf* (New York, 1941), S. 307-308.

61  Cohn, *Warrant*, S. XIV, 197-198, 212, 214 und 268; Hannah Arendt, *The Origins of Totalitarianism* [1951] (London, 2017), auf deutsch erschienen als *Elemente und Ursprünge totaler Herrschaft* (1955); und Ziolkowski, *Lure of the Arcane*, S. 164.

62  Bernstein, *The History of a Lie*, S. 83.

63  Robert J. McMahon, *The Cold War: A Very Short Introduction* (Oxford, 2003), S. 118; Alan Brinkley, »The Illusion of Unity in Cold War Culture«, in *Rethinking Cold War*, Hrsg. Peter J. Kuznick und James Gilbert (Washington, DC, 2001), S. 62-63; und Stephen J. Whitfield, *The Culture of the Cold War*, 2. Aufl. (Baltimore, MD, 1996), vor allem Kapitel 1 und 2.

64  Thomas Milan Konda, *Conspiracies of Conspiracies: How Delusions Have Overrun America* (Chicago, IL, 2019), S. 231; Tom Jensen, »Democrats and Republicans Differ on Conspiracy Theory Beliefs«, www.publicpolicypolling.com, 2. April 2013; »The Conspiratorial Mindset in an Age of Transition« (Zusammenfassung), Political Capitol Research Consulting Institute, www.deconspirator.com, 20. Dezember 2013; und Steven Rosenfeld, »Study: How Breitbart Media's Disinformation Created the Paranoid Fact-Averse Nation that Elected Trump«, www.alternet.org, 20. Juli 2017.

65 Jonathan Houghton, »Welch, Robert Henry Winborne, Jr.«, in *Dictionary of North Carolina Biography*, Hrsg. William S. Powell, 6 Bd. (Chapel Hill, NC, 1979-96), auch verfügbar unter www.ncpedia.org; Sharon D. Rudy, »Welch, Robert«, in *American National Biography*, Hrsg. John A. Garraty und Mark C. Carnes, 24 Bd. (Oxford, 1999); und Terry Lautz, *John Birch: A Life* (New York, 2016), S. 219-220.

66 Lautz, *John Birch*, S. 255-257, und James H. »Jimmy« Doolittle mit Carroll V. Glines, *I Could Never Be So Lucky: An Autobiography* (New York, 1991), S. 279.

67 Christopher Towler, »The John Birch Society Is Still Influencing American Politics, 60 Years after its Founding«, www.theconversation. com, 6. Dezember 2018.

68 Lautz, *John Birch*, S. 234-248. Obwohl Lautz' Buch eine Biografie ist, diskutieren die letzten fünf seiner 16 Kapitel den Ruf und die Verwendung von John Birchs Namen nach seinem Tod. Es bietet auch eine zusammengefasste Geschichte der John Birch Society bis zu Robert Welchs Tod 1985. Siehe auch Sean Wilentz »Confounding Fathers: The Tea Party's Cold War Roots«, www.newyorker.com, 11. Oktober 2010. Dieser Artikel enthält einen kurzen Überblick über die Geschichte der John Birch Society.

69 Konda, *Conspiracies of Conspiracies*, S. 157, 278 und 281.

70 Wilentz, »Confounding Fathers«, ist eine gute Darstellung der Rückkehr der John Birch Society in die rechtsgerichtete amerikanische Politik mit der Hilfe von Glenn Beck.

71 Mark Jacobson, *Pale Horse Rider: William Cooper and the Fall of Trust in America* (New York, 2019), S. 44-49; William Cooper, *Behold a Pale Horse* (Flagstaff, AZ, 1991), S. 315-330, enthält Faksimiles von Militärunterlagen, die Coopers Dienst in der Navy belegen, nicht jedoch in der Air Force. Die Einführung zu *Behold a Pale Horse* ist eine kurze Autobiografie von Cooper.

72 Jacobson, *Pale Horse Rider*, S. 50-61, und Michael Barkun, *A Culture of Conspiracy: Apocalyptic Visions in Contemporary America*, 2. Aufl. (Berkeley, CA, 2013), S. 60, machte 2013 die gleiche Beobachtung.

73 Cooper, *Behold a Pale Horse*, passim. Die revidierte Ausgabe, in der das Kapitel mit dem Abdruck der »Protokolle der Weisen von Zion« fehlt, wurde 2019 von Coopers ursprünglichem Verlag Light Technology herausgebracht, der jetzt in Flagstaff, Arizona, sitzt. Cooper schrieb als William Cooper, als ohne seinen ersten Vornamen Milton. Im Alltag nannte er sich einfach Bill. Siehe auch Barkun, *Culture of Conspiracy*, S. 60, und Konda, *Conspiracies of Conspiracies*, S. 209.

74 Curtis Peebles, *Watch the Skies! A Chronicle of the Flying Saucer Myth* (Washington, DC, 1994), passim, aber vor allem S. 256-282; Barkun,

*Culture of Conspiracy*, S. 62-63, 85 und 90-92; und Cooper, *Behold a Pale Horse*, S. 382, wo er ein Faksimile des Titels der ersten amerikanischen Ausgabe von John Robisons Verschwörungsklassiker *Proofs of Conspiracy* bietet.

75  Barkun, *Culture of Conspiracy*, S. 30, 143, 220; Peebles, *Watch the Skies!*, S. 276; und Jerome Clark, »Conspiracy Theories«, in *UFOs and Popular Culture: An Encyclopedia of Contemporary Myth* (Santa Barbara, CA, 2000), S. 84-85.

76  Peebles, *Watch the Skies!*, S. 279; Barkun, *Culture of Conspiracy*, S. 36, 61, 96 und 226. Laut Jacobsons *Pale Horse Rider*, S. 103-105, hatte Cooper beschlossen, dass Außerirdische und UFOs eine Regierungserfindung vor der Veröffentlichung von *Behold a Pale Horse* waren. Angesichts von Coopers scheinbarer Fähigkeit, gleichzeitig widersprüchliche Überzeugungen aufrechtzuerhalten, ist es oft schwierig festzustellen, was er wirklich gedacht hat.

77  Barkun, *Culture of Conspiracy*, S. XI und 70, und Jacobson, *Pale Horse Rider*, S. 248-262.

78  Jacobson, *Pale Horse Rider*, S. 310-313, 317-319 und 328-332.

79  »Alex Jones«, en.wikipedia.org, abgerufen am 19. März 2021. Dieser Artikel ist vielfältig mit Quellen versehen.

80  Elizabeth Williamson und Emily Steel, »Conspiracy Theories Made Alex Jones Rich. They May Bring Him Down«, www.nytimes.com, 7. September 2018, und Veit Medick, »Meet Donald Trump's Propagandist« bzw. »Der Mann, der Trump die Lügen ins Ohr setzt«, www.spiegel.de, 28. Februar 2017.

81  Siehe die Website der John Birch Society unter www.jbs.org.

82  Für InfoWars siehe www.infowars.com sowie PrisonPlanet unter www.prisonplanet.com und NewsWars unter www.newswars.com.

83  Konda, *Conspiracies of Conspiracies*, S. 294-295, 307, 310 und 329, und www.infowars.com.

84  Konda, *Conspiracies of Conspiracies*, S. 330.

KAPITEL 5

1  Zitiert von Irving Hexham, »Inventing ›Paganists‹: A Close Reading of Richard Steigmann-Gall's The Holy Reich«, *Journal of Contemporary History*, XLII (Januar 2007), S. 76-77.

2  Hermann Rauschning, *Gespräche mit Hitler* [1940] (Zürich, 2005), S. 208. Im englischen Originalbuch wird Eric Kurlanders Übersetzung aus »The Nazi Magicians« Controversy: Enlightenment, ›Border Science,‹ and Occultism in the Third Reich«, *Central European History*, XLVIII (2015),

S. 500, verwendet, die lautet: »Every German has one foot in Atlantis, where he seeks a better fatherland.«

3   Peter Longerich, *Heinrich Himmler* (Oxford, 2012), S. 272-273.

4   Chris Wickham, *The Inheritance of Rome: A History of Europe from 400 to 1000* (New York, 2009), S. 430-435, für einen kurzen historischen Überblick, und Madelyn Bergen Dick, »Henry I of Saxony«, in *Who's Who in the Middle Ages*, Hrsg. Richard K. Emmerson (London, 2006), S. 454-455.

5   Peter Padfield, *Himmler* (New York, 1990), S. 249, und Christopher Hale, *Himmler's Crusade: The Nazi Expedition to Find the Origins of the Aryan Race* (Edison, NJ, 2003), S. 85.

6   Monica Black und Eric Kurlander, Hrsg., *Revisiting the »Nazi Occult«: Histories, Realities, Legacies* (Rochester, NY, 2015), dort siehe Black und Kurlander, »Introduction« S. 2 und 8, und Peter Staudenmaier, »Esoteric Alternatives in Imperial Germany: Science, Spirit and the Modern Occult Revival«, S. 24, 31 und 34-35; Eric Kurlander, *Hitler's Monsters: A Supernatural History of the Third Reich* (New Haven, CT, und London, 2017), S. XV-XVI, 14-22 und 298-300; Corinna Treitel, *A Science for the Soul: Occultism and the Genesis of the German Modern* (Baltimore, MD, 2004), S. 18, 27 und 66; und Nicholas Goodrick-Clarke, *The Occult Roots of Nazism: Secret Aryan Cults and their Influence on Nazi Ideology; The Ariosophists of Austria and Germany, 1890-1935* [1985] (New York, 1992), S. 1 und 204. Goodrick-Clarkes Anhang, »The Modern Mythology of Nazi Occultism«, S. 217-225, bietet einen Überblick und eine Aufdeckung der sensationsheischenden Literatur des Nazi-Okkulten bis 1992.

7   Für die Geschichte des deutschen Okkultismus im 19. und 20. Jahrhundert siehe Treitel, *Science for the Soul*. Für die Roten Juden, Rosenkreuzer und die deutsche Freimaurerei siehe Andrew Gow, *The Red Jews: Anti-Semitism in an Apocalyptic Age, 1200-1600* (Leiden, 1994); Christopher McIntosh, *The Rosicrucians: The History, Mythology and Rituals of an Esoteric Order*, 3. Aufl. (San Francisco, 1997); und David V. Barrett, *A Brief History of Secret Societies* (London, 2007).

8   Theodore Ziolkowski, *Lure of the Arcane: The Literature of Cult and Conspiracy* (Baltimore, MD, 2013), S. 133, und Paul Kléber Monod, *Solomon's Secret Arts: The Occult in the Age of Enlightenment* (New Haven, CT, und London, 2013), S. 227 und 263. Für Studien über die okkulte Wiedergeburt in Großbritannien und Deutschland siehe Alex Owen, *The Place of Enchantment: British Occultism and the Culture of the Modern* (Chicago, IL, 2004), und Treitel, *Science for the Soul*.

9   Richard J. Evans, *The Coming of the Third Reich* (New York, 2003), S. XXIV-XXVIII, 2, 17, 20-21, 102, 111, 118 und 120-125; Kurlander, *Hitler's*

*Monsters*, S. XVIII und 63; und Ian Kershaw, *To Hell and Back: Europe,*
*1914-1949* (New York, 2015), S. 241-246.

10  Evans, *Coming*, S. 27-31, und Norman Cohn, *Warrant for Genocide: The*
*Myth of the Jewish World Conspiracy and the Protocols of the Elders of Zion*
[1967] (London, 1996).

11  Evans, *Coming*, S. 37-39; Goodrick-Clarke, *Occult Roots*, S. 13; Hale,
*Himmler's Crusade*, S. 102; Frank Spencer, »Rassenhygiene and
Rassenkunde« [Racial Hygiene and Race Lore], und John V. Day,
»Aryanism«, in *History of Physical Anthropology: An Encyclopedia*, Hrsg.
Frank Spencer, 2 Bd. (New York, 1997); und Leon Poliakov, *The Aryan*
*Myth: A History of Racist and Nationalist Ideas in Europe* (New York, 1974),
der das Thema von der Vorgeschichte bis ins 19. Jahrhundert verfolgt.
Für die amerikanische Erfahrung mit wissenschaftlichem Rassismus
und Sozialdarwinismus, siehe Richard Hofstadter, *Social Darwinism in*
*American Thought* [1944] (Boston, MA, 1992), und Susan Jacoby, *The Age of*
*American Unreason* (New York, 2008), S. 61-81.

12  Poliakov, *Ayran Myth*, S. 183-214, und Heather Pringle, *The Master Plan:*
*Himmler's Scholars and the Holocaust* (New York, 2006), S. 28-34.

13  George L. Mosse, *The Nationalization of the Masses: Political Symbolism*
*and Mass Movements in Germany from the Napoleonic Wars through the*
*Third Reich* (New York, 1975), untersucht die verschiedenen Taktiken
und Techniken, mit denen der deutsche Nationalismus geschaffen und
gestärkt wurde.

14   George L. Mosse, »The Mystical Origins of National Socialism«, *Journal*
*of the History of Ideas*, XXII/1, (Januar-März 1961), S. 87 und 96; George L.
Mosse, *The Crisis of German Ideology: Intellectual Origins of the Third Reich*
(New York, 1964), S. 4-5; Kurlander, *Hitler's Monsters*, S. 11 und 32; und
Goodrick-Clarke, *Occult Roots*, S. 5.

15  Richard J. Evans, *Coming*, S. 48; Kurlander, *Hitler's Monsters*, S. 11 und
32; Goodrick-Clarke, *Occult Roots*, S. 98-99; Mosse, »Mystical Origins«,
S. 87, 94 und 96; und für eine ausführliche Analyse der Geschichte der
völkischen Bewegung siehe Mosse, *Crisis of German Ideology*.

16  Goodrick-Clarke, *Occult Roots*, S. 2-3 und 5.

17  Ebd., S. 33, 49 und 56-57; Mosse, »Mystical Origins«, S. 89; und Treitel,
*Science for the Soul*, S. 104.

18  Goodrick-Clarke, *Occult Roots*, S. 50, 63, 66-70 und 77.

19  Mosse, »Mystical Origins«, S. 81 und 84-85; Treitel, *Science for the Soul*,
S. 83-84 und 102; Goodrick-Clarke, *Occult Roots*, S. 15, 18, 22-23, 29-31,
55, 65 und 79-80; Hale, *Himmler's Crusade*, S. 26 und 30. Ein Beispiel für
Lists Schriften in englischer Sprache bietet *The Secret of the Runes*, bearb.,
eingef. Und übers. Stephen E. Flowers [1908] (Rochester, VT, 1988).

Flowers' ausführliche Einführung bietet biografisches Material und setzt Lists Werk in einen breiteren Kontext.

20 Goodrick-Clarke, *Occult Roots*, S. 63-64, 77-79, 81-83 und 88-89.

21 Ebd., S. 90-92; Treitel, *Science for the Soul*, S. 104; und David Luhrssen, *Hammer of the Gods: The Thule Society and the Birth of Nazism* (Washington, DC, 2012), S. 37.

22 Goodrick-Clark, *Occult Roots*, S. 55, 95, 98 und 101-102.

23 Ebd., S. 90, 92, 106-114 und 122.

24 Ebd., S. 45-46, 51, 62, 64 und 126-127, und Luhrssen, *Hammer of the Gods*, S. 65-66. Frisch veröffentlichte 1921 die deutsche Übersetzung von Henry Fords *International Jew*, die zwischen 1921 und 1922 21 Auflagen erlebte.

25 Goodrick-Clarke, *Occult Roots*, S. 127-128, 130 und 132-133.

26 Luhrssen, *Hammer of the Gods*, S. 43 und 69, und Goodrick-Clarke, *Occult Roots*, S. 133-135, 138 und 140-142.

27 Evans, *Coming*, S. 159-160; Kurlander, *Hitler's Monsters*, S. 34-41; Goodrick-Clarke, *Occult Origins*, S. 133-134, 144-145 und 149; Luhrssen, *Hammer of the Gods*, S. 61-62 und 74-75.

28 Evans, *Coming*, S. 159-160; Luhrssen, *Hammer of the Gods*, S. 76-77, 107-108, 113, 120, 133-138 und 147; Goodrick-Clarke, *Occult Roots*, S. 144-147 und 149; und Kurlander, *Hitler's Monsters*, S. 42-46.

29 Luhrssen, *Hammer of the Gods*, S. 189-190.

30 Ebd., S. 76-78.

31 Goodrick-Clarke, *Occult Roots*, S. 133-134; Kurlander, *Hitler's Monsters*, S. 34-41 und 50-56; und Luhrssen, *Hammer of the Gods*, S. 155-156, 173-174 und 191-192.

32 Für eine ausgezeichnete und detaillierte Darstellung der Geschehnisse siehe Evans, *Coming*, S. 232-308.

33 Neben Evans, *Coming*, siehe auch Mosse, *Crisis of German Ideology*; und Kurlander, *Hitler's Monsters*. Beide diskutieren ausführlich die Arten von pseudowissenschaftlichen und pseudohistorischen Ideen, die von vielen Deutschen, besonders den Nazis, vertreten wurden.

34 Treitel, *Science for the Soul*, bietet eine guten historischen Abriss des Okkulten im Wilhelminischen Deutschland und in der Weimarer Republik.

35 Walter Isaacson, *Einstein: His Life and Universe* (New York, 2007), S. 384-385.

36 Kurlander, *Hitler's Monsters*, S. 384-385.

37 Ian Kershaw, *Hitler, 1889-1936: Hubris* (New York, 1999), S. 138 und 154-155; Volker Ullrich, *Hitler: Ascent, 1889-1939* (New York, 2016), S. 86, 105-107 und 126; Luhrssen, *Hammer of the Gods*, S. 78, 155-156 und 173-174; Kurlander, *Hitler's Monsters*, S. 50-56; und Evans, *Coming*, S. 178-179.

38 Kurlander, *Hitler's Monsters*, S. 46-49 und 56-57.

39 Goodrick-Clarke, *Occult Roots*, S. 197-198, und Luhrssen, *Hammer of the Gods*, S. 36 und 152-153.

40 Kurlander, *Hitler's Monsters*, S. 138; Luhrssen, *Hammer of the Gods*, S. 42 und 152-153; Goodrick-Clarke, *Occult Roots*, S. 97 und 197-198; Kershaw, *Hitler: Hubris*, S. 49-52, 63 und 621, nn. 199, 201 und 203; und Ullrich, *Hitler: Ascent*, S. 44.

41 Willy Ley, »Pseudoscience in Naziland«, *Astounding Science Fiction*, XXXIX/3 (1947), S. 90-98, und www.alpenfestung.com, abgerufen am 20. März 2021.

42 Zitat aus Luhrssen, *Hammer of the Gods*, S. 149.

43 Goodrick-Clarke, *Occult Roots*, S. 146 und 151-152, und Luhrssen, *Hammer of the Gods*, S. XXI und 149-150.

44 Kershaw, *Hitler: Hubris*, S. 155, 158 und 183, und Ullrich, *Hitler: Ascent*, S. 105-107 und 126.

45 Goodrick-Clarke, *Occult Roots*, S. 29, 194-195 und 198. Lanz erzählte diese Geschichte 1951 dem Historiker Wilfried Daim. Für Skepsis über Lanz' Einfluss auf Hitler siehe Kershaw, *Hitler: Hubris*, S. 50-52, und Ullrich, *Hitler: Ascent*, S. 44.

46 Goodrick-Clarke, *Occult Roots*, S. 150-151, 196-199 und 201-203; Adolf Hitler, *Mein Kampf* (New York, 1941), S. 498. Für Hitlers Bekenntnis zur völkischen Ideologie in *Mein Kampf*, Ausgabe von 1941, siehe besonders Bd. I, Kap. 12, und Bd. II, Kap.

47 Pringle, *Master Plan*, S. 91-92. Das Zitat steht auf S. 92.

48 Max Domarus, *Hitler's Speeches and Proclamations*, 1932-1945, Bd. II: *The Years 1935 to 1938*, (Wauconda, IL, 1992), S. 1145-1147; *Hitler's Secret Conversations*, 1941-1944, Übers. N. Cameron und R. H Stevens, Einf. H. R. Trevor-Roper (New York, 1972), S. 342 (Rosenberg war manchmal Gast bei diesen Abendessen, war aber zu diesem Anlass nicht anwesend); Kurlander, *Hitler's Monsters*, S. 58-59, 168 und 182; Luhrssen, *Hammer*, S. 164-165.

49 Kurlander, *Hitler's Monsters*, S. 64-74, und Timothy W. Ryback, *Hitler's Private Library: The Books that Shaped his Life* (London, 2009), S. 114N, 146, 147, 157 und 158-161.

50 Kurlander, *Hitler's Monsters*, S. 89-94, 100, 105 und 133. Siehe auch Mel Gordon, *Hanussen: Hitler's Jewish Clairvoyant* (Los Angeles, CA, 2001), und Arthur J. Magida, *The Nazi Séance: The Strange Story of the Jewish Psychic in Hitler's Circle* (New York, 2011).

51 Kurlander, *Hitler's Monsters*, S. 118-130. Richard J. Evans, *The Hitler Conspiracies* (New York, 2020), Kap. 4, »Why did Rudolf Hess fly to Britain?« (Warum ist Rudolf Heß nach Großbritannien geflogen?) diskutiert die verschiedenen Theorien über Heß' Aktion.

52 Ebd., S. 100-106 und 110-120, und Kurlander, »The Nazi Magicians' Controversy«, S. 503, 505-507, 512-515 und 519-521. Treitel, *Science for the Soul*, S. 211 und 223-225, erklärt, dass die Nazis dem Okkulten feindlich gegenüberstanden, doch die von Kurlander vorgebrachten Beweise widerlegen ihre Behauptung.

53 Kurlander, *Hitler's Monsters*, S. XI, 30-31, 150-161 und 228; Eric Kurlander, »Hitler's Supernatural Sciences: Astrology, Anthroposophy and World Ice Theory in the Third Reich«, in *Revisiting the »Nazi Occult«*, S. 145; *Hitler's Secret Conversations*, S. 324-325 und 249-250. Eine knappe und amüsante Beschreibung der Welteislehre finden Sie in Ley, »Pseudoscience in Naziland«. Dieser Essay wurde ursprünglich 1947 in der Zeitschrift *Astounding Science Fiction* veröffentlicht. Ein gutes Buch zum Thema ist Robert Bowen, *Universal Ice: Science and Ideology in the Nazi State* (London, 1993).

54 Evans, *Coming*, S. 176-177 und 196, und Kurlander, *Hitler's Monsters*, S. 12, 28, 53, 37, 138-139, 152 und 267.

55 Zwei ausgezeichnete Himmler-Biografien sind Peter Padfield, *Himmler* (New York, 1990), und Peter Longerich, *Heinrich Himmler* (Oxford, 2012), besonders sein Kapitel 10, »Ideology and Religious Cult«. Zitat von Wisliceny in Cohn, *Warrant for Genocide*, S. 209.

56 Goodrick-Clarke, *Occult Roots*, S. 177 und 179-191, und Pringle, *Master Plan*, S. 46-49.

57 Evans, *Coming*, S. 226-230, und Richard H. Evans, *The Third Reich in Power* (New York, 2005), S. 50-55. Für weitere Details über Himmlers Mitwirkung siehe Longerich, *Heinrich Himmler*, und Padfield, *Himmler*. Das Wisliceny-Zitat stammt aus Cohn, *Warrant for Genocide*, S. 199.

58 Pringle, *Master Plan*, passim, ist die Quelle für einen Großteil dieses Absatzes. Hale, *Himmler's Crusade*, konzentriert sich zwar auf die Schäfer-Expedition nach Tibet, bietet aber auch Hintergrundinformationen zu Himmler und dem Ahnenerbe. Für eine kurzgefasste Einschätzung des Ahnenerbes, siehe Kurlander, *Hitler's Monsters*, S. 154-155. Arthur Posnansky, *Tihuanacu: The Cradle of American Man* (New York, 1945-57), ist eine englische Übersetzung.

59 Longerich, *Heinrich Himmler*, S. 138, Padfield, *Himmler*, S. 93, und Hale, *Himmler's Crusade*, S. 85.

60 Evans, *Third Reich in Power*, S. 421; Kurlander, *Hitler's Monsters*, S. 233; Pringle, *Master Plan*, S. 39, 41 und 137-144; Hale, *Himmler's Crusade*, S. 82 und 91; und Treitel, *Science for the Soul*, S. 213.

61 Pringle, *Master Plan*, S. 333-336; Hale, *Himmler's Crusade*, S. 103-106; Ryback, *Hitler's Private Library*, S. 69, 110 und 111; und Christopher M. Hutton, *Race and the Third Reich: Linguistics, Racial Anthropology and Genetics in the Dialectic of the Volk* (Cambridge, 2005), S. 35-63 passim, 105,

108, 110, 113 und 221. Günthers *Rassenkunde Europas* gibt es seit 1927 in englischer Übersetzung (*The Racial Elements of European History*). In den letzten zwei Jahrzehnten sind mehrere Reprints erschienen.

62  Martin Gardner, *Fads and Fallacies in the Name of Science* (New York, 1957), S. 153.

63  Kurlander, *Hitler's Monsters*, S. 190; Luhrssen, *Hammer of the Gods*, S. 164; und Gardner, *Fads and Fallacies*, S. 155. Einen Volltext des *Mythus des 20. Jahrhundert* findet man im Internet Archive unter archive.org.

64  Evans, *Third Reich in Power*, S. 249-252 und 256-258; *Hitler's Secret Conversations*, S. 342; Manfred Gailus, »A Strange Obsession with Nazi Christianity: A Critical Comment on Richard Steigmann-Gall's The Holy Reich«, *Journal of Contemporary History*, XLII (Januar 2007), S. 166-172, 183, 186 und 194; Hexham, »Inventing ›Paganists‹«, S. 65-68 und 75.

65  Kurlander, *Hitler's Monsters*, S. 200-201; Luhrssen, *Hammer of the Gods*, S. 162-163 und 166-167; und Hexham, »Inventing Paganists«, S. 72-73, Zitat auf S. 72.

66  Lewis Spence, *Occult Causes of the War* (London, 1940); Mosse, *Crisis of German Ideology*; und Alan Bullock, *Hitler: A Study in Tyranny* (New York, 1962).

67  Louis Pauwels und Jacques Bergier, Aufbruch ins 3. Jahrtausend (München, 1962); Trevor Ravenscroft, *The Spear of Destiny: The Occult Power Behind the Spear Which Pierced the Side of Christ* (San Francisco, CA, 1973); Peter Levenda, *Unholy Alliance: A History of Nazi Involvement with the Occult* (New York, 1995, 2. Aufl. 2002); William Henry, *One Foot in Atlantis: The Secret Occult History of World War II and its Impact on New Age Politics* (Anchorage, AL, 1998); und Paul Roland, *The Nazis and the Occult: The Dark Forces Unleashed by the Third Reich* (Edison, NJ, 2007), sind nur eine kleine Auswahl der reißerischen und verschrobenen Schriften und Dokumentationen über Hitler, die Nazis und das Okkulte. Jason Colavito, *The Cult of the Alien Gods: H. P. Lovecraft and Extraterrestrial Pop Culture* (Amherst, NY, 2005), demonstriert ganz ausgezeichnet, wie Pauwels und Bergier dazu beitrugen, Pseudohistorie in der Populärkultur zu etablieren.

68  Ken Anderson, *Hitler and the Occult* (Amherst, NY, 1995), nimmt Trevor Ravenscrofts Behauptungen über den »Speer des Schicksals« und die Versuche der Nazis, dessen okkulte Kräfte zu nutzen, gründlich auseinander. Siehe auch Keith Fitzpatrick-Matthews, »›The Spear of Destiny‹: Hitler, the Hapsburgs and the Holy Grail«, auf der Bad-Archaeology-Website, https://badarchaeology.wordpress.com, abgerufen am 6. Oktober 2020.

69  Treitel, *Science for the Soul*, S. 216 und 240.

70  Kurlander, *Hitler's Monsters*, S. XI, XIV und XV.

71 Ebd., S. 22-32.

72 Ebd, S. XI.

73 Philip Gibbs, *European Journey* (New York, 1934), S. 243-246, Zitat auf S. 245, und Julia Boyd, *Travellers in the Third Reich: The Rise of Fascism through the Eyes of Everyday People* (London, 2018), S. 138-139.

74 Philipp Stelzel, *History after Hitler: A Transatlantic Enterprise* (Philadelphia, PA, 2019), beschreibt den Kampf deutscher Historiker nach 1945 um die Auseinandersetzung mit der Nazi-Zeit.

75 Hale, *Himmler's Crusade*, S. 31.


KAPITEL 6

1 Martin Gardner, *In the Name of Science: An Entertaining Survey of the High Priests and Cultists of Science, Past and Present* (New York, 1952), und Martin Gardner, *Fads and Fallacies in the Name of Science* (New York, 1957), S. 60. Die Paginierung ist bei beiden Büchern identisch, allerdings wurde die Ausgabe von 1957 um den Abschnitt »Appendix and Notes« ergänzt, der auf den Seiten 325-355 zu finden ist.

2 »Roswell Secrets Unveiled«, History Channel, *History's Mysteries*, Staffel 2, Folge 12, 1999.

3 Siehe www.cinematreasures.org, abgerufen am 21. März 2021.

4 David Noack, »Unidentified Flying Newspaper«, *Editor and Publisher* (8. August 1997), S. 29.

5 Joyce Ogle, »Organizers Expect Possible Record Crowds for UFO Festival«, *Roswell Daily Record* (26. Juni 2021), auf www.rdrnews.com und laut Informationen von Jim Hill. Der Rest dieses Absatzes basiert auf William P. Barrett, »Unidentified Flying Dollars«, Forbes (18. Juli 1996), S. 49-53; Toby Smith, *Little Grey Men: Roswell and the Rise of Popular Culture* (Albuquerque, NM, 2000); Thomas W. Paradis, »The Political Economy of Theme Development in Small Urban Places: The Case of Roswell, New Mexico«, *Tourism Geographies*, IV/1 (2002), S. 22-43; »Aliens Must Have Come from NYC«, *Forbes* (23. Juli 2007), S. 34; Eileen R. Meehan, »Tourism, Development, and Media«, *Society* (2008), S. 338-341; und Andrew Stuttaford, »Letter from Roswell: Among the Ufologists«, *New Criterion* (März 2018), S. 28-32.

6 Paradis, »The Political Economy of Theme Development«, S. 31-32.

7 Leon Jaroff und James Willwerth, »Did Aliens Really Land?«, *Time*, CXLIX/25 (23. Juni 1997), und Lily Rothman, »How the Roswell UFO Theory Got Started«, www.time.com, 7. Juli 2015.

8 Jaroff und Willwerth, »Did Aliens Really Land?«; Paradis, »The Political Economy of Theme Development«, S. 38; und Smith, *Little Grey Men*, S. 56.

9 Dieser Abschnitt basiert auf den folgenden Berichten: David Michael Jacobs, *The UFO Controversy in America* (Bloomington, IN, 1975), ein gut recherchiertes Buch, das mit der UFO-Bewegung sympathisiert; Curtis Peebles, *Watch the Skies!: A Chronicle of the Flying Saucer Myth* (Washington, DC, 1994); Benton Saler, Charles A. Ziegler und Charles B. Moore, *UFO Crash at Roswell: The Genesis of a Modern Myth* (Washington, DC, 1997); B. D. »Duke« Gildenberg, »A Roswell Requiem«, *Skeptic*, X/1 (2003), S. 60-73; und Donald R. Prothero und Timothy D. Callahan, *UFOs, Chemtrails and Aliens: What Science Says* (Bloomington, IN, 2017).

10 Der *Roswell Daily Record* verkauft Faksimiles der Titelseiten vom 8. und 9. Juli 1947.

11 Gardner, *Fads and Fallacies*, S. 55-68 und 329-331; Ted Bloecher, *Report on the UFO Wave of 1947* [1967] (2005), Abschnitt 1, S. 13; Philip J. Klass, *The Real Roswell Crashed-Saucer Coverup* (Amherst, NY, 1997), S. 22; United States Air Force, *The Roswell Report: Fact versus Fiction in the New Mexico Desert* (Washington, DC, 1995); Jacobs, *UFO Controversy in America*, passim; und James McAndrews, *The Roswell Report: Case Closed* [1997] (New York, 2013), passim.

12 Smith, *Little Grey Men*, S. 7-8.

13 Bloetcher, *UFO Wave of 1947*, passim, und Peebles, *Watch the Skies!*, S. 286.

14 Saler, Ziegler und Moore, *UFO Crash at Roswell*, S. IX und 6-7.

15 Laut dem Historiker Roger Launius betrachtete »Die US Air Force das UFO-Phänomen als wichtig genug, um im Dezember 1947 ein Projekt zur Untersuchung der Vorkommnisse zu starten und vor allen Dingen zu erfahren, ob ›irgendeine fremde Nation eine Form von Antriebskraft, möglicherweise nuklearer Art, besitzt, die sich unserem eigenen Kenntnisstand entzieht‹« (Lt. Gen. Nathan F. Twining, Commander Air Material Command, an Commanding General, Army Air Forces, »Flying Discs«, 23. September 1947, Neuabdruck in Edward U. Condon, *Final Report of the Scientific Study of Unidentified Flying Objects* (New York, 1969), S. 895; der Brief, der die Studie ankündigt ist Maj. Gen. L. C. Craigie an Commanding General Wright Field, »Flying Discs«, 30. Dezember 1947, in Condon, *Final Report*, S. 896-867). Obwohl die Forscher die Möglichkeit anerkennen, dass die UFOs außerirdisch sein könnten, hielten nur wenige dies für wahrscheinlich und setzten daher eher auf irdische Erklärungen. So betrachtete z. B. das Scientific Advisory Panel der Central Intelligence Agency im Januar 1953 die UFO-Frage in den Vereinigten Staaten von Amerika. Nach einer längeren

Diskussion kamen die Mitglieder des Gremiums »zu dem Schluss, dass für die meisten Sichtungen vernünftige Erklärungen vorgebracht werden können«. Überdies kam man hinsichtlich einer der zentralen Fragen, die dieses Gremium über UFOs hatte, »einhellig zu der Meinung, dass es keinen Beweis für eine direkt Bedrohung der nationalen Sicherheit durch die gesichteten Objekte gebe« (»Report of Meetings of Scientific Advisory Panel on Unidentified Flying Objects Convened by Office of Scientific Intelligence, CIA, January 14-18, 1953«, Kopie in »NACA-UFO, 1948-1958«, *NASA Historical Reference Collection*).

Ein von der Air Force im Jahre 1957 veröffentlichter Bericht kommt zu ähnlichen Schlussfolgerungen: »Erstens gibt es keinen Beweis, dass die ›Unbekannten‹ schädlich oder feindselig waren, zweitens gibt es keinen Beweis, dass diese ›Unbekannten‹ interplanetare Raumschiffe seien, drittens gibt es keinen Beweis, dass diese ›Unbekannten‹ technologische Entwicklungen oder Prinzipien repräsentierten, die außerhalb des Bereichs des aktuellen wissenschaftlichen Kenntnisstandes liegen, viertens gibt es keinen Beweis, dass diese ›Unbekannten‹ eine Gefahr für die Sicherheit des Landes sind, und schließlich gab es keinen physischen oder materiellen Beweis, nicht einmal in winzigen Fragmenten, dass eine sogenannte ›fliegende Untertasse‹ jemals gefunden wurde« (»Air Force's 10 Year Study of Unidentified Flying Objects«, Department of Defense, Office of Public Information, *News Release No. 1083-58*, 5. November 1957, Kopie in »NACA-UFO, 1948-1958«, *NASA Historical Reference Collection*). Ich danke Dr. Launius ganz herzlich für die Bereitstellung dieser Informationen.

16    In *Akte X* trägt der exzentrische Ufologe Max Fenig in den Folgen »Gefallener Engel« in Staffel 1 und »Tempus Fugit« sowie »Max« in Staffel 4 eine NICAP-Mütze. Sie wurden das erste Mal am 19. November 1993, am 16. März 1997 sowie am 23. März 1997 ausgestrahlt, also lange, nachdem NICAP aufgehört hatte zu existieren.

17    Daniel Cohen, *The Great Airship Mystery: A UFO of the 1890s* (New York, 1981), S. XI. Jeder, der einmal eine AlienCon- oder eine andere Veranstaltung besucht hat, auf der es um Grenzwissen ging, wird beobachtet haben, dass professionelle Rivalitäten zwischen den Verfechtern, der verschiedenen pseudohistorischen oder pseudowissenschaftlichen Ideen ausbrechen, wenn die Kameras aus sind. Laufen die Kameras dagegen, werden die Reihen gegenüber herkömmlichen Wissenschaftlern geschlossen.

18    Peebles, *Watch the Skies!*, S. 93-99, und Ryan T. O'Leary, »George Adamski«, in *UFOs and Popular Culture: An Encyclopedia of Contemporary Myth*, Hrsg. James R. Lewis (Santa Barbara, CA, 2000).

19 Peebles, *Watch the Skies!*, S. 99; Jacobs, *UFO Controversy*, S. 111-112; und »Bethurum Contact Claims«, in *The UFO Encyclopedia*, 3. Aufl., Hrsg. Jerome Clark (Detroit, MI, 2018).

20 Prothero und Callahan, UFOs, S. 287-288; »Martin Contact Claims«, in *The UFO Encyclopedia*; Leon Festinger, Henry W. Rieken und Stanley Schachter, *When Prophecy Fails: A Social and Psychological Study of a Modern Group that Predicted the Destruction of the World* [1956] (Mansfield Center, CT, 2009); Whet Moser, »Apocalypse Oak Park: Dorothy Martin, the Chicagoan Who Predicted the End of the World and Inspired the Theory of Cognitive Dissonance«, *Chicago Magazine*, www. chicagomag.com, 20. Mai 2011; und Julie Beck, »'The Christmas the Aliens Didn't Come: What a Failed Doomsday Prophecy Taught Psychologists about the Nature of Belief«', *Atlantic*, 18. Dezember 2015, www.theatlantic. com. Timothy Jenkins, *Of Flying Saucers and Social Scientists: A Re-Reading of »When Prophecy Fails« and of Cognitive Dissonance* (New York, 2013), warf einige Fragen über Festingers Methodologie und Schlussfolgerungen auf, konnte aber an den Ergebnissen nicht rütteln.

21 Die Kontaktler-Bewegung mag abgeklungen sein, ist aber nicht verschwunden. Anthony Brooke, der 2011 mit 98 Jahren verstarb und ein Nachfahre von Sir James Brooke war (der Raja von Sarawak und damit der Begründer der Dynastie der Weißen Rajas war), glaubte an die Besuche Außerirdischer in fliegenden Untertassen, die Frieden und Wohlstand auf die Erde bringen würden. Siehe Philip Eade, *Sylvia, Queen of the Headhunters: An Eccentric Englishwoman and her Lost Kingdom* (New York, 2007), S. 305-306.

22 Dieser Abschnitt basiert auf Peebles, *Watch the Skies!*, S. 225-241, und Prothero und Callahan, UFOs, S. 170-206.

23 Peebles, *Watch the Skies!*, S. 215-224, und Prothero und Callahan, UFOs, S. 95-99. Für ein Beispiel für jemanden, der glaubt, das Alien-Mensch-Hybride die menschliche Gesellschaft infiltrieren, siehe David Michael Jacobs, *The Threat* (New York, 1998). Wieder ein Beispiel eines verrückt gewordenen Akademikers?

24 Jason Colavito, *The Cult of the Alien Gods: H. P. Lovecraft and Extraterrestrial Pop Culture* (Amherst, NY, 2005). Für einen kurzen Überblick über das Von-Däniken-Phänomen, siehe Ronald Fritze, *Invented Knowledge: False History, Fake Science and Pseudo-Religions* (London, 2009), S. 201-210.

25 »W. Raymond Drake«, in *The Encyclopedia of Extraterrestrial Encounters: A Definitive A-Z Guide to All Things Alien* (New York, 2001), und für Sitchin, siehe Fritze, *Invented Knowledge*, S. 210-214.

26  Pebbles, *Watch the Skies!*, S. 196-213; Charles A. Ziegler, »Analysis of the Roswell Myth«, in Saler, Ziegler und Moore, *UFO Crash at Roswell*, S. 66-67.

27  Klass, *Real Roswell*, S. 24-25.

28  Ebd., S. 25-27. *UFOs are Real* gibt es auf Amazon Prime unter dem Video-Titel *Flying Saucers are Real*.

29  Stanton T. Friedman und William L. Moore, »The Roswell Incident: Beginning of the Cosmic Watergate«, in *The Hidden Evidence: 1981 MUFOM UFO Symposium Proceedings* (Seguin, TX, 1981), S. 136-137, und Charles A. Ziegler, »Analysis of the Roswell Myth«, in Saler, Ziegler und Moore, *UFO Crash at Roswell*, S. 63; Robert Alan Goldberg, *Enemies Within: The Culture of Conspiracy in Modern America* (New Haven, CT, und London, 2001), S. 195-196 und 283 n. 14; und Charles Berlitz und William L. Moore, *The Roswell Incident* (New York, 1980), S. 42, 62, 73, 98 und 154.

30  »UFO Cover-ups«, *In Search of ...*, Staffel 5, Folge 1.

31  Berlitz und Moore, *Roswell Incident*, S. 53-103.

32  Charles Ziegler, »Mythogenesis«, in Saler, Ziegler und Moore, *UFO Crash at Roswell*, S. 18-19.

33  Kevin D. Randle und Donald R. Schmitt, *UFO Crash at Roswell* (New York, 1991), und Ziegler, »Mythogenesis«, S. 19-21.

34  Randle und Schmitt, *UFO Crash at Roswell*, S. 272-281, und Karl T. Pflock, *Roswell in Perspective* (Washington, DC, 1994), S. 175-177.

35  »Roswell«, *Unsolved Mysteries: The UFO Files*, Staffel 2, Folge 1, imdb.com.

36  Siehe *Roswell* (1994) unter imdb.com. Die Inhaltsbeschreibung in diesem und dem nächsten Absatz ist von mir.

37  »Mysteries of Alien Beings«, *Unsolved Mysteries*, Staffel 6, Folge 32. Siehe imdb.com.

38  Stanton T. Friedman und Don Berliner, *Crash at Corona: The United States Military Retrieval and Cover-Up of a UFO* (New York, 1992), und Ziegler, »Mythogenesis«, S. 21-24.

39  Kevin D. Randle und Donald R. Schmitt, *The Truth about the UFO Crash at Roswell* (New York, 1994), und Ziegler, »Mythogenesis«, S. 24-26.

40  Pflock, *Roswell in Perspective*, passim, aber vor allem S. 113-117, und Ziegler, »Mythogenesis«, S. 26-29.

41  Philip J. Corso und William J. Birnes, *The Day after Roswell* (New York, 1997), S. 31-36.

42  Ebd., S. 60-69 und 79-82. Ley verließ Deutschland im Januar 1935, also noch relativ zu Beginn der Nazi-Herrschaft.

43  Corso und Birnes, *Day after Roswell*, S. 125-126, 144, 173 und Kapitel 13, 15 und 16.

44  Ebd., S. 288.

45 Ebd., S. 40, 51-52 und 70.

46 Ebd., Kapitel 9-11, 14, 16 und 17. Siehe besonders S. 134-135, 157, 284-285 und 291-295. Wie viele Pro-UFO-Bücher verfügt *The Day after Roswell* nicht über einige der Dinge, die man normalerweise in Büchern findet. Es gibt keinen Index und nicht einmal ein Inhaltsverzeichnis, sodass es immens wichtig ist, detaillierte Notizen zu machen. Und es gibt natürlich weder Anmerkungen noch eine Bibliografie.

47 Prothero und Callahan, *UFOs*, S. 71; John B. Alexander, *UFOs: Myths, Conspiracies and Realities* (New York, 2011), S. 40-50 und 289-298. Die letztgenannten Seiten sind ein Transkript des Alexander-Briefes vom 9. September 1994 mit den Fragen an Corso; Karl T. Pflock, *Roswell: Inconvenient Facts and the Will to Believe* (Amherst, NY, 2001), S. 203-208, mit dem Hoover-Zitat auf S. 208; Goldberg, *Enemies Within*, S. 226-227.

48 Jacobs, *UFO Controversy*, S. 38, 58-59 und 108-131; Peebles, *Watch the Skies!*, S. 12-15, 47-50, 67-71 und 93-108; und Mikael Rothstein, »Contactees«, in *UFOs and Popular Culture*, S. 86-91.

49 Die vier Artikel sind »Crash of the Crashed Saucer Claim« (1986); »The MJ-12 Crashed Saucer Documents« (1987-88); »The MJ-12 Papers: Part 2« (1989) und »New Evidence of MJ-12 Hoax« (1990); sie können auf der Website des *Skeptical Inquirer* gefunden werden und wurden außerdem in Kendrick Frazier, Hrsg., *The Hundredth Monkey and Other Paradigms of the Paranormal: A Skeptical Inquirer Collection* (Buffalo, NY, 1991), S. 327-352 abgedruckt. Die Fernsehserie *Akte X* brachte in ihrer sechsten Staffel die zweiteilige Folge »Dreamland«, in der Mulder und Scully in Area 51 eine Begegnung mit einem Majestic-Agenten haben, dem Faulenzer und Schürzenjäger Morris Fletcher. Die Folgen wurden am 29. November und 6. Dezember 1998 gesendet. Sie stellen Majestic und ihre Men in Black als einfach nur eine weitere bürokratische Bundesbehörde dar, die nicht einmal besonders effektiv ist.

50 Peebles, *Watch the Skies!*, passim, aber vor allem S. 245-254, und Prothero und Callahan, UFOs, S. 138, 171 und 180-181.

51 Pflock, *Roswell in Perspective*, und Air Force, *Roswell Report*.

52 Saler, Ziegler und Moore, *UFO Crash at Roswell*, S. 1, 34 und 62.

53 Ebd., Kapitel 2, 4 und 5, vor allem S. 32-44, 52-57 und 60.

54 Klass, *Real Roswell*; und Kal K. Korff, *The Roswell UFO Crash: What They Don't Want You to Know* (Amherst, NY, 1997).

55 Karl T. Pflock, *Roswell: Inconvenient Facts and the Will to Believe* (Amherst, NY, 2001), und Karl T. Pflock und James W. Moseley, *Shockingly Close to the Truth! Confessions of a Grave-Robbing Ufologist* (Amherst, NY, 2002).

56 Siehe www.kalisanidiot.blogspot.com, abgerufen am 21. März 2021.

57 Klass, *Real Roswell*, S. 71-82; Korff, *Roswell UFO Crash*, S. 78-81; und Pflock, *Roswell*, S. 118-120.

58 Paul McCarthy, »The Missing Nurses of Roswell«, *Omni* (Herbst 1995), verfügbar auf der Roswell-Files-Website, www.roswellfiles.com.

59 Klass, *Real Roswell*, S. 151-159 und 187-196; Korff, *Roswell UFO Crash*, S. 86-91; und Pflock, *Roswell*, S. 127-142.

60 Klass, *Real Roswell*, S. 105-109 und 197-203; Korff, *Roswell UFO Crash*, S. 95-98; und Pflock, Roswell, S. 67-84.

61 Klass, *Real Roswell*, S. 97-101, und Randle und Schmitt, *Truth about UFO Crash at Roswell*, S. 3-4, 8-10, 13, 173 und 196-197.

62 Klass, *Real Roswell*, S. 144-150; Korff, *Roswell UFO Crash*, S. 99-100; Pflock, *Roswell*, S. 51-57, 59-60 und 171-172, mit Ragsdales zwei beglaubigten Erklärungen vom 27. Januar 1993 und 15. April 1993 reproduziert auf S. 272-274. Siehe auch Kevin D. Randle, *The Randle Report: UFOs in the '90s* (New York, 1997), S. 163-177 und 207-208.

63 Es wurde nach seinem Tod 1986 in J. Allen Hynek Center for UFO Studies umbenannt.

64 Mark O. Connell, *The Close Encounters Man: How One Man Made the World Believe in UFOs* (New York, 2017).

65 »Kevin Randle and Donald Schmitt«, www.roswellfiles.com, abgerufen am 21. März 2021, und Kevin D. Randle, *The Roswell Encyclopedia* (New York, 2000), S. 307-308 und 346-347.

66 Klass, *Real Roswell*, S. 151-154; Pflock, *Roswell*, S. 179-180; »Kevin Randle and Donald Schmitt«; und Randle, *Roswell Encyclopedia*, S. 309-310 und 347-350.

67 Klass, *Real Roswell*, S. 154-159; Pflock, *Roswell*, S. 131-132 und 181; Randle, *Roswell Encyclopedia*, S. 350-351; McCarthy, »Missing Nurses of Roswell«, und Robert G. Todd, »Randle Dumps – And Dumps – on – Schmitt«, *Cowflop Alert* (22. September 1995), unter www.roswellfiles.com.

68 »Roswell: Secrets Unveiled«, *History's Mysteries* (1999).

69 Gildenberg, »Roswell Requiem«, S. 60-73, und Pflock, *Roswell*, S. 179.

70 Prothero und Callahan, UFOs, S. 311.

71 Peter Biskind, *Seeing is Believing: How Hollywood Taught Us to Stop Worrying and Love the Fifties* (New York, 1983), und Patrick Luanio, *Them or Us: Archetypal Interpretations of Fifties Alien Invasion Films* (Bloomington, IN, 1987), liefern den historischen und kulturellen Kontext für die UFO-Filme. Andererseits vermutet Bruce Rux, *Hollywood vs. the Aliens: The Motion Picture Industry's Participation in UFO Disinformation* (Berkeley, CA, 1997), dass die Filmindustrie bei der Vertuschung der UFOs durch die Regierung geholfen haben könnte.

72 Siehe Goldberg, *Enemies Within*, S. 215, für Friedman.

73 Dieser und der folgende Absatz basieren auf Annie Jacobsen, *Area 51: An Uncensored History of America's Top Secret Military Base* (New York, 2011), S. 15-18, 36-37, 39-44, 268, 370-374 und 380.

74 Dave Gilson, »Area 51 and Roswell: The Craziest Theory Yet«, *Mother Jones*, www.motherjones.com, 10. Mai 2011; Lee Speigel, »Area 51 Personnel Feel ›Betrayed‹ by Annie Jacobsen's Soviet-Nazi UFO Connection«, *Weird News* (6. Juli 2011, aktualisiert am 6. Dezember 2017), www.huffpost.com; Alexander, *UFOs*, S. 276; und Prothero und Callahan, *UFOs*, S. 58-59.

75 Kevin D. Randle, *Roswell in the 21st Century* (Naples, FL, 2016), S. 228-247, das Zitat ist von S. 247. Dieses Buch zeigt kaum Anzeichen für eine Bearbeitung durch einen Lektor oder auch einen Korrektor. Die Entwicklung von Randles Ideen lässt sich von seinem 1997 geschriebenen *Randle Report, Alien Mysteries: Conspiracies and Cover-Ups* (Detroit, MI, 2013), über *The Government UFO Files: The Conspiracy of Cover-Up* (Detroit, MI, 2014), bis *Roswell in the 21st Century* verfolgen.

76 Donald R. Schmitt und Thomas Carey, *Cover-Up at Roswell: Exposing the 70-Year Conspiracy to Suppress the Truth* (Wayne, NJ, 2017), S. 133-147, und Pflock, *Roswell*, S. 208-210.

77 Steven M. Greer, *Unacknowledged: An Exposé of the World's Greatest Secret* (Afton, VA, 2017). Die Dokumentation ist auf Amazon Prime zu finden.

78 D. W. Pasulka, *American Cosmic: UFOs, Religions, Technology* (New York, 2019), S. 18-21, 47-50 und 73-77, und James Gallant, »The Humiliating UFOs«, *Raritan*, XXX/4 (Frühjahr 2011), S. 66-91.

79 Thomas Milan Konda, *Conspiracies of Conspiracies: How Delusions Have Overrun America* (Chicago, IL, 2019), S. 202 und 207.

80 Michael Barkun, *A Culture of Conspiracy: Apocalyptic Visions in Contemporary America*, 2. Aufl. (Berkeley, CA, 2013), S. 82.

81 Lydia Saad, »Americans Sceptical of UFOs, but Say Government Knows More«, https://news.gallup.com (6. September 2019), und Anne Merlan, »Here's Why Gallup Polled Americans about UFOs for the First Time in Decades«, www.vice.com, 25. Februar 2020. Natürlich haben diejenigen, die mit der Verbreitung von Grenzwissen und Verschwörungstheorien Geld verdienen, eine ganz eigene Sicht der Umfrageergebnisse; siehe, zum Beispiel, Tim Binnall, »New Gallup Poll Finds 68% of Americans Believe There Is a UFO Cover-Up«, www.coasttocoastam.com, 6. September 2019, und Jazz Shaw, »Why Did Gallup Poll Americans about their Beliefs about UFOs?«, https://hotair.com, 25. September 2020.

82 Für eine gute Kritik von David Michael Jacobs' Alien-Entführungsgeschichte, siehe David Brewer, »The Bizarre World of Doctor David Jacobs: An Interview and Review«, UFO Trail, unter https://ufotrail.blogspot.com, 26. und 29. April sowie 3. Mai 2013. Die drei

Blog-Postings enthalten Kritiken von Jacobs' Forschungen durch andere Wissenschaftler sowie Leserkommentare. Als ich noch keine Ahnung hatte, dass es Jacobs gab, korrespondierte ich mit einem Historikerfreund, der an der Temple University arbeitete, über Pseudohistorie und Pseudohistoriker. Er war ein Kollege Jacobs' und erwähnte dessen Entführungstheorie: »Er [Jacobs] hatte schon eine Festanstellung, bevor er diese Ansichten geäußert hat. Sie haben seine akademische Laufbahn zerstört. Er ist nie zum Professor berufen worden.« (persönliche Kommunikation, 17. Juni 2013).

83  Barkun, *Culture of Conspiracy*, S. XII-XIII, 81 und 83-84, für diesen und die beiden folgenden Absätze.

84  Max Fisher, »Why Coronavirus Conspiracy Theories Flourish and Why It Matters«, *New York Times*, 9. April 2020, Sektion A, S. 10, www.nytimes.com, und E. J. Dickson, »Coronavirus is Spreading – And So Are the Hoaxes and Conspiracy Theories around It«, www.rollingstone.com, 18. März 2020.

## SCHLUSS

1  H. L. Mencken, *A Mencken Chrestomathy* [1949] (New York, 1982), S. 616.

2  Adrienne LaFrance, »The Prophecies of Q«, www.theatlantic.com, Juni 2020; Mike McIntire und Kevin Roose, »What Happens When QAnon Seeps from the Web to the Offline World«, www.nytimes.com, 14. Juli 2020; Kevin Roose, »Think QAnon is on the Fringe? So Was the Tea Party«, www.nytimes.com, 13. August 2020; und Jane Coaston, »QAnon, the Scarily Popular Pro-Trump Conspiracy Theory, Explained«, www.vox.com, 20. August 2020.

3  Rick Wilson, »Blame Fox News for the Rise of QAnon«, www.thedailybeast.com, 14. August 2020, und Ben Collins und Brandy Zadrozny, »QAnon Groups Hit by Facebook Crack Down«, www.nbcnews.com, 19. August 2020.

4  James Emery White, »What is QAnon?«, www.crosswalk.com, 27. August 2020, und Katelyn Beaty, »QAnon: The Alternative Religion That's Coming to your Church«, www.religionnews.com, 17. August 2020.

5  Joshua Ceballos, »Here's a List of All the Horrible Shit Laura Loomer Has Said and Done«, www.miaminewtimes.com, 24. August 2020; »Laura Loomer loses it on the Alex Jones Show after Getting Banned from Facebook«, www.youtube.com; und Sara Sidner, »The US Senate Candidate Who Took a QAnon Pledge«, www.cnn.com, 22. August 2020.

6  Luke O'Brien, »Most QAnon Candidates Lost Their Races But 2 Are Heading to Congress«, www.huffpost.com, 5. November 2020;

Esther Wang, »Meet the Republican New Guard – The Far Right, QAnon-Fueled Answer to the Squad«, www.theslot.jezebel.com, 30. Oktober 2020; Esther Wang, »The QAnon Congresswomen Who've Threatened the Squad with Physical Violence, Want to Carry Guns at the Capitol«, www.msn.com, 24. November 2020; und Justin Wingerter, »Congressional Candidate Lauren Boebert Has a History of Minor Arrests, Court No-Shows«, www.denverpost.com, 13. Oktober 2020.

7 James Anderson und Nicholas Riccardi, »A Fluke or the Future? Boebert Shakes Up Colorado«, Associated Press, www.apnews.com, 6. Februar 2021; Roger Sollenberger, »Biker Group gave Rep. Lauren Boebert a Glock with Congressioanal Seal – Likely an Illegal Gift«, www.salon. com, 25. Januar 2021; und Andrea Salcedo, »GOP Rep. Lauren Boebert Gave a Tour to ›Large‹ Group Before the Riots, Democratic Lawmaker Says«, www.washingtonpost.com, 19. Januar 2021.

8 Rachel E. Greenspan, »Rep. Marjorie Taylor Greene's History of Spreading Bizarre Conspiracy Theories from Space Lasers to Frazzledrip«, *Business Insider*, www.businessinsider.com.au, 5. Februar 2021; Reed Richardson, »QAnon GOP Rep. Marjorie Taylor Greene Supported Calls to Assassinate Dems, Proposed Executing Pelosi for Treason«, *Mediaite*, www.mediaite.com, 26. Januar 2021; »Marjorie Taylor Greene«, en.wikipedia.org, woher die aktuellen biografischen Informationen stammen, die in diesem und den folgenden Absätzen verwendet werden. Ihre offizielle Website ist www.greene.house.gov. Siehe außerdem »Marjorie Taylor Greene: 5 Fast Facts You Need to Know«, www.heavy.com. Dies wurde vor Greenes Wahl in den Kongress veröffentlicht. Möglicherweise gibt es dort inzwischen weitere »Fast Facts«, die die Menschen interessieren könnten.

9 Amanda Terkel, »At least 9 GOP Lawmakers Refused to Wear Masks During Capitol Lockdown«, *HuffPost*, www.huffpost.com, 12. Januar 2021.

10 John Kenneth White, »In Marjorie Taylor Greene, A Glimpse of the Future«, *The Hill*, www.msn.com, 5. Februar 2021.

11 Matthew Rosenberg, »How Republican Voters Took QAnon Mainstream«, www.nytimes.com, 10. November 2020; Will Somer, »The GOP's QAnon Faction Is Waging War on Republicans«, www. thedailybeast.com, 5. Dezember 2020; und Cade Metz, »Study Considers a Link between QAnon and Polling Errors«, www.nytimes.com, 6. November 2020.

12 Kevin Rose, »QAnon Followers Are Hijacking the #SaveTheChildren Movement«, www. nytimes.com, 12. August 2020.

13 »2021 Storming of the United States Capitol«, en.wikipedia.com, abgerufen im Mai 2021, und George Petras, Janet Loehrke, Ramon Padilla, Javier Zarracina und Jennifer Borresen, »Timeline: How the

Storming of the U.S. Capitol Unfolded on Jan. 6«, USA Today, www.
usatoday.com, 9. Februar 2021.

14 Reality Check Team, »Capitol Riots: Who Broke Into the Building?«,
Reality Check Team, BBC, www.bbc.com/news, 7. Januar 2021, und
Kathryn Kranhold, »Social Media in 2020: A Year of Misinformation and
Disinformation«, *Wall Street Journal*, www.wsj.com, 11. Dezember 2020.

15 Tammy Beer, »FBI: No Evidence Antifa Involved in Capitol Chaos«,
Forbes, www.forbes.com, 8. Januar 2021; »No, FBI Didn't Confirm Antifa
Activists Breached Capitol«, PolitiFact (8. Juni 2021), www.politifact.
com, mit einer Liste von Quellen; Aleszu Bajak und Javier Zarracina,
»How the Antifa Conspiracy Theory Traveled from the Fringe to the
Floor of Congress«, USA Today, www.usatoday.com, 13. Januar 2021;
Mike Adams, »Breaking: After the Staged ›Storming‹ False Flag Event,
Congress to Reconvene Tonight and Finish Its Final Act of Betrayal
Against America, Under the Cloak of Darkness«, www.falseflag.news, 6.
Januar 2021; und »No, the Storming of the Capitol Wasn't a False Flag«,
*PolitiFact*, www.politifact.com, 7. Januar 2021.

16 Jim Vorel, »An Epic Timeline of QAnon Delusions from Election
Day to Inauguration Day«, *Paste*, www.pastemagazine.com, 20. Januar
2021, bietet einen nützlichen Überblick über die sich verändernden
QAnon-Prophezeiungen und -Postings, die in den Wochen vom 3.
November 2020 bis zum 20 Januar 2021 erschienen. Meine Frau und ich
hatten am Abend des 15. Januar unser eigenes QAnon-Erlebnis. Unsere
Nachbarin, die ein paar Häuser weiter wohnt, ist Krankenschwester,
eine Freundin und scheinbar normal. Ich war im Keller zwischen Büro
und Vorratsraum unterwegs, als ich ein seltsames Gefühl hatte. Ich
ging nach oben und entdeckte meine Frau, die mit der Nachbarin über
die Freisprecheinrichtung telefonierte. Unsere Nachbarin warnte uns,
dass wir am nächsten Tag, einem Sonnabend, unsere Autos auftanken
und die Vorräte an Essen und Trinkwasser auffüllen sollten, weil es
danach zu spät sein könnte. Offensichtlich sollte der Strom für eine
Weile abgeschaltet werden und auch Internet und Telefon würde nicht
mehr funktionieren. Die Geschäfte würden geschlossen werden. Das
Ganze würde am folgenden Sonntag, Montag oder Dienstag vor der
anberaumten Amtseinführung am Mittwoch, dem 20. Januar, geschehen.
In der Folge der Ereignisse würde Trump Präsident bleiben, während
die Lage sich in einigen Tagen beruhigte. Sie nannte es nicht den Sturm
(»Storm«), aber im Prinzip beschrieb sie ihn. Es war unklar, woher sie
ihre Informationen bezogen hatte, aber sie behauptete, dass ihr Sohn,
der in irgendeinem Unternehmen, das im Forschungspark in Huntsville,
Alabama, beheimatet war, oder für das Redstone Arsenal arbeitete, sie
bestätigte und außerdem sagte, dass sein Arbeitgeber ihm Unterschlupf

in seinen Büros anbot. Dieses Gespräch dauerte etwa eine Stunde und ich wünschte mir, meine Frau hätte es aufgezeichnet. Unsere Nachbarin behauptete außerdem, dass all die Menschen weiter unten auf der Straße dies ebenfalls glaubten. Ein paar waren vielleicht wirklich Gläubige, aber ich vermute einmal, dass die meisten einfach unverbindliche Geräusche gemacht hatten, die man für Zustimmung halten konnte. Jeden Morgen standen meine Frau und ich auf und stellten fest, dass der Strom noch da war. Und auch am 20. Januar blieb, wie wir alle wissen, Qs Rekord der nicht eingetretenen Prophezeiungen ungebrochen.

17 David Klepper, »Checked By Reality, Some Qanon Supporters Seek a Way Out«, *Associated Press*, www.ap.org, 29. Januar 2021. Es gibt Interviews mit früheren QAnon-Unterstützern, die die Verschwörung widerrufen und erklären, warum sie zunächst daran geglaubt haben und warum sie es nun nicht mehr tun. Die Postings und Interviews von Ashley Vanderbilt sind besonders informativ. QAnon hat auch Familien auseinandergerissen: siehe Jane Lytvynenko, »Friends and Family Members of QAnon Believers Are Going Through A ›Surreal Nightmare‹«, *BuzzFeed News*, www.buzzfeednews.com, 18. September 2020; www.buzzreednews.com; Leon Festinger, Henry W. Riecken und Stanley Schachter, *When Prophecy Fails: A Social and Psychological Study of a Modern Group that Predicted the Destruction of the World.* [1956] (Mansfield Center, CT, 2009) und Ewan Palmer, »Why QAnon Followers Think Donald Trump Will Be Sworn Back in as President on March 4«, *Newsweek*, www.newsweek.com, 8. Februar 2021.

18 Will Sommer, »QAnon Lost and Confused After Trump's Election Showing«, www.thedailybeast.com, 7. November 2020; Tom Porter, »An Attorney Leading Trump's Attempt to Subvert the Election is a Longtime QAnon Supporter«, www.businessinsider.com.au, 20. November 2020; Manu Raju und Sam Fossum, »Trump Praised QAnon During Meeting About Keeping the Senate«, www.msn.com, 3. Dezember 2020; Ben Collins und Brandy Zadrozny, »QAnon Group Hit by Facebook Crack Down«, www.nbcnews.com, 19. August 2020; Shayan Sardarizadeh, »What's Behind the Rise of QAnon in the UK?« www. bbc.com, 19. Oktober 2020; und Katrin Bennhold, »QAnon is Thriving in Germany: The Extreme Right is Delighted«, New York Times, www. nytimes.com, 11. Oktober 2020.

19 Norman Cohn, *The Pursuit of the Millennium: Revolutionary Millenarians and Mystical Anarchists of the Middle Ages* [1957] (New York, 1970), S. 281-286.

# Ausgewählte Bibliografie

Adair, James, *The History of the American Indians*, Hrsg. und Einf. v. Kathryn E. Holland Braund, Tuscaloosa, AL, 2005.

Barber, Malcolm, *The New Knighthood: A History of the Order of the Temple*, Cambridge, 1994 (auf Deutsch erschienen als: *Die Templer: Geschichte und Mythos eines Ritterordens*, Artemis & Winkler, 2005).

Barkun, Michael, *A Culture of Conspiracy: Apocalyptic Visions in Contemporary America*, 2. Aufl., Berkeley, CA, 2013.

Barruel, Augustin, *Memoirs Illustrating the History of Jacobinism*, Einf. Stanley L. Jaki [1798], Fraser, MI, 1995.

Ben-Dor Benite, Zvi, *The Ten Lost Tribes: A World History*, Oxford, 2009.

Ben Israel, Menasseh, *The Hope of Israel*, Hrsg. und Einf. v. Henry Méchoulan und Gérard Nahon [1987], Liverpool, 2004.

Clark, Jerome, *The UFO Encyclopedia: The Phenomenon from the Beginning*, 3. Aufl., Detroit, MI, 2018.

Cohn, Norman, *Warrant for Genocide: The Myth of the Jewish World Conspiracy and the »Protocols of the Elders of Zion«* [1967], London, 1996 (auf Deutsch erschienen als: *Die Protokolle der Weisen von Zion: Der Mythos der jüdischen Weltverschwörung*, Rio bei Elster, 1998).

Colavito, Jason, *The Cult of the Alien Gods: H. P. Lovecraft and Extraterrestrial Pop Culture*, Amherst, NY, 2005.

Denzler, Brenda, *The Lure of the Edge: Scientific Passions, Religious Beliefs, and the Pursuit of UFOs*, Los Angeles, CA, 2001.

Festinger, Leon, Henry W. Riecken und Stanley Schachter, *When Prophecy Fails: A Social and Psychological Study of a Modern Group that Predicted the Destruction of the World* [1956], Mansfield Center, CT, 2009.

Frale, Barbara, *The Templars: The Secret History Revealed*, New York, 2009.

Gardner, Martin, *Fads and Fallacies in the Name of Science*, New York, 1957.

Godbey, Allen H., *The Lost Tribes a Myth – Suggestions towards Rewriting Hebrew History*, Durham, NC, 1930.

Goodrick-Clarke, Nicholas, *The Occult Roots of Nazism: Secret Aryan Cults and their Influence on Nazi Ideology; The Ariosophists of Austria and Germany, 1890-1933* [1985], New York, 1992 (auf Deutsch erschienen als: *Die okkulten Wurzeln des Nationalsozialismus*, marix Verlag, 2012).

Haag, Michael, *The Templars: The History and the Myth*, New York, 2009.

Hale, Christopher, *Himmler's Crusade: The Nazi Expeditions to Find the Origins of the Aryan Race* [2003], Edison, NJ, 2006.

Jacobs, David Michael, *The UFO Controversy in America*, Bloomington, IN, 1975.

Jacoby, Susan, *The Age of American Unreason*, New York, 2008.

Konda, Thomas Milan, *Conspiracies of Conspiracies: How Delusions Have Overrun America*, Chicago, IL, 2019.

Kurlander, Eric, *Hitler's Monsters: A Supernatural History of the Third Reich*, New Haven, CT, und London, 2017.

McIntosh, Christopher, *The Rosicrucians: The History, Mythology, and Rituals of an Esoteric Order*, San Francisco, CA, 1998.

Mosse, George L., *The Crisis of German Ideology: Intellectual Origins of the Third Reich*, New York, 1964.

Nichols, Tom, *The Death of Expertise: The Campaign against Established Knowledge and Why It Matters*, New York, 2017.

Olmsted, Kathryn S., *Real Enemies: Conspiracy Theories and American Democracy, World War I to 9/11*, Oxford, 2009.

Parfitt, Tudor, *The Lost Tribes of Israel: The History of a Myth*, London, 2003.

Partner, Peter, *The Knights Templar and Their Myth* [1987], Rochester, NY, 1990.

Peebles, Curtis, *Watch the Skies! A Chronicle of the Flying Saucer Myth*, Washington, DC, 1994.

Pigliucci, Massimo, *Nonsense on Stilts: How to Tell Science from Bunk*, 2. Aufl., Chicago, IL, 2018.

Pringle, Heather, *The Master Plan: Himmler's Scholars and the Holocaust*, New York, 2006.

Prothero, Donald R. und Timothy D. Callahan, *UFOs, Chemtrails, and Aliens: What Science Says*, Bloomington, IN, 2017.

Roberts, J. M., *The Mythology of the Secret Societies* [1972], London, 2008.

Robertson, David G., *UFOs, Conspiracy Theories and the New Age: Millennial Conspiracism*, London, 2017.

Saler, Benson, Charles A. Ziegler und Charles B. Moore, *UFO Crash at Roswell: The Genesis of a Modern Myth*, Washington, DC, 1997.

Scholem, Gershom, *Sabbatai Sevi: The Mystical Messiah, 1626-1676*, Princeton, NJ, 1973 (auf Deutsch erschienen als: *Sabbatai Zwi – Der mystische Messias*, Jüdischer Verlag, 2014).

Shermer, Michael, *The Believing Brain: From Ghosts and Gods to Politics and Conspiracies – How We Construct Beliefs and Reinforce Them as Truths*, New York, 2011.

Treitel, Corinna, *A Science for the Soul: Occultism and the Genesis of the German Modern*, Baltimore, MD, 2004.

Webb, James, *The Occult Establishment* [1976], LaSalle, IL, 1988 (auf Deutsch erschienen als: *Das Zeitalter des Irrationalen: Politik, Kultur und Okkultismus im 20. Jahrhundert*, marixverlag, 2008.

—, *The Occult Underground* [1974], LaSalle, IL, 1990 (auf Deutsch erschienen als: *Die Flucht vor der Vernunft: Politik, Kultur und Okkultismus im 19. Jahrhundert*, marixverlag, 2009.

Yates, Frances A., *The Rosicrucian Enlightenment* [1972], New York, 1996.

Ziolkowski, Theodore, *Lure of the Arcane: The Literature of Cult and Conspiracy*, Baltimore, MD, 2013.

# Danksagungen

Ich begann mit diesem Buch im Jahre 2016, Monate vor den Präsidentschaftswahlen in den USA. Vieles ist seitdem anders, und das Thema
Wissensmüll in all seinen Variationen ist relevanter als je zuvor. Beim
Schreiben meines Buches habe ich umfassende Hilfe von Freunden,
Kollegen, anderen Wissenschaftlern und Studenten erhalten. Den Mitarbeitern der Kares Library of Athens State University danke ich für
ihre großartige Unterstützung. Die Bibliothekarinnen und Bibliothe-
kare haben für mich wichtige – oft ausgesprochen esoterische – Bücher
und Artikel beschafft. Mein Dank an Judy Stinnett und Robbie King
(beide pensioniert) sowie Bethany Bruno. Mary Aquila hat mir bei den
Referenzen wertvolle Hilfe geleistet, genau wie Amber Skantz. Robert
Burkhardt, Direktor der Bibliothek (außer Dienst), war mir ein wichtiger Gesprächspartner. Er lieferte hervorragendes Feedback. Unsere
Ausflüge nach Nashville zum Kauf und Verkauf von Büchern habe ich
sehr genossen. Die mittlerweile ebenfalls pensionierte Lisa Mitten sowie Fatima Mohie-Eldin von *Choice* haben mir, da sie meine Interessen
kannten, viele Bücher zur Ansicht geschickt, die sich für meine Recherchen als nützlich erwiesen haben. Dafür bin ich sehr dankbar. Die
Unterstützung, die Ratschläge und Hinweise verschiedener Leserinnen
und Leser meines Manuskripts weiß ich sehr zu schätzen. William
Smith, ein ehemaliger Student, hat heldenhaft und sorgfältig das ganze
Manuskript durchgesehen. Meine frühere Studentin Haylee Newton
las einzelne Kapitel, bevor sie mitten in der Pandemie für einen Leh-
rerjob nach Arizona umgezogen ist und zu viel zu tun hatte. Es geht ihr
aber gut. Meine alten Freunde aus Clare Hall in Cambridge, Dr. Peter
Minshall und Dr. Lorna Minshall, haben fast das ganze Manuskript
mit konstruktiv kritischem Blick begleitet. Lorna verdanke ich außerdem die Korrektur von Fehlern und Ungenauigkeiten mit meinen deutschen und lateinischen Übersetzungen. Dr. Roger Launius, der vor sei-

ner Pensionierung am Smithsonian gearbeitet hat, und ein alter Freund und Studienkollege von der Louisiana State University ist, brachte sein Fachwissen zur Historie und Pseudohistorie der Raumfahrtprogramme ein und lieferte sehr hilfreiche Kommentare und Anregungen zum Kapitel »Der Mythos von Roswell«. Dr. David Castle, ein Politikwissenschaftler und Freund und Kollege aus meiner Zeit an der Lamar University, hat das Manuskript ebenfalls gelesen und kommentiert. Meine Freundin und Kollegin Dr. Susan Owen aus dem Fachbereich Psychologie der Athens State University las einige Kapitel und lieferte mir eine sehr wertvolle und wichtige fachliche Kritik meiner Beschreibungen und Diskussionen der evolutionären, kognitiven und sozialen Psychologie bezüglich der Frage, weshalb Menschen seltsame und irgendwie auch absurde Dinge glauben.

Michael Leaman von Reaktion Books ist immer eine große Unterstützung und beweist unglaubliche Geduld mit einem Autor, der schon wieder eine Deadline verpasst hat. Es war darüber hinaus eine Freude, mit Alex Ciobonu und Martha Jay zusammenzuarbeiten, die das Buch produziert und ihm sein äußeres Erscheinungsbild verliehen haben.

Professor Jeremy Black ist weiterhin ein hilfreicher Freund und großzügiger Vermittler der Arbeit anderer Wissenschaftler. Und schließlich möchte ich meine Liebe und Dankbarkeit für meine Frau Twylia Ausdruck geben, die mir erneut beim Schreiben eines Buches beigestanden hat. Sie hat geduldig und tolerant all die Zeit ertragen, die ich beim Recherchieren und Schreiben verbracht habe. Wir lieben es beide, zu reisen, speziell nach England. Sie ist die beste Reisebegleiterin, die man sich wünschen kann – abenteuerlustig, nimmermüde, flexibel und klaglos. Und wenn diese Pandemie endet oder zumindest nachlässt, werden wir unsere Erkundungen und Abenteuer wieder aufnehmen.

# Index

Mauro Munafò
**Fake News – Cybermobbing – Internet-Hass**
Wie erkennen und wie sich dagegen wehren?
128 Seiten, Paperback, Euro (D) 14.90 | CHF 22
ISBN 978-3-03876-545-5

Valentina Giannella
**Nein zu Rassismus**
Von Black Lives Matter bis Klima-Gerechtigkeit
128 Seiten, Paperback, Euro (D) 14.90 | CHF 22
ISBN 978-3-03876-546-2

Peter Moore
**Die Neuerfindung der Religion**
Jenseits von Glaube und Skeptizismus
304 Seiten, Hardcover, Euro (D) 22 | CHF 28
ISBN 978-3-03876-548-6

Charlotte Sleigh / Amanda Rees
**Die Natur des Menschen**
Wie wir wurden, was wir sind
224 Seiten, Hardcover, Euro (D) 20 | CHF 25
ISBN 978-3-03876-537-0

Mehr Infos & Leseproben unter:
**www.midas.ch**